吴凯◎编著

海上保险纠纷案件裁判规则

HAISHANG BAOXIAN JIUFEN ANJIAN CAIPAN GUIZE

中山大学出版社
SUN YAT-SEN UNIVERSITY PRESS

·广州·

图书在版编目（CIP）数据

海上保险纠纷案件裁判规则/吴凯编著 . —广州：中山大学出版社，2024.3
ISBN 978 - 7 - 306 - 08031 - 8

Ⅰ.①海… Ⅱ.①吴… Ⅲ.①海上运输保险—保险合同—合同纠纷—审判—案例—中国 Ⅳ.①D922.284.5

中国国家版本馆 CIP 数据核字（2024）第 037094 号

出 版 人：王天琪
策划编辑：廖丽玲
责任编辑：廖丽玲
封面设计：林绵华
责任校对：梁嘉璐
责任技编：靳晓虹
出版发行：中山大学出版社
电　　话：编辑部 020 - 84111996，84113349，84111997，84110779，84110776
　　　　　发行部 020 - 84111998，84111981，84111160
地　　址：广州市新港西路 135 号
邮　　编：510275　传　真：020 - 84036565
网　　址：http://www.zsup.com.cn　E-mail：zdcbs@mail.sysu.edu.cn
印 刷 者：广东虎彩云印刷有限公司
规　　格：787mm×1092mm　1/16　28 印张　580 千字
版次印次：2024 年 3 月第 1 版　2024 年 3 月第 1 次印刷
定　　价：88.00 元

前　言

　　本书通过对海上保险、保赔合同纠纷案例的梳理，归纳法院审理该类案件的裁判规则，主要针对有争议的问题，基本没有争议的问题则未纳入其中。编写本书的目的，一方面是让读者了解法院关于海上保险纠纷案件的裁判思路与司法观点，另一方面是方便读者在实务中就某一争议问题寻找类案案例。本书可作为工具书查阅，省却读者在浩如烟海的案例库中查找的辛劳。

　　本书并非案例汇编，如果将所有相关案例的文本全部予以呈现，篇幅将会巨大，不方便阅读，因此，主要将相关案例中法院就争议问题的司法观点予以摘录，即"法院认为"中的部分内容。对于每一争议问题，以案例名称和案号作为标题，如读者需阅读案例全文，可根据案例名称或案号在中国裁判文书网中查找该案例。个别案例摘录于有关书刊，案号未知，因判决时间较早，可能无法在案例数据库中查询到。

　　为便于查阅，本书对不同争议问题进行了分类，根据争议问题的性质，将其列入不同的章、节中。对于部分争议问题，不同法院甚至同一个法院在不同案例中可能存在正、反两方面的观点，对于这部分案例，本书根据正、反两方面的观点予以分列。

　　除案例外，本书就部分争议问题还列举了有关法律条文、司法解释以及最高人民法院、各高级人民法院和海事法院发布的有关指导意见，便于读者参考。

　　本书主要是对裁判规则的展现，部分案例附有法院和法官的评析意见，供读者参考。

　　本书收录案例的渠道主要是中国裁判文书网，收录时间截止至 2023 年 3 月 31 日。

　　在本书编写过程中，吴星奎律师提供了部分素材，在此表示衷心感谢！

　　限于时间和编者能力，本书不可避免地存在错漏之处，欢迎各位读者批评指正。

编　者

目　录

第一章　保险利益／1

是否具有保险利益以发生保险事故时为时间点判定／1

如何界定海上保险利益／1

保险利益不能仅凭贸易术语确定／3

加成保险部分的保险利益／8

船舶经营人是否具有保险利益／13

被挂靠单位对船舶是否具有保险利益／14

提单已转让，托运人是否具有保险利益／15

承运人投保货运险是否具有保险利益／16

被保险人是公司股东时其是否具有保险利益／19

第二章　保险合同的成立、转让和解除／20

被保险人应当在合同订立后立即支付保险费，否则保险人有权解除
保险合同／20

未缴纳或未及时缴纳保险费的后果／20

投保人在投保单上盖章但未缴纳保费，保险人未出具保单，保险合
同是否成立／22

投保单上加盖船章是否有效／24

保险公司在保险事故发生后进行勘验、估损并以保险人身份对受损
货物处置进行监督，不能仅以此认为保险合同成立／25

投保单由投保人的受托人代签对投保人具有约束力／26

保单没有约定 ICC（协会货物保险条款）的具体版本应如何选择适
用的版本／27

船舶转让对保险合同有哪些影响 / 29

海上货物运输下保单可以随提单自动转让 / 30

海上货物保险保单转让是否需要经被保险人背书 / 30

保险索赔权能否转让 / 31

保险合同约定未按时缴纳保险费保险合同自动解除是否有效 / 33

第三章　保险合同的解释与效力 / 36

对于保险条款下非保险术语的解释，应当采纳通常解释 / 36

不利解释原则在保险合同纠纷中的适用 / 40

船舶建造险保险条款中所述"保险船舶的下列损失、责任和费用"

　应理解为"被保险人的损失、责任和费用" / 41

除外责任条款中因台风造成的损失是否包括台风造成船舶沉没引起

　的损失 / 45

保单特别约定条款的效力 / 47

保单特别约定和保单保险条款冲突时的效力判断 / 57

保单特别约定的免赔率条款能否改变保险条款中关于碰撞不适用免

　赔的约定 / 58

保险条款中关于索赔的先决条件的效力 / 63

第四章　保赔合同 / 65

船东互保协会不属于商业保险公司，其与会员之间签订的保险合同

　不属商业保险合同 / 65

互保协会与被保险人之间的保赔合同是否适用海商法和保险法的
　规定 / 66

船东互保协会的保险条款是否为格式条款 / 68

第五章　被保险人的义务 / 69

如实告知义务 / 69

海上保险中被保险人应当将缔约前可能影响一个谨慎的保险人据以
　确定保险费率或者确定是否承保的重要情况告知保险人 / 75

订立合同时被保险人已经知道或者应当知道保险标的已经因发生保
　险事故而遭受损失的，保险人不负赔偿责任 / 75

含水量过高是否属于"影响保险人据以确定保险费率或者确定是否
　同意承保的重要情况" / 76

舱面货是否属于"影响保险人据以确定保险费率或者确定是否同意
　承保的重要情况" / 78

机器货物存在锈蚀是否属于"影响保险人据以确定保险费率或者确
　定是否同意承保的重要情况" / 79

被保险船舶作为拆船或者拆船目的出售的意图航行，构成影响保险
　人据以确定保险费率或者确定是否同意承保的重要情况 / 80

投保单中已明确投保标的为"供给船"的情况下是否还需要履行
　告知义务 / 81

保险人以被保险人未履行如实告知义务为由主张不负赔偿责任是否
　以解除保险合同为前提 / 83

被保险人因过失未履行如实告知义务的，保险人对于保险合同解除
　　前发生的与未告知情况没有因果关系的保险事故造成的损失应当
　　负赔偿责任／85

如何理解船舶用途改变／86

货物被意外堆放在露天堆场不构成危险程度显著增加／88

危险程度显著增加的通知义务及合同解除权是否需以保险合同约定
　　为前提／89

被保险人需举证证明保险事故是因列明的承保风险造成的／91

被保险人未及时向保险人报险导致无法查明是否发生保险事故的，
　　保险人不承担责任／93

保险事故发生后被保险人未及时采取减损措施，保险人对扩大的
　　损失不负赔偿责任／94

船东因未收取运费而行使留置权时被保险人如何减损／96

采取人工分卸货物是否可行且一定能减少损失／98

休渔期出海捕鱼构成违法航行，保险人按约定不承担保险责任／99

保险责任范围内的损失和非责任范围内的损失无法确定的，
　　由被保险人承担举证不能的后果／101

第六章　保险人的义务／102

保险人就免责条款的提示与明确说明义务／102

保险人需尽到提示与明确说明义务的免责条款限于格式条款／129

保险人负有保险责任核定义务，是否应对事故原因、性质承担举证
　　责任／131

第七章　施救与救助／145
　　　　船舶打捞费属于施救费用，保险人应在保险标的损失之外另行
　　　　　支付／145
　　　　航标设置费属于施救费用，船舶探摸费兼具救助费用和防污费用的
　　　　　性质／146
　　　　对遇险船舶上的货物进行卸载产生的费用是否属于船舶施救
　　　　　费用／147
　　　　保单中救助与施救费用分摊条款的法律效力／148
　　　　索赔共同海损牺牲、分摊和救助费用需以已进行共同海损理算与分
　　　　　摊为前提／149
　　　　保单约定的"共同海损费用"是否包括"共同海损牺牲"／150
　　　　沉船打捞过程中将货物移出船舶的费用不应按船货价值分摊／151
　　　　打捞作业具有紧迫性，虽未经保险人认可，保险人仍应负保险赔偿
　　　　　责任／151
　　　　沿海运输货物的货主向船方委托的雇佣救助方支付货物救助费用后
　　　　　是否有权向保险人索赔／152
　　　　对落水伤亡人员的搜救费是否属于为减少保险事故造成的损失而
　　　　　发生的费用／157
　　　　承运人负有对船上所载集装箱货物的打捞义务／157
　　　　被打捞的船载集装箱不属于船舶残骸或残骸上的物料或货物／158
　　　　施救费用是否适用于责任保险／159

第八章　保险责任和赔偿 / 163

　第一节　索赔主体 / 163

　　向承运人提供签发清洁提单保函不影响被保险人就运输途中发生的
　　　货损要求保险人承担保险责任的权利 / 163

　　没有在保单上记载为被保险人的船舶实际所有人/货主具有保险
　　　索赔权 / 164

　　未明确列为被保险人的船舶共有人是否具有保险索赔权 / 168

　　船舶共有人是否仅有权索赔其共有部分的保险赔偿金 / 170

　　既非投保人也非被保险人的货物所有人是否有权获得保险赔偿 / 170

　　保单受益人的法律地位 / 173

　　保单约定了受益人不影响被保险人的保险索赔权 / 174

　第二节　承保风险 / 177

　　保单背面印制的保险条款与正面记载的承保险种不一致的情况下
　　　承保条款的确定 / 177

　　保险条款关于风力等级的保险范围是否因违反公平原则而无效 / 180

　　保险近因原则如何适用 / 181

　　关于保险责任范围的解释要符合专业和行业惯例：如何解释
　　　搁浅 / 182

　　主机故障后船舶在风浪作用下搁浅是否属于保险责任范围 / 189

　　船舶搁浅后沉没造成货物损失的保险近因与保险事故发生时间 / 192

　　未知原因的船舶沉没事故是否属于承保风险 / 193

　　仅凭船员陈述不能认定碰撞事故原因和是否需向对方船舶承担
　　　责任 / 194

无接触的间接碰撞是否属于保险条款中约定的船舶碰撞 / 195

港口设施及码头等作为保险标的的保险事故不属于海上事故，船舶

　　碰撞例外 / 199

船舶触碰桥墩是否属于保险责任范围 / 200

船舶触碰施工平台是否属于保险责任范围 / 201

栈桥属于桥梁还是港口设施 / 201

码头龙门架倒塌砸中保险船舶属于保险责任范围 / 202

海洋运输货物保险条款"一切险"是否属于列明风险 / 203

外来原因的举证责任 / 208

货物因运输途中温差变化导致水汽凝结而受损是否属于外来风险

　　造成的 / 210

货物色泽变化导致价格降低属于保险事故 / 211

进口大豆货损是否属于保险责任范围 / 212

船东因行使留置权占有货物是否构成保险合同项下的保险

　　事故 / 213

海上货物运输承运人无单放货或错误放货导致的损失是否属于保险

　　理赔范围 / 215

局部强对流天气造成保险事故是否属于保险责任范围 / 219

由承保风险和非承保风险导致的保险事故如何确定保险责任 / 220

多因一果如何确定保险责任 / 223

第三节　保险责任期间 / 227

"仓至仓"条款保险责任期间何时何地起算 / 227

"仓至仓"条款保险责任期间何时何地终止 / 233

倒签保险凭证的情况下保险责任期间的起算 / 241

投保后保险责任期间开始前发生的保险事故保险人是否应承担保险
责任 / 241

在卸货港仓库发现货物损坏是否发生在保险责任期间 / 242

保险责任起讫条款不属于免责条款 / 243

第四节　免责条款 / 243

逾期不支付保险费保险合同自逾期之日起自动终止是否属于免责
条款 / 243

被保险人逾期缴纳保险费保险人不承担保险责任的约定是否有效 / 247

保单中关于未足额缴纳保险费保单失效或按比例承担保险责任的
条款是否有效 / 250

船舶是否适航的举证责任 / 254

船舶配员不当构成船舶不适航且导致保险事故发生的，可以依约定
构成保险除外责任 / 255

船舶未配备最新海图导致发生触礁事故构成不适航，且与保险事故
具有因果关系 / 258

船舶配载不当是否构成不适航 / 260

船舶锚泊时船舶配备不当是否构成开航时不适航 / 260

保险公司以约定船舶不适航主张免责，免责范围应当根据船舶不适
航状况与保险事故之间的因果关系程度综合判定 / 261

船舶航次保险和定期保险下船舶不适航的保险责任 / 264

船舶在港内检修不存在不适航的情况 / 266

海上货船适航证书有效期届满是否当然失效 / 267

保险条款中关于因被保险人过失造成的损失不承担责任的条款是
　　承保范围条款还是免责条款，是否有效 / 268

保单中关于承保航区为某一特定区域不承保转场风险的约定是否
　　有效 / 270

被保险人必须与保险人商定后方可进行修理或支付费用，否则
　　保险人有权重新核定是否属于免责条款 / 273

保险人援引除外责任条款通常须证明保险事故与除外责任有因果
　　关系 / 273

《中华人民共和国海商法》第二百四十三条保险除外责任下"航运
　　迟延、交货迟延"的含义 / 275

《中华人民共和国海商法》中"明知可能造成损失而轻率地作为
　　或者不作为"是否可以视同"间接故意"，继而构成保险条款
　　除外责任中的"故意" / 278

除外责任条款是否属于免除保险人责任的条款 / 278

责任范围条款与免责条款的识别 / 280

机器本身故障导致事故造成的损失是否属于保险责任范围 / 286

保险船舶发生碰撞或触碰事故造成第三者船舶沉没或码头受损
　　引起的清理航道费用是否属于保险责任范围 / 291

保险人不负责赔偿由于保险标的的本质缺陷或特性造成的损失和
　　费用 / 292

保险单中约定的不包含锈蚀风险仅指自然特性导致的锈蚀 / 294

船舶全损免赔额应当按照保险价值还是保险金额乘以免赔率
　　计算 / 295

第五节　保证条款 / 297

在合理时间内开航构成保险合同的保证条款 / 297

被保险人违反合同约定的保证条款的后果 / 298

船舶超航区航行导致损失，保险人是否需要承担赔偿责任 / 299

第六节　赔偿范围 / 308

保险合同纠纷下保险赔偿金的利息请求 / 308

律师费是否属于保险赔偿范围 / 309

进口关税、增值税是否属于保险赔偿范围 / 311

违约金损失不属于间接损失 / 311

第七节　其他 / 312

预约保险合同下被保险人善意漏报或误报已出运货物的处理 / 312

缔约时保险人和被保险人均不知道保险标的已经发生保险事故而
　　遭受损失的保险责任 / 312

责任保险的被保险人在面对第三人索赔时未提出责任限制抗辩的
　　保险责任承担 / 313

保险人不接受委付不影响被保险人要求保险人按照全部损失赔偿的
　　权利 / 313

被保险人因不可抗力无法证明货损发生的时间，保险人应承担保险
　　责任 / 314

弃权与禁止反供 / 315

投保人在投保时已告知货物重量，保险人明知事故航次载货量未提
出异议，不得再抗辩船舶超载 / 317

保险人明知船舶不适航是否应当承担保险责任 / 319

保险补偿原则 / 320

碰撞一方向碰撞另一方的责任保险人索赔应当限于碰撞双方的损失
按照碰撞责任比例相互抵消后的金额 / 320

碰撞对方船舶的损失超过基金金额，保险赔款是否应当扣减对方船
期损失和免赔额部分分摊的金额 / 321

保险人与船舶共有人之一达成的保险赔付协议对其他共有人是否
　具有约束力 / 322

货运险被保险人同时也是承运人，货物在运输期间发生损坏，保险
人是否应当承担赔偿责任 / 324

船舶在修理期间发生火灾，船东是否应当承担部分责任 / 325

第九章　保险标的损失 / 327

被保险人与碰撞另一方协商确定并被法院认可的船舶损失金额不能
　约束保险人 / 327

船舶维修清单和收据能否作为认定修理费的依据 / 328

保险事故发生在境外，将保险船舶拖回国内修理是否合理 / 328

船舶建造保险条款中的"损失"包括有形的物理损害和无形的经济
　损失 / 329

大豆货物的损失认定 / 331

第十章　共保与重复保险 / 334

共保与分保的区别 / 334

已履行赔付义务的重复保险人之一行使代位求偿权的情况对其分摊
请求权的影响 / 335

重复保险中约定的保险价值不同以哪个为准 / 336

第十一章　雇主责任险 / 338

被挂靠单位投保雇主责任险是否具有保险利益 / 338

被保险人同时是雇主和船员有权依据雇主责任险索赔 / 338

雇主责任险保险中的"雇员"为船上在岗船员即可 / 339

雇主责任险投保的船员人数少于实际在船船员人数如何处理 / 341

保单约定了承保船员的姓名或约定只对船员名单上的船员承担保
险责任，保险人对非约定或不在船员名单上的船员不承担保险
责任 / 342

在工作期间猝死或因疾病死亡属于雇主责任险的保险责任范围 / 343

船员在船期间休息时死亡应认定为在工作期间死亡 / 347

雇主责任险人身伤亡的赔偿金额是否按照保单约定的责任限额
确定 / 348

受害人家属从对方船舶获得赔偿可以减轻雇主责任险保险人的赔
偿责任 / 349

被保险人按照《人体损伤致残程度分级》而非保险合同约定的标
准确定的伤残等级索赔应予支持 / 350

受害人因伤致残的误工时间可以计算至定残日前一天 / 351

伤残赔偿限额比例条款不属于责任免除条款 / 352

渔船船员在境外水域发生伤亡是否属于雇主责任险的赔偿范围 / 353

雇主在赔偿雇员或其家属后能否受让雇员人身保险下的保险金请
　　求权 / 354
船员上岸买菜期间发生伤亡是否属于附加船东对船员责任险的保
　　险责任范围 / 356

第十二章　保险代位求偿 / 359
保险公估费用/检验费用是否属于代位求偿权范围 / 359
保险代位求偿权的审查范围 / 360
权益转让书并非海上保险代位求偿权的必要文件，支付凭证为
　　必要文件 / 362
代位求偿权下保险赔偿利息起算日期 / 365
海上保险人在二审中以代位求偿权为由主张变更当事人的程序
　　处理 / 365
被保险人违反约定未将责任人列为共同被保险人，保险人不得对
　　该责任人行使代位求偿权 / 366

第十三章　法律适用与管辖权 / 368
保单约定适用 ICC 保险条款并不当然包括其中的法律适用条款 / 368
受让保险单的收货人是否受预约保险单中约定的管辖条款约束 / 371
运输中货物作为保险标的发生损害时的法院管辖权 / 372

第十四章　证据 / 374
保险单上记载有提单号能否证明投保人向保险人提交了提单 / 374

气象实测资料关于风力大小的证明力 / 375

公估报告效力 / 378

公估师是否需要出庭作证 / 383

第十五章　诉讼时效 / 384

海上保险代位求偿权诉讼时效起算点 / 384

沿海、内河保险合同保险人代位求偿权诉讼时效起算点 / 386

保险人向第三人提起代位求偿请求不适用海商法规定的九十日追
偿时效 / 387

海上保险下被保险人中断时效行为的效力及于保险人 / 388

原审判决生效后提起再审是否构成责任保险诉讼时效中断 / 388

海上保险合同下保险人核赔是否可以构成被保险人请求权时效的
中断 / 389

被保险人起诉保险人后又起诉第三人，后案待前案判决后恢复
诉讼 / 392

被保险人是否负有先诉义务 / 393

未约定保险费的支付期限请求支付保险费的诉讼时效如何确定 / 401

第十六章　其他 / 402

船舶的保险价值在未约定时如何确定 / 402

关于海上保险合同货运代理提单责任险的问题 / 408

预约保险合同中保险人和被保险人的权利义务 / 409

倒签保单保函的法律效力 / 410

货到目的港发现受损之日可视为保险事故发生之日 / 410

保险合同约定未缴纳保险费的保险合同不生效或者保险人在保险
费缴纳之前不承担保险责任，保险人是否有权向被保险人索赔
保险费 / 411

保险合同约定投保人未按约定交付保险费，保险人按照已交保险费
的比例承担保险责任，投保人可选择不再交纳剩余保险费 / 412

保险人是否有为被保险人提供担保的义务 / 413

保险经纪人和保险代理人如何识别 / 417

责任保险的被保险人没有怠于请求保险人直接向第三者赔偿保险
金的，第三者不能直接向保险人请求赔偿保险金 / 420

内河船准许航行于港澳航线则属于海商法规定的海船 / 421

"开航"应指船舶离港开始预定航次的航行，而不包括船舶在港
内移泊 / 422

装卸两港货物含水率不具有可比性，不能当然认定是货物短量的
原因 / 423

承运人对船载集装箱的管理属于其管货义务的范畴 / 425

第一章　保险利益

📖 是否具有保险利益以发生保险事故时为时间点判定

最高人民法院第二次全国涉外商事海事审判工作会议纪要

123. 订立保险合同时被保险人对保险标的不具有保险利益但发生保险事故时被保险人对保险标的具有保险利益的，保险人应当对被保险人承担保险赔偿责任；订立保险合同时被保险人对保险标的具有保险利益但保险事故发生时不具有保险利益的，保险人对被保险人不承担保险赔偿责任。

📖 如何界定海上保险利益

涉外商事海事审判实务问题解答
（最高人民法院民事审判第四庭）

157. 如何界定海上保险利益？

答：海上保险利益是指投保人对保险标的具有的法律上承认的利益，即被保险人对保险标的具有法律上的经济利害关系。船舶所有人、船舶抵押权人、船舶保险人，货物的买方、卖方、承运人、货物保险人和提单质权人等均可以作为具有保险利益的人。

⚖️ 案例1

阳光保险股份有限公司柳州中心支公司等诉柳州远龙航运有限公司通海水域保险合同纠纷案 –（2014）桂民四终字第48号

一审法院认为，保险利益是保险合同法特有的制度，财产保险合同的被保险人对保险标的是否具有保险利益直接决定被保险人是否能够请求赔偿保险金。根据《最高人民法院关于适用〈中华人民共和国保险法〉若干问题的解释（二）》第一条"财产保险中，不同投保人就同一保险标的分别投保，保险事故发生后，被保险人在其保险利益范围内依据保险合同主张保险赔偿的，人民法院应予支持"之规定，不同投保人可以就同一保险标的分别投保。也就是说，法律承认财产的使用人、租赁人、承运人等主体对保险标的也具有保险利益。据此，本案原告作为"柳州明泰162"船财产的使用人、经营人和本案货物承运人，其对保险标的"柳州明泰162"船当然具有保险利益。

二审法院支持一审法院的观点，维持原判。

 案例2

中国人民财产保险股份有限公司景洪支公司与郑光宇通海水域保险合同纠纷上诉案 –（2014）桂民四终字第46号

一审法院判决认为，关于原告对本案受损的葵花籽是否具有保险利益的问题，根据《中华人民共和国保险法》（简称《保险法》）第十二条第六款"保险利益是指投保人或者被保险人对保险标的具有的法律上承认的利益"的规定，原告对本案受损葵花籽具有保险利益，本案保险合同有效。理由如下：
1. 保险利益既可以是经济上的利益，也可以是投保人依法或依合同所承担的义务、责任而产生的利害关系。本案中，原告租赁、经营的是"卫东10"号船，田某某为原告聘请的"卫东10"号船长，代表原告在承运凭证单上签收。因此，原告是案涉货物的承运人，其负有将该批货物安全运抵目的地的责任，在运输途中，该批货物一旦发生货损，其责任由原告承担，故原告对该批货物具有风险责任和利害关系。2. 保险合同是建立在诚实信用基础上的射幸合同，因此最大诚信原则是保险的基本原则，原被告应遵守这一基本原则。原告购买保险时，被告以原告为被保险人签发保险单，但保险事故发生后，却又以原告没有保险利益为由否认其被保险人的地位，显然有失诚信原则。3. 原告和被告在签订《国内水上货物运输保险协议》时已经约定，原告承运自己的货物或承揽其他货主的货物均属于保险标的的范围。故被告关于原告对受损货物没有保险利益的抗辩主张没有事实和法律依据，一审法院不予支持。

二审法院判决认为，所谓保险利益，并非货物所有权人才有利益关系，包括货物买卖、运输、管理等都可能形成债权债务关系，从而使得相关当事人产生法律上的利益关系。本案中，被上诉人是案涉货物的承运人，其负有将货物安全运达目的地的责任，对该批货物需履行义务承担相关责任，因此享有保险利益。

案例3

中国人民保险股份有限公司九江市八里湖支公司与海南和宇运贸有限公司海上货物运输保险合同纠纷案 –（2013）琼民三终字第7号

二审法院认为，关于海南和宇运贸有限公司（以下简称和宇公司）对"星光66"轮是否具有保险利益的问题，《事故报告》载明和宇公司为"星光66"轮的经营人，尽管和宇公司不是"星光66"轮登记的所有权人，但经营人要对船舶状况及赢利情况负责，即船舶运营采取所有权与经营权分离的经营模式，且和宇公司实际交纳了保险费24200元，根据《中华人民共和国保险法》第十二条规定的"保险利益是指投保人或者被保险人对保险标的具有的法律上承认的利益"，可以认定和宇公司对"星光66"轮具有保险利益。

📖 保险利益不能仅凭贸易术语确定

案例1

诚泰财产保险股份有限公司、诚泰财产保险股份有限公司云南分公司等海上、通海水域保险合同纠纷案 –（2020）桂民终1192号

一审法院认为，保险利益是指投保人或者被保险人对保险标的具有的法律上承认的利益。只要投保人对保险标的具有法律上的经济利害关系，即可认定其具有保险利益。法律上承认的利益并不等同于风险，只要保险标的在保险事故发生时，导致投保人或被保险人的经济利益随之受损，即表明其具有保险利益。原告云南红投国际投资开发集团有限公司（以下简称云南红投公司）作为涉案货物的出卖方，以被保险人的身份向被告诚泰财产保险股份有限公司云南分公司（以下简称诚泰分公司）投保海洋运输货物一切险、陆上运输一切险。虽然原告云南红投公司在与鹏威资源（亚洲）有限公司（以下简称鹏威

公司）签订的《铜矿买卖合同》中约定适用 CIF（到岸价，包括成本、保险费和运费等）价格条件，但双方并未严格按照 CIF 价格条件履行，主要表现为：保单并未与提单一起背书转让；货损发生后，原告云南红投公司接受买方从货款中扣除货物损失。涉案货物买卖双方的实际履行表明其已经变更了 CIF 价格条件货物在装运港越过船舷后风险转移给买方的约定，原告云南红投公司实际承担了涉案货物运输途中的风险和损失，与涉案货物具有法律上的经济利害关系，因此认定原告云南红投公司对涉案货物具有保险利益。被告关于原告云南红投公司对涉案货物不具有保险利益的抗辩理由不成立。

二审法院认为，本案中，被上诉人云南红投公司作为案涉货物的出卖方，系以被保险人的身份向上诉人诚泰分公司投保海洋货物运输一切险、陆上运输一切险。虽然在事故发生前，被上诉人云南红投公司与鹏威公司签订了《铜矿买卖合同》约定转让案涉货物，鹏威公司亦与兴邦公司同日签订了《铜矿买卖合同》约定转让案涉货物，两份合同均约定适用贸易术语为 CIF，但从案件查明的事实可知，首先，被上诉人云南红投公司所投保的案涉保单并未随提单一并背书转让；其次，被上诉人云南红投公司与鹏威公司按照货物实际到港重量 9101.67 千吨①进行货款结算，而非按装运港重量结算款项，则被上诉人云南红投公司与鹏威公司之间系以实际行为变更了双方的合同约定。因此，被上诉人云南红投公司作为案涉保险合同的投保人、被保险人，遭受了货物短少的损失，对案涉货物具有保险利益，一审法院对此认定正确。

案例 2

诚泰财产保险股份有限公司、诚泰财产保险股份有限公司云南分公司等海上、通海水域保险合同纠纷案 –（2021）最高法民申3078 号

最高人民法院再审认为，尽管本案云南红投公司与买方鹏威公司在《铜矿买卖合同》中约定适用 2010 年贸易术语 CIF，但双方并未严格按照 CIF 价格条件履行。原审法院查明，案涉保单并未与提单一并背书转让；货物在运输途中发生损失后，云南红投公司也接受了鹏威公司从货款中扣除货损金额的做法。综合前述情况，原审判决认定云南红投公司与案涉货物具有法律上承认的

---

① 千吨：扣除水分后得到的重量。

利益，进而对诚泰公司、诚泰分公司的该项主张不予支持，并无明显不当。

案例3

上诉人江苏中洋生态鱼类股份有限公司与被上诉人中国太平洋财产保险股份有限公司航运保险事业营运中心海上保险合同纠纷案－（2020）沪民终214号

一审法院认为，被保险人对保险标的是否具有所有权或者风险，并非衡量其是否具有保险利益的绝对标准，还要结合具体贸易约定和实际运输安排，判断被保险人是否因保险标的的安全到达而从中获益，是否因它们的灭失、损坏、被滞留而遭受经济上的损失或承担相应责任。被告仅依据涉案贸易术语的约定而主张原告对保险标的不具有保险利益，缺乏充分的事实和法律依据。现已查明，部分涉案货物品质下降明显，相应损失系由原告承担。

二审法院维持一审判决。

案例4

济宁九龙国际贸易有限公司诉永安财产保险股份有限公司济宁中心支公司海上保险合同纠纷案－（2012）鲁民四终字第7号

基本案情

济宁九龙国际贸易有限公司（以下简称九龙公司）以 FOB（离岸价，包括商品成本、包装费和出口手续费等）价格条款与约旦客户签订买卖板栗合同，永安财产保险股份有限公司济宁中心支公司（以下简称永安保险公司）向九龙公司签发了货物运输保险单。约旦客户在收货时发现集装箱内冷藏温度过高，板栗出现损坏，为此，向九龙公司索赔并扣除应付货款30937.15美元。九龙公司请求判令永安保险公司支付保险赔款22245.67美元及滞纳金。

裁判结果

青岛海事法院认为，本案所涉及的货物均由收货人通关并运至仓库处理，因此，货物风险已转移，出卖人在风险转移后不再具有保险利益，九龙公司不能获得赔偿，判决驳回了九龙公司的诉讼请求。九龙公司提起上诉，山东省高级人民法院首先对九龙公司因货损而遭受的损失予以认定。同时认为，货物买卖双方虽然约定的是 FOB 价格，但从实际履行看，九龙公司购买了保险并最终承担了货物因出险所遭受的损失，其与买方的实际履行行为变更了合同 FOB 货物交付条件的约定，九龙公司具有保险利益。山东省高级人民法院撤销原审判决，改判永安保险公司给付九龙公司保险赔偿金 13503 美元。

· 典型意义 ·

本案例对保险利益的含义作出了诠释。保险利益是指投保人或者被保险人对保险标的具有的法律上承认的利益。只要投保人或者被保险人对保险标的具有法律上承认的经济利害关系，即可认定其具有保险利益。本案中，九龙公司是投保人和被保险人，保险标的为涉案货物，九龙公司依据买卖合同对该批货物享有收益权，且货物出险后发生的最终损失由九龙公司承担，九龙公司对货物的收益权即为法律上的经济利害关系。因此，九龙公司对保险标的具有保险利益。本案买卖合同双方约定了 FOB 贸易术语价格条款，但买受人并未投保，合同约定与实际履行不一致，对于合同的处理应尊重合同当事人的意思表示，这种变更并不损害保险人的利益，货物出险后，保险公司应当对被保险人按照约定赔付。

· 判决原文 ·

一审法院青岛海事法院判决认为，关于保险利益，……本案所涉及的货物均已由收货人通关并运至仓库处理，因此，货物的所有权已经转让给了收货人。关于货物风险的转移，《中华人民共和国合同法》第一百四十八条规定，"因标的物质量不符合质量要求，致使不能实现合同目的的，买受人可以拒绝接受标的物或者解除合同。买受人拒绝接受标的物或者解除合同的，标的物毁损、灭失的风险由出卖人承担"。由于本案中货物被买受人接受，没有拒绝接收标的物，因此货物的毁损风险也应该由买受人承担，而出卖人在风险转移后不再具有保险利益，在保险事故发生时，九龙公司已经不再具有保险利益，据此保险人不再需要承担赔偿责任。

上诉人九龙公司不服一审判决上诉称，……本案所涉货物虽然是 FOB 价格，但在买卖合同中又做了特别约定，即货物在海运中的损失仍由卖方九龙公司承担。九龙公司在与永安保险公司订立保险合同时已将该特别约定告知了保险人，九龙公司对保险标的具有保险利益。永安保险公司二审答辩称，九龙公司和买方签订的合同价款是 FOB，按照《国际贸易术语解释通则》的规定，货物在装港越过船舷就由买方承担货物风险，且货物已被买方接收，没有拒绝接收标的物，货物的毁损风险应当由买方承担。根据《中华人民共和国物权法》规定，货物自交付时所有权发生转移，所以九龙公司不是涉案货物的所有权人，九龙公司对涉案货物既没有风险又不享有所有权，其对货物不再享有保险利益，不具备索赔主体资格，没有诉权。

二审法院在上述保险利益方面的认定推翻了一审法院的判决，其认为，本案保险事故发生在 2008 年，当事人争议的保险利益在《中华人民共和国海商法》（简称《海商法》）中未有规定，所以应当适用《保险法》（2002 年修正）的规定，根据《保险法》（2002 年修正）第十二条规定，"投保人对保险标的应当具有保险利益。投保人对保险标的不具有保险利益的，保险合同无效。保险利益是指投保人对保险标的具有的法律上承认的利益"。只要投保人对保险标的具有法律上承认的经济利害关系，即可认定其具有保险利益。本案中，虽然九龙公司与国外买方约定货物出口的价格条款为 FOB，但涉案货物买卖双方并没有严格按照 FOB 价格条款履行，主要表现为：货物运输险实际由卖方九龙公司投保；货物在运输途中发生损失后，九龙公司接受国外买方从货款中扣除货物损失，即实际承担了货物运输途中的损失。涉案货物买卖双方的实际履行表明其已经变更了 FOB 价格条件下由买方投保运输险和货物在装运港越过船舷后风险转移给买方的做法，九龙公司实际承担了货物运输途中的风险与损失，与货物具有法律上的经济利害关系，因此，应当认定其对货物具有保险利益。永安保险公司以九龙公司不具有保险利益而不承担赔偿责任的理由不当，二审法院不予支持。

· 最高人民法院就本案的答复 ·

最高人民法院关于济宁九龙国际贸易有限公司与永安财产保险股份有限公司济宁中心支公司海上保险合同纠纷一案的请示的复函 -2012 年 11 月 9 日 - 〔2012〕民四他字第 44 号

经研究，同意你院审判委员会认为济宁九龙国际贸易有限公司（以下简称九龙公司）具有保险利益的少数意见。理由如下：依照《中华人民共和国保险法》（2002 年）第十二条第三款的规定，保险利益是指投保人对保险标的具有的法律上承认的利益。只要投保人对保险标的具有法律上的经济利害关系，即可认定其具有保险利益。虽然九龙公司与国外买方口头约定货物出口的价款条件为 FOB，但涉案货物买卖双方并没有严格按照 FOB 价格条件履行，主要表现为：货物运输险实际由卖方九龙公司投保；货物在运输途中发生损失后，九龙公司接受国外买方从货款中扣除货物损失，即实际承担了货物运输途中的损失。涉案货物买卖双方的实际履行表明其已经变更了 FOB 价格条件下由买方投保运输险和货物在装运港越过船舷后风险转移给买方的做法。九龙公司实际承担了货物运输途中的风险与损失，与货物具有法律上的经济利害关系，因此应当认定其对货物具有保险利益。

案例5

仙乐健康科技股份有限公司与丘博保险（中国）有限公司海上保险合同纠纷案 –（2016）沪 72 民初 30 号

上海海事法院认为，被告仅依据涉案贸易术语的约定而主张原告对保险标的不具有保险利益，缺乏充分的事实和法律依据：首先，在贸易合同关系中，买卖双方可以就标的物的所有权转移和货款结算的方式另行作出约定，仅凭贸易术语无法得出涉案货物发生货损时所有权已经转移至买方的结论；其次，被保险人会因为海上航程或保险标的的安全到达而受益，或者因为它们的灭失、损坏、被滞留而受损，又或者因此而招致责任的，都应当认为被保险人对保险标的具有"法律上承认的利益"。现已查明，涉案货物因粘连变形而致买方拒收，货物损失系由原告承担，因此，原告对涉案货物具有保险利益，对被告的此节抗辩，上海海事法院不予采纳。

📖 加成保险部分的保险利益

【支持的案例】

案例1

中华联合财产保险股份有限公司、厦门国贸集团股份有限公司海上、通海水域保险合同纠纷案 –（2019）鄂民终 137 号

一审法院认为，保单未载明货物保险价值，根据厦门国贸集团股份有限公

司（以下简称厦门国贸公司）陈述及中华联合财产保险股份有限公司（以下简称中华联合公司）提供的《公估报告》阐明，本案属于海上货物运输险项下按货物 C&F（成本和运费）价格或者贸易合同价格的 110% 进行投保及赔付，当事人双方均明知，保险人对此予以承诺，并按照该金额收取保险费，不违背诚实信用原则。在海上货物运输保险中，加成保险既是商业惯例，也是保险惯例，双方均知晓，并作了约定，支付了相应对价，故对保险合同当事人双方均具有约束力。原审法院认为，涉案海上货物运输险按照 C&F 价格的 110% 确定的保险金额应是保险人与被保险人双方约定的货物保险价值，并非超额保险，保险人应在约定保险金额范围内赔偿。厦门国贸公司主张贬损货物的保险赔偿，符合法律规定，应当予以支持。本案保险赔偿金额为：463.716 美元/吨 × 39405.24 吨 × 30.82% = 5631689.372 美元。厦门国贸公司诉讼主张该项赔偿金额为 5631689 美元，符合法律规定，一审法院予以确认。中华联合公司辩称本案属于超额保险的意见缺乏事实和法律依据，一审法院不予支持。

二审法院维持一审判决。

案例2

中国大地财产保险股份有限公司、中国大地财产保险股份有限公司上海分公司与上海港机重工有限公司保险纠纷上诉案 – （2010）沪高民四（海）终字第 41 号

关于涉案货运险项下，两被告是否应按保险标的实际损失的 110% 进行赔付，一审法院认为，货物运输险项下按货物 CIF 价格或合同价格的 110% 进行投保及赔付，既是商业惯例，也是保险惯例，依法应当予以确认。涉案货运险保险合同按照门机出厂价格加成 110% 确定保险金额，保险人据此收取保费，则在保险事故发生后，按照等价有偿原则，应按保险标的损失的 110% 予以赔付。

二审法院维持一审判决。

案例3

青岛中诺进出口有限公司、中国太平洋财产保险股份有限公司青岛分公司海上、通海水域保险合同纠纷案 – （2020）鲁 72 民初

1947 号

关于保险赔偿金额及相应利息如何确定，青岛海事法院认为，案涉货物 CIF 价值为 1013666.05 美元，保险单约定的保险金额为 1115032.66 美元，原告就涉案货物按照货物 CIF 价值加成 110% 比例投保，系为保障其费用成本和预期利润所作出的决定，该加成投保方式符合长期以来的国际贸易和保险惯例，亦不违反法律法规的禁止性规定。被告在签发的保险单中载明含 110% 加成后的保险金额，应视为被告已认可货物的保险价值按照货物的发票价格即 CIF 价格的 110% 计算。在货物受损后，保险人应依照双方约定按照 110% 的加成比例作出保险赔付，据此被告的保险赔偿金额为保险金额 1115032.66 美元扣除货物残值 20 万美元，即 915032.66 美元。

案例 4

常州光洋轴承股份有限公司与中国太平洋财产保险股份有限公司天津分公司等海上保险合同纠纷案 –（2019）沪 72 民初 1099 号

上海海事法院认为，常州光洋轴承股份有限公司（以下简称光洋公司）就涉案货物按照 110% 比例加成投保，系为保障其费用成本和预期利润所作出的决定，该加成投保方式符合长期以来的国际贸易和保险惯例，亦不违反法律法规的禁止性规定。中国太平洋财产保险股份有限公司天津分公司（以下简称天津太保）明知光洋公司系在货物发票价格和 CIF 价格基础上按 110% 比例加成投保，仍同意接受加成投保，据此确定保险费率并收取保险费，还在签发的保险单中载明含 110% 加成的保险金额。在此情况下，无论保险单中是否对保险价值加以明确记载，均应视为天津太保已认可货物的保险价值按照货物的发票价格/CIF 价格的 110% 计算。在货物受损后，天津太保依照双方约定按照 110% 的加成比例作出保险赔付，符合海上货物运输保险行业惯例，也是其作为保险人遵循诚实信用原则妥善履行保险合同项下义务的应有之义。上海海事法院对于天津太保关于保险金额超出发票金额的部分无效，不属于保险赔付范围的抗辩不予采纳。光洋公司主张以其提起本案诉讼之日（2018 年 10 月 29 日）中国银行公布的美元兑人民币汇率 1：6.9366 将美元折算为人民币，于法不悖，可予支持。因此，天津太保作为保险人应当就涉案货物全损向光洋公司按照 110% 比例支付保险赔偿人民币 1083991.64 元（156271.32 美元 × 6.9366）。

案例 5

重庆红蜻蜓油脂有限责任公司与中国人民财产保险股份有限公司重庆市分公司海上、通海水域保险合同纠纷案 –（2015）武海法商字第 00796 号

武汉海事法院认为，重庆红蜻蜓油脂有限责任公司（以下简称红蜻蜓公司）实际支付货款 35956844.93 美元、运费 2328811.2 美元，两者之和乘以 110% 正好等于 42114221.74 美元，与保单载明的保险金额一致，故涉案保险系按货物 C&F 价格加成 10% 投保。虽然保单未载明货物保险价值，且庭审时双方当事人均未出示投保单，但保险人承诺保险金额为 42114221.74 美元，并按照该金额收取保险费，双方形成保险合同法律关系，该保险公司对双方均具有约束力。保险人承保货物时，应对保险价值予以核实，其在出险后才主张保险价值低于保险金额，要求按照低于保险金额确定赔偿金，违反诚实信用原则。并且，在海上货物运输保险中，加成保险既是商业惯例，也是保险惯例，双方对此做了约定，支付了相应对价，对保险合同当事人双方均具有约束力。《保险协议书》第二条第一款约定"发票金额"不应仅指货物买卖合同中货物本身价值，还可能是 FOB 价格、C&F 价格和 CIF 价格。红蜻蜓公司主张按照 C&F 价格加成投保符合双方约定，中国人民财产保险股份有限公司重庆市分公司承保并签发保单，就不能再要求投保人履行告知义务，除非保险价值明显低于保险金额，严重损害保险人利益，构成双方权利显失公平，否则应当按照保单予以确定。综上，保单载明的保险金额 42114221.74 美元应系原告、被告双方真实意思表示，对双方均具有约束力。红蜻蜓公司主张具有事实和法律依据，武汉海事法院予以支持。

案例 6

寿光市东宇鸿翔木业有限公司与中国人民财产保险股份有限公司连云港市分公司海上保险合同纠纷案 –（2014）沪海法商初字第 620 号

上海海事法院认为，海上货物运输险项下按货物 CIF 价格或者贸易合同价格的 110% 进行投保及赔付，既是商业惯例，也是保险惯例，保险合同当事人

双方应当予以确认和诚实信用地履行。涉案海上货物运输险按照货物发票价格的110%确定的保险金额实际也是保险人与被保险人双方确定的货物保险价值，并非超额保险。并且，原告是按照此保险金额缴纳保费，被告也是按照货物发票价格的110%计收了保费。因此，在保险事故发生后，被告应当根据保险合同的射幸特性，在原告支付了合同对价的前提下，按照等价有偿原则诚实信用地履行保险赔偿义务，按照保险标的损失的110%予以赔付。被告的抗辩缺乏法律和事实依据，上海海事法院不予支持。

【不支持的案例】

案例7

江苏华麟化工有限公司诉中国太平洋财产保险股份有限公司江苏分公司等海上保险合同纠纷案 – （2009）沪海法商初字第335号

关于保险金额溢价问题，上海海事法院认为，货物的保险价值是保险责任开始时货物在起运地的发票价格。涉案保险金额系原告与被告约定按照涉案货物价值的110%确定的。《保险法》规定，保险金额不得超过保险价值；超过保险价值的，超过的部分无效。《海商法》也规定，保险标的的保险价值、保险金额均可由保险人与被保险人约定，唯保险金额不得超过保险价值，故保险金额溢价10%不应予以支持。

案例8

龙腾贸易有限公司诉中国太平洋财产保险股份有限公司浙江分公司海上保险合同纠纷案 – （2009）沪海法商初字第325号

法院判决认为，《中华人民共和国海商法》第二百二十条规定，"货物的保险价值，是保险责任开始时货物在起运地的发票价格；保险金额由保险人与被保险人约定。保险金额不得超过保险价值；超过保险价值的，超过部分无效"。涉案货物的发票价格为92781.60美元，保险合同约定的保险金额为102060美元，保险金额超过保险价值的部分为无效，被告应按货物的保险价值即92781.60美元进行保险赔偿。

船舶经营人是否具有保险利益

案例 1

福建省某某轮船公司与某某财产保险股份有限公司广东分公司海上保险合同纠纷案 –（2011）甬海法商初字第 294 号

原告认为其作为船舶经营人，船舶是其实现经营目的、获得预期利润的物质基础，其因船舶的毁损灭失而相应受损或因船舶的完整存在而相应受益，故其对船舶具有法律上的利害关系，即原告对涉案船舶具有保险利益。被告认为，原告作为船舶经营人，既没有因涉案事故对外支付赔偿款，也未因涉案事故遭受任何损失，原告对涉案船舶不具有保险利益。宁波海事法院认为，保险利益是指投保人或者被保险人对保险标的具有的法律上承认的利益。被保险人对保险标的具有保险利益，并不要求被保险人对保险标的具有绝对的所有权或财产权，而仅需存在法律上的利害关系。因此，被保险人仅需对保险标的享有合同权利或者因保险标的的存在而受益，因保险标的的灭失、毁损而受损。原告作为船舶经营人，基于合同关系对船舶享有占有、使用、受益的权利，其因本次沉船事故必然遭受相应损失，且被告作为保险人，在投保时理应对原告为船舶经营人是否享有保险利益做出谨慎判断，其在保险事故发生后认为原告无保险利益，有违诚实信用原则。综上，法院认定原告对涉案船舶具有保险利益。

案例 2

烟台市威盛国际船舶管理有限公司与中国大地财产保险股份有限公司威海中心支公司船舶保险合同纠纷案 –（2009）青海法海商初字第 353 号

根据原告与"润祥"轮船舶所有人签订的船舶代管协议和经营管理协议，原告是该轮的船舶经营管理人。原告以自己的名义与被告签订了《远洋船舶保险单》，原告是投保人也是被保险人。依据《保险法》第十二条的规定：财产保险的被保险人在保险事故发生时，对保险标的应当具有保险利益。被保险人是指其财产受保险合同保障，享有保险金请求权的人。保险利益是指投保人或者被保险人对保险标的具有的法律上承认的利益。原告是"润祥"轮《代管协议书》和《经营管理协议书》项下的船舶经营管理人，是《远洋船舶保险单》的被保险人，依法对保险标的具有法律上承认的利益。因此，原告依法享有保险利益。

案例3

上海中福轮船公司与中国人民保险公司上海市分公司船舶保险合同纠纷案－（2003）沪海法商初字第77号

上海海事法院认为，《中华人民共和国保险法》第十一条规定："保险利益是指投保人对保险标的具有的法律上承认的利益。"对船舶的保险利益，取决于对船舶风险的承担而非船舶所有权归属，凡对船舶的毁损、灭失承担风险者即对船舶具有保险利益。根据业已查明的事实，原告系涉案"仲宇"轮的登记经营人，有权对"仲宇"轮行使占有、使用和收益的权利，"仲宇"轮在经营、管理期间发生毁损、灭失将阻碍原告权利的实现。原告的上述权利显然属于法不禁止的合法利益，其通过订立保险合同，以保险利益权利行使人身份主张船舶保险索赔，诉权存在。作为勤勉、谨慎的保险人，被告在接受原告投保时，理应合理审查原告提供的相关文件，以决定是否承保。查本案双方当事人提供的相关船舶证书，原告作为船舶经营人身份自始无变化，可见，被告接受保险承诺显系明知，且从未提出异议。发生争议后被告却以此作为抗辩，因缺乏法律和事实依据，上海海事法院不予采信。

被挂靠单位对船舶是否具有保险利益

【支持的案例】

案例1

天津紫海航运有限公司与中国人民财产保险股份有限公司平潭支公司海上、通海水域保险合同纠纷案－（2015）津海法商初字第873号

天津海事法院认为，对于被告提出的原告不是"紫海顺"轮实际船东，

其对该轮不具有合法权益,并未因船舶的沉没遭受财产损失的主张,因原告是"紫海顺"轮的登记所有人,也是涉案《保险单》的被保险人,按照原告与高某某签订的《船舶挂靠协议》的约定,原告为高某某提供人民币3000000元的贷款,若该还款未还款累计超过人民币300000元30天,或造成原告经济损失达人民币1000000元时,原告有权收回船舶的所有权和经营权,由此产生的一切费用和损失由高某某承担。而原告向高某某提供人民币3000000元贷款后,高某某至今未向原告还款。且保险事故发生后,原告已赔偿遇难船员家属理赔款人民币9569300元。因此,原告对"紫海顺"轮具有保险利益,故对被告该项主张不予支持。

【不支持的案例】

 案例2

瑞丰龙公司与平安财险防城港公司、平安财险广西公司船舶保险合同纠纷上诉案 –(2015)琼民三终字第114号

海南省高级人民法院认为,"瑞丰龙168"轮系由桂某某挂靠在瑞丰龙公司的名下,虽然瑞丰龙公司是保险合同的投保人和被保险人,但其仅享有收取管理费的权利,对船舶没有财产性权益,缺少实质性的保险利益,而桂某某是船舶的实际所有人和保险合同的实际被保险人,船舶的灭失给其带来实质性的经济损失,故其具有保险利益,保险赔偿金的支付对象是具有保险利益的被保险人,一审判决涉案保险赔偿金向桂某某支付正确。

提单已转让,托运人是否具有保险利益

案例

上海金荣翔企业发展有限公司与中国太平洋财产保险股份有限公司上海分公司海上保险合同纠纷上诉案 –(2012)沪高民四(海)终字第73号

一审法院认为,中国太平洋财产保险股份有限公司上海分公司(以下简称太保上海分公司)作为保险人签发了以上海山一包装有限公司(上海金荣

翔企业发展有限公司前身）为被保险人的货物运输保险单，上海金荣翔企业发展有限公司（以下简称金荣翔公司）、太保上海分公司双方之间成立海上货物运输保险合同关系。虽然金荣翔公司是涉案提单上记载的托运人，但提单已经转让给收货人，收货人也已经提货，金荣翔公司已不具有提单项下权利，且收货人出具的授权委托书也明确"上海山一包装有限公司在任何特定的时间均不是任何和解的受益人"，故金荣翔公司对涉案货物已不具有保险利益。

二审法院认为，太保上海分公司与金荣翔公司海上货物运输保险合同关系成立。根据涉案提单上的记载，金荣翔公司是托运人，但嗣后提单已经转让给收货人 BELCOMAR NV，且收货人 BELCOMAR NV 也已经提货。根据《中华人民共和国保险法》第四十九条的规定，保险标的转让的，保险标的的受让人承继被保险人的权利和义务。因此，金荣翔公司已不具有提单项下权利。此外，在一审中，金荣翔公司向法院提供了收货人 BELCOMAR NV 出具的授权委托书，收货人 BELCOMAR NV 在该委托书上也明确表示"上海山一包装有限公司在任何特定的时间均不是任何和解的受益人"。故金荣翔公司认为自己仍然是该保单的保险受益人，完全有权向太保上海分公司要求理赔的上诉理由，二审法院不予支持。

📖 承运人投保货运险是否具有保险利益

【支持的案例】

🔨 案例 1

刘某、中国平安财产保险股份有限公司辽宁分公司海上、通海水域保险合同纠纷上诉案 – （2019）辽民终 1186 号

一审法院认为，本案中，货物的所有人系南通苏乌米业有限公司，托运人系营口五洲实业有限公司（以下简称五洲公司），承运人系上海泛亚航运有限公司，三主体对案涉货物具有相应的保险利益，即货物所有人、托运人对案涉货物具有财产利益，可投保财产险；承运人对案涉货物具有责任利益，可投保责任险。法律上，不存在实际托运人概念及相应的制度。原告刘某对案涉货物既无财产利益，又无责任利益，对案涉货物不具有保险利益，不能向被告中国平安财产保险股份有限公司辽宁分公司主张保险赔偿金。营口海纳物流有限公司（以下简称海纳公司）系受托运人五洲公司委托代办具体托运事宜，系五

洲公司的代理人，其行为后果应由被代理人五洲公司承担，海纳公司对案涉货物亦无保险利益。

二审法院认为，关于案涉保险合同是否有效的问题，因为刘某没有提供直接的证据证明其权利来源，故原审关于案涉保险合同无效的意见有一定道理。但是，我国当前物流业发展迅猛，行业内部分工更加细化，交易方式方法更趋便利，案涉合同的效力更应依据当事人的民事行为并结合新的发展情况进行全面分析评判。现有间接证据证明，五洲公司将案涉航次的货物运输交给海纳公司负责，刘某是海纳公司的法定代表人，因案涉货物发生货损，海纳公司进行赔付，减少收入 7.8 万余元。这些证据形成链条，证明海纳公司和刘某对案涉货物具有保险利益。同时，刘某作为个人与保险公司签订案涉货物的保险合同，保险公司在了解情况的前提下收取保险费、签订保险合同，即认可了刘某对该批次货物具有保险利益。可见，刘朋与保险公司签订的保险合同是双方真实意思表示，不违反法律、行政法规的强制性规定，依法成立，受法律保护，对双方具有约束力，双方应依据保险合同履行权利义务。故原审认为案涉合同无效的意见不当，予以纠正。

案例 2

营口宏途物流有限公司、中华联合财产保险股份有限公司营口中心支公司海上、通海水域保险合同纠纷案 –（2021）辽 72 民初 1169 号

大连海事法院认为，营口宏途物流有限公司（以下简称宏途公司）是案涉保单的投保人和被保险人，与中华联合财产保险股份有限公司营口中心支公司（以下简称营口联合保险公司）订立保险合同时以及案涉货损事故发生之时系案涉货物的承运人，并在事故发生之后向委托其运输的托运人进行了货损赔付，对案涉货物具有保险利益。法律允许承托双方以运费抵顶货损赔偿的约定和安排，营口联合保险公司辩称宏途公司对案涉货物不具有保险利益的理由不能成立。

案例 3

中国人民财产保险股份有限公司南宁市分公司与广西贵港市宝

丰航运有限责任公司、张某某等保险人代位求偿纠纷案 – (2012)
海商初字第 8 号

关于保险代位求偿权是否成立的问题，二被告认为，第三人广西捷安运输
有限责任公司（以下简称捷安公司）是多式联运的检验人，依法承担承运人
的义务。而被告广西贵港市宝丰航运有限责任公司系区段承运人，既然捷安公
司已投保，原告无权向作为投保人的捷安公司、二被告追偿。北海海事法院认
为，第三人捷安公司就案涉货物向原告投保国内水路货物运输险，原告签发了
保险单，双方间的保险合同成立。货损发生在保险责任期间和保险责任范围
内，原告依保险合同进行了理赔，并实际支付了保险赔款。根据《中华人民
共和国保险法》第六条第一款"因第三者对保险标的的损害而造成保险事故
的，保险人自向被保险人赔偿保险金之日起，在赔偿金额范围内代位行使保险
人对第三人请求赔偿的权利"的规定，原告依法取得了保险代位求偿权，故
原告的保险代位求偿权成立。

【不支持的案例】

案例 4

广州市运输交易市场（林安）津城货运部、中国人民财产保险
股份有限公司广州市分公司保险人代位求偿权纠纷案 – (2018) 皖
02 民终 1116 号

安徽省芜湖市中级人民法院认为，根据中国人民财产保险股份有限公司广
州市分公司（以下简称人保广州市分公司）向安得物流股份有限公司（以下
简称安得公司）签发《国内水路、陆路货物运输保险单》，二者之间为财产损
失保险合同关系，而安得公司对案涉货物并不具有保险利益，因此，人保广州
市分公司在支付安得公司赔款后，并无法定代位追偿权。鉴于本案中，安得公
司将相关追偿权利转让给中国人民财产保险股份有限公司广州市番禺支公司
（以下简称人保广州番禺支公司），人保广州市分公司和人保广州番禺支公司
在一审中提交的《关于 PYDL2013440100000017524 保险单的说明》表明代位求
偿权由人保广州市分公司行使，且其他当事人对人保广州市分公司的诉讼主体
资格现均未提出异议，故认定人保广州市分公司通过受让已取得代位追偿权，
其作为本案原告适格。现有证据足以证明广州市运输交易市场（林安）津城

货运部（以下简称林安货运部）与天津市展能物流有限公司就案涉货物运输存在转委托关系，故一审法院判决林安货运部承担相应赔偿责任，并无不当。

📖 被保险人是公司股东时其是否具有保险利益

⚖ 案例

郑某某与中国人民财产保险股份有限公司大连市分公司海上、通海水域保险合同纠纷案 –（2019）辽民终 1483 号／（2020）最高法民申 4681 号

二审法院认为，关于郑某某是否具备索赔资格的问题，《中华人民共和国保险法》第十二条第二款规定："财产保险的被保险人在保险事故发生时，对保险标的应当具有保险利益。"第四十八条规定："保险事故发生时，被保险人对保险标的不具有保险利益的，不得向保险人请求赔偿保险金。"本案中，营口圣茂物流有限公司是案涉保险合同的投保人，郑某某是被保险人。所谓保险利益又称可保利益，按照本条第六款的规定，是指投保人或者被保险人对保险标的具有的法律上承认的利益。具体而言，这种利益关系体现在两个方面：一是保险事故发生，投保人或者被保险人因保险标的遭受损失或伤害而受到损害；二是保险事故未发生，投保人或者被保险人因保险标的的安全而受益。公司一旦发生责任赔偿事宜，股东利益必然受到损害，郑某某作为营口圣茂物流有限公司的股东，与公司利益相关联，因此，可以认定郑某某是对案涉货物具有保险利益的被保险人，中国人民财产保险股份有限公司大连分公司（以下简称人保大连分公司）主张郑某某不具备索赔资格上诉理由不能成立。关于郑某某是否应承担举证责任的问题，本案中，人保大连分公司在已经派人出险并且对受损货物进行了处置后，向郑某某发出了《拒赔通知书》，然后主张郑某某承担举证责任的请求缺乏事实与法律依据，二审法院不予以支持。

最高人民法院再审认为，本案中，郑某某系案涉货物保险投保人（此处可能是笔误，应该是被保险人），其作为股东的营口圣茂物流有限公司需就案涉货物损失向货主承担赔偿责任，郑某某对案涉货物具有保险利益。该事实与郑某某及营口圣茂物流有限公司是否构成人格混同无关。原审判决认定郑某某对案涉货物具有保险利益并无不当。人保大连分公司的该项再审理由亦不能成立。

第二章　保险合同的成立、转让和解除

📖 被保险人应当在合同订立后立即支付保险费，否则保险人有权解除保险合同

中华人民共和国海商法

第二百三十四条　除合同另有约定外，被保险人应当在合同订立后立即支付保险费；被保险人支付保险费前，保险人可以拒绝签发保险单证。

最高人民法院关于审理海上保险纠纷案件若干问题的规定

第五条　被保险人未按照海商法第二百三十四条的规定向保险人支付约定的保险费的，保险责任开始前，保险人有权解除保险合同，但保险人已经签发保险单证的除外；保险责任开始后，保险人以被保险人未支付保险费请求解除合同的，人民法院不予支持。

📖 未缴纳或未及时缴纳保险费的后果

⚖️ 案例1

上诉人威来船务有限公司与被上诉人中国人民财产保险股份有限公司航运保险运营中心海上保险合同纠纷案 –（2017）沪民终244 号

涉案保险合同特别约定第 10 条："保险费合计 31000.00 美元。保险费缴付双方按以下约定：第一期保险费签单时缴付 11000.00 美元，第二期保险费于 2013 年 10 月 20 日缴付 10000.00 美元，第三期保险费于 2014 年 01 月 20 日缴付 10000.00 美元，双方约定，如投保人（或被保险人）没有按照约定的日

期缴付约定的保险费，保险人有权从投保人（或被保险人）违约当天起终止本保险合同。对自违约之日起所发生的任何事故损失和费用不承担赔偿责任。"威来船务有限公司（以下简称威来公司）认为，该条款的法律效力以中国人民财产保险股份有限公司航运保险运营中心（以下简称人保航保中心）行使合同解除权为前提。人保航保中心在本案中并未行使解除保险合同的权利，且在威来公司逾期支付保险费的情况下出具了发票，应视为人保航保中心放弃合同解除权，故人保航保中心仍应承担保险赔偿责任。人保航保中心认为，该条款合法有效，不涉及合同解除权，威来公司未按时缴纳保险费即发生终止保险合同的法律后果，自威来公司违约之日起，人保航保中心不承担保险赔偿责任。上海海事法院认为，保险合同既是射幸合同又是双务合同，双方当事人基于偶然事件互负并不对等的给付义务。涉案保险合同特别约定第 10 条系当事人基于保险合同的特性约定的合同终止情形，该特别约定条款由当事人协商一致而形成，且不违背法律禁止性规定，故对合同双方当事人均有约束力。本案威来公司未按时支付本应于 2014 年 1 月 20 日支付的第三期保险费，直至 2014 年 4 月 4 日凌晨涉案船舶"G××××F××××1"轮沉没后于当日补缴了第三期保险费。若在保险合同履行过程中，投保人或者被保险人均可在保险事故发生后通过补缴保险费的方式获得保险赔偿，则对保险人显失公平。因此，威来公司的行为不仅违背了合同约定，更不符合保险合同作为射幸合同的基本特性，人保航保中心有权依据保险合同特别约定第 10 条主张保险合同终止并不承担保险赔偿责任。此外，威来公司关于人保航保中心未行使合同解除权的抗辩亦缺乏事实和法律的依据，一审法院不予采信。

二审法院维持一审判决。

案例 2

中国人寿财产保险股份有限公司福州市中心支公司、丁某某、威海强宇航运有限责任公司海事海商纠纷案 –（2020）闽 72 民初 419 号

厦门海事法院认为，原告起诉两被告主张船舶保险费及利息，本案为船舶保险合同纠纷。本案的争议焦点之一为原告与两被告间的船舶保险合同是否成立并生效。根据《中华人民共和国保险法》第十三条关于"投保人提出保险要求，经保险人同意承保，保险合同成立"的规定，保险合同的成立需要投保人和保险人分别做出邀约和承诺，双方达成合意后，保险合同方可成立。原

告提交的保险单上仅有原告作为保险人的盖章，并无两被告的签名、盖章，原告亦无法提供具有两被告签名、盖章的保险合同、投保单或其他保险凭证。原告主张其在两被告要求下开具发票、变更保险标的并出具批单，但并未提供发票和批单系应两被告要求开具的证据。原告还主张两被告向其提供了船舶检验证书簿等资料用于投保，但并未举证证明该资料系来源于两被告。两被告也从未履行过支付保险费的义务。原告没有任何证据可以证明两被告曾向其提出过保险要求，根据《中华人民共和国民事诉讼法》第六十四条和《最高人民法院关于适用〈中华人民共和国民事诉讼法〉的解释》第九十条的规定，原告未能提供证据证明自己的主张，应承担举证不能的法律后果，案涉船舶保险合同未成立。因原告与两被告之间不存在合同关系，故原告要求两被告支付保险费及利息的主张无事实和法律依据，厦门海事法院不予支持。

案例3

原告日照德运物流有限公司诉被告太平财产保险有限公司山东分公司海上保险合同纠纷案 –（2016）闽72民初13号

厦门海事法院认为，原告确认在收到保单的同时收到了《2009保险条款》，该条款第七条以黑体标示了"若投保人未按照约定交付保险费，保险费交付前发生的保险事故，保险人不承担赔偿责任"，能够起到提示作用，且该条款系对缴交保费的约定，并未涉及任何专业知识，投保人及原告对该条款应当能够理解，依据《最高人民法院关于适用〈中华人民共和国保险法〉若干问题的解释（二）》第十一条规定，应认定被告已对该条款做了明确的提示及说明。支付保费系投保人的义务，该条款未违反法律法规等强制性规定，合法有效。案涉事故发生在2015年10月，原告于2015年11月才缴交保费，故即便案涉事故系保险事故，被告也无须承担赔偿责任。

投保人在投保单上盖章但未缴纳保费，保险人未出具保单，保险合同是否成立

案例

阜南县润通航运有限公司、中国平安财产保险股份有限公司阜

阳中心支公司海上、通海水域保险合同纠纷案 – （2019）鄂民终801号

一审法院认为，《中华人民共和国保险法》第十三条规定："投保人提出保险要求，经保险人同意承保，保险合同成立。保险人应当及时向投保人签发保险单或者其他保险凭证。保险单或者其他保险凭证应当载明当事人双方约定的合同内容。当事人也可以约定采用其他书面形式载明合同内容。依法成立的保险合同，自成立时生效。"阜南县润通航运有限公司（以下简称润通公司）在投保单上盖章确认，并经中国平安财产保险股份有限公司阜阳中心支公司（以下简称平安保险公司）签发保险单，涉案保险合同成立并生效。平安保险公司与润通公司系合作单位，自2015年起润通公司就在平安保险公司办理船舶保险业务，且润通公司知道经手人王某系平安保险公司下属单位的员工，其主要工作就是办理保险业务。润通公司无证据证明签订涉案保险合同的行为并非真实意思表示，且润通公司应当预料到将空印纸张交给他人所可能产生的法律后果。即便涉案保险合同的签订是为了帮助王某应付业务需要，但润通公司因上述保险合同被保险的船舶发生事故要求保险公司赔偿，该行为系润通公司认为合同成立并生效的情况下才能做出，故该行为系润通公司对涉案保险合同的效力的认可。润通公司认为，只有银行给船舶贷款之后，其才应办理保险手续缴纳保费，该约定系涉案保险合同所附的成立条件，但银行并未提供贷款，故涉案保险合同未生效。经查明，涉案保险合同并未约定上述附条件生效的内容，故润通公司的该项抗辩理由不能成立。涉案保险合同合法有效，双方当事人应当依照合同行使权利并履行义务。涉案14份保险合同保费共计953053元，润通公司应当根据保险合同的约定支付保费。

二审法院认为，关于其他十三条船舶的保险合同是否成立并生效的问题，双方当事人二审提交的证据显示，该十三条船舶的保险合同并未成立。理由如下：第一，《中华人民共和国保险法》第十三条第一款规定："投保人提出保险要求，经保险人同意承保，保险合同成立。保险人应当及时向投保人签发保险单或者其他保险凭证。"本案中，润通公司在投保单上盖章的行为，只能证明投保人提出了保险要求，保险合同是否成立，取决于平安保险公司是否同意承保。《中华人民共和国合同法》第二十六条规定："承诺通知到达要约人时生效。"平安保险公司未能举证证明除"润通5198"轮外其他船舶的保险单已送达给润通公司，润通公司亦否认收到相关保险单及保险条款。第二，根据润通公司法定代表人周某某与王某的电话记录，结合在平安保险公司投保的"润通5198"轮保险单上载明的第一受益人与在天安保险公司投保的"广通

6216"等八条船舶保险单上载明的第一受益人为不同银行的事实，亦能从侧面印证润通公司投保的前提条件是案涉船舶获得投保单上载明的银行贷款后才投保。对此王某是明知的，无证据证明平安保险公司对此条件提出异议。现有证据显示，案涉船舶除"润通5198"轮在安徽阜南农村商业银行股份有限公司贷款成功外，其他船舶或转港，或通过其他银行贷款。第三，双方当事人均确认润通公司有多条船舶在案涉保险期间的上一年度曾向平安保险公司投保，故不能完全排除"荣清168""润通518""广通6216""润通1299""阜阳之星"五轮的船东以为续保而向平安保险公司进行报案。客观上平安保险公司亦以润通公司未交保险费为由未予理赔。而润通公司提交的"广通6216"等八条船在天安保险公司投保的保险单正本以及天安保险公司的结案报告，证明案涉八条船舶已在其他保险公司投保并获得理赔。一般而言，船舶挂靠公司基于经营成本的考量，不会同时购买多份船舶保险。本案中，润通公司不仅另外购买船舶保险，且投保单上载明的第一受益人实际发生变更，考虑到无证据证明润通公司收到案涉保险单，及润通公司购买其他保险公司的保险并获得理赔的事实，可以认定润通公司与平安保险公司的保险合同并未成立，故平安保险公司要求润通公司支付除"润通5198"轮外其他船舶的保险费没有事实依据，二审法院不予支持。

📖 投保单上加盖船章是否有效

🔨 案例

温州市吉泰运输有限公司与中国人民财产保险股份有限公司洞头支公司海上保险、保赔合同纠纷案 –（2012）浙海终字第86号

一审法院认为，中国人民财产保险股份有限公司洞头支公司（以下简称洞头中保公司）提供的投保人特别声明确实只有船章而无投保人单位负责人或自然人船东的签名，且肉眼可观察出船章是盖在空白的格式《投保人特别声明》上，手工填写内容是盖章后所添加，不能证明洞头中保公司对温州市吉泰运输有限公司（以下简称吉泰公司）已经尽到免责事项的提示、明确说明义务。

二审法院认为，根据本案具体情况，仅凭该投保人特别声明尚不足认定保险人对其除外责任已向投保人尽到明确说明义务：首先，该特别声明仅加盖船章，并无投保人经办人签字，而本案船章下落不明，已无法证明该声明上所盖

船章之真伪。其次，《中华人民共和国保险法》第十七条第二款规定："对保险合同中免除保险人责任的条款，保险人在订立合同时应当在投保单、保险单或者其他保险凭证上作出足以引起投保人注意的提示，并对该条款的内容以书面或者口头形式向投保人作出明确说明；未作提示或者明确说明的，该条款不产生效力。"此处的明确说明，除作提示注意外，还应当对有关免责条款的概念、内容以及法律后果以合适方式向投保人或者代理人作出解释，使投保人明了该条款真实含义和法律后果。从洞头中保公司提供的同期同类其他保险单正本背面的保险条款看，保险公司未对免责条款作出显著标志等特别提示（如字体加粗、加大等）。本案投保人声明的内容仅载明保险公司对特别约定和责任免除条款已明确说明，投保人已充分了解的笼统描述，难以认定洞头中保公司对免责条款的概念、内容及法律后果已向投保人作出明确说明，也难以认定投保人对免责条款的真实含义和法律后果已经明了。据此，原判认定洞头中保公司未对免责条款作出明确说明并无不当。

保险公司在保险事故发生后进行勘验、估损并以保险人身份对受损货物处置进行监督，不能仅以此认为保险合同成立

案例

中谷集团上海粮油有限公司与中国人民财产保险股份有限公司大连市分公司、中国人民财产保险股份有限公司大连市甘井子支公司海上保险合同纠纷上诉案 –（2014）民申字第568号

最高人民法院认为，依据《中华人民共和国海商法》第二百二十一条的规定，被保险人提出保险要求，经保险人同意承保，并就海上保险合同的条款达成协议后，合同成立。保险人应当及时向被保险人签发保单或者其他保险单证，并在保险单或者其他单证中载明当事人双方约定的合同内容。根据原审查明的事实，即使中谷集团上海粮油有限公司（以下简称中谷公司）提交的短信和通话记录可以证明中谷公司曾经向中国人民财产保险股份有限公司大连市分公司（以下简称保险公司）或者中国人民财产保险股份有限公司大连市甘井子支公司（以下简称甘井子公司）提出保险要求，也并不能证明保险公司或者甘井子公司同意承保，并且已经就保险合同条款达成协议。中谷公司提交的其他货物保险单只能证明中谷公司的其他货物系由保险公司承保，并不能证明涉案货物保险合同成立，且其他货物的保险单上记载的保单签发日期基本都

是在启运日期当天或之前，并不能证明双方当事人长期存在电话投保以及事后签发保单的交易习惯。中谷公司在涉案事故发生之后向保险公司支付了保险费，而保险公司提供证据证明该费用已经退回，故中谷公司支付保险费的事实并不能推定保险公司已经同意承保。事故发生后，虽然保险公司委托保险公估公司进行勘验、估损，并以保险人身份对中谷公司处置受损货物进行监督，但是，保险公司履行保险人义务的行为并不能成为推定保险合同成立的依据。因此，中谷公司提交的证据并不能充分证明保险公司或甘井子公司已经同意承保，并就保险合同的条款与中谷公司达成一致。二审判决涉案海上货物运输保险合同不成立并无不当。

📖 投保单由投保人的受托人代签对投保人具有约束力

⚒ 案例

赵某某与中国大地财产保险股份有限公司寿县支公司海上、通海水域保险合同纠纷上诉案 –（2015）鄂民四终字第00003号

二审法院认为，虽然赵某某并未向中国农业银行股份有限公司安徽省寿县支行（以下简称寿县农行）出具书面的授权委托手续，但结合本案事实和证据情况，可以认定寿县农行是赵某某办理保险合同的代理人。首先，赵某某与寿县农行之间存在抵押贷款关系，抵押物即涉案船舶"皖寿2229"轮。作为保险人的中国大地财产保险股份有限公司寿县支公司（以下简称寿县大地财保）有理由相信，寿县农行因担心贷款回收的风险而代赵某某为"皖寿2229"轮投保，在此前提下，赵某某明知寿县农行在与寿县大地财保协商投保事宜，不仅不向寿县农行或寿县大地财保提出异议，还按寿县农行要求到寿县大地财保交纳了保费，其行为足以使寿县大地财保相信寿县农行有权代赵某某投保。其次，保险合同作为合同的一种，其成立包含要约和承诺两个环节。《中华人民共和国保险法》第十三条规定："投保人提出保险要求，经保险人同意承保，保险合同成立。保险人应当及时向投保人签发保险单或者其他保险凭证。"第十四条规定："保险合同成立后，投保人按照约定交付保险费，保险人按照约定时间开始承担保险责任。"从《中华人民共和国保险法》上述规定可以看出，保险合同成立需有提出保险要求和同意承保的步骤，且保险合同成立后才进入交纳保费的流程。本案中，寿县农行代赵某某签发投保单正是提出投保申请的过程，寿县大地财保同意承保，保险合同即成立。在整个投保流程

中，寿县大地财保一直与寿县农行联系，然后由寿县农行将投保的进展情况和相关事宜转述给赵某某，并告之赵某某到保险公司交纳保费。对上述流程，赵某某是明知的，并按寿县农行的要求到寿县大地财保交纳了保费，足以证明对寿县农行代其投保的事实，赵某某是认可的。如果赵某某不认可寿县农行代其投保的事实，不认可寿县农行代其与寿县大地财保协商并签发投保单的事实，那么其知晓其所投为沿海内河一切险并按此险种到保险公司交纳相应的保费就显得毫无依据并于理不通。再次，赵某某在庭审中的多次陈述均印证了其明知寿县农行代其投保的事实。如，一审庭审质证时，赵某某称："当时购买这个保险是向农业银行，原告（赵某某）当时依据农业银行要求交的保费……"二审庭审时，赵某某亦陈述："赵某某确实要求投保，但是不知道购买保险的流程，在整个投保过程，保险公司没有联系过赵某某，没有告知相关事实。""当时在农行贷款，农行告诉赵某某保险了，就缴纳了保险费，但是不清楚保险的具体流程。"从赵某某以上陈述可以看出，赵某某在缴纳保费之时是明知寿县农行已代其将之前的投保程序都履行完毕的，在此情况下，不论其是否清楚之前流程和具体内容，其仍然缴纳保费的行为可以视为是对寿县农行此前代其投保行为的一种确认，那么寿县农行此前在投保单及特别约定清单上签字的行为当然亦应在其确认之列。综上，对于寿县农行代赵某某在投保单及特别约定清单上的签字，应视为受赵某某委托所签，其内容对赵某某应有合同约束力。因此，对于寿县大地财保称其向赵某某支付保险金时应按保险合同约定扣除免赔额，并按不足额投保约定比例赔付的上诉请求，二审法院予以支持。

📖 保单没有约定 ICC（协会货物保险条款）的具体版本应如何选择适用的版本

⚖️ 案例

中国人民财产保险股份有限公司上海市分公司与自然环保集团有限公司、江苏永禄肥料有限公司等海上保险合同纠纷案 –（2013）沪高民四（海）终字第 108 号

一审法院认为，确定涉案保险条款的首要依据应是保险合同当事人在订立保险合同当时的真实意思表示，虽然中国人民财产保险股份有限公司上海市分公司（以下简称人保上海公司）表示其在接受江苏永禄肥料有限公司（以下

简称永禄公司）投保时的真实意思是承保协会货物保险 A 条款① （1982 年版）
（以下简称 1982 协会 A 条款），并提供了其在中国保险监督管理委员会备案的
PICCP & CIN STITUTE CARGO CLAUSES（A）（简称 PICC 协会 A 条款），其内
容与 1982 协会 A 条款一致，但是上述证据并不能排除永禄公司投保时意欲投
保协会 A 条款（2009 年版）（以下简称 2009 协会 A 条款）的可能性。人保上
海公司作为具有专业优势和制作签发保险单证一方，在订立涉案保险合同过程
中，理应知道双方所约定的保险条款名称存在两个以上版本，其有义务提醒投
保人注意存在两种版本的协会 A 条款，并要求投保人对版本予以进一步明确。
相信如果人保上海公司当时告知投保人存在两种版本的协会 A 条款，投保人
会选择对被保险人更为有利的 2009 协会 A 条款，或者在双方无法达成合意的
情况下，转而选择其他保险人进行投保。但事实上，人保上海公司从未告知投
保人有两个版本保险条款这一情况，也未要求投保人进一步明确协会 A 条款
的版本。尽管如此，人保上海公司仍可以通过向投保人提供协会 A 条款的具
体条款内容和说明其中条款内容的方式来弥补上述漏洞，但显然人保上海公司
亦未尽其保险条款的载明和说明义务。涉案保险条款版本约定不明，与人保上
海公司未尽法定义务密切相关，为保护被保险人利益，应由人保上海公司承担
由此产生的不利后果。因此，关于协会 A 条款的版本问题，一审法院采纳被
保险人的主张，即认定本案保险合同的承保险别为 2009 协会 A 条款。

二审法院认为，人保上海公司系于 2010 年 1 月 30 日签发了涉案保单，此
时距 2009 协会 A 条款的推出已经一年，永禄公司有足够的时间了解该条款的
内容。虽然 2009 协会 A 条款较之 1982 协会 A 条款整体上的改变不多，但在
"除外责任"部分的变化比较明显，导致保险人的责任范围实际上有了变化。
特别是对除外责任第 4 条和第 5 条规定的修改，反映了条款制定者保护善意的
买方和保单受让人的意图。如本案所涉的普通除外责任中的第 4.6 条款的修
改，又如在不适航和不适运除外责任中新增了同样旨在保护善意买方和保单受
让人的第 5.2 条款。永禄公司作为国际贸易的卖方，其为涉案货物运输投保一
切险并支付保费的目的，自然是希望将运输过程中可能发生的导致货物损坏或
灭失的一切风险，尽可能地纳入保险人的责任范围内。故永禄公司关于其缔结
涉案保险合同时，真实意思表示是投保 2009 协会 A 条款的主张，符合其签订
保险合同的目的，亦符合其商业目的，可信度更高。据此，一审法院关于涉案
保险合同的承保险别为 2009 协会 A 条款的认定，并无不妥。

---

① 协会货物保险 A 条款 [Institute Cargo Clause A，简称 ICC（A）] 是伦敦保险协会 1982 年 1 月 1
日开始使用的新条款，取代原来使用的协会货物条款中的一切险。

船舶转让对保险合同有哪些影响

最高人民法院关于审理海上保险纠纷案件若干问题的规定

第九条 在航次之中发生船舶转让的，未经保险人同意转让的船舶保险合同至航次终了时解除。船舶转让时起至航次终了时止的船舶保险合同的权利、义务由船舶出让人享有、承担，也可以由船舶受让人继受。

船舶受让人根据前款规定向保险人请求赔偿时，应当提交有效的保险单证及船舶转让合同的证明。

涉外商事海事审判实务问题解答
（最高人民法院民事审判第四庭）

164. 船舶转让对保险合同有哪些影响？

答：因船舶转让而转让船舶保险合同的，应当取得保险人同意。未经保险人同意，船舶保险合同从船舶转让时起解除；船舶转让发生在航次之中的，船舶保险合同至航次终了时解除。自船舶转让时起至航次终了时止的船舶保险合同的权利、义务转让给船舶受让人。

最高人民法院第二次全国涉外商事海事审判工作会议纪要

121. 船舶转让发生在航次之中的，船舶保险合同至航次终了时解除。船舶转让时起至航次终了时止的船舶保险合同的权利、义务转让给船舶受让人。船舶受让人根据前款规定向保险人请求保险赔偿时，应当提交有效的保险单证。

浙江省高级人民法院关于审理海上保险合同纠纷案件若干问题的指导意见
（浙高法〔2011〕183号）

第七条 因船舶转让而转让船舶保险合同的，被保险人或受让人应当及时通知并取得保险人同意，但保险合同另有约定的除外。

因船舶转让而导致危险程度显著增加的，保险人自收到前款规定的通知之日起三十日内，可以按照合同约定增加保险费或者解除合同。保险人未及时答复的，视为同意继续承保。

被保险人未通知保险人或通知前保险事故已经发生，转让船舶未实际交付的，保险人应当承担保险赔偿责任；转让船舶已经实际交付的，保险人有权解除合同并拒绝承担保险赔偿责任。

📖 海上货物运输下保单可以随提单自动转让

⚖ 案例

中国太平洋财产保险股份有限公司浙江分公司诉中远集装箱运输有限公司多式联运合同纠纷案 – （2011）沪海法商初字第 40 号

被告认为保单载明的被保险人为涉案提单的托运人，而原告向涉案提单的收货人进行赔付，其取得代位求偿权的行为不合法。上海海事法院认为，按照我国法律的相关规定，保单可以由被保险人背书转让或通过其他方式转让。而在海上货物运输合同中，保单一般均随提单的转让而转让。被告依据收货人手中持有的提单向收货人交付货物，原告依据收货人提供的随提单转让的保单向其进行涉案货物的保险赔付并无不当。对被告的该项辩解理由，法院不予认可。

📖 海上货物保险保单转让是否需要经被保险人背书

⚖ 案例

旺客商贸有限公司与中国平安财产保险股份有限公司上海分公司海上保险合同纠纷案 – （2015）沪高民四（海）终字第 80 号

一审法院认为，本案旺客商贸有限公司（以下简称旺客公司）通过网上贸易，信用证付款方式取得涉案货物的提单以及货物运输保险单，其取得方式合法有效。涉案信用证条款中并未对货物运输保险单是否需要被保险人背书做特别规定，故旺客公司在合法取得货物运输保险单的情况下，与中国平安财产保险股份有限公司上海分公司的海上保险合同关系依法成立，被保险人背书与否不影响旺客公司依据保单主张权利。

二审法院维持一审判决。

📖 保险索赔权能否转让

🔨 案例1

中国太平洋财产保险股份有限公司航运保险事业营运中心、日照银行股份有限公司莒县支行海上、通海水域保险合同纠纷案 –（2020）鲁民终 1702 号

一审法院认为，《债权转让协议书》系日照银行股份有限公司莒县支行（以下简称日照银行莒县支行）与山东晨曦粮油有限公司（以下简称晨曦公司）的真实意思表示，即使转让当时债权处于不确定的状态，受让人日照银行莒县支行对受让之债权有基本的审查义务，即接受未来实现债权可能存在的风险，应当尊重当事人的意思自治。且该《债权转让协议书》并无《中华人民共和国合同法》第五十二条所规定的关于合同无效的情形，双方约定转让的债权也无《中华人民共和国合同法》第七十九条规定的不得转让的情形，该《债权转让协议书》合法有效，对合同双方当事人具有约束力。《中华人民共和国合同法》第八十条规定"债权人转让权利的，应当通知债务人。未经通知，该转让对债务人不发生效力"，转让通知是债权转让对债务人发生法律效力的一个必备条件。故当中国太平洋财产保险股份有限公司航运保险事业营运中心（以下简称太保航运中心）收到晨曦公司邮寄给其的《债权转让协议书》之时，该《债权转让协议书》对太保航运中心即发生法律效力，日照银行莒县支行在受让债权的范围内享有保险合同项下对太保航运中心的保险赔偿请求权。

二审法院维持一审判决。

🔨 案例2

中国大地财产保险股份有限公司烟台中心支公司、莱州市弘渤渔业专业合作社海上、通海水域保险合同纠纷案 –（2020）鲁民终 2624 号

一审法院认为，《中华人民共和国合同法》第七十九条规定，债权人可以将合同的权利全部或者部分转让给第三人。第八十条规定，债权人转让权利的，应当通知债务人，未经通知，该转让对债务人不发生效力。涉案保险合同被保险人为郭某某，其将保险理赔权利转让给莱州市弘渤渔业专业合作社（以下简称弘渤合作社），并对中国大地财产保险股份有限公司烟台中心支公司（以下简称大地财保）进行了通知，该转让合法有效，大地财保应当向弘渤合作社履行理赔义务。

二审法院维持一审判决。

案例3

杭州久祥进出口有限公司与太平财产保险有限公司浙江分公司、太平财产保险有限公司海上、通海水域保险合同纠纷上诉案 – （2017）浙民终424号

一审法院认为，本案中，杭州久祥进出口有限公司（以下简称久祥公司）与太平财产保险有限公司（以下简称太保公司）订立的涉案货物保险合同，依据《中华人民共和国海商法》第二百二十九条的规定，在久祥公司将货物交付出运，货物越过船舷之后，货物风险转移至收货人，收货人L公司对该货物享有保险利益，涉案保险合同的权利义务一并转移至收货人L公司。现收货人L公司已经取得涉案货物，依据涉案保险合同约定，在货损发生之后，收货人L公司享有向太保公司主张相应的货物保险赔款的权利。因为货物已经产生货损，涉案保险合同项下的权利义务随之也已经固定，所以在这种情况下，涉案货物不可能再进行转让，保险合同也无法在保险事故发生后转让。被保险人在保险事故后所转让的，仅是损害赔偿请求权，而损害赔偿请求权的转让，实质为诉权的转让。按照我国学界诉权二元的通说理论，诉权是当事人在民事权益受到侵犯或与他人发生争议时，请求法院进行审判以强制实现其民事权益的权利。程序意义上的诉权，即当事人向国家审判机关请求开始诉讼程序的权利，是形式和手段；而实体意义上的诉权，即请求法院保护或强制实现其民事权益的权利，是最终的内容和目的。从程序诉权上讲，本案中，久祥公司依据收货人L公司的授权，取得向太保公司主张损害赔偿请求的权利，对太保公司提起诉讼。但依据《中华人民共和国民事诉讼法》第一百一十九条的规定，久祥公司必须与本案的诉讼标的有直接的利害关系，而本案中具有直接利害关系的应为收货人L公司，久祥公司经授权取得该项权利，其形成的为间接的利

害关系，久祥公司无法援引其与收货人 L 公司因货物买卖合同未能及时收回货款，而在本案中与太保公司形成直接的利害关系。从实体诉权上讲，收货人 L 公司转让给久祥公司的权利系基于涉案保险合同可向太保公司所主张的损害赔偿款。但是，涉案货损是否属于保险合同承保范围内的保险事故、涉案货损金额多少、可得赔偿金额多少，均处于争议中。因此，收货人 L 公司无法转让实体意义上的诉权，其所能转让的仅为程序意义上的诉权。综上，该院认为，久祥公司并非本案直接利害关系人，不符合起诉的条件，依照《中华人民共和国民事诉讼法》第一百一十九条、第一百五十四条第一款第三项，于 2017 年 6 月 12 日作出裁定：驳回久祥公司的起诉。

二审法院认为，本案一审裁定结果是驳回久祥公司的起诉，而驳回起诉是指人民法院在审理案件过程中发现原告的起诉不符合法律规定的起诉条件，以裁定的形式对原告的起诉予以拒绝的司法行为。据此，本案焦点问题应是久祥公司的起诉是否符合法律规定的起诉条件，即人民法院应否受理久祥公司的起诉。判断当事人提起的诉讼是否符合人民法院受理案件的条件，并非要求该项诉讼请求需获得实体法上的支持，而应以民事诉讼法关于案件受理条件的法律规定为判断标准。《中华人民共和国民事诉讼法》第一百一十九条规定，符合民事案件受理的条件需同时具备四个：一、原告是与本案有直接利害关系的公民、法人和其他组织；二、有明确的被告；三、有具体的诉讼请求和事实、理由；四、属于人民法院受理民事诉讼的范围和受诉人民法院管辖。本案中久祥公司向宁波海事法院起诉时已提供了编号为 66402060620160000991 的货物保险保单以及一审审理过程中收货人 L 公司将涉案保单项下的权利转让给久祥公司的公证材料等相关证据，这些证据表面已证实久祥公司与本案具有利害关系，符合民事诉讼法关于案件受理条件的法律规定，系本案适格原告，人民法院应当受理并实体审理。宁波海事法院以案涉货损存在争议，久祥公司无法受让实体诉权为由，裁定驳回久祥公司的起诉，属于适用法律不当。

📖 保险合同约定未按时缴纳保险费保险合同自动解除是否有效

⚖ 案例

天安财产保险股份有限公司航运保险中心、钦州市恒盛海运有限公司海上、通海水域保险合同纠纷民事申请再审案 –（2020）最高法民申 3029 号最高人民法院再审认为：

一、关于案涉保险合同特别约定是否属于附解除条件。《中华人民共和国合同法》第四十五条是关于附解除条件合同的规定，第九十三条和第九十六条是关于约定合同解除条件的规定。附解除条件是行为人为了限制自己行为的效力，以意思表示对法律行为所加的附款，而合同解除通常不是合同的附款。解除条件成就，附解除条件的民事法律行为当然且自动地消灭，不需要当事人再作意思表示；但合同按约定解除必须有解除合同的意思表示。保险合同规定未按期缴付保险费的，保险合同解除，而按保单中列明的付款日期缴付保险费属于投保人的主要义务，故未履行该义务不可能成为附解除条件，而只能是约定的解除条件。

二、关于案涉保险合同在保险事故发生时是否已经解除。《中华人民共和国合同法》第九十六条第一款规定："当事人一方依照本法第九十三条第二款、第九十四条的规定主张解除合同的，应当通知对方。合同自通知到达对方时解除。对方有异议的，可以请求人民法院或者仲裁机构确认解除合同的效力。"这一规定虽然不是商事合同当事人完全不能变更的强制性规定，但本案当事人关于"自动解除"的约定尚不足以支持天安财产保险股份有限公司航运保险中心（以下简称天安保险）的保险合同自出现违约情形即当然解除，而不需通知对方的主张。首先，合同条款本身不够明晰。合同包含的相关条款为："投保人未按保单中列明的付费日期缴付保险费的，本保险合同自合同逾期之日起自动解除，保险人不承担保险责任。"这并未明确是否需要通知对方，既可能被理解为保险合同不需通知钦州市恒盛海运有限公司（以下简称恒盛公司）而解除，也可被理解为天安保险仅自动取得了合同解除权。根据《中华人民共和国合同法》第四十一条"对格式条款的理解发生争议的，应当按照通常理解予以解释。对格式条款有两种以上解释的，应当作出不利于提供格式条款一方的解释"的规定，应作出对天安保险不利的解释，即应理解为天安保险取得了合同解除权，而解除权需要经过通知来实现。天安保险在取得合同解除权后，并未在保险事故发生前通知恒盛公司案涉保险合同已经解除，因此，案涉保险合同在保险事故发生时并未解除。其次，从天安保险在事故发生后的行为和交易习惯来看，"自动解除"也不等于不经通知即解除。恒盛公司通过福建省大福通船务有限公司（以下简称大福通公司）向天安保险投保。2016年1月25日，恒盛公司投保的船舶发生保险事故。3月1日，天安保险通过电子邮件方式向大福通公司发送告知函，载明由于大福通公司未能按保单约定按时缴纳第二期保费，导致上述保险合同已自逾期之日起自动解除，保单处于无效状态。在案涉保险事故发生后，天安保险发出解除合同告知函，这也说明合同并不自动解除，解除不需要通知对方。同时，2015 年度大福通公司代理的 8 艘船舶均存在逾期缴纳保费的情形，其中 3 艘船舶的保险单亦记载："投保人未按保单中列明的付费日期缴付保险费的，保险合同自合同逾期之日起自动解除。"但天安保险仍然于逾期缴纳保费之后发出缴费通知催缴保费，而未解除保险合同。恒盛公司的另一艘船舶在 2015 年逾期缴纳保费后，也是被同样对待。综合以上情况，本案保险合同并未因未缴纳保费而在保险费缴付逾期时即解除。原判决认定保险合同在事故发生时未解除，并无不当。

第三章　保险合同的解释与效力

📖 **对于保险条款下非保险术语的解释，应当采纳通常解释**

⚖️ **案例 1**
·················

漳州市中丰贸易有限公司、永安财产保险股份有限公司江苏分公司海上、通海水域保险合同纠纷案 –（2017）闽民终 418 号

一审法院认为，首先，涉案保险单对于构成暴风责任的风力等级未作明确约定，这是导致双方争议的主要原因。漳州市中丰贸易有限公司（以下简称中丰公司）主张根据中国人民银行《关于印发〈财产保险基本险〉和〈财产保险综合险〉条款、费率及条款解释的通知》中关于"财产保险综合险条款的解释"第四条第（七）项的规定，8 级风即构成暴风；永安财产保险股份有限公司江苏分公司（以下简称永安保险）主张应根据国家颁布的风力等级标准，11 级风才属于暴风。原审认为，中国人民银行 1996 年的部门文件《关于印发〈财产保险基本险〉和〈财产保险综合险〉条款、费率及条款解释的通知》第四条第二款第（七）项规定，"暴风指风速在每秒 28.3 米，即风力等级表中的 11 级风。本保险条款的暴风责任扩大至 8 级风，即风速在每秒 17.2 米以上即构成暴风责任"。可见，作为原保险业主管机关的中国人民银行的解释，暴风是气象标准上的 11 级风，只是在财产保险基本险和综合险中特别将承保责任范围从 11 级风扩大至 8 级风，但该文件第三条第二款第（四）项明确规定"运输途中的物资"不属于该财产保险的承保标的。因此，在涉案水路货物运输保险中，中丰公司认为暴风责任亦当然适用上述财产保险基本险规定的观点，依据不足。其次，在同等气象条件下，陆地上的风力等级通常会比海面上小 1～2 级，8 级风在陆地上相对比较少见并有一定破坏力，所以在陆地上将暴风责任扩大至 8 级风是符合实际需求的。而 8 级风在海上较为常见，如在海上将暴风责任扩大至 8 级风，则与保险系承保不特定风险的特征不相符。《中华人民共和国保险法》第三十条规定，采用保险人提供的格式条款订

立的保险合同，保险人与投保人、被保险人或者受益人对合同条款有争议的，应当按照通常理解予以解释。涉案保险条款基本险中涉及"暴风"用语，属于专业术语，应以专门领域的解释为准。按照蒲氏风力等级表，暴风是指蒲氏11级风，风速每秒28.5～36.9米。故即使涉案船舶在事故当时遭遇8级风，也不属涉案保险条款基本险列明的暴风范围。再次，涉案"敏捷896"轮为沿海航区货船，营运海区为A1+A2，而船舶满足沿海航区稳性要求，一般相应的抗风等级为：正风时5～6级，阵风时7～8级（含遮蔽航区），故8级风应在"敏捷896"轮的抗风等级范围。"敏捷896"轮参考载货量872吨，本航次实际载货量1103.76吨，货物装载高度超过船盖高度，未按船舶规范要求关闭舱盖并加帆布；结合该轮在遇到大风浪当时，船长即下令将船上表层货物泄入海中的事实，足以表明涉案"敏捷896"轮本航次超载。因此，从现有证据分析，货物落海及水湿系因8级风引起，或者说8级风是导致货损发生的致损原因依据不足。

二审法院认为，结合在案的气象预报及《气象资料证明》证据，可以证明事故发生当时案涉海域风力达8级左右，上诉人中丰公司主张按"通常理解"，8级风即构成暴风；被上诉人永安保险主张应根据国家颁布的风力等级标准，11级风才属于暴风。对此，二审法院认为，被上诉人永安保险所提供的《国内水路、陆路货物运输保险单》条款中就保险责任的"暴风"责任的风力未作明确约定，以致双方产生本案争议。首先，对于"暴风"这样有特定含义的内容，投保人作为一般社会公众并不知晓，更不能以事后的专业性相对较强的术语来定性，投保当时，保险人有进行明确界定或向投保人进一步说明的义务，以便投保人作出是否投保的选择。其次，在有争议的情况下，应根据《中华人民共和国保险法》第三十条规定"采用保险人提供的格式条款订立的保险合同，保险人与投保人、被保险人或者受益人对合同条款有争议的，应当按照通常理解予以解释。对合同条款有两种以上解释的，人民法院或者仲裁机构应当作出有利于被保险人和受益人的解释"进行解决，本案的"暴风"应按一般社会公众的认知予以通常理解。第三，从被上诉人永安保险所委托的公估公司出具的《案件联系单》反映的事件过程看，涉案船舶在事故发生当时遭遇了大风浪以致船体倾斜。综合以三个方面，可以形成证据链条，得出涉案船舶遭遇8级大风，导致船体倾斜，散装玉米向一侧移动造成船体失衡，需要泄货入海以使船体回复平衡，最终导致了本案的货损。这也符合当前海上保险赔付纠纷的司法认定实践。本案保险合同中所约定的保险事故已经发生，被上诉人永安保险应对所发生的财产损失承担赔偿保险金的责任。一审认为本案事故不属于保险赔偿范围错误，二审法院予以纠正。如前所查明的，被上诉人永安保险原审中对本案的货损数额没有异议，二审法院依法予以确认。根据《国内水路、陆路货物运输保险单》特别约定：本保险合同每次事故绝对免赔额为5000元或损失金额的10%，两者以高者为准。本案永安保险所应赔付的金额还应扣减损失数额的10%，即保险赔付金额为698216.22元。

案例2

上海信达机械有限公司与民安财产保险有限公司上海分公司[原民安保险（中国）有限公司上海分公司]、民安财产保险有限公司[原民安保险（中国）有限公司]海上保险合同纠纷案 – （2012）沪高民四（海）终字第75号

一审法院认为，涉案保险单对于构成暴风责任的风力等级未作明确约定，这是导致双方争议的主要原因。上海信达机械有限公司（以下简称信达公司）主张8级风构成海上暴风，保险公司主张11级风才属于海上暴风，9级风才对机动船舶构成影响，各方分别提交了证据材料。信达公司所提交的词典关于暴风定义和教科书的解释，均不足以证明信达公司的主张。按照蒲氏风力等级表，暴风是指蒲氏11级风，而无论是何等级的风力，同一等级的风力对于陆地和海上的影响是不一样的。至于信达公司所主张的8级风视为暴风的说法来自已被废止的中国人民银行1996年的部门文件《关于印发〈财产保险基本险〉和〈财产保险综合险〉条款、费率及条款解释的通知》。该文件指出"暴风指风速在每秒28.3米，即风力等级表中的11级风。本保险条款的暴风责任扩大至8级风，即风速在每秒17.2米以上即构成暴风责任"。可见，作为原保险业主管机关的中国人民银行的解释也是认为暴风是气象标准上的11级风，只是在财产保险基本险和综合险中特别将承保责任范围从11级风扩大至8级风。但该文件明确规定"运输途中的物资"不属于该财产保险的承保标的，因此，在水路货物运输保险中，认为暴风责任亦扩大至8级风尚缺乏有效的法律法规规定支持，除非保险合同双方在合同中明确约定或达成一致意思表示。在同等气象条件下，陆地上的风力等级通常会比海面上小1～2级。8级风在海上非常常见，而在陆地上是相对比较少见并有一定破坏力的风，所以在陆地上将暴风责任扩大至8级风是符合实际需求的，也是符合保险系承保不特定风险的特征。故信达公司认为在海上货物运输保险中暴风责任亦当然适用上述财产保险基本险规定的观点，依据不足。《中华人民共和国保险法》第三十条规

定，采用保险人提供的格式条款订立的保险合同，保险人与投保人、被保险人或者受益人对合同条款有争议的，应当按照通常理解予以解释。对合同条款有两种以上解释的，人民法院或者仲裁机构应当作出有利于被保险人和受益人的解释。但这种有利解释应当有一个重要的前提，就是被保险人对于条款的解释应当提供合理、合法和有效的依据。

一审法院还认为，保险近因是指造成承保损失起决定性、有效性的原因。根据保险近因原则，在本案中，风力超过6级导致了风险的发生或者实质性改变，而风力从7级到8级的变化并未产生新的风险，也未改变风险的性质和程度。因此，前者为近因，后者只是偶然的、非决定性的因素。涉案运输是拖带运输，对于适拖的风力等级有特定限制，因此，与其说是8级风导致了涉案货损，倒不如说是超过6级安全航行风力限制的风力导致涉案货损更符合案件事实。简言之，目前并无充足证据证明海上暴风是造成涉案货损的决定性、有效性原因。不大于6级风的航行限制条件构成了货物运输的特别风险，而且该特殊风险不是保险单列明的风险。

二审法院认为，关于8级风是否达到构成暴风险的风力等级问题，涉案保单背面的《国内水路、陆路货物运输保险条款》系保险公司制定的格式条款，基本险条款中对暴风险须达到的风力等级未予明确，也无证据表明在签订保险合同时保险公司就构成暴风险须达到的风力等级问题向投保人信达公司作出了说明。现信达公司主张根据保险行业中的通常做法，应当将该保险合同项下的暴风险解释为风力达到8级即可构成，而保险公司作出了须风力达到11级才能构成暴风险的解释。鉴于涉案保险条款中对暴风险的风力等级规定不明确，也无证据表明保险公司曾就该保单项下的暴风险须达到11级风力的特殊情况向投保人信达公司作过说明，二审法院认为结合保险行业内对暴风险的通常理解对涉案保险条款中的暴风险须达到的风力等级作出解释，更符合合同法的原则以及保险法的精神。据此，二审法院认为8级风已经达到构成涉案保险合同项下暴风险的风力等级。综上，虽然保险公司主张涉案拖轮冒险开航在先，但在有证据表明涉案货物落海系船舶遭遇8级大风所致的情况下，二审法院认定涉案货物落海事故系保险合同承保的"暴风险"所致，保险公司应当承担保险赔偿责任。

不利解释原则在保险合同纠纷中的适用

案例1

陆某某、中国人寿财产保险股份有限公司铜陵市中心支公司海上、通海水域保险合同纠纷案 -（2020）鄂民终 420 号

一审法院认为，涉案《沿海内河船舶保险条款》中一切险列明的事故类型是确定中国人寿财产保险股份有限公司铜陵市中心支公司（以下简称寿保铜陵公司）赔偿责任的主要依据。该条款一切险是指保险船舶在可航水域碰撞其他船舶或触碰码头、港口设施及航标等，致使上述物体产生的直接损失和费用，包括被碰船舶上所载货物的直接损失，依法应当由被保险人承担的赔偿责任。所谓港口设施应该是指相关港口近地和近水机械、防护和辅助设施，并不包括为公共事业服务跨越长江的架空高压电缆，这不是涉案保险条款中注明的船舶触碰责任范围。

二审法院认为，涉案《沿海内河船舶保险条款》一切险所指的碰撞、触碰责任是指，保险船舶在可航水域碰撞其他船舶或触碰码头、港口设施、航标，致使上述物体产生的直接损失和费用，包括被碰船舶上所载货物的直接损失，依法应当由被保险人承担的赔偿责任。陆某某主张受损电缆属于港口设施，故涉案事故属于上述一切险中的触碰责任，寿保铜陵公司则认为受损电缆不属于港口设施，涉案事故不属于上述保险赔偿范围。对此，二审法院认为，第一，《中华人民共和国保险法》第三十条规定："采用保险人提供的格式条款订立的保险合同，保险人与投保人、被保险人或者受益人对合同条款有争议的，应当按照通常理解予以解释。对合同条款有两种以上解释的，人民法院或者仲裁机构应当作出有利于被保险人和受益人的解释。"第二，若要认定受损电缆属于港口设施，按照通常理解，必须是该电缆本身就是港口设施的一部分或者主要用于港口业务。但陆某某并未提供证据证明受损电缆属于港口设施的一部分或者主要用于港口业务。交通运输部《港口设施维护管理规定（试行）》第二条也对港口设施范围作出了明确规定，港口设施主要包括：码头、防波堤、引堤和护岸、港池、进出港航道、锚地、港区道路与堆场、仓库、港区铁路与装卸机械轨道、防护设施等及其他生产与生产辅助设施。本案中的受损电缆明显不属于上述规定的港口设施。港口设施与跨越长江的架空高压电缆并不具有客观方面的关联性、交叉性和相似性，故陆某某主张跨江电缆是为沿

河两岸之间的港口、码头等输送电力，属于生产辅助设施的上诉理由，缺乏事实和法律依据，二审法院不予支持。因此，涉案保险合同约定的一切险条款并不存在两种以上的解释，按通常理解即可解释。

案例 2

凌源市东远农贸科技发展有限责任公司诉中国太平洋财产保险股份有限公司大连分公司海上保险合同纠纷案－（2009）大海商初字第 110 号

本案中，对于岸上冷藏库，原告、被告存在争议，原告认为包括承运人控制下的对冷藏集装箱进行插电保管的场站，被告认为仅指封闭的岸上冷藏库。根据《中华人民共和国合同法》第四十一条的规定，应作出不利于提供格式条款一方的解释。从上述保险责任期间的条款看，属于承运人责任范围的岸上冷藏库系保险责任范围，而冷藏集装箱在港口通常插电储存在露天场站以便于搬运，而不需要进入封闭仓库，该场站属于承运人的责任范围。本案适用《海洋运输冷藏货物保险条款》，属于海洋运输承运人责任范围的冷藏集装箱储存场站应属于岸上冷藏库的范畴，即大连毅都集发冷藏物流有限公司对冷藏集装箱进行插电保管的场站属于保险责任范围，因此，保险责任期间截止到2008 年 8 月 16 日原告提货时。

📖 船舶建造险保险条款中所述"保险船舶的下列损失、责任和费用"应理解为"被保险人的损失、责任和费用"

案例 1

中国人民财产保险股份有限公司航运保险运营中心、泰州三福船舶工程有限公司船舶建造保险合同纠纷再审案－（2017）最高法民再 242 号

最高人民法院认为：

关于保险条款第三条"责任范围"第 1 项第 5 分项"保险船舶任何部分因设计错误而引起的损失"的表述，单纯就该处"损失"一词的字面意思而

言，存在系指"船舶的损失"（有形损失）或者"被保险人的损失"两种不同理解的可能，但结合上文"由于下列原因所造成的损失和费用"的含义，则应认定该处"损失"为"被保险人的损失"。该句完整表述和含义应当是：保险船舶任何部分因设计错误而引起的被保险人的损失。

关于保险条款第四条"除外责任"第6项"建造合同规定的罚款以及由于拒收和其他原因造成的间接损失"的表述，间接损失与直接损失在概念上相对，两者在理论和实践中存在因果关系、事故损及标的（物）的时间远近等不同区分标准，但根据其中"其他原因造成"的表述，可以认定该处"间接损失"是以因果关系为标准确定的。"由于拒收和其他原因"的含义就是涵盖所有原因，只不过特别强调拒收原因，由此可以认定涉案保险除外责任包括所有间接损失，即涉案保险仅承保直接损失。按照造船合同的约定，买方在具备解除合同条件下，可以选择不解除合同，也可以选择解除合同。就本案争议的船舶设计错误而言，无论该错误是否使得买方具有解除合同的权利，买方并不必然选择拒收船舶，拒收在涉案保险合同项下可能成为船舶设计错误之后一个新的介入因素（实践中买方拒收船舶引起建造人损失，往往还伴随出现另一介入因素即船舶市价下跌），由拒收引起的损失应视为间接损失。买方选择拒收船舶而引起的（间接）损失不属于涉案保险合同约定的保险责任范围。

综上，涉案保险承保的"损失、责任和费用"系针对被保险人而言，而不是针对保险船舶而言。在概念上，"有形（物理）损害"（即损坏）与"无形（经济）损害"相对应。只有"损失"针对船舶（物）而言，才可能认定为限于"有形损害"即"损坏"；而当"损失"针对人而言，在没有特别限定情况下通常可以包含有形物理损害（损坏）和无形的经济损失，由此可以认定涉案保险条款中的"损失"包括有形物理损害（损坏）和无形的经济损失。涉案保险承保的直接损失包括直接物理损失和直接的经济损失。中国人民财产保险股份有限公司航运保险运营中心主张涉案船舶建造险条款约定承保的"保险船舶任何部分因设计错误而引起的损失"不包含被保险人除保险船舶物理损害之外的经济损失，与通常理解不符，最高人民法院不予支持。一、二审判决认定因船舶设计错误引起的经济损失属于涉案船舶建造险的承保责任范围，具有充分事实与法律依据，最高人民法院予以支持。

案例2

上诉人中国大地财产保险股份有限公司泰州中心支公司与被上诉人泰州三福船舶工程有限公司、原审被告中国大地财产保险股份

有限公司海上保险合同纠纷案－（2018）沪民终473号

　　一审法院认为，各方当事人对涉案保险的责任范围条款与除外责任条款存在争议，根据《中华人民共和国保险法》第三十条的规定，应当按照通常理解予以解释。据此，可以对涉案船舶建造险条款第三条"责任范围"和第四条"除外责任"中的有关表述解释如下：

　　1. 关于保险条款第三条"责任范围"第一句"本公司对保险船舶的下列损失、责任和费用，负责赔偿"的表述，严格地讲，在我国日常用语和法律制度中，船舶一般仅作为法律关系的客体（物），可能出现遭受某些物理损害（有形损失）的情形，而不能作为主体承担责任、费用或者除物理损害之外的（无形）经济损失。所谓"保险船舶的下列损失、责任和费用"，实际上是航运实践中普遍采用的船舶拟人化表述，以船舶指代船舶所有人、经营人或者建造人等相关利益主体。从保险合同订立的目的看，保险就是承保被保险人的损失、责任和费用，该句完整表述和含义应当是：本公司（保险人）对保险船舶造成被保险人的下列损失、责任和费用，负责赔偿。

　　2. 关于保险条款第三条"责任范围"第1项第一句"保险船舶……由于下列原因所造成的损失和费用"的表述，该表述中有主语（保险船舶），而没有宾语或者适当定语（表述给谁造成损失和费用，或者表述造成谁的损失和费用），结合涉案船舶建造险条款的上下文和保险合同的目的，可以明确：该表述中的"损失和费用"是指被保险人的"损失和费用"，而不是指保险船舶的"损失和费用"。该句完整表述和含义应当是：保险船舶……由于下列原因所造成的被保险人的损失和费用。

　　3. 关于保险条款第三条"责任范围"第1项第5分项"保险船舶任何部分因设计错误而引起的损失"的表述，单纯就该处"损失"一词的字面意思而言，存在系指"船舶的损失"（有形损失）或者"被保险人的损失"两种不同理解的可能，但结合上文"由于下列原因所造成的损失和费用"的含义，则应认定该处"损失"为"被保险人的损失"。该句完整表述和含义应当是：保险船舶任何部分因设计错误而引起的被保险人的损失。

　　4. 关于保险条款第四条"除外责任"第6项"建造合同规定的罚款以及由于拒收和其他原因造成的间接损失"的表述，间接损失与直接损失在概念上相对，两者在理论和实践中存在因果关系、事故损及标的（物）的时间远近等不同区分标准，但根据其中"其他原因造成"的表述，可以认定该处"间接损失"是以因果关系为标准确定的。"由于拒收和其他原因"的含义就是涵盖所有原因，只不过特别强调拒收原因，由此可以认定涉案保险除外责任包括所有间接损失，即涉案保险仅承保直接损失。按照造船合同的约定，买方在具备解除合同条件下，可以选择不解除合同，也可以选择解除合同。就本案争议的船舶设计错误而言，无论该错误是否使得买方具有解除合同的权利，买方并不必然选择拒收船舶，拒收在涉案保险合同项下可能成为船舶设计错误之后一个新的介入因素（实践中买方拒收船舶引起建造人损失，往往还伴随出现另一介入因素即船舶市价下跌），由拒收引起的损失应视为间接损失。买方选择拒收船舶而引起的（间接）损失不属于涉案保险合同约定的保险责任范围。

综上，涉案保险承保的"损失、责任和费用"系针对被保险人而言，而不是针对保险船舶而言。在概念上，"有形（物理）损害"（即损坏）与"无形（经济）损害"相对应。只有"损失"针对船舶（物）而言，才可能认定为限于"有形损害"即"损坏"；而当"损失"针对人而言，在没有特别限定情况下通常可以包含有形物理损害（损坏）和无形的经济损失，由此可以认定涉案保险条款中的"损失"包括有形物理损害（损坏）和无形的经济损失。涉案保险承保的直接损失包括直接的物理损失和直接的经济损失。中国大地财产保险股份有限公司泰州中心支公司（以下简称大地保险泰州公司）和中国大地财产保险股份有限公司主张涉案船舶建造险条款约定承保的"保险船舶任何部分因设计错误而引起的损失"不包含被保险人除保险船舶物理损害之外的经济损失，与通常理解不符，一审法院不予支持。

二审中，关于保险责任范围与除外责任，大地保险泰州公司主张涉案保险合同条款中的"保险船舶任何部分的损失"，强调的是"保险船舶的局部物损"。二审法院认为，由于本案所涉船舶与最高人民法院（2017）最高法民再242号终审判决中涉及船舶系同一设计合同项下的姐妹船，保险合同条款基本一致，故一审法院结合上述判决对保险责任范围与除外责任的认定并无不当。一审法院认定涉案保险承保的"损失、责任和费用"系针对被保险人而言，包括有形的物理损害（损坏）和无形的经济损失，涉案保险承保的直接损失包括直接的物理损失和直接的经济损失。一审法院的上述认定于法有据，大地保险泰州公司主张涉案船舶建造险条款约定承保的"保险船舶任何部分的损失"仅指保险船舶的局部物损，与通常理解不符，二审法院不予支持。

除外责任条款中因台风造成的损失是否包括台风造成船舶沉没引起的损失

案例

泰州市长鑫运输有限公司与永安财产保险股份有限公司泰州中心支公司海上、通海水域保险合同纠纷案－（2017）最高法民再269号

关于保险合同第六条第（三）项是否存在两种解释的问题。该条款约定因"雷击、台风、大风、暴雨、洪水、冰雹、崖崩、泥石流、地震、海啸等自然灾害"造成的损失、费用和责任，保险人不负赔偿责任。双方当事人对此观点不一致：泰州市长鑫运输有限公司（以下简称长鑫公司）认为，涉案货损的直接原因为船舶沉没，属于保险公司应承担保险责任的范围，该免责条款虽约定保险公司对台风造成的损失、费用和责任免责，但并未明确保险人对台风导致的沉船事故是否免责，保险合同条款存在两种不同解释的情况下，应当作出有利于被保险人的解释。永安财产保险股份有限公司泰州中心支公司（以下简称保险公司）认为，保险合同约定船舶沉没属于保险责任范围，免责条款则将台风等自然灾害引起的船舶沉没排除出保险责任范围，条款之间关系清楚，语义清晰，并不存在两种不同解释。

一审法院认为，在解释保险合同条款时，应当首先依据合同的词句予以解释即文义解释。如果可以作出两种或两种以上的合理解释，则可以结合合同的其他条款进行解释即体系解释。如果采取体系解释的方法依然存在两种或者两种以上的合理解释，则可以作出不利于保险人、有利于被保险人和受益人的解释。涉案合同将船舶沉没纳入保险责任范围，即船舶沉没属于保险事故，而该合同第六条第（三）款约定台风造成的损失、费用和责任，保险人不负责赔偿。从文义上理解，该免责条款存在两种合理解释：1. 免责条款与保险责任条款系包含关系，即台风引起的包括保险事故在内的所有损失均不属于保险责任范围；2. 免责条款与保险责任条款系并列关系，即台风引起的除保险事故以外的损失不属于保险责任范围。上述两种截然不同的解释，即使结合合同其他条款亦无法排除其中任何一种。在该免责条款没有明确且唯一的解释的前提下，应当按照《中华人民共和国保险法》第三十条"采用保险人提供的格式条款订立的保险合同，保险人与投保人、被保险人或者受益人对合同条款有争

议的，应当按照通常理解予以解释。对合同条款有两种以上解释的，人民法院或者仲裁机构应当作出有利于被保险人和受益人的解释"的规定，作出对被保险人有利的第 2 种解释，即台风引起的除保险事故以外的损失不属于保险责任范围。因此，涉案货物损失系由船舶沉没所导致，属于保险人承担保险责任的范围，保险人不能依据保险合同第六条第（三）款的约定免责。

关于长鑫公司是否存在重大过失的问题。一审法院认为，所谓重大过失，是一般人都能预见，作为有相应工作能力的人员却没有预见或预见到但轻信不会发生而造成事故或损失的一种主观心态。涉案事故发生前，虽然"长鑫顺888"轮已经收到海事管理机构发出的台风预警信息和择地避风的建议，但海事管理机构并未明确指定避风地点。长鑫公司代表虽未采纳船长提出的前往洋浦港避风的建议，但并无证据证明其已经预见或者应当预见到，选择八所港避风可能导致船舶沉没。假如其能够预见到船舶沉没的后果，仍然不顾可能遭受的巨额损失链而走险，不仅不符合船舶经营者的正常心态，亦不符合一般人的行为模式。另外，事故发生时，除"长鑫顺888"轮外还有数艘船舶选择在八所港避风，其中一艘船舶也发生沉没事故，可见具备相应工作能力的船舶经营者，并不能当然预见到选择八所港避风可能导致船舶沉没。"长鑫顺888"轮收到了海事管理部门预警信息后，该轮船长立即指示船员加强值班，并对防台工作作出部署，应认定长鑫公司已经尽到必要的审慎义务。因此，保险公司关于长鑫公司存在重大过失的抗辩理由没有事实依据，不予支持。

二审法院认为，涉案保险条款第三条约定，因船舶触礁、搁浅、倾覆、沉没、失踪造成船舶所载的货物毁损、灭失，应由被保险人承担的经济赔偿责任，保险人负责赔偿。涉案保险条款第六条第（三）项约定，雷击、台风、大风等自然灾害造成的损失、费用和责任，保险人不负责赔偿。根据上述内容，保险条款第三条和第六条第（三）项之间的关系存在两种不同的理解：1. 台风造成任何货物损失（包括台风造成船舶沉没进而导致的货损），保险人不负责赔偿。2. 台风直接造成货损（船舶未沉没），保险人不负责赔偿；台风造成船舶沉没进而导致的货损，保险人应当赔偿。按照第二种理解，涉案保险条款的第三条保险责任中对于船舶沉没的原因并未明确，故台风造成船舶沉没而产生的货损，不适用第六条第（三）项的责任免除。根据《中华人民共和国保险法》第三十条规定，当保险条款存在两种不同的理解时，应作出对被保险人长鑫公司有利的解释。故本案货损系台风造成船舶沉没而导致，属于保险公司承担赔偿责任的范围。

最高人民法院认为，根据涉案保险单的记载，"长鑫顺888"轮航行区域为沿海，涉案保险合同属于《中华人民共和国海商法》第二百一十六条规定的海上保险合同。涉案保险条款第三条约定了保险人承担保险责任的范围，第六条约定了保险人不承担保险责任的除外情形，分别属于《中华人民共和国海商法》第二百一十七条第六项规定的"保险责任和除外责任"，二者都是海上保险实务中常见的合同条款。保险责任条款主要约定保险人负责赔偿的风险项目，除外责任条款则用于明确保险人不承担保险赔偿责任的风险项目。两类条款从正反两个角度对承保风险的范围进行明确约定。在被保险人举证证明发生了保险责任条款约定的事故时，保险人仍有权依据除外责任条款的约定主张免责，只是需要对其主张的免责事实承担举证责任。根据涉案保险条款第六条第（三）项的约定，因台风自然灾害造成的损失、费用和责任，保险人不负责赔偿。该项除外责任条款的约定是明确的，只要保险人举证证明损失是由于台风造成的，即可免于承担保险赔偿责任，不存在两种以上的解释。一审、二审法院混淆了保险责任条款与除外责任条款的不同功能，认为涉案除外责任条款的含义存在两种理解，进而认定因台风造成船舶沉没不属于除外责任的情形，认定事实错误，最高人民法院予以纠正。

长鑫公司因船舶在台风中沉没而遭受损失，永安保险主张事故是由于台风造成的，属于保险条款第六条第（三）项规定的不予赔偿的情形。正确处理本案的关键是准确分析长鑫公司遭受损失的原因究竟是船舶沉没还是台风。永安保险提交的《八所"6·23""长鑫顺888"轮沉没事故调查报告》证明，"长鑫顺888"轮在防台期间，因风浪的持续影响，发生走锚，舱盖板脱落，大量海水进入货舱，最终导致沉没，可以证明"长鑫顺888"轮涉案事故是由于台风造成的。长鑫公司主张事故是由于船艉部搁浅导致船体倾斜及沉没，并非台风直接导致，但又称是由于巨浪致使船舶艉部搁浅，也印证了船舶在台风的作用下搁浅、沉没进而造成货物受损的事实。因台风属于涉案保险条款第六条第（三）项约定的保险人不负责赔偿的风险，永安保险关于其不应承担保险赔偿的主张，符合合同约定，最高人民法院予以支持。

保单特别约定条款的效力

【支持的案例】

案例1

广东仁科海运有限公司与中银保险有限公司广东分公司海上、通海水域保险合同纠纷案 – （2017）最高法民申4639号二审法院认为，根据已经查明的事实，涉案保险合同及此前年度或关联船舶投保单"承保方案""特别约定"，及保险单"特别约定"中均包含关于触碰责任下绝对免赔额的记载，该记载虽与《中银保险有限公司沿海内河船舶保险条款》第十一条"保险人对每次赔款均按保险单中的约定扣除免赔额（全损、碰撞、触碰责任除外）"的记载不一致，相互冲突，但从以下几个因素来看，涉案保险合同"特别约定"中的绝对免赔额条款应具有优先适用的效力：首先，从涉案保险单结构及内容来看，第十四部分"特别约定"构成保险单的主要内容，而"免赔条件"又是"特别约定"中的首要内容，足以引起被保险人的充分注意。其次，2009 年度保险单"特别约定"的内容与涉案保险单"特别约定"的内容相比存在明显不同，如免赔条件部分不包括"附加船东对船责任险：每人每次事故绝对免赔额为 RMB 400 元"的记载，但又载明"附加险费率：保险人免费赠送本保单项下的附加四分之一碰撞、触碰责任险""本保单项下的附加船东对船员责任险，另出具附加船东对船员责任险保单，该附加险在另出具的保单项下收费。本保单项下不收取附加船东对船员责任险保费""本保单若一年内赔付率不超过 50%，我司承诺明年续保除油污险外，各险种费率按今年费率下浮 10%"。这一事实说明，保险单中的"特别约定"包括"免赔条件"是双方协商一致的结果，被保险人知悉相关约定的内容。最后，涉案投保单作为广东仁科海运有限公司（以下简称仁科公司）向中银保险有限公司广东分公司（以下简称中银保险广东公司）申请订立保险合同的书面要约，其中包含的免赔条款与保险单亦相一致。因此，免赔条款作为双方当事人协商一致的结果，对双方当事人有约束力，适用于中银保险广东公司保险赔偿金的计算，二审法院对中银保险广东公司该部分上诉理由予以采纳；但另案一审律师费与一审、二审诉讼费用并非保险赔偿金之范围，无适用免赔条款的前提，二审法院对中银保险广东公司该部分上诉理由不予采纳。

关于中银保险广东公司是否可享有 10% 免赔额的问题。最高人民法院再审认为，《中银保险有限公司沿海内河船舶保险条款》系保险人为了重复使用而预先拟定的格式条款，《沿海内河船舶保险保险单》系保险人签发载明涉案保险合同内容的保险凭证。根据二审查明的事实，《沿海内河船舶保险保险单》第十四条约定："免赔条件：1）部分损失、全损、推定全损，包括碰撞、触碰及救助责任：每次事故绝对免赔额为 RMB 150000 或损失金额的 10%，两者以高者为准。"《中银保险有限公司沿海内河船舶保险条款》第十一条约定："保险人对每次赔款均按保单中的约定扣除免赔额（全损、碰撞、触碰责任除外）。"尽管保险单与保险条款就触碰责任免赔的约定不一致，但投保单中关于触碰责任免赔条件的特别约定与保险单一致。仁科公司在投保单上盖章确认，明确保险人已就保险条款及附加条款（包括免除保险人责任的部分）的内容向投保人作了明确说明。在此情形下，二审判决认定中银保险广东分公司保险赔偿金的计算适用 10% 免赔额并无不当。二审判决认定，另案一审律师费与一审、二审诉讼费用并非保险赔偿金之范围，无适用免赔条款的前提，并未针对该项费用适用 10% 免赔额。仁科公司称中银保险广东分公司无权请求对律师费以及诉讼费扣减 10% 的免赔额，该项主张已经为二审法院所支持，不构成再审理由。

案例 2

陶某某、中国人民财产保险股份有限公司绍兴市分公司海上、通海水域保险合同纠纷案 –（2020）浙民终 699 号

二审法院认为，关于打捞费及清污费，经查，中国人民财产保险股份有限公司绍兴市分公司（以下简称人保绍兴公司）签发的保单明确打捞费用的上限为每吨 160 元，该条款与免赔额及第一受益人陶某某等事项一并记载在保单正面的保险条件及特别约定条款中，虽然陶某某认为该条款系格式条款不具有法律拘束力，但从保险条件及特别约定的内容看，该特别约定系保险合同双方就免赔额、打捞费及第一受益人等作出的特别约定，且陶某某在二审调查时明确涉案船舶连续两年在人保绍兴公司投保了同一险种，现并无证据证明陶某某或被保险人就保险条款提出异议，因此，陶某某作为涉案保险合同的第一受益人对保单记载的内容应当知悉，一审据此认定前述特别约定条款有效并无不当，陶某某认为该特别约定条款不具法律拘束力的上诉理由不能成立。

案例 3

中国人寿保险股份有限公司濮阳分公司、王某祥海上、通海水域保险合同纠纷案 –（2020）鲁民终 2747 号

关于保险合同中"特别约定"条款是否属于格式条款问题。涉案保险单的"特别约定"内容："船舶号为'鲁文渔 53737''鲁文渔 5'船舶出海捕鱼需公司登记批准，捕鱼人员持有效捕鱼证件登船工作期间造成的意外事故，

我公司承担保险责任。"中国人寿保险股份有限公司濮阳分公司（以下简称濮阳人保公司）上诉主张，上述"特别约定"不属于格式条款，对王某祥、王某婷、王某龙具有约束力。王某祥、王某婷、王某龙辩称，该特别约定属于格式条款，濮阳人保公司未尽到提示或明确说明义务。二审法院认为，涉案保险单中的"特别约定"系当事人针对"鲁文渔53737号""鲁文渔5"船舶出海应当具备的条件作出的约定，并非订立合同前濮阳人保公司未与投保人协商而预先拟定的格式条款，不符合《中华人民共和国合同法》第三十九条第二款"格式条款是当事人为了重复使用而预先拟定，并在订立合同时未与对方协商的条款"之规定，不属于格式条款，因此，涉案保险单中的"特别约定"对王某祥、王某婷、王某龙具有法律约束力。

案例 4

李某某、于某某海上、通海水域保险合同纠纷案 –（2020）鲁民终 1420 号

二审中查明，李某某、于某某在中国人民财产保险股份有限公司重庆市九龙坡支公司（以下简称人保九龙坡支公司）处投保，人保九龙坡支公司出具安全生产责任保险保险单，载明，其同意按照安全生产责任保险条款的约定承担保险责任。保险单载明了主险从业人员每次事故责任限额和每人伤亡责任限额，补充雇主责任附加险每次事故责任限额和每人伤亡责任限额。保险单还载明，该保险单适用《安全生产责任保险条款》。保险单所附特别约定清单记载，保单承保被保险雇员在"鲁文渔53661"渔船工作时发生的，因工作原因受到的意外伤害事故。李某某、于某某主张，人保九龙坡支公司未向其出示特别约定清单，也未尽到必要的说明义务，根据《中华人民共和国合同法》第三十九条、第四十条的规定，特别约定条款中不利于李某某、于某某的内容不发生法律效力。二审法院认为，《中华人民共和国合同法》第三十九条、第四十条是关于采用格式条款订立合同的规定。从特别约定清单的内容来看，上述特别约定条款不是格式条款，且并无人保九龙坡支公司免除其责任、加重对方责任、排除对方主要权利的情形，李某某、于某某关于特别约定条款中不利于李某某、于某某的内容不发生法律效力的主张，没有事实和法律依据。

【不支持的案例】

案例5

中国人寿保险股份有限公司许昌分公司、杨某某海上、通海水域保险合同纠纷案 –（2020）鲁民终2397号

一审庭审中，中国人寿保险股份有限公司许昌分公司（以下简称许昌人保公司）主张依据保险合同附件一特别约定第六条等约定，因被保险人或其代表未在事故发生之日48小时内或者渔船到达码头及时通知保险公司，保险公司不承担给付保险金责任。对此，一审法院认为，根据《中华人民共和国保险法》第二十一条的规定，投保人、被保险人或者受益人知道保险事故发生后，应当及时通知保险人。故意或者因重大过失未及时通知，致使保险事故的性质、原因、损失程度等难以确定的，保险人对无法确定的部分，不承担赔偿或者给付保险金的责任，但保险人通过其他途径已经及时知道或者应当及时知道保险事故发生的除外。因此，及时通知是保险合同履行中基于诚信原则而生的附随义务，不应仅因投保人等违反该项附随义务而当然导致实体权利的丧失，保险人只能对因投保人未及时履行通知义务致使保险事故的性质、原因、损失程度等难以确定的部分不承担保险责任。涉案特别约定第六条免责条款与《中华人民共和国保险法》第二十一条的立法精神相悖，对投保人、被保险人、受益人有失公平，依据《中华人民共和国合同法》第四十条、《中华人民共和国保险法》第十九条的规定，应认定其无效。本案中，投保人、被保险人、受益人未依法律规定或者约定履行及时通知义务，但杨某某提交的荣成市×××石岛分局证明可以确定保险事故的性质、原因为王某某意外摔跌死亡。许昌人保公司应当依据保险合同约定承担保险责任。许昌人保公司仅以保险事故发生后投保人等未履行及时通知义务而拒绝承担保险责任，一审法院不予支持，许昌人保公司应当支付杨某某保险赔偿金60万元。

二审法院认为，《中华人民共和国保险法》第十七条第二款规定："对保险合同中免除保险人责任的条款，保险人在订立合同时应当在投保单、保险单或者其他保险凭证上作出足以引起投保人注意的提示，并对该条款的内容以书面或者口头形式向投保人作出明确说明；未作提示或者明确说明的，该条款不产生效力。"《最高人民法院关于适用〈中华人民共和国保险法〉若干问题的解释（二）》第十一条规定："保险合同订立时，保险人在投保单或者保险单等其他保险凭证上，对保险合同中免除保险人责任的条款，以足以引起投保人

注意的文字、字体、符号或者其他明显标志作出提示的，人民法院应当认定其履行了保险法第十七条第二款规定的提示义务。"保单所附特别约定第二条载明，投保时需提供包含人员姓名及身份证号的清单，理赔时将以实际投保人员清单为依据，投保清单之外的人员出险不承担保险责任。特别约定第六条载明，在发生引起或可能引起本保单项下索赔的事故时，被保险人或其代表应于事故发生之日起 48 小时内或者渔船抵达码头之时通知保险公司，并在 7 天或经保险公司书面同意延长的期限以内以书面报告提供事故发生的经过、原因和损失程度，否则保险公司不承担保险责任；涉及死亡或失踪的案件必须在船只靠岸 8 小时内通知保险公司船舶停靠地点，并向相关执法部门报案，否则保险公司不承担赔偿责任。上述特别约定第二条和第六条属于保险合同中免除保险人责任的条款，但许昌人保公司在投保单和保险单上并未对上述条款以足以引起投保人注意的文字、字体、符号或者其他明显标志作出提示，许昌人保公司未尽到提示义务，该两条款依法不产生效力，许昌人保公司无权以王某某不在被保险人名册中，以及被保险人或其代表未在事故发生起 48 小时内或者渔船到达码头时通知保险公司为由拒绝支付保险赔偿金。

案例 6

广州市建功船务有限公司、陈某某海上、通海水域保险合同纠纷案 -（2020）粤民终 2235 号

一审法院认为，根据涉案保险条款第十条以及第十一条载明的内容，中国人民财产保险股份有限公司广州市分公司（以下简称人保广州分公司）可享有的免赔额（率）需与陈某某协商并在保险单中载明。涉案投保单和保险单中均载明了人保广州分公司在本次保险事故中可享有的绝对免赔额（率）为每次事故人民币 2 万元或损失的 10%，二者以高为准。前述人保广州分公司绝对免赔额（率）记载在投保单和保险单中"特别约定"部分。广州市建功船务有限公司（以下简称建功公司）、陈某某认为前述人保广州分公司绝对免赔的条款未与陈某某协商，对其效力不予确认。根据举证责任分配，人保广州分公司需要举证证明前述免赔额（率）的有效性。从涉案 4 份并非由陈某某本人签名的投保单"投保人声明"处载明的相关内容可知，涉及保险合同特别约定的内容需由人保广州分公司向陈某某作出明确说明。从本案查明事实看，对于 2015 年度至 2018 年度曾发生变化的、记载于投保单与保险单"特别约定"部分的人保广州分公司绝对免赔额（率）条款，人保广州分公司既未能举证曾与陈某某或建功公司达成合意，更未举证曾向陈某某或建功公司作出明确说明。根据《最高人民法院关于适用〈中华人民共和国民事诉讼法〉的解释》第九十条"当事人对自己提出的诉讼请求所依据的事实或者反驳对方诉讼请求所依据的事实，应当提供证据加以证明，但法律另有规定的除外。在作出判决前，当事人未能提供证据或者证据不足以证明其事实主张的，由负有举证证明责任的当事人承担不利的后果"的规定，人保广州分公司应承担举证不能的不利法律后果，涉案保险合同特别约定载明的人保广州分公司可以享有"每次事故人民币 2 万元或损失的 10%，二者以高为准"的绝对免赔额（率）的条款不产生效力。人保广州分公司应依照《中华人民共和国海商法》第二百三十七条"发生保险事故造成损失后，保险人应当及时向被保险人支付保险赔偿"的规定，向享有合法保险利益的建功公司、陈某某及时赔付打捞费 138 万元。

二审维持一审判决。

案例7

中国太平洋财产保险股份有限公司威海中心支公司、山东好当家海洋捕捞有限公司海上、通海水域保险合同纠纷案－（2018）鲁民终 528 号

二审法院认为，山东好当家海洋捕捞有限公司（以下简称好当家公司）工作人员李某某在工作时间、工作岗位上突发疾病死亡，好当家公司已向李某某家属支付 344898 元赔偿款，双方当事人对上述事实无异议。涉案投保单、保险单明细表中的特别约定第（8）条，免除了在被保险人工作人员在工作时间、工作岗位突发疾病死亡情形下，保险人对被保险人的保险理赔责任。双方当事人对该特别约定条款是否是格式条款、是否产生效力存有争议。《中华人民共和国合同法》第三十九条第二款规定："格式条款是当事人为了重复使用而预先拟定，并在订立合同时未与对方协商的条款。"上述免责条款，是由中国太平洋财产保险股份有限公司威海中心支公司（以下简称太平洋保险公司）预先拟定于投保单及保险单明细表上，太平洋保险公司没有提交证据证明该条款是经双方协商后达成的合意，好当家公司在投保单上加盖公章的行为亦不能证明协商过程的存在，故该条款属于格式条款。根据《中华人民共和国保险法》第十七条的规定，太平洋保险公司未就该免责条款向投保人作出提示或明确说明，该条款不产生效力。好当家公司向李某某家属承担的赔偿责任符合

雇主责任保险条款第三条第七项约定的情形，是确定的承保事故，因此，太平洋保险公司应支付保险金。太平洋保险公司关于按照比例支付保险金的上诉理由，亦没有事实和法律依据。好当家公司已向李某某家属支付 344898 元赔偿款，未超过保险合同约定的最高赔偿限额，一审法院判决太平洋保险公司支付 344898 元保险金，并无不当。

案例 8

中国人民财产保险股份有限公司庄河支公司、中国人民财产保险股份有限公司大连市分公司海上、通海水域保险合同纠纷案 –（2017）辽民终 1267 号

一审法院认为，保险单中既约定了连续的保险期间（起始日及终止日），又有"仅承保合法捕鱼作业期间"的特别约定，后者系对前者保险期间和承保范围的变更缩减。保险期间的变更缩减应当符合《附加调整承保期间保险条款（2009 年版）》第 2.1 条"经投保人申请并经保险人同意，双方同意调整"的规定，方可构成有效约定。中国人民财产保险股份有限公司大连市分公司（以下简称人保大连分公司）应举证证明特别约定第 2 项的形成符合该保险条款的规定。因人保大连分公司提交的投保单及投保声明书的真实性不被认定，应承担举证不能的后果。另外，即使投保单和投保声明书真实，投保单中的特别约定条款是人保大连分公司预先打印，人保大连分公司未证明该特别约定源于投保人申请，不符合《附加调整承保期间保险条款（2009 年版）》第 2.1 条规定，不能认定是投保人与保险人协商一致的结果，该特别约定应认定是人保大连分公司对保险期间及保险责任的部分免除条款。根据《中华人民共和国保险法》第十七条第二款，以及《最高人民法院关于适用〈中华人民共和国保险法〉若干问题的解释（二）》第十条、第十一条的规定，人保大连分公司应就该特别约定中隐含的法律、行政法规中的禁止性规定向投保人做出足以引起重视的提示并做出明确说明；但投保声明书中仅泛泛提及合同条款内容及相关法律条文，没有对此予以明确，故该部分免除保险期间及保险责任的条款依法不产生效力。人保大连分公司依该特别约定免除保险赔偿责任的主张没有有效依据，一审法院不予支持。

二审法院维持一审判决。

案例9

晨洲船业集团有限公司与中国人民财产保险股份有限公司广东省分公司海上、通海水域保险合同纠纷案－（2015）浙海终字第240号

一审法院认为，尽管中国人民财产保险股份有限公司广东省分公司（以下简称广东人保）称在通过诺亚经纪的投保协商过程中，双方已经商定了保费分四期支付，且在保费支付安排后均有"逾期不付，保险自动终止"字样，但目前并无证据证明投保人对该条款进行了确认。2013年3月7日投保人签署的投保单中，并没有保费支付安排及不支付保费后果的条款，仅在投保人声明栏中有"保险人已对本保险合同中付费约定和特别约定的内容向本人做了明确说明"的描述，但保险人不能证明在投保单上已经附上了付费约定及特别约定条款。更何况，保单签发前，保险人于2013年3月8日向投保人出具的"应收保费通知书"中要求晨洲船业集团有限公司（以下简称晨洲集团）支付的是包括"成路15"轮在内的10艘船的全部保费1440600元，注明"保费支付后保单方可起保"，既不是要求保费分期支付，也没有"逾期不付，保险自动终止"的条款，说明在2013年3月8日之前保险人自己也没有认可该条款的存在。在2013年3月19日保险人重新发送的应收保费通知书中，也仅注明保费分四期支付的每期具体数额，而没有"逾期不付，保险自动终止"字样。广东人保于2013年3月10日签发的保单上，在保费分四期支付的安排后才出现了"不按保单约定支付保费将导致保单失效，为了保证您能及时获得保险保障，请您尽快交付保险费"的文字，由此可见，在发送给投保人及被保险人方的书面正式文件中，仅在保单中有"逾期不付将导致保单失效"条款的相关描述，并且也不是广东人保所说的"任一期保费逾期不付，保险自动终止或失效"的权利义务性明确条款，而仅是"不按保单约定支付保费将导致保单失效，为了保证您能及时获得保险保障，请您尽快交付保险费"的描述。在该描述中，"将导致保单失效"亦可理解为"可能、将会导致保单失效"，而不是"自动失效和注销"，保险人在发现逾期后是否会发送催缴保费通知、是否会给予缴费宽限期亦都不明确，并且从后面紧跟的文字"为了保证您能及时获得保险保障，请您尽快交付保险费"的用语看，该语句更像是交费的礼貌性提示，而不是意思表示明确的设定权利义务及责任的限制性条款。由于相关法律明确投保单与保单不一致时，以投保单为准，而投保单上并没有"逾期不付，保险自动终止"条款，因此，一审法院认为，该条款不能

认定为存在于涉案保险合同中。

虽然保单上有免赔额的记载，但广东人保并未提出此项抗辩，并且该免赔额条款仅记载在保单特别约定清单上，而未显示在投保单上，基于与"逾期支付保费保单自动失效"条款相同的理由，一审法院对该免赔额条款亦不确认。

二审法院认为，根据《最高人民法院关于适用〈中华人民共和国保险法〉若干问题的司法解释（二）》第十四条第（一）项规定，投保单与保险单或者其他保险凭证不一致的，以投保单为准，但不一致的情形系保险人说明并经投保人同意的，以投保人签收的保险单或者其他保险凭证载明的内容为准。本案中，特别约定清单中"不按保单约定支付保费将导致保单失效"的条款与投保单上人保远洋船舶保险条款（2009 版）中第七条"如果保险人同意，保费也可以分期交付，但保险船舶在承保期限内发生全损时，未发生的保费要立即付清"的约定相悖，在投保单保险销售事项确认书处未见保险销售人员、保险中介销售人员及保险中介机构的盖章，广东人保亦未能举证证明其对于该特别约定清单中的条款尽到了特别说明义务。虽然广东人保主张特别约定清单内容与投保单不一致已经诺亚经纪和晨洲集团确认同意，但晨洲集团对于保险单和特别约定清单的签收行为并不能代表其当然接受了与保险单不同的内容，该行为仍然不能免除广东人保对于有利于自己免责条款的特别说明义务。因此，二审法院认为，"不按保单约定支付保费将导致保单失效"的条款不存在于本案的保险合同中，一审法院据此认定特别约定清单中"不按保单约定支付保费将导致保单失效"的条款无效并无不当。同理，本案中特别约定清单上关于免赔额的约定也因与人保远洋船舶保险条款（2009 版）中第三条规定不一致，而广东人保亦未能证明其已尽到说明义务且投保人业已同意。因此，本案关于免赔额的约定仍应以投保单上的约定为准。

案例 10

中国平安财产保险股份有限公司浙江分公司与宁波星洋进出口有限公司海上保险合同纠纷上诉案 –（2012）浙海终字第 117 号

一审法院认为，涉案保单记载涉案保险条款包含仓至仓条款，同时，保单记载对 2011 年 7 月 28 日 9 时 3 分之前发生的损失，不负赔偿责任。上述保单约定了两种不同的保险责任期间，从对被保险人有利解释的角度，应认定涉案保险责任条款以仓至仓为准。此外，即使涉案货物在 2011 年 7 月 28 日 9 时 3 分之前确实发生了货损，但无证据证明保险人与被保险人在订立保险合同时对此知情，根据《最高人民法院关于审理海上保险纠纷案件若干问题的规定》第十条的规定，保险人仍应承担赔偿责任。宁波星洋进出口有限公司（以下简称星洋公司）提供的货物销售合同、发票、原产地证书、装箱单、出口国植物检疫证书、进口货物报关单、提单等证据可以相互印证，初步证明涉案货物在发货人仓库装箱时的数量。中国平安财产保险股份有限公司浙江分公司（以下简称平安保险公司）抗辩称涉案货物短少发生在保险期间之外或涉案货物短少系发货人原因导致，但未提供相应证据予以证明，不予采信。综上，涉案货物短少发生在保险责任期间，保险人应当承担赔偿责任。

二审法院认为，关于焦点一，本案保险单正面特别约定："本保单投保时间为 2011 年 8 月 16 日 15 时 56 分，本公司不承担投保之前发生的任何损失的赔偿责任"；同时保单还载明承保条件按《中国人民保险公司海上货物运输保险条款》，该条款约定保险人负"仓至仓"责任。根据查明的事实，本案平安保险公司承保的为在途货物，故保险单上特别约定的两种保险责任期间相互矛盾，在平安保险公司未对保险单中相互矛盾的特别约定作出特别说明的情况下，保险责任期间的确定应依法作出对被保险人有利的解释，即本案保险责任期间应认定为仓到仓。关于焦点二，如上所述，本案保险责任期间为仓到仓，险种为一切险。星洋公司作为被保险人，提交了装箱单、发票、销售合同、报关单、原产地证明等证据，已经保险人证明了涉案货物装船时的数量并无短少。现货物到达目的港后，经查验发现现货物短少。集装箱铅封号虽然完好，但平安保险公司未能举证证明货物短少系其保险责任外的免责事由造成，在其承保了一切险，且被保险人提供了证据证明货物不存在装运短少的情况下，其对保险责任期间内发生的货物短少依法应当承担赔偿责任。故原判判令平安保险公司承担赔偿责任并无不当。

保单特别约定和保单保险条款冲突时的效力判断

案例

中国太平洋财产保险股份有限公司北京分公司、王某某海上、通海水域保险合同纠纷案 –（2018）鲁民终 1413 号

二审法院认为，本案中，《中国太平洋财产保险股份有限公司雇主责任保险条款》系保险公司为了重复使用、在订立时并未与投保人协商的格式条款。《保险单明细表》是针对每位投保人的投保事实而作出的具体约定。《中国太

平洋财产保险股份有限公司雇主责任保险条款》与《保险单明细表》共同构成一份完整的保险合同。双方在《中国太平洋财产保险股份有限公司雇主责任保险条款》中约定，在保险期间内，被保险人的工作人员在工作时间和工作场所内，因工作原因受到事故伤害的，或工作时间前后在工作场所内，从事与工作有关的预备性或者收尾性工作受到事故伤害的，保险人按照本保险合同的约定负责赔偿。但《保险单明细表》第14条特别约定本保险合同仅承担保单上所载被保险人的雇员在所属船名为"鲁荣渔51635/51636"工作船只上工作期间发生的意外伤害事故导致的死亡、残疾、意外医疗责任。《中国太平洋财产保险股份有限公司雇主责任保险条款》与《保险单明细表》的约定存在矛盾之处，对此中国太平洋财产保险股份有限公司北京分公司（以下简称太保北京分公司）与王某某有不同的理解和认识。根据《中华人民共和国合同法》第四十一条规定，对格式条款有两种以上解释的，应当作出不利于提供格式条款一方的解释。因此，"鲁荣渔51635"号渔船船员李某某在码头库房搬运渔网时不慎从车上摔下致头骨破裂死亡事故，二审法院认为，应属于保险责任范围，太保北京分公司应当向王某某进行赔偿。

📖 保单特别约定的免赔率条款能否改变保险条款中关于碰撞不适用免赔的约定

【支持的案例】

案例1

广东仁科海运有限公司与中银保险有限公司广东分公司海上、通海水域保险合同纠纷案 –（2017）最高法民申4639号

一审法院认为，涉案保险单正面第十四条"特别约定"事项载明"每次事故绝对免赔额10万元或损失金额10%，两者以高者为准"，而《中银保险有限公司沿海内河船舶保险条款》第十一条同时约定"保险人对每次赔款均按保单中的约定扣除免赔额（全损、碰撞、触碰责任除外）"，全损、碰撞、触碰责任不适用保单约定免赔条款的意思表示明确。前述格式条款与特别约定并不冲突，因此，也不存在所谓特别约定优于一般条款的情形。涉案事故为船舶触碰产生的损害赔偿责任，属于前述保险条款第十一条约定的免赔除外事项之一，因此，中银保险有限公司广东分公司（以下简称中银保险广东公司）

的船舶触碰险保险赔偿责任不应扣除 10% 的免赔额。

二审法院认为，根据已经查明的事实，涉案保险合同及此前年度或关联船舶投保单"承保方案""特别约定"，及保险单"特别约定"中均包含关于触碰责任下绝对免赔额的记载，该记载虽与《中银保险有限公司沿海内河船舶保险条款》第十一条"保险人对每次赔款均按保险单中的约定扣除免赔额（全损、碰撞、触碰责任除外）"的记载不一致，相互冲突，但从以下几个因素来看，涉案保险合同"特别约定"中的绝对免赔额条款应具有优先适用的效力：首先，从涉案保险单结构及内容来看，第十四部分"特别约定"构成保险单的主要内容，而"免赔条件"又是"特别约定"中的首要内容，足以引起被保险人的充分注意。其次，2009 年度保险单"特别约定"的内容与涉案保险单"特别约定"的内容相比存在明显不同，如免赔条件部分不包括"附加船东对船责任险：每人每次事故绝对免赔额为 RMB 400 元"的记载，但又载明"附加险费率：保险人免费赠送本保单项下的附加四分之一碰撞、触撞责任险""本保单项下的附加船东对船员责任险，另出具附加船东对船员责任险保单，该附加险在另出具的保单项下收费。本保单项下不收取附加船东对船员责任险保费""本保单若一年内赔付率不超过 50%，我司承诺明年续保除油污险外，各险种费率按今年费率下浮 10%"。这一事实说明，保险单中的"特别约定"包括"免赔条件"是双方协商一致的结果，被保险人知悉相关约定的内容。最后，涉案投保单作为广东仁科海运有限公司（以下简称仁科公司）向中银保险广东公司申请订立保险合同的书面要约，其中包含的免赔条款与保险单亦相一致。因此，免赔条款作为双方当事人协商一致的结果，对双方当事人有约束力，适用于中银保险广东公司保险赔偿金的计算，二审法院对中银保险广东公司该部分上诉理由予以采纳；但另案一审律师费与一审、二审诉讼费用并非保险赔偿金之范围，无适用免赔条款的前提，二审法院对中银保险广东公司该部分上诉理由不予采纳。

最高人民法院再审认为，关于中银保险广东公司是否可享有 10% 免赔额的问题。《中银保险有限公司沿海内河船舶保险条款》系保险人为了重复使用而预先拟定的格式条款，《沿海内河船舶保险保险单》系保险人签发载明涉案保险合同内容的保险凭证。根据二审查明的事实，《沿海内河船舶保险保险单》第十四条约定："免赔条件：1）部分损失、全损、推定全损，包括碰撞、触碰及救助责任：每次事故绝对免赔额为 RMB 150000 元或损失金额的 10%，两者以高者为准。"《中银保险有限公司沿海内河船舶保险条款》第十一条约定："保险人对每次赔款均按保单中的约定扣除免赔额（全损、碰撞、触碰责任除外）。"尽管保险单与保险条款就触碰责任免赔的约定不一致，但投保单中关于触碰责任免赔条件的特别约定与保险单一致。仁科公司在投保单上盖章确认，明确保险人已就保险条款及附加条款（包括免除保险人责任的部分）的内容向投保人作了明确说明。在此情形下，二审判决认定中银保险广东分公司保险赔偿金的计算适用10%免赔额并无不当。二审判决认定，另案一审律师费与一审、二审诉讼费用并非保险赔偿金之范围，无适用免赔条款的前提，并未针对该项费用适用10%免赔额。仁科公司称中银保险广东分公司无权请求对律师费以及诉讼费扣减10%的免赔额，该项主张已经为二审法院所支持，不构成再审理由。

 案例2

广州市建功船务有限公司、薛某芽等与中华联合财产保险股份有限公司广州市越秀支公司、中华联合财产保险股份有限公司广东分公司海上、通海水域保险合同纠纷案 –（2014）浙海终字第122号

广州市建功船务有限公司、薛某芽、薛某夫认为依据涉案保险单所附的保险条款，在船舶全损时，免赔率不予适用。中华联合财产保险股份有限公司广州市越秀支公司（以下简称中华财保越秀支公司）认为根据保险单的特别约定，本案事故应当扣除免赔率。一审法院认为，涉案保险单有关全损免赔率的内容记载于保险单正面的"特别约定"一栏内，该"特别约定"内容并非为了重复使用而预先拟制的保险条款，而保险单所附的保险条款为格式条款，此种情况下，特别约定应当优先，故对三原告有关免赔率不适用的主张，不予支持。由此，因涉案船舶保险金额为230万元，船舶全损时，扣除免赔率10%，中华财保越秀支公司应赔付的船舶损失金额为207万元。

二审法院维持一审判决。

 案例3

中国大地财产保险股份有限公司营业部与南京连润运输贸易有限公司海上保险合同纠纷上诉案 –（2013）沪高民四（海）终字第86号

一审法院认为，关于免赔额，涉案保险单所附的保险条款第十一条记载：保险人对每次赔款均按保险单中的约定扣除免赔额（全损、碰撞、触碰责任除外）。而该保险单的特别约定清单中约定：主险下，每次事故绝对免赔额为5万元或损失金额10%，两者以高者为准。该免赔额（率）同时适用于碰撞、触碰责任及螺旋桨等单独损失险。上述两个约定相互矛盾，根据有关法律规定，格式条款与非格式条款不一致的，应当采用非格式条款。但根据"保险条款"的记载，碰撞、触碰责任是指保险船舶碰撞其他船舶，致使其他船舶发生的直接损失和费用，依法应当由被保险人承担的赔偿责任。本案南京连润运输贸易有限公司诉请的是保险船舶碰撞其他船舶后，保险船舶自身发生的损失，并不属于碰撞、触碰责任的范畴，涉案保险事故也未造成保险船舶"连润6"轮全损，故涉案保险事故的保险赔款应当扣除损失金额10%的免赔额。

二审法院维持一审判决。

案例4

陈某某与中国人民财产保险股份有限公司高淳支公司海上、通海水域保险合同纠纷案 –（2014）武海法商字第00500号

根据保险条款第十一条的约定，保险人对每次赔偿均按保险单中的约定扣除免赔额（全损、碰撞、触碰责任除外），而保险公司向原告出具的保险单特别约定全损、碰撞及触碰事故亦应扣除免赔额（2万元或者损失金额的10%）。该特别约定将保险合同主条款中的免赔额范围扩大至船舶碰撞事故，系减轻保险人责任的条款，被告保险公司对该条款应当履行提示及说明义务，否则该条款不产生效力。被告在投保单上对上述特别约定条款采用加黑字体打印，足以引起投保人的注意，根据《最高人民法院关于适用〈中华人民共和国保险法〉若干问题的解释（二）》第十一条第一款"保险合同订立时，保险人在投保单或者保险单等其他保险凭证上，对保险合同中免除保险人责任的条款，以足以引起投保人注意的文字、字体、符号或者其他明显标志作出提示的，人民法院应当认定其履行了保险法第十七条第二款规定的提示义务"的规定，应当认定被告已履行了提示义务。并且，根据投保单上投保人声明栏的记载，被告已就免除保险人责任的条款及特别约定的内容向原告做了明确说明，原告已表示充分理解并接受上述内容，并在投保单上签字予以确认。因此，应当认定被告已就上述特别约定条款，向原告履行了提示及说明义务，该条款依法产生效力，并约束保险合同双方。故被告赔偿原告因涉案船舶碰撞事

故所遭受的损失时，可以依据特别约定，扣除损失金额的10%，即51616（516159×10%）元。

【不支持的案例】

案例5

戚某某、中华联合财产保险股份有限公司营口中心支公司海上、通海水域保险合同纠纷案 – （2019）辽民终1671号

二审法院认为，案涉《中华联合财产保险股份有限公司沿海内河渔船保险条款》第六条明确约定了中华联合财产保险股份有限公司营口中心支公司（以下简称联合保险营口公司）的承保范围，第十八条也约定了扣除免赔额和不扣除免赔额的事项。而《中华联合财产保险股份有限公司沿海内河渔船保险条款》中未写明免赔额计算的具体方法和条件，但在保险单的"免赔条件"栏注明的是"详见特约"，保险单特别约定第1.2条记载的内容为："1. 船龄在3年以内（含3年）按新船计算，超过3年按旧船计算。本保险负责全损或推定全损，不负责部分损失，每次事故按核定损失金额的20%绝对免赔率。2. 发生事故时，在扣除上述免赔的基础上，船龄3～5年（含5年），增加5%的绝对免赔；船龄5～10年（含10年）的，增加10%的绝对免赔；船龄10～15年（含15年）的，增加15%的绝对免赔；船龄15年以上的，增加20%的绝对免赔；渤海区域以外出险增加20%的绝对免赔。"从前述内容看并得不出前述约定变更了《中华联合财产保险股份有限公司沿海内河渔船保险条款》第十八条"保险人对每次赔款均按保险合同中的约定扣除免赔额（全损、碰撞、触碰责任除外）"的结论，而案涉船舶系因碰撞发生的保险事故，故按照案涉保险合同约定，联合保险营口公司无权要求享受免赔额的待遇。原判判令联合保险营口公司有40%的免赔额不当，二审法院予以调整。戚某某的上诉主张成立，二审法院予以支持。

案例6

安信农业保险股份有限公司台州中心支公司与抚州市海鹰船务有限公司、茅某某海上保险合同纠纷上诉案 – （2012）浙海终字第74号

安信农业保险股份有限公司台州中心支公司（以下简称安信农保公司）承保28轮沿海内河船舶险，保险期限自2010年5月8日起至2011年5月7日止，该公司《沿海内河船舶保险条款》（2009年10月）第十一条规定："保险人对每次赔款均按保险单中的约定扣除免赔额（全损、碰撞、触碰责任除外）。"安信农保公司与抚州市海鹰船务有限公司（以下简称海鹰公司）还在"特别约定清单"中约定："每次事故绝对免赔额20000元或每次事故的免赔率20%，两者以高者为准。"二审法院认为，每次事故绝对免赔额20000元或免赔率20%虽系安信农保公司与海鹰公司所做的特别约定，但与《沿海内河船舶保险条款》（2009年10月）第十一条的规定相互并不矛盾，结合两条款内容的文字表述可以清晰地得出："当发生保险事故，应扣除双方约定的免赔额，但发生全损、碰撞、触碰责任时不扣除免赔额。"双方所做的特别约定适用于全损、碰撞、触碰等保险责任之外的情形，本案系碰撞事故，故上述免赔额不应扣除。退一步而言，即使《沿海内河船舶保险条款》（2009年10月）第十一条规定与"特别约定清单"的相互关系还存在另一种理解，即特别约定取代了《沿海内河船舶保险条款》（2009年10月）第十一条规定，但考虑到《沿海内河船舶保险条款》及"特别约定清单"均系安信农保公司单方提供的格式合同条款，后一种理解明显不利于投保人海鹰公司，故从有利于投保人原则进行解释时也不应采信。据此，原审法院未扣减每次事故绝对免赔额20000元或每次事故的免赔率20%，并无不当，安信农保公司主张应予以扣减的辩称，不予支持。

📖 保险条款中关于索赔的先决条件的效力

⚖️ 案例

深圳市光达航运有限公司诉中国人民保险公司深圳分公司保险合同纠纷案 –（1998）广海法深字第101号[①]

该案中原告依据保险（船东责任险）合同请求被告承担货损损失以及其他费用损失。被告认为，根据船东责任险条款中先决条件的规定，原告未向货方支付货损赔款之前，无权向被告索赔。

---

① 金正佳：《海事裁判文书精选（1999—2003年卷）》，中山大学出版社2004年版，第266 – 272页。

关于索赔的先决条件问题，广州海事法院合议庭认为：船东责任险条款规定原告作为被保险人向作为保险人的被告索赔的"先决条件"是原告必须先行支付任何责任赔款、费用或开支。本案事实表明原告已被生效的判决确定必须就本案的货损向提单持有人承担赔偿责任并支付赔款，应视为该判决已经成就了索赔的"先决条件"。该"先决条件"与船东责任险条款中约定的原告在支付赔款前必须征得被告的同意的条款并不矛盾，这两个条款的目的是防止被保险人的任意赔付。本案原告的赔付是为生效判决所确定的，并非任意赔付。因此，被告以先决条件作为拒赔的理由不能成立。

第四章　保赔合同

📖 **船东互保协会不属于商业保险公司，其与会员之间签订的保险合同不属商业保险合同**

浙江省高级人民法院关于审理海上保险合同纠纷案件若干问题的指导意见
（浙高法〔2011〕183号）

第十七条　船东互保协会不属于《中华人民共和国保险法》规定的商业保险公司，其与会员之间签订的保险合同不属商业保险合同，该合同不适用《中华人民共和国保险法》，应当适用《中华人民共和国合同法》等有关法律规定。

⚖️ **案例**

最高人民法院关于中国船东互保协会与南京宏油船务有限公司海上保险合同纠纷上诉一案有关适用法律问题的请示的复函——（2003）民四他字第34号

中国船东互保协会不属于我国《保险法》规定的商业保险公司。中国船东互保协会与会员之间签订的保险合同不属于商业保险，不适用我国《保险法》规定，应当适用我国《合同法》等有关法律的规定。

互保协会与被保险人之间的保赔合同是否适用海商法和保险法的规定

案例 1

苏某、陈某海上、通海水域保赔合同纠纷案 –（2017）粤民终 1883 号

一审法院认为，本案是海上保赔合同纠纷。渔业互保协会是在我国民政部门依法登记的社会团体法人，苏某作为渔业互保协会会员，为船员苏某胜向渔业互保协会购买了渔民人身意外伤害互助保险，渔业互保协会承保并出具了互助保险凭证，苏某与渔业互保协会成立海上保赔合同关系，苏某胜是该合同的被保险人。该海上保赔合同由互助保险凭证和互助保险条款构成，其约定不违反我国法律、行政法规的强制性规定，合法有效。海上保赔合同属于无名合同，与该合同最为类似的合同是海上保险合同，根据《中华人民共和国合同法》第一百二十四条关于"本法分则或者其他法律没有明文规定的合同，适用本法总则的规定，并可以参照本法分则或者其他法律最相类似的规定"的规定，本案纠纷应适用《中华人民共和国合同法》总则的规定，并可以参照适用《中华人民共和国海商法》和《中华人民共和国保险法》的规定。

二审法院维持一审判决。

案例 2

山东省渔业互保协会、于某某海上、通海水域保险合同纠纷案 –（2017）鲁民终 1467 号

一审法院认为，按照目前法律规定及管理体制，渔业互保协会并非《中华人民共和国保险法》第六条规定的保险公司以及法律、行政法规规定的其他保险经营组织。因此，本案以"保险凭证"形式所体现的互保合同原则上不属于商业保险，不适用我国保险法的规定，应当适用《中华人民共和国合同法》的相关规定。于某某主张本案适用保险法没有法律依据，不予支持。

二审法院认为，本案为海上保险合同纠纷，山东省渔业互保协会是全省范

围内渔业组织与个人自愿组成、实行互助共济、非营利性的社会团体法人，并非保险机构，因此，一审法院认定本案适用《中华人民共和国合同法》的相关规定，并无不当。

案例3

李某与浙江省渔业互保协会海上、通海水域保赔合同纠纷案 –（2017）浙民终 224 号

一审法院审理认为，本案系海上保赔合同纠纷，互保凭证不仅是保险单，也是船东的会员资格证明。涉案互保凭证的签发，使李某与浙江省渔业互保协会（以下简称互保协会）之间成立海上保赔合同关系。涉案保赔合同内容合法有效，李某与互保协会均应依约履行义务。渔业互保协会不属于我国保险法规定的商业保险公司，渔业互保协会与会员之间签订的保险合同不属于商业保险，故不适用保险法规定，应当适用合同法等有关法律的规定。

二审法院认为，本案系海上保赔合同纠纷，因互保协会不属于我国保险法规定的商业保险公司，互保协会与会员之间签订的保险合同亦不属于商业保险，故本案李某和互保协会之间的保赔合同不适用保险法的规定，而应适用合同法的相关规定。双方之间的权利义务应依据互保凭证载明的条款进行确定。

案例4

深圳光汇石油集团股份有限公司与中国船东互保协会海上、通海水域保赔合同纠纷案 –（2014）粤高法民四终字第 128 号

二审法院认为，本案为保赔合同纠纷。中国船东互保协会（以下简称互保协会）以颁发入会证书的形式接受深圳光汇石油集团股份有限公司（以下简称光汇公司）为其会员，并对光汇公司所属船舶按协会现行保险条款（作为入会证书附件）承保，约定入会证书与协会现行保险条款组成协会与下属公司的赔偿保险合同，互保协会为保险人，光汇公司为被保险人。互保协会系在我国民政部依法登记的社团法人，不属于《中华人民共和国保险法》规定的商业保险机构，互助保险亦不属于商业保险，故本案纠纷不适用《中华人民共和国保险法》，涉案保赔合同应作为无名合同适用《中华人民共和国合同

法》等相关法律规定。

船东互保协会的保险条款是否为格式条款

案例

深圳光汇石油集团股份有限公司与中国船东互保协会海上、通海水域保赔合同纠纷案－（2014）粤高法民四终字第128号

光汇公司主张涉案保险条款属格式条款，增加了会员的负担。二审法院认为，互保协会提供的涉案年度保险条款均注明保险条款经互保协会会员大会表决通过，互保协会章程也显示会员大会是互保协会最高权力机构，有权修改章程和保险条款，会员享有选举权、被选举权和表决权，每位会员不论其入会吨位多少均有一票表决权。光汇公司自主自愿选择加入互保协会，依照章程行使会员权利，参与保险条款的修改和表决，光汇公司在事后主张保险条款为互保协会单方制定的格式条款，应认定无效，缺乏事实和法律依据，不予支持。

第五章 被保险人的义务

📖 **如实告知义务**

> **上海市高级人民法院审理海事案件若干问题的讨论纪要（一）（试行）**
> **（沪高法〔2001〕286号）**
>
> （三）被保险人的如实告知义务
>
> 关于投保人／被保险人告知义务的履行标准，《海商法》和《保险法》采取了两种完全不同的立法例。
>
> 《海商法》规定，被保险人应当将知道的或者在通常业务中应当知道的有关影响保险人据以确定保险费率或者确定是否同意承保的重要情况，如实告知保险人。即被保险人应当向保险人如实告知重要情况，对于保险人没有问及的重要情况，被保险人也需主动告知，也就是所谓的"主动告知义务主义"，而非《保险法》采纳的所谓"询问回答告知义务主义"。
>
> 因此，审理提单责任险纠纷案件时，既要审查被保险人填写的投保书内容是否属实，同时还要注意审查被保险人是否已将投保书没有问及的有关重要情况主动告知保险人。如被保险人未履行如实告知义务的，应当按照《海商法》的规定承担相应责任。

⚖️ 案例1

中国人民财产保险股份有限公司高淳支公司、江苏东方华远海运有限公司海上、通海水域保险合同纠纷案－（2018）最高法民申1017号

一审法院认为，根据《最高人民法院关于适用〈中华人民共和国保险法〉若干问题的解释（二）》第六条的规定，投保人的告知义务限于保险人询问的

范围和内容，当事人对询问范围及内容有争议的，保险人负举证责任。因此，我国法律对投保人履行如实告知义务的方式的规定采取的是询问告知制，即投保人告知的事项范围仅限于保险人询问的范围和内容，除此之外，投保人不负其他告知的义务，保险人应在投保前将其认为足以影响保险人决定是否同意承保或者提高保险费率的重大情况向投保人详细进行询问，制作相应的书面记录。本案中国人民财产保险股份有限公司高淳支公司（以下简称人保高淳支公司）未举证证明其在投保前对江苏东方华远海运有限公司（以下简称东方华远公司）或涉案船舶的重要情况进行过询问，东方华远公司无法也无必要承担其他告知义务，故不应承担违反告知义务的责任。

二审法院认为，首先，关于法律适用问题。根据《中华人民共和国保险法》第一百八十二条规定，海上保险适用《中华人民共和国海商法》的有关规定；《中华人民共和国海商法》未规定的，适用本法的有关规定。上诉人认为本案仅应适用《中华人民共和国海商法》的有关规定没有法律依据。其次，现有证据不能充分证明投保人在投保时明知船舶存在重大缺陷。即便船舶存在缺陷，根据《中华人民共和国海商法》第二百二十二条规定，合同订立前，被保险人应当将其知道的或者在通常业务中应当知道的有关影响保险人据以确定保险费率或者确定是否同意承保的重要情况，如实告知保险人。保险人知道或者在通常业务中应当知道的情况，保险人没有询问的，被保险人无需告知。该法律未明确规定哪些情况属于"有关影响保险人据以确定保险费率或者确定是否同意承保的重要情况"，一审法院根据《中华人民共和国保险法》第十六条的相关规定，并结合《最高人民法院关于适用〈中华人民共和国保险法〉若干问题的解释（二）》第六条的规定，认定保险人对哪些情况属于"有关影响保险人据以确定保险费率或者确定是否同意承保的重要情况"负有举证责任，于法有据。但人保高淳支公司没有提供相关证据证明其询问的事项及范围，东方华远公司对保险人是否承保及影响费率的因素并不清楚，也不知道其船舶是否存在影响费率的安全隐患，事故发生后，保险人也没有宣布解除保险合同，故不能依照《中华人民共和国海商法》第二百二十三条第二款"保险人解除合同的，对于合同解除前发生保险事故造成的损失，保险人应当负赔偿责任；但是，未告知或者错误告知的重要情况对保险事故的发生有影响的除外"的规定免除上诉人人保高淳支公司的保险赔偿责任。上诉人的该上诉主张不成立，二审法院不予支持。

最高人民法院再审认为，关于二审判决是否适用法律错误的问题，本案是海上保险合同纠纷，涉案船舶系海商法调整的船舶，应当适用海商法有关海上保险合同的规定。海商法与保险法就被保险人告知义务的规定并不相同。二审判决依据《中华人民共和国保险法》第十六条及《最高人民法院关于适用

〈中华人民共和国保险法〉若干问题的解释（二）》第六条的规定，认定本案不能依据《中华人民共和国海商法》第二百二十三条免除人保高淳支公司的保险赔偿责任。二审判决在海商法就被保险人的告知义务及相关责任承担有明确规定的前提下，适用保险法的相关规定，适用法律错误。

关于东方华远公司是否履行如实告知义务的问题。《中华人民共和国海商法》第二百二十二条规定："合同订立前，被保险人应当将其知道的或者在通常业务中应当知道的有关影响保险人据以确定保险费率或者确定是否同意承担的重要情况，如实告知保险人。保险人知道或者在通常业务中应当知道的情况，保险人没有询问的，被保险人无需告知。"据此，东方华远公司在投保涉案保险时，负有将其知道的或者在通常业务中应当知道的有关影响保险人据以确定保险费率或者确定是否同意承担的重要情况如实告知人保高淳支公司的义务。人保高淳支公司提交了事故调查报告，以证明东方华远公司在投保时未履行如实告知义务。事故调查报告认定浮球开关卡死导致主机故障是造成本次事故发生的直接原因，并载明，"东方08"轮在试航过程中，船员即发现存在"主机气缸滑油注油器浮球开关动作不灵敏"等十余项设备缺陷，并"上报公司，但公司没有及时安排人员检修"这一事实。虽然有船员事后陈述曾在"东方08"轮试航期间发现船舶有浮球开关不灵敏的问题，但船舶试航的目的就是发现船舶在航行中可能出现的问题，进行维修后解决存在的安全隐患。通常情况下，船舶试航中发现的问题待船厂排除之后，船东才进行接船。本案中，船舶试航后，涉案船舶取得了船舶检验证书、海上货船适航证书及安全管理证书。首航前，"东方08"轮进行安全检查时并未发现主机、辅机等关键设备存在缺陷，亦尚无证据证明东方华远公司于投保时存在关于涉案船舶主机有缺陷的文件记载。结合以上事实，人保高淳支公司提供的证据尚不足以证明东方华远公司在投保时知道"东方08"轮存在主机缺陷。二审判决综合案件情况及相关证据，未认定东方华远公司违反了告知义务，对于人保高淳支公司免除保险赔偿责任的主张不予支持，并无不当。

案例2

富成运输有限公司与中国人民财产保险股份有限公司航运保险运营中心海上保险合同纠纷案 –（2021）沪民终187号

一审法院认为，案涉保险合同成立于2018年3月16日。在此之前，（一）巴拿马海事局向富成运输有限公司（以下简称富成公司）开具的单航次许可证书，允许"SHEN××××××"轮从塞拉利昂返回中国的单程航行。单航次许可证书指明，该授权基于此次单航处于不装载货物和/或旅客，仅打压载水的状态下航行而签发；装卸货吊机的安装遮挡了部分驾驶台可视范围，会导致视觉盲区；当航行结束时，授权应于2018年4月12日到期或当该船舶抵达中国青岛港时到期，以发生时间更早的为准。此份单航次许可证书签发于保险合同成立之前。富成公司在委托诺亚天泽保险经纪（上海）有限公司（以下简称诺亚公司）投保时只告知了"该船之前在塞拉利昂做驳船用途，目前计划从塞拉利昂开回国内做年检"，却未如实告知保险期间存在单航次许可证书一节事实，也未如实告知该证书有效期内将无法完成抵达目的地中国青岛的航程，更未如实告知违反该证书的规定满载货物的情况。诺亚公司在一审庭审中陈述，其对单航次证书不知情，如果得知单航次证书的情况，应当在投保时告知保险人单航次证书的记载内容。由于富成公司的隐瞒，中国人民财产保险股份有限公司航运保险运营中心（以下简称人保航运中心）在同意承保时，并不知道"SHEN××××××"轮从塞拉利昂返回中国的航行许可将于2018年4月12日到期失效、航次不应装载货物和旅客以及装卸货吊机的安装影响驾驶台视觉盲区等重要情况。（二）船长孙某某、轮机长等船员持续多次通过微信、电子邮件与富成公司联系，告知船上存在主机尾轴漏水、通导设备损坏无法工作、航海图书海图资料需要供应，以及消防救生设备、淡水、保安计划、最低配员等存在问题，并指出上述事项中有多项缺少或损坏将导致船舶不适航，无法保证船员和船舶安全。富成公司作为船公司，明知船舶存在上述情况，亦明知不适航将使船舶处于不安全的航行状态中，却并未在投保时将船舶的实际情况如实告知保险人。在尾轴漏水的情况下，装货重载航行显然会造成尾轴漏水现象进一步恶化。富成公司明知上述问题属于影响航行安全的重要问题，属于影响保险人据以确定保险费率或者确定是否同意承保的重要情况，却未向保险人及保险经纪人如实告知，存在主观隐瞒的故意。故保险人依法有权解除保险合同，并就合同解除前发生的保险事故造成的损失，不负赔偿责任。

二审法院认为，根据海商法的规定，合同订立前，被保险人应当将其知道或者在通常业务中应当知道的有关影响保险人据以确定保险费率或者确定是否同意承保的重要情况，如实告知保险人；由于被保险人的故意，未将重要情况如实告知保险人的，保险人有权解除合同。合同解除前发生保险事故造成损失的，保险人不负赔偿责任。首先，关于单航次许可证书。富成公司上诉主张单航次许可系因船舶空载情况下可能存在视觉盲区违反SOLAS（国际海上人命安全公约）而申请，但涉案船舶实际装载货物后盲区距离符合SOLAS，该单航次许可属于无用文件，无需向人保航运中心告知。而人保航运中心则认为富成公司未将单航次许可的事实告知人保航运中心和诺亚公司违反了如实告知义务。二审法院认为，双方的争议在于单航次许可证书的情况是否属于影响保险人据以确定保险费率或者确定是否同意承保的重要情况。根据单航次许可证书的记载，由于涉案船舶系经过改造的船舶，主甲板上安装的额外设备可能会导致产生不符合 SOLAS 的视觉盲区。在涉案航次之前，"SHEN×××××××"轮作为驳船用于转运货物，为此巴拿马海事局已经授予该船在限制区域内的豁免证书。而此次前往中国青岛的航次，富成公司以移除特殊设备的理由再次向巴拿马海事局申请许可并获准，但单航次许可证书载明了船舶压载状态下航行并给出了时间限制。船舶装载货物后视线盲区是否符合 SOLAS 是技术上的判断，但这并不影响富成公司应向保险人披露船舶申请单航次许可证书的情况以及许可的具体内容。富成公司在投保时未将上述情况告知人保航运中心，且并无证据表明人保航运中心在同意承保时对于船舶存在违反 SOLAS 的视觉盲区、船舶压载情况下的单航次航程获得巴拿马海事局许可以及许可在最迟 2018 年 4 月 12 日到期的重要情况已经知情。上述内容可能影响保险人对涉案合同的商业风险的判断，进而影响保险人对是否承保以及保险费率作出判断。富成公司未将上述情况告知人保航运中心或诺亚公司，违反了海商法规定的如实告知义务，人保航运中心有权主张解除合同。其次，关于船舶状况。如前所述，现有证据证明开航前船长、大管轮多次通过微信和电子邮件向富成公司汇报船舶主机尾轴漏水问题无法解决，且开航前船长还发现涉案船舶存在海图资料缺失、消防救生设备不足、通导设备无法正常工作等影响航行安全的问题，上述问题也已通知富成公司。富成公司在投保时未将上述情况告知保险人，违反了海商法规定的如实告知义务，人保航运中心有权主张解除合同。综上，二审法院对富成公司有关其已经按法律规定和行业习惯履行了相关告知义务的上诉理由不予支持。

案例3

郑某某与永安财产保险股份有限公司茂名中心支公司海上、通海水域保险合同纠纷案 –（2014）粤高法民四终字第 168 号

一审法院认为，即使郑某某主张因永安财产保险股份有限公司茂名中心支公司（以下简称永安保险茂名支公司）未将保险条款交给郑某某导致保险条款没有约束力，永安保险茂名支公司仍然可以依照保险法第五十一条关于"被保险人应当遵守国家有关消防、安全、生产操作、劳动保护等方面的规

定，维护保险标的的安全。保险人可以按照合同约定对保险标的的安全状况进行检查，及时向投保人、被保险人提出消除不安全因素和隐患的书面建议。投保人、被保险人未按照约定履行其对保险标的的安全应尽责任的，保险人有权要求增加保险费或者解除合同。保险人为维护保险标的的安全，经被保险人同意，可以采取安全预防措施"的规定，要求增加保险费或者解除合同。本案因郑某某未遵守安全运输规定，导致保险标的危险程度增加，永安保险茂名支公司本可以依照法律规定解除合同，但永安保险茂名支公司自知道解除事由至今一直未行使该解除权，已超出合同约定和法律规定的解除权行使期限，其解除权已消灭，本案所涉保险合同未被解除情况下，对双方仍具有约束力，双方应当按照涉案保险合同的约定享有权利和承担责任。

二审法院认为，本案中，涉案货物含水率超过适运水分极限，属于被保险人郑某某"知道或者在通常业务中应当知道的有关影响保险人据以确定保险费率或者确定是否同意承保的重要情况"，同时，在无证据证明永安保险茂名支公司对于易流态化固体散装货物含水率已经具备充分的、清晰的了解的情况下，涉案货物含水率超过适运水分极限，不属于"保险人知道或者在通常业务中应当知道的情况"，郑某某应主动如实告知永安保险茂名支公司。然而，郑某某在购买涉案货物和为涉案货物投保时，不仅没有将涉案货物的含水率情况如实告知永安保险茂名支公司，而且自始至终未关注过货物含水率的问题，任由生产厂家直接将检验报告送交承运人承运涉案货物。鉴于此，郑某某违反了上述如实告知的法定义务。郑某某上诉主张，永安保险茂名支公司在收取保费后，并未要求郑某某提供货物的含水资料，亦未到场检查或参与货物装船。但是，涉案货物含水率不属于保险人知道或者在通常业务中应当知道的情况，永安保险茂名支公司是否要求郑某某提供货物的含水资料或到场检查或参与货物装船，并不构成郑某某免除其主动如实告知上述重要情况的法定义务的理由。根据《中华人民共和国海商法》第二百二十三条第二款"不是由于被保险人的故意，未将本法第二百二十二条第一款规定的重要情况如实告知保险人的，保险人有权解除合同或者要求相应增加保险费。保险人解除合同的，对于合同解除前发生保险事故造成的损失，保险人应当负赔偿责任；但是，未告知或者错误告知的重要情况对保险事故的发生有影响的除外"的规定及国家海事局的调查报告中有关涉案事故发生的直接原因是船方及船舶装货港未把好货物装船关，导致所载货物含水率超过其适运水分极限的认定结论，因郑某某未告知永安保险茂名支公司的有关涉案货物含水率超过适运水分极限的重要情况对涉案保险事故的发生确有影响，故永安保险茂名支公司有权拒绝理赔，不负赔偿责任。郑某某主张永安保险茂名支公司就涉案货物的损失予以赔偿，缺乏法律依据，二审法院不予支持。原审法院的最终认定结果正确，二审法院予以维持。

📖 海上保险中被保险人应当将缔约前可能影响一个谨慎的保险人据以确定保险费率或者确定是否承保的重要情况告知保险人

涉外商事海事审判实务问题解答
（最高人民法院民事审判第四庭）

158. 保险合同中当事人具有何种告知义务？当事人未尽告知义务的法律后果是什么？

答：海上保险中被保险人应当将在保险合同订立前可能影响一个谨慎的保险人据以确定保险费率或者确定是否承保的重要情况告知保险人；由于被保险人的故意，未将重要情况如实告知保险人的，保险人有权解除合同，并不退还保险费。合同解除前发生保险事故造成损失的，保险人不负赔偿责任；不是由于被保险人的故意，未履行告知义务的，保险人有权解除合同或者要求相应增加保险费。保险人解除合同的，对于合同解除前发生保险事故造成的损失，保险人应当负赔偿责任；但是，未告知或者错误告知的重要情况对保险事故的发生有影响的除外。

📖 订立合同时被保险人已经知道或者应当知道保险标的已经因发生保险事故而遭受损失的，保险人不负赔偿责任

⚖ 案例 1

最高人民法院关于长春大成玉米开发公司与中国人民保险公司吉林省分公司海上保险合同纠纷一案的请示的复函 –（2001）民四他字第 25 号

本案中，大成公司向保险公司投保时，已经知道四份保险单项下货物全部随船沉没，货损事故已经发生。同意你院审判委员会多数人意见，根据我国《海商法》第二百二十四条的规定，保险公司不应承担保险赔偿责任。

案例 2

广东奥马冰箱有限公司与中国平安财产保险股份有限公司佛山分公司、中国平安财产保险股份有限公司佛山市顺德支公司海上保险合同纠纷案－（2018）粤 72 民初 646 号

法院判决认为，射幸性是保险合同的基本特征。《中华人民共和国保险法》第二条规定，保险是指投保人根据合同约定，向保险人支付保险费，保险人对于合同约定的可能发生的事故因其发生所造成的财产损失承担赔偿保险金责任，或者当被保险人死亡、伤残、疾病或者达到合同约定的年龄、期限等条件时承担给付保险金责任的商业保险行为。由此可见，保险人是否承担保险责任取决于订立合同时尚未发生的可能发生的保险事故。本案中，原告于 8 月 23 日即向被告中国平安财产保险股份有限公司佛山分公司报案称其在南沙集装箱码头堆场存放的部分货物浸水受损，而本案 7 份保单签单日期最早是 8 月 24 日。故在 7 份保单签发前原告已经知道保险事故已发生，根据《中华人民共和国海商法》第二百二十四条关于"订立合同时，被保险人已经知道或者应当知道保险标的已经因发生保险事故而遭受损失的，保险人不负赔偿责任，但是有权收取保险费；保险人已经知道或者应当知道保险标的已经不可能因发生保险事故而遭受损失的，被保险人有权收回已经支付的保险费"的规定，两被告不负赔偿责任。基于上述两点，原告诉求两被告就已装船起运的货物承担保险责任，无事实和法律依据，法院不予支持。

含水量过高是否属于"影响保险人据以确定保险费率或者确定是否同意承保的重要情况"

案例

申请再审人韶关市曲江佳兴矿产品加工厂与被申请人永安财产保险股份有限公司潍坊中心支公司海上保险合同纠纷案－（2012）民申字第 1502 号

最高人民法院认为，交通部《海运精选矿粉及含水矿产品安全管理暂行规定》系当时有效的部门规章，具体规定了货方（托运人）、船方（承运人）、港方（港务监督部门与港口经营人）防止海运精选矿粉及含水矿产品超过可运含

水率的运输安全保障义务与职责，在法律没有具体规定的情况下，二审法院予以参照适用，并无不当。参照交通部《关于发布〈海运精选矿粉及含水矿产品安全管理暂行规定〉的通知》〔（88）交海字275号〕，铅锌矿含水率达到或超过8%时，会在海运途中形成自由液面，导致船舶倾侧、翻沉，具有较高的危险性。涉案铅锌矿过高的含水率，属于《中华人民共和国海商法》第二百二十二条第一款规定的被保险人"知道的或者在通常业务中应当知道的有关影响保险人据以确定保险费率或者确定是否同意承保的重要情况"，韶关市曲江佳兴矿产品加工厂（以下简称佳兴矿产品加工厂）应当依照该条款的规定在订立保险合同前如实告知永安财产保险股份有限公司潍坊中心支公司（以下简称永安保险潍坊公司）涉案货物的含水率。由于铅锌矿并不必然具有危险性，一般在含水率超过8%时具有较高的海运风险，在佳兴矿产品加工厂没有告知货物含水率超过8%的情况下，永安保险潍坊公司不知道或者不应当知道货物的危险性。佳兴矿产品加工厂主张涉案货物含水率是否超标属于《中华人民共和国海商法》第二百二十二条第二款规定的"保险人知道或者在通常业务中应当知道的情况"，其没有告知货物含水率的义务，缺乏事实和法律依据，最高人民法院不予支持。

根据青岛海事法院（2008）青海法烟海商初字第96号民事判决（已生效）认定的相关事实，连云港海事局于2008年10月29日出具《"金冠586"轮自沉事故调查处理通知书》，没有分析认定不在船船员的虚假陈述和船舶不适航的问题，但连云港海事局在该通知书中关于船舶翻沉事故原因之一是货物在运输中形成自由液面的认定，与涉案货物含水率超过可运含水率的事实和交通部《关于发布〈海运精选矿粉及含水矿产品安全管理暂行规定〉的通知》的相关规定相符。虽然（2008）青海法烟海商初字第96号民事判决以船员在海事调查中虚假陈述为由未采纳上述《"金冠586"轮自沉事故调查处理通知书》，但也没有对事故原因重新作出全面认定，没有完全排除涉案货物含水率过高对沉船事故的影响。（2008）青海法烟海商初字第96号民事判决认定的相关事实，并不能否定本案二审判决关于涉案货物含水率过高对保险事故发生有影响的认定。依照《中华人民共和国海商法》第二百二十三条第二款的规定，被保险人未告知或者错误告知的重要情况对保险事故的发生有影响的，保险人不应当负赔偿责任。而且，佳兴矿产品加工厂托运涉案含水率过高的货物，违反了交通部《海运精选矿粉及含水矿产品安全管理暂行规定》第九条关于海运精选矿粉和矿产品的含水率不得超过可运含水率的规定，根据涉案保险合同中"国内水路、陆路货物运输保险条款"第七条、第九条关于被保险人义务的约定，如果被保险人没有严格遵守国家及交通运输部门关于安全运输的各项规定，保险人有权拒绝赔偿。二审法院认定永安保险潍坊公司对涉案货损不应承担保险赔偿责任，判决驳回佳兴矿产品加工厂的诉讼请求，并无不当。

📖 舱面货是否属于"影响保险人据以确定保险费率或者确定是否同意承保的重要情况"

> **上海市高级人民法院审理海事案件若干问题的讨论纪要（一）（试行）**
> **（沪高法〔2001〕286 号）**
>
> 四、关于海（水）上货物运输保险中配载舱面货的法律责任问题
>
> （一）配载在舱面、甲板水平面以上的件杂货物，不论是直接配载在舱板上，还是配载在舱内货上，均应视为舱面货，其露天堆放、无固定遮蔽部位的法律特征与甲板货相符。
>
> （二）配载舱面货与配载甲板货有近似的风险，该风险属足以影响保险人是否同意承保或提高保险费率的重大事项。投保人配载舱面货必须向保险人履行告知义务，投保人未履行告知义务，保险人不承担赔偿责任。
>
> （三）海（水）上货物运输保险合同的投保人一般是海（水）上货物运输合同的托运人，其对非正常配载货物具有知晓权、否决权。投保人若不知晓配载舱面货，系其与代理人或承运人之间约定不明或另有其他违约行为存在所致，投保人不能据此免除其应当承担的告知义务。

⚖️ 案例1

麦普船舶系统技术有限公司诉中国太平洋财产保险股份有限公司航运保险事业营运中心纠纷案 –（2013）沪海法商初字第 1371 号

关于被保险人是否违反如实告知义务，上海海事法院认为，被保险人应当在合同订立前，将其知道的或者在通常业务中应当知道的有关影响保险人据以确定保险费率或者确定是否同意承保的重要情况，如实告知保险人。上述重要情况包括船舶信息、货物信息、起运港、目的港、是否甲板货、是否集装箱货物等通常业务中的常见内容。载运船舶作为海上航行的运输工具，对于海上风险的重要意义不言而喻，不同的船舶直接影响海上运输风险系数的变化。被告提交的投保单经上海鑫鼎国际货物运输代理有限公司（以下简称鑫鼎公司）证实，确系保险人收到的投保资料。投保单记载载运船舶为"CSAV RANCO"轮，并非实际运输船舶"SEA PALACE"轮。不论是鑫鼎公司或者新胜发（启东）船舶设备有

限公司（以下简称新胜发公司）填写了投保单，即使是鑫鼎公司填写的，其作为新胜发公司的代理人，行为结果也应归于新胜发公司，最终结果是保险人从投保单上得到了错误的船舶信息。并且，投保单上也未记载涉案货物系甲板货的情况。根据被保险人提交给保险人的投保单上船舶信息错误、未告知甲板货等情况，可以认定被保险人在投保时违反了法律规定的如实告知义务。原告虽然主张其曾提交过提单等运输单证给保险人，从提单上可以看出船舶信息，但原告未提交相应证据予以证明，故对其主张无法采信，原告应承担举证不能的后果。

上海海事法院认为，被保险人违反了法律规定的如实告知义务，并且其在向保险人进行投保时已经知道涉案货物因发生保险事故而遭受损失，根据相关法律规定，保险人对于已发生的保险事故造成的损失不负赔偿责任。

案例2

江苏省海外企业集团有限公司诉丰泰保险（亚洲）有限公司上海分公司海上货物运输保险合同赔偿纠纷案 –（2001）沪海法商初字第 398 号[①]

上海海事法院判决认为，货载舱面的风险明显大于舱内，它直接影响到保险人决定是否承保和确定保险费率，影响到保险合同成立的基础及双方权利义务的变化。原告作为本案被保险人，早在 1999 年 9 月 24 日就收到了发货人提交的涉案货物装货单副本，其在投保当时及之后未将部分货物装载于船舶舱面的事实告知保险人，明显未尽到告知义务。原告在庭审中称木材装于舱面是航运惯例、"保险人应当知道"并无明确依据，上海海事法院不予采信。

机器货物存在锈蚀是否属于"影响保险人据以确定保险费率或者确定是否同意承保的重要情况"

案例

上海汉虹精密机械有限公司与太阳联合保险（中国）有限公司纠纷上诉案 –（2011）沪高民四（海）终字第 28 号

---

① 贺荣主编、最高人民法院民事审判第四庭编著：《中国海事审判精品案例》，人民法院出版社 2014 年版，第 375 – 387 页。详细参考《上海海事法院案例集》第 71 页。

关于原告是否隐瞒足以影响保险人决定是否承保的重要事实导致涉案保险合同解除，被告是否因此无需承担保险赔偿责任，一审法院认为，我国相关法律规定，保险合同订立前，被保险人应当将其知道的或者在通常业务中应当知道的有关影响保险人据以确定保险费率或者确定是否同意承保的重要情况如实告知保险人，否则保险人有权解除合同。本案中，涉案货物在出运前就已存在锈损，锈损对涉案货物的价值将产生影响，间接影响被告对于保险费率的确定，被告有权解除合同。2009 年 6 月 2 日，被告从德理诚保险公估有限公司的检验报告中获悉涉案货物在出运前就存在锈损，并于 6 月 18 日首次将涉案保险费退还原告，行使了合同解除权。二审中此问题非上诉点，二审维持原判。

📖 被保险船舶作为拆船或者拆船目的出售的意图航行，构成影响保险人据以确定保险费率或者确定是否同意承保的重要情况

⚖ 案例

美国陈氏公司诉中国太平洋保险公司船舶保险合同纠纷案 –
（1997）沪海法商字第 486 号

《中华人民共和国海商法》第二百二十二条第一款规定："合同订立前，被保险人应当将其知道的或者在通常业务中应当知道的有关影响保险人据以确定保险费率或者确定是否同意承保的重要情况，如实告知保险人。"保险标的的风险大小是影响保险人确定保险费率或者确定是否同意承保的重要因素。与一般船舶比较，用于拆解的船舶其海上风险明显增加。如果保险人知道这一情况，通常会提出增加保费在内的附加条件。涉案保险条款第四条也明确指出，如被保险船舶作为拆船或者拆船目的出售的意图航行，除非事先征得保险人的同意并接受修改后的承保条件所须加付的保费，否则保险人对由此情况所造成的损失和责任不负责任。因此，应该认为，虽然海商法对所谓"重要情况"未作明确定义，但凡是增加保险风险的情况即为"重要情况"。涉案船舶用于拆解，显然属"重要情况"之列。原告在订立合同前未将其告知被告，不但违反了保险条款的约定，而且违反法律规定。由于用于拆解的船舶对保险事故的发生有重要影响，因而不管原告是否故意不作告知，被告均有权依照《中华人民共和国海商法》第二百二十三条的规定解除合同而不承担保险赔偿责任。

综上所述，本案保险合同依法成立，原告对涉案"加拿大丰收"轮依法具有可保利益，有权提起本案诉讼。但是，原告在订立合同前未将该轮是用于拆解的船舶告知被告；……因此，对原告的诉讼请求，上海海事法院难以支持。

📖 投保单中已明确投保标的为"供给船"的情况下是否还需要履行告知义务

⚖️ 案例

上诉人芜湖海西物流服务有限公司与被上诉人中华联合财产保险股份有限公司上海分公司海上保险合同纠纷案 –（2022）沪民终389 号

一审法院认为，本案中，中华联合财产保险股份有限公司上海分公司（以下简称中华财险上海分公司）保险条款第四条中特别约定：除非事先征得保险人的同意并接受修改后的承保条件和所需加付的保费，否则，本保险对下列情况所造成的损失和责任均不负责：（一）保险船舶从事拖带或救助服务；（二）保险船舶与他船（非港口或沿海使用的小船）在海上直接装卸货物，包括驶近、靠拢和离开……即发生第四条中约定的情况时，被保险人必须事先征得保险人的同意。本案中，除保险单上关于船舶类型记载为供给船之外，对于被保险船舶的日常作业内容，芜湖海西物流服务有限公司（以下简称海西公司）并无任何证据可以证明其在投保时或在事故航次作业前将船舶的作业内容告知了中华财险上海分公司。而其提供的其与华洋承保晓周之间的微信聊天记录，也仅能证明海西公司在事故发生后的第六天方向保险经纪询问按照××轮的作业内容，是否在投保时需要向保险人提出要求剔除保险条款中第四条特别约定的内容。由此可见，海西公司并未在投保时向保险人告知被保险船舶的实际作业内容，按照保险条款的约定和海商法的相关规定，中华财险上海分公司有权不做赔偿。

关于涉案事故保险人援引保险单第四条海运条款第二项免除其赔偿责任的抗辩是否成立，二审法院认为：

1. 涉案投保单中"供给船"的含义及工作性质，海西公司作为投保人在投保单中已明确投保标的为"供给船"情况下，是否还需要履行告知义务。《中华人民共和国海商法》第二百二十二条第二款规定，保险人知道或者在通常业务中应当知道的情况，保险人没有询问的，被保险人无需告知。涉案投保单上写明

"船舶种类供给船""航行范围近海"。供给船，一般是指专门供应物资和食品等补给的船舶。从其工作性质及内容来看，大多数情况下需要在工作时靠近平台或其他船舶，并为业内所周知。涉案××轮属于工程补给船，长期给天津中海油海上钻井平台补给生活用品，涉案事故发生时也是在合同明确的航区范围内。综合以上情况，从"供给船"的含义及工作性质，且是续保，本案的保险人中华财险上海分公司作为一家专业承保船舶险的保险公司，应该在核保时注意到××轮是供给船，清楚供给船的性质和工作模式。中华财险上海分公司若对此仍有疑问，则应向投保人海西公司作进一步的询问。海西公司在已明确投保标的为"供给船"且供给船的性质及工作模式为业内周知的情况下，无需就其作业内容再向保险人中华财险上海分公司进一步告知。此外，鉴于投保单上已经显示"供给船"，而保险人中华财险上海分公司知道或应当知道可能涉及保险单海运条款第二项，但未提出异议或作特别提示及说明，其签发保单予以承保的行为，足以使投保人海西公司认为保险人中华财险上海分公司未把供给船归入保险单海运条款第二项，同意对涉案××轮承保。因此，海西公司为其所有的××轮明确投保船舶种类为供给船向中华财险上海分公司投保了船舶一切险，中华财险上海分公司接受投保并签发了保险单，表明中华财险上海分公司未把供给船归入海运条款第二项。本案双方之间依据保险单建立的海上保险合同法律关系依法成立，对双方均具有法律约束力。海西公司、中华财险上海分公司均应按照保险合同的约定以及法律规定行使各自的权利及履行义务。

2. 涉案保险单第四条海运条款第二项"保险船舶与他船（非港口或沿海使用的小船）在海上直接装卸货物，包括驶近、靠拢和离开"本案中是否适用。随着规模经济要求的船舶的大型化，越来越多的港口存在吃水限制问题，一些船舶无法进入某些港口进行装卸作业，从而导致港外甚至海上直接装卸作业的现象越来越多。考虑到海上直接装卸货物面临的是动荡不停的海面、海上作业的大型船舶以及漂浮移动的船舶，尤其在两船驶近、靠拢或驶离时，发生碰撞造成损失的风险很大。因此，海运条款第二项所列"保险船舶与他船（非港口或沿海使用的小船）在海上直接装卸货物，包括驶近、靠拢和离开"，即是对保险船舶（一般针对普通运输货船或远洋运输船）进行此种作业作了必要的限制，明确了风险增加的通知义务，也即如果保险船舶有从事与他船在海上直接装卸货物的要求，须事先通知保险人，征得保险人的同意并接受修改后的承保条件和所需加付的保费，否则，保险人对保险船舶因从事此种作业遭受的损失，不负保险赔偿责任。海运条款第二项所指的保险船舶与他船在海上直接装卸货物，一般是指两艘在海上漂浮移动的船舶直接装卸货物过驳作业。涉案××轮所从事的是给海上石油钻井平台供应物料，不是普通的海上货物运输工作。而从××轮供料的 922 平台来看，作业时利用桩腿下伸到海底，站立在海床上，利用桩腿托起船壳，相对固定，并不是像船舶那样漂浮在海面上。综上，涉案××轮作为供给船，是在正常情况下接到通知给 922 平台供应物料，这是日常常规作业，未超出常规作业范围，在符合合同约定的区域近海作业，且是为桩腿下伸到海底相对固定的 922 平台供应物料，并不符合保险单海运条款第二项所指情形，所以风险并没有增加。因此，海西公司无须履行风险增加的通知义务。涉案保险单第四条海运条款第二项在本案中不适用。

二审法院予以改判。

📖 保险人以被保险人未履行如实告知义务为由主张不负赔偿责任是否以解除保险合同为前提

【支持的案例】

🔨 案例 1

中国平安财产保险股份有限公司、鞍山润德精细化工有限公司海上、通海水域保险合同纠纷案 –（2020）辽民终 114 号

一审中，中国平安财产保险股份有限公司辽宁分公司（以下简称平安辽宁分公司）主张，鞍山润德精细化工有限公司（以下简称润德公司）未告知涉案货物系有毒品，未履行如实告知义务，平安辽宁分公司不应承担保险赔偿责任。《中华人民共和国海商法》第二百二十三条规定："由于被保险人的故意，未将本法第二百二十二条第一款规定的重要情况如实告知保险人的，保险人有权解除合同，并不退还保险费。合同解除前发生保险事故造成损失的，保险人不负赔偿责任。不是由于被保险人的故意，未将本法第二百二十二条第一款规定的重要情况如实告知保险人的，保险人有权解除合同或者要求相应增加保险费。保险人解除合同的，对于合同解除前发生保险事故造成的损失，保险人应当负赔偿责任；但是，未告知或者错误告知的重要情况对保险事故的发生有影响的除外。"一审法院认为，被保险人未履行如实告知义务的情况下，保险人不负赔偿责任需满足多项条件，其中必须满足的一项是保险人解除合同。本案中，平安辽宁分公司没有解除合同，故其上述主张无事实和法律依据，不予支持。

二审法院认为，《中华人民共和国海商法》第二百二十二条规定："合同

订立前，被保险人应当将其知道的或者在通常业务中应当知道的有关影响保险人据以确定保险费率或者确定是否同意承担的重要情况，如实告知保险人。保险人知道或者在通常业务中应当知道的情况，保险人没有询问的，被保险人无需告知。"润德公司在投保单中明确、真实地告知了保险人货物的名称、数量、价值，尽管润德公司未说明该物品有毒，但该情况不属于案涉保险事故的重要情况，且保险人也没有询问，润德公司也无需告知。

【不支持的案例】

 案例 2

健懋国际船务有限公司与都邦财产保险股份有限公司、都邦财产保险股份有限公司福建分公司海上保险合同纠纷上诉案 – （2011）闽民终字第 169 号

一审法院认为，健懋国际船务有限公司（以下简称健懋公司）是否履行了投保人的义务，应结合保单约定来衡量。从健懋公司与都邦财产保险股份有限公司福建分公司（以下简称都邦福建公司）签订的拖航船舶保险单来看，健懋公司需要履行的义务包括缴纳保险费以及确保本次拖航启航前已获得相关部门颁发的《适拖证书》等特别约定的义务。健懋公司已依约履行了缴纳保险费的义务。而另一项"投保人确保本次拖航启航前已获得相关部门颁发的《适拖证书》"的义务，其真实意思表示在于投保人在拖航启航前，应采取相关保证被拖船舶适航、适拖的手段和措施，并且需经有资质的第三方确认。健懋公司应举证证明其已履行了上述义务。健懋公司并没有提供证据证明其在船舶起航前，已采取保证被拖船舶适航、适拖的具体手段和措施：首先，健懋公司提供的稳性计算书是以多次更名前的"闽福州采 0039"船完工装载手册来替代，不足以证明案涉"FORTUNE 2A"轮开航前的稳性；其次，健懋公司所提供的《适拖证书》，依法属无效证书，该证书无法体现健懋公司所采取的保证被拖船舶适航、适拖的具体手段和措施。因此，健懋公司未能完全履行保险合同特别约定的义务，未完全履行投保人的义务。一审法院认为，健懋公司与都邦福建公司之间的拖航船舶保险合同法律关系成立，双方应按合同约定履行约定义务，由于健懋公司未能按合同的特别约定履行其义务，虽案涉事故属于保险责任，但都邦财产保险股份有限公司、都邦福建公司有权拒绝赔偿。

二审法院认为，案涉保险合同特别约定"投保人确定本次拖船启航前已

获得相关部门颁发的《适拖证书》",可见,双方当事人皆注意到被拖船舶是否适拖、适航的重要性,被拖船舶是否适拖、适航直接影响保险人据以确定保险费率或者确定是否同意承保。且不论被拖船舶"FORTUNE 2A"轮是否适拖、适航,健懋公司作为该船的所有者、投保人,其在保险合同有特别约定的情况下,应以审慎的态度审核出具《适拖证书》的机构,案涉《适拖证书》产生在前,保险合同签订在后,健懋公司应当知道《适拖证书》的相关情况,根据《中华人民共和国海商法》第二百二十二条的规定,健懋公司应如实告知保险人以上情况,其未告知,原审据此适用《中华人民共和国海商法》第二百二十三条的规定,认定保险人对本案事故不负赔偿责任是正确的。

被保险人因过失未履行如实告知义务的,保险人对于保险合同解除前发生的与未告知情况没有因果关系的保险事故造成的损失应当负赔偿责任

案例

上海汉虹精密机械有限公司与太阳联合保险(中国)有限公司纠纷上诉案 – (2011)沪高民四(海)终字第 28 号

一审法院判决认为,根据我国相关法律规定,被保险人因过失未履行如实告知义务的,保险人对于保险合同解除前发生的与未告知情况没有因果关系的保险事故造成的损失,应当负赔偿责任。本案中,原告、被告已经在保险报价单中约定,货物的生锈不属于被告的保险责任范围,在被告未提供证据证明原告存在故意隐瞒的情形下,原告未告知被告涉案货物存在锈损情况应被认定为过失行为。原告主张涉案货物因遭受撞击导致货损,且该货损事故发生在被告行使合同解除权之前,原告并未对货物锈损提出保险理赔,因此锈损并非造成原告所称的保险事故的原因,原告未告知的货物锈损情况对保险事故的发生没有影响。综上,保险人有权解除合同,但合同解除并不影响保险人承担保险赔偿责任,故一审法院对被告主张的被保险人未将涉案货物存在锈损的情况如实告知保险人,保险合同应予以解除的抗辩予以采纳,但对被告主张其因合同解除而不承担保险赔偿责任的抗辩不予采纳。

二审中此问题非上诉争议点,二审维持原判。

如何理解船舶用途改变

案例

天津市鹏伟船务工程有限公司与中国太平洋财产保险股份有限公司天津分公司海上、通海水域保险合同纠纷案－（2016）津民终72号

一审法院认为，首先，经查阅中华人民共和国国家标准《船舶通用术语第1部分：综合》（GB/T7727.1—2008），该标准将船舶分为运输船、工程船、工作船、海洋调查船、海洋开发船、渔业船、农用船等类型。该标准对工程船的定义为：按不同要求，装备相应的专业设备从事水面、水下各种工程技术作业的船舶。这一定义并未限定工程船作业水域范围仅限于港区内、航道上。且《财政部税务总局关于"港作船"、"工程船"的解释》系对《中华人民共和国车船使用税暂行条例》第三条关于免纳车船使用税的车船所作出的解释，属于税法解释。税法有其自有规范目的，税法解释亦主要采取经济观察法进行定性，因此，往往与民事法律定性或者行业技术定性存在较大差异。且《中华人民共和国车船使用税暂行条例》于2007年1月1日为《中华人民共和国车船税暂行条例》废止后，《财政部税务总局解释》亦于2008年1月31日为《财政部关于公布废止和失效的财政规章和规范性文件目录（第十批）的决定》废止。因此，不得仅以作业水域不在港区内、航道上即认定涉案船舶发生"用途的改变"。

其次，2012年4月7日涉案船舶保险期间开始后，船舶登记种类的确由"采砂船"变更为"工程船"。但天津市船舶检验处已证明涉案船舶技术条件符合采砂船相关规范要求。且根据涉案船舶办理登记之时，在填写所有权/国籍登记申请书"船舶种类"一栏时应予对照的中华人民共和国海事局印发《关于修改〈船舶登记工作规程〉的通知》（海船舶（2004）389号）所附《船舶种类字典》可知，船舶种类分为客船类、普通货船类、液货船类、工程船类、工作船类、拖船类、其他类等。采沙船代码为0403，与挖泥船、疏浚船等均属于工程船类（代码0400）项下子类型，且工程船项下所有船舶的"英文名称"一栏均记载为ENGINEERINGSHIP（中文含义为"工程船"）。根据《现代汉语词典》第六版，"砂"，同"沙¹①"，即"细小的石粒"，因此，"采沙船"与"采砂船"属同种船舶，均系工程船的一种。在涉案船舶种类由

"采砂船"变更登记为"工程船"之前，2012年3月22日天津市鹏伟船务工程有限公司（以下简称鹏伟公司）填写的《船舶保险投保单》上船舶种类一栏写明"工程（采沙）船"，亦能证明"采砂船"与"采沙船"通用、采沙（砂）船属于工程船。因此，不得仅以登记"工程船"用作采砂即认定涉案船舶发生"用途的改变"。

最后，关于"用途的改变"一词是否包含法律上的评价，即是否包含用途是否由合法变为非法在内，中国太平洋财产保险股份有限公司天津分公司（以下简称太保天津分公司）与鹏伟公司的理解有显著差异。太保天津分公司对该词的理解实则还包含合法与否的评价，即用途由"工程船"变为"非法"采砂，而鹏伟公司对该词的理解仅限于物理用途的变化。

二审法院认为，此问题系保险合同的解释问题。根据《中华人民共和国保险法》第三十条之规定，对"用途的改变"，应首先进行通常理解，即按照《中华人民共和国合同法》第一百二十五条规定的各种解释方法进行理解，以明确合同文本中"用途的改变"的客观含义。文义解释是合同解释的出发点，根据《现代汉语词典》第六版对"用途"的解释，"用途的改变"指事物应用方面或范围的改变，从中无法看出是否涵盖合法与否的评价。因此，需要依照其他解释方法明确"用途的改变"的含义。由于本案当事人均未举出"用途的改变"存在保险行业习惯性理解的证据，根据《最高人民法院关于适用〈中华人民共和国合同法〉若干问题的解释（二）》第七条第二款之规定，在其后的分析中，不采用交易习惯解释方法。

虽然从合同的有关条款来看，结合涉案保险条款第十六条中与"用途的改变"并列的各个语词而言，保险船舶出售、光船出租、变更航行区域或保险船舶所有人、管理人、经营人、名称、技术状况、被征购征用等均属客观性质变化，但从条文目的来看，该条"保险船舶出售""用途的改变"等需事先书面通知保险人且经保险人同意并办理批改手续的事项，属于"公司、保险船舶发生变化影响保险人利益的事件"中的特别事项，由此可知，该条条文目的主要在于防止危险变更的重大情况。保险船舶用途由合法转变为非法，如工程船非法运货，确实可能增加危险程度。故而，结合上述通常理解中的解释方法，特别是对条文目的的理解，应对"用途的改变"理解为：保险船舶使用性质发生显著增加危险程度的变化。这一理解，亦不违反诚信解释的内在要求。故而，关于合法与否是否属于"用途的改变"，应以其是否显著增加保险船舶危险程度作为评判标准。

涉案违法行为系非法采矿行为，与自然违法行为不同，该行为属于法定违法行为，即不服从法规的违法行为。具体到本案中，即保险船舶在未取得采矿许可证的情况下从事的违法行为。在本案中，涉案船舶《海上货船适航证书》记载准予航行沿海航区。而相关刑事判决认定涉案船舶非法开采海砂海域位于兴城市附近，利用涉案船舶的鸿大华海公司、天津腾龙公司等虽然未取得采矿许可证，但均取得兴城市附近特定海域《海域使用权证》，鹏伟公司亦主张涉案船舶系在相关《海域使用权证》明确记载开采海砂的情况下才从事海砂开采，且现有证据不能证实涉案船舶因非法采矿行为超出其证书规定的航行区域，亦不能证实发生了涉案船舶因非法采矿恶意逃避执法或者抗拒抓捕等致使风险显著增加的行为。因此，不能当然得出本案中涉案船舶危险程度发生显著变化，不得仅以"采砂"系属"非法"即认定涉案船舶发生"用途的改变"。

故而，在保险期间开始后搁浅事故发生时，涉案船舶并未发生"用途的改变"。再者，在搁浅事故发生及刘某某因涉嫌非法采矿被拘捕后，太保天津分公司理应清楚涉案船舶的用途状况，但又于 2013 年 4 月 7 日与鹏伟公司签订了内容相同的《沿海、内河船舶保险单》，因此，太保天津分公司的相应主张二审法院不予支持。

📖 货物被意外堆放在露天堆场不构成危险程度显著增加

🔨 案例

中国大地财产保险股份有限公司江苏分公司、迪克哈瑞合资公司海上、通海水域保险合同纠纷案 –（2020）最高法民申 1587 号

最高人民法院再审认为，本案《货物运输保险单》中约定承保险别为"一切险"，即包括平安险和水渍险所涵盖的风险，其中水渍险包括因恶劣天气造成的投保货物的部分损失，除此之外，一切险还涵盖运输过程中因外部原因引起的所有投保货物灭失或损坏的风险。因此，即使本案中所涉货物因被意外存放于露天堆场导致所处环境发生变化，但就货物被意外存放露天堆场事实本身以及雨水浸湿损害货物而言，均属于一切险所涵盖的风险范围，应是保险合同订立时保险人能够预见或者应当预见的风险。因此，原判决根据我国保险法及相关司法解释的规定，认定本案并不构成危险程度显著增加的情形，适用法律正确，并无不当。

危险程度显著增加的通知义务及合同解除权是否需以保险合同约定为前提

案例1

中国平安财产保险股份有限公司上海分公司、宁波梅山保税港区泽天瑞盈投资合伙企业海上、通海水域保险合同纠纷案－（2020）鲁民终904号

一审法院认为，《中华人民共和国保险法》第五十二条规定："在合同有效期内，保险标的的危险程度显著增加的，被保险人应当按照合同约定及时通知保险人，保险人可以按照合同约定增加保险费或者解除合同。被保险人未履行前款规定的通知义务的，因保险标的的危险程度显著增加而发生的保险事故，保险人不承担赔偿保险金的责任。"根据以上规定，保险标的危险程度显著增加的通知义务是以保险合同约定为依据，本案中，保险合同中没有相应约定，故被保险人没有通知义务。而且，涉案四轮在合同有效期内也没有发生例如用途改变、使用范围改变、所处环境变化、改装、使用人或者管理人改变等危险程度显著增加的情形，中国平安财产保险股份有限公司上海分公司（以下简称平安保险）的该主张没有事实依据和法律依据，不予支持。

二审法院认为，《中华人民共和国保险法》第五十二条第一款规定："在合同有效期内，保险标的的危险程度显著增加的，被保险人应当按照合同约定及时通知保险人，保险人可以按照合同约定增加保险费或者解除合同。保险人解除合同的，应当将已收取的保险费，按照合同约定扣除自保险责任开始之日起至合同解除之日止应收的部分后，退还投保人。"据此，保险合同有效期内，合同的解除事由以合同有明确约定、保险标的的危险程度显著增加为前提和条件。平安保险认为双方当事人在保险条款第十六条就保险期间的解除事由进行了明确约定。因该约定事由并不包括保险标的的所处环境的变化，故对平安保险关于合同履行过程中，宁波梅山保税港区泽天瑞盈投资合伙企业未通知其涉案船舶所处环境变化为由诉请合同解除的理由不成立。

案例2

林某某、莆田市恒良船舶管理有限公司等海上、通海水域保险

合同纠纷案－（2021）闽 72 民初 917 号

厦门海事法院认为，《中华人民共和国保险法》第五十二条规定："在合同有效期内，保险标的的危险程度显著增加的，被保险人应当按照合同约定及时通知保险人，保险人可以按照合同约定增加保险费或者解除合同。保险人解除合同的，应当将已收取的保险费，按照合同约定扣除自保险责任开始之日起至合同解除之日止应收的部分后，退还投保人。被保险人未履行前款规定的通知义务的，因保险标的的危险程度显著增加而发生的保险事故，保险人不承担赔偿保险金的责任。"被告认为，原告在船舶修理期间雇佣无证电焊工进行电焊作业，显著增加了标的物的危险程度，原告未履行告知义务，被告依法有权拒赔。原告认为，原告在"振大 968"轮发生保险事故时，已立即通知被告，已履行了法定告知义务，被告无权拒赔。厦门海事法院认为，《中华人民共和国保险法》第五十二条规定了被保险人的危险增加通知义务，适用前提是在合同有效期内保险标的的危险程度显著增加。根据《最高人民法院关于适用〈中华人民共和国保险法〉若干问题的解释（四）》第四条第一款规定，判断标的物危险程度是否显著增加应综合考虑多种因素。本案保险标的"振大 968"轮为散货船，保险承保的是船舶保险条款的一切险，保险合同订立时，保险人对承保风险的评估是以沿海航区货物运输为基础的。案涉火灾事故是在船舶维修期间，原告雇佣无资质的电焊工进行电焊作业引发。《中华人民共和国消防法》第二十一条规定："禁止在具有火灾、爆炸危险的场所吸烟、使用明火。因施工等特殊情况需要使用明火作业的，应当按照规定事先办理审批手续，采取相应的消防安全措施；作业人员应当遵守消防安全规定。进行电焊、气焊等具有火灾危险作业的人员和自动消防系统的操作人员，必须持证上岗，并遵守消防安全操作规程。"《船舶港内安全作业监督管理办法》第四条规定："船舶在港内进行安全作业，需在作业活动开始前……向所在港区的海事管理机构提交船舶港内安全作业书面报备材料……船舶从事烧焊或明火作业，还应提供动火部位及项目，消防车（船）监护情况……"上述规定表明，在船舶上进行电焊作业具有高度危险，应进行严格管理。原告雇佣无证电焊工在船上进行电焊作业，极易引发火灾，使"振大 968"轮的危险程度显著增加，原告应将拟进行电焊作业的情况及时通知保险人。双方没有约定通知时间，原告应在作业前适当时间通知。原告关于履行了通知义务的主张，理由不成立，厦门海事法院不予采纳。被告关于原告未尽到通知义务的抗辩，理由成立，厦门海事法院予以采纳。被告可以依据《中华人民共和国保险法》第五十二条的规定，不承担保险赔偿责任。

被保险人需举证证明保险事故是因列明的承保风险造成的

案例1

乐某某与东海航运保险股份有限公司等海上保险合同纠纷案 –
（2022）沪民终 902 号

一审法院认为，因乐某某未能举证证明涉案事故属于涉案保险合同承保的
保险事故。相反，东海航运保险股份有限公司（以下简称东海航保公司）、东
海航运保险股份有限公司上海分公司（以下简称东海航保上海公司）提交的
反驳证据可以证明涉案事故系由保险除外责任所引起，因此，乐某某应承担举
证不能的不利后果，对因涉案事故造成的所有损失，即乐某某主张保险人赔偿
的船舶修理费和救助费损失，保险人依法均不负赔偿责任。

二审法院认为，关于一审法院对举证责任的分配是否符合法律规定的问
题，《中华人民共和国保险法》第二十二条系对被保险人在请求赔付时具有提
供证明和资料的义务作出的具体规定，即保险事故发生后，被保险人在请求保
险人赔付或者给付保险金时，应当向保险人提供其所能提供的与确认保险事故
的性质、原因、损失程度等有关的证明和资料。在本案中，乐某某作为被保险
人，有义务提供初步证据证明涉案事故属于涉案保险合同承保范围，故而应获
得保险合同约定的相应赔付。但乐某某提供的证据不足以证明保险事故的性质
和原因，亦无法证明涉案事故导致的损失属于保险承保范围。相反，东海航保
公司、东海航保上海公司提供的证据可以证明涉案事故存在除外风险，故不存
在举证责任转移的问题。综上，一审法院对举证责任的分配符合法律规定，并
无不当。

案例2

上诉人东莞益海嘉里粮油食品工业有限公司与被上诉人中国人
民财产保险股份有限公司上海市分公司海上保险合同纠纷案 –
（2020）沪民终 502 号

一审法院认为，关于涉案事故是否属于保险事故，应该按照保单的保险条

款予以认定。东莞益海嘉里粮油食品工业有限公司（以下简称益海公司）据以提起诉讼的保险单载明，中国人民财产保险股份有限公司上海市分公司（以下简称人保上海）就涉案货物，按照国内水路、陆路运输保险条款（2009版），中国人民财产保险股份有限公司国内水路、陆路货运综合险进行承保。该保险条款明确约定：当保险货物遭受损失时，保险人按承保险别的责任范围负赔偿责任。益海公司欲提起保险赔偿，首先应证明涉案事故属于保险条款中列明的责任事故。就涉案事故原因，太平洋财产保险股份有限公司（以下简称太保财险）委托的上海鼎安保险公估有限公司认为，对发霉结块的小麦取样制成的蒸馏水溶液进行硝酸银试剂测试，溶液呈氯离子阳性反应，证明小麦水湿与海水有关。因"鑫某某"轮装载货物后超出舱盖水平位置，导致前后货舱的舱盖板没有完全盖住，"鑫某某"轮在舱盖上面加盖了雨布。而且，"鑫某某"轮曾在航行期间在湄洲湾锚地抛锚躲避大风，在此期间遭受风浪影响，并且由于舱盖板未能盖住，海水进入货舱导致部分小麦水湿。由此可见，事故的主要原因系因为"鑫某某"轮装载货物后超出舱盖水平位置，导致前后货舱的舱盖板没有完全盖住，在湄洲湾避风时，受风浪影响，海水进入货舱所致。按保险条款约定，保险人对保险货物因火灾、爆炸、雷电、冰雹、暴风、暴雨、洪水、地震、海啸、地陷、崖崩、滑坡、泥石流所造成的损失负赔偿责任。虽说"鑫某某"轮遭遇了大风，但从公估报告来看，主要原因还是"鑫某某"轮装载货物后超出舱盖水平位置，导致前后货舱的舱盖板没有完全盖住所致，不能就此认定事故原因是暴风造成。至于益海公司称人保上海在宜兴市新庄镇粮油管理所投保时未向其明确相关的除外责任等约定，应由人保上海承担不利后果之说，因益海公司并无相关证据证明，且该条款是人保上海所承保险别的列明风险约定，并非减轻或消除人保上海的保险责任的约定，一审法院对益海公司的这一观点不予采信。

二审法院认为，关于争议焦点一，广西钦州市鑫茂海运有限公司（以下简称鑫茂海运）与益海公司、太保财险之间在海上货物运输合同另案纠纷中，法院作出（2016）粤72民初721号民事判决、（2017）粤民终583号民事判决及（2018）最高法民申5830号民事裁定。根据已生效裁判文书查明的事实及判定，系因"鑫某某"轮装载货物后超出舱盖水平位置，导致前后货舱的舱盖板没有完全盖住。鑫茂海运虽在舱盖上面加盖了雨布，但其并未有效证明该措施满足货物安全管理要求，全面履行了管货义务，也未能证明存在法定的承运人免责的情形。上述判定明确了涉案货损原因系承运人鑫茂海运在运输期间未履行有效管货义务。据此，根据业已查明的事实，益海公司并未提供有效证据证明涉案货损系因人保上海所承保的风险导致，故人保上海无须承担保险赔偿责任。

📖 被保险人未及时向保险人报险导致无法查明是否发生保险事故的，保险人不承担责任

🔨 案例

恒天创业投资有限公司与中国人民财产保险股份有限公司北京市分公司海上保险合同纠纷案 –（2018）粤72民初1893号

广州海事法院认为，原告未能举证证明保险标的在保险期间发生了掺入沙石的保险事故，根据《中华人民共和国民事诉讼法》第六十四条第一款、《最高人民法院关于适用（中华人民共和国民事诉讼法）的解释》第九十条的规定，原告应承担举证不能的不利后果，其要求被告承担保险赔偿责任的诉讼请求因缺乏依据不予支持。退一步而言，即使原告诉称的保险事故确有发生，原告是在保险期间届满，即被告的保险责任终止后半年才开始陆续销售保险标的的，在原告报险之前出售的6875.84吨货物价格较保险价值有所降低，但不排除是正常的市场价格波动，或者是保险期间届满后的外来风险及货物储存时间过长等原因导致的，原告也没有证据证明尚有渠道查明原因以及各原因导致的具体损失程度，根据《中华人民共和国保险法》第二十一条关于"投保人、被保险人或者受益人知道保险事故发生后，应当及时通知保险人。故意或者因重大过失未及时通知，致使保险事故的性质、原因、损失程度等难以确定的，保险人对无法确定的部分，不承担赔偿或者给付保险金的责任，但保险人通过其他途径已经及时知道或者应当及时知道保险事故发生的除外"的规定，被告可不承担保险赔偿责任。原告报险时尚在南沙粮食码头分公司堆存的3484.98吨货物，销售时距卸货完毕已超过一年，货物曾在露天堆场长时间储存，风吹日晒的条件下导致外界沙石混入、货物水湿发霉并结块，必然也会影响价值降低，这批货物的销售价格与报险前销售货物的最高价1120元/吨之间的差额，属于原告自身原因导致的扩大损失，根据《中华人民共和国海商法》第二百三十六条关于"一旦保险事故发生，被保险人应当立即通知保险人，并采取必要的合理措施，防止或者减少损失，被保险人收到保险人发出的有关采取防止或者减少损失的合理措施的特别通知的，应当按照保险人通知的要求处理。对于被保险人违反前款规定所造成的扩大的损失，保险人不负赔偿责任"的规定，被告也不承担保险赔偿责任。

综上，原告在知道其诉称的保险事故发生后未及时通知被告，也未履行减损义务，导致无法查明是否发生保险事故，亦无法确定保险事故的性质、原因及损失程度，其无权要求被告承担保险责任。

📖 保险事故发生后被保险人未及时采取减损措施，保险人对扩大的损失不负赔偿责任

⚖ 案例 1

国任财产保险股份有限公司威海市荣成支公司、荣成市祥宇渔业有限公司海上、通海水域保险合同纠纷案 –（2021）鲁民终1262 号

一审法院认为，《国任财产保险股份有限公司沿海内河渔船保险条款》第八条明确规定："保险渔船发生保险事故损失后，被保险人须与保险人商定后，方可进行修理、承担责任或支付费用，否则保险人有权重新核定。"根据该条款，被保险人如在未与保险人商定的前提下进行修船，引发的后果仅是保险人有权重新核定相关的费用，由此，被保险人增加的负担是有必要及时有效地保留合法证据以维护未来的索赔权利，但并不会直接导致被保险人其他损失。因此，依据该条款，在被保险人与保险人双方未商定修理费用的情况下，被保险人仍有必要根据其合理判断决定是否进行修船，该条款并不足以免除其减损法定义务。

荣成市祥宇渔业有限公司（以下简称祥宇公司）迟迟未进行船舶的实质性修复，当占用坞道超出合理期限后，祥宇公司即违背了法定减损义务，对扩大的损失应由祥宇公司自行承担。关于占用坞道的合理期间，应以船舶修复完成的时间为限。烟墩角船厂的坞修报价提到的拉坞占坞费为 105000 元，按每日 1500 元计算，折合坞修时间预估为 70 日；国任财产保险股份有限公司（以下简称国任公司）委托的公估公司也认定合理期间为 70 日。因此，一审法院认定，船舶完成坞修的合理时间为 70 日。

二审法院认为，祥宇公司船舶占用烟墩角船厂的坞道，前期是脱浅后保存船舶的需要和勘察定损的合理要求，后期应尽快减损修理或重置船舶，但祥宇公司一直未采取实质性修复行为，因此，对于船舶坞道占用费仅能按照合理期间予以支持。该船的合理占坞期间为 8 月 14 日至 9 月 9 日共 27 日的为检验定损提供便利期间，以及 70 日的坞修期间。但从烟墩角船厂的坞修报价来看，

坞修期间的占坞费用已经包含在坞修报价中，所以在计算船舶修理费用以外，不应再重复计算修理期间的占坞费用。因此，祥宇公司有权请求的占坞费用为27日，按每日1500元计算，共计40500元。

案例2

天津市鹏伟船务工程有限公司与中国太平洋财产保险股份有限公司天津分公司海上、通海水域保险合同纠纷案 –（2016）津民终72号

一审法院认为，根据《中华人民共和国海商法》第二百三十六条的规定："一旦保险事故发生，被保险人应当立即通知保险人，并采取必要的合理措施，防止或者减少损失。被保险人收到保险人发出的有关采取防止或者减少损失的合理措施的特别通知的，应当按照保险人通知的要求处理。对于被保险人违反前款规定所造成的扩大的损失，保险人不负赔偿责任。"本案中，"津采66"轮发生第二次搁浅事故后，2012年11月28日天津市鹏伟船务工程有限公司（以下简称鹏伟公司）向中国太平洋财产保险股份有限公司天津分公司（以下简称太保天津分公司）报险。之后，直到2013年10月，鹏伟公司才再次与太保天津分公司联系打捞事宜，使船舶长期停泊在海水中，增加了船舶修理的难度和费用。对此，鹏伟公司应当承担一定的责任。从公平的角度出发，酌定第二次搁浅事故保险应赔偿的修船费用，由鹏伟公司承担20%，太保天津分公司承担80%。故太保天津分公司应赔偿鹏伟公司第二次搁浅事故修船费2198395.12元。

案例3

安徽省顺源轮船运输有限公司与华安财产保险股份有限公司上海分公司海上保险合同纠纷上诉案 –（2013）沪高民四（海）终字第130号

关于涉案保险船舶是否全损。一审法院认为，涉案船舶投保的是一切险，所依据的保险条款为华安财险（备案）［2009］N34号 – 沿海内河船舶保险条款，该保险条款载明一切险包括了保险船舶的全损或部分损失等，而全损则包

括保险船舶因碰撞、触碰所引起的倾覆、沉没。涉案保险单在特别约定条款记载："7. 打捞费用约定：船舶沉没、倾覆不视为全损，按空船打捞费和船舶修理费受限。打捞费以船舶检验簿上总吨×300元/吨为限。8. 每次事故绝对免赔额为40000元或损失金额的20%，两者以高者为准。"涉案保险船舶沉没后，安徽省顺源轮船运输有限公司（以下简称顺源公司）应及时打捞以减少损失，现顺源公司没有证据证明涉案船舶无法打捞，应按照保险单的特别约定受偿。由于涉案船舶没有打捞，顺源公司对打捞费及船舶修理费均无法举证，故原审法院采纳公估公司的公估报告对损失的核算金额作为损失依据。

二审法院认为，涉案船舶于2011年5月8日发生事故沉没后，顺源公司仅依据天津大海港湾船务有限公司（以下简称港湾公司）出具的一份探摸报告认为涉案船舶无法打捞，便任涉案船舶沉没在航道内不顾达两年多之久，直至当地海事部门通过招投标方式于2013年8月17日由中标单位对涉案船舶进行强制打捞出水，同时产生600多万的打捞费用。根据涉案船舶被成功打捞出水的实际情况，原审法院关于探摸报告中无法打捞应理解为港湾公司没有能力打捞涉案船舶的认定，符合本案客观事实。由于顺源公司在事发后没有及时对涉案船舶组织打捞以减少损失，自身存在过错；同时亦无法举证按照当时情况需要产生的实际打捞费、修理费以及船舶残值，故原审法院在此情况下采纳公估公司依据涉案保单条款的约定以及其他方面的综合判断，以公估报告中对涉案损失金额的核算作为华安财产保险股份有限公司上海分公司应当向顺源公司赔付的金额，有事实和法律依据，二审法院予以确认。

📖 船东因未收取运费而行使留置权时被保险人如何减损

⚖ 案例

中国人民财产保险股份有限公司上海市分公司与自然环保集团有限公司、江苏永禄肥料有限公司海上保险合同纠纷案 –（2016）最高法民申 1383 号

二审法院认为，当自然环保集团（私人）有限公司（以下简称环保私人公司）要求船东玛琳船务有限公司（以下简称玛琳公司）交付货物遭拒后，应当知晓自己所持上海世威国际货物运输代理有限公司（以下简称世威公司）签发的提单无法向船东玛琳公司主张提货，以及世威公司与上海中基船务有限公司（以下简称中基公司）、中基公司与玛琳公司之间有运费纠纷等情况。在

船东玛琳公司无法从承租人中基公司处收回运费等费用的情况下，其对涉案货物行使留置权，符合其与中基公司之间的租约的约定。在已经宣布留置、同时亦明知中基公司不会支付任何费用的前提下，玛琳公司愿意与江苏永禄肥料有限公司（以下简称永禄公司）和环保私人公司协商，在永禄公司和环保私人公司向自己支付运费、滞期费等相关费用后交付涉案货物的做法，系航运实务中的通常做法，因为玛琳公司实际上为永禄公司和环保私人公司提供了运输服务。此时，环保私人公司有机会通过先向玛琳公司支付中基公司所欠的运费、滞期费等费用（伦敦仲裁庭 2010 年 5 月 14 日作出仲裁裁决认定中基公司应向玛琳公司支付的运费和滞期费等费用合计 650985.15 美元以及相应利息），待提取涉案货物后，再依据前述 2009 协会 A 条款和《中华人民共和国海商法》的规定，就这笔额外支付的费用要求保险公司赔偿。但环保私人公司没有采取前述减损措施，转而向目的港当地法院申请了扣船令，要求扣押与其没有租约关系和提单法律关系的玛琳公司的"大西洋工程"轮，致使"大西洋工程"轮驶离了斯里兰卡水域，错失了与船东玛琳公司继续协商的机会。

从中国人民财产保险股份有限公司上海市分公司（以下简称人保上海公司）多次向环保私人公司、自然环保集团有限公司（以下简称环保集团公司）等发送的函件，以及所附的玛琳公司的律师函件的内容看，虽然私人环保公司和永禄公司没有履行前述商事法庭的裁定，但玛琳公司一直没有放弃通过与私人环保公司和永禄公司等进行协商的方式解决纠纷；虽然人保上海公司再三要求被保险人考虑船东的提议，并依据协会 A 条款第 16 条的规定，采取一切必要措施尽量减少涉案损失并保护人保上海公司的权益，但环保私人公司、环保集团公司以及永禄公司均没有采纳保险人前述建议。船东玛琳公司在无法收回费用的情况下，于驶离目的港的 15 个月后，在印度将涉案船舶"大西洋工程"轮拆解。因玛琳公司最终如何处理涉案货物至今不明，人保上海公司亦无证据证明涉案货物可能再归被保险人所有，一审法院认定涉案货物实际全损。

综上，涉案被保险人没有依据涉案保险单承保的 2009 协会 A 条款以及《中华人民共和国海商法》的相关规定，积极履行减损义务。《中华人民共和国海商法》第二百三十六条第二款的规定："对于被保险人违反前款规定所造成的扩大的损失，保险人不负赔偿责任。"据此，二审法院酌定就涉案损失，由被保险人自行承担 30%。

最高人民法院再审认为，《中华人民共和国海商法》第二百三十六条规定："一旦保险事故发生，被保险人应当立即通知保险人，并采取必要的合理措施，防止或者减少损失。被保险人收到保险人发出的有关采取防止或者减少损失的合理措施的特别通知的，应当按照保险人通知的要求处理。对于被保险人违反前款规定所造成的扩大的损失，保险人不负赔偿责任。"根据已经查明的事实，涉案货物到达目的港后，实际承运人多次与被保险人就运费问题进行协商。被保险人存在以部分运费损失为代价，取回全部货物的可能。最高人民法院第 52 号指导案例为海南丰海粮油工业有限公司诉中国人民财产保险股份有限公司海南省分公司海上货物运输保险合同纠纷案。该案中，承运船舶"哈卡"轮的船东不透露船舶行踪，货物被转船走私并最终被检察机关作为走私货物没收，被保险人没有机会减少损失，与本案事实存在不同。实际承运人行使留置权以及英国法院的司法行为只是认定本案当事人权利义务的事实，不涉及司法主权问题。二审法院认定被保险人没有尽到减损义务，酌定其自行承担 30% 的损失，并无不当。

📖 采取人工分卸货物是否可行且一定能减少损失

🔨 案例

原告大连兴泽制麦有限公司诉被告中华联合财产保险股份有限公司大连分公司海上保险合同纠纷案 –（2010）大海商初字第 201 号

大连海事法院认为，大连港散粮码头公司出具的《情况说明》及证人证言证明，在发现涉案货物遭受水湿后，采用门机抓斗方式卸货就是一种防止损失扩大的合理施救措施；因水湿部分的大麦水湿程度较重，并伴有刺激性气味，已对港口工人下舱作业带来安全隐患，故不能采用工人下舱作业的方式卸货。被告认可应由进行卸货的大连港散粮码头公司来判断采取何种卸货方式更加适宜，但被告根据青岛荣达保险公估有限公司出具的《公估报告》认为，涉案货物水湿情况及霉变并不严重，可以采取人工分卸的方式卸货减少货损，采用门机抓斗方式卸货不合理。大连海事法院认为，《公估报告》中有关本诉讼争议焦点的内容为："检验人建议……进行人工分卸，但货方坚持在舱内用铲车和岸吊抓斗配合进行分卸……由于分卸不当最终导致大量的水湿大麦掺杂到了正常货物中，使 2 号舱内剩余货物全部被污染，货损范围严重扩大。检验人备注：舱底货物若采取人工分卸虽然也会出现一定程度水湿货物与完好货物混合的现象，但可将损失控制在较低的范围内，扩大损失大约为理论货损范围的 0.5 倍，最多不会超过货损的 1 倍。……根据化验结果所示，水湿严重货物当中霉变率为 5.4%，水湿轻微的货物当中霉变率为 1.3%。"被告委托青岛荣达保险公估有限公司评估的事项为"大麦水湿的原因、损失的程度和范围，及合理评估货物损失"，能否进行人工分卸不属于委托评估事项，其提出的进行人工分卸的建议非专家意见，并且，《公估报告》仅从控制水湿货物与完好货物混合程度的角度出发，提出人工分卸的建议，仅写明了霉变率，未写明当时及下舱作业过程中不会产生刺激性气味、不会给作业工人带来安全隐患，故不能证明该建议的可行性；《公估报告》未对人工分卸的成本与使用铲车和岸吊抓斗配合分卸的成本等其他内容进行分析，不能证明人工分卸一定会减少损失；《公估报告》载明的"分卸不当最终导致大量的水湿大麦掺杂到了正常货物中，使 2 号舱内剩余货物全部被污染，货损范围严重扩大"系青岛荣达保险公估有限公司作出的主观结论，报告未对该结论予以论证，不能证明分卸方式不当或分卸过程中有不当操作，综上，被告未证明原告采用的卸货方式违背合理施救义务，导致损失扩大。

📖 休渔期出海捕鱼构成违法航行，保险人按约定不承担保险责任

⚖️ 案例

林某、福建省渔业互保协会海上、通海水域保赔合同纠纷案 −（2019）浙民终 1575 号

一审法院认为，本案中，涉案渔船航行是否已获得主管部门批准，分析如下：

一是从审批机关来看，自 2018 年 5 月 1 日起，福建省进入伏季休渔期，碰撞事故发生时，涉案渔船船籍港在福建霞浦，根据上述规定，应自 2018 年 5 月 1 日起在霞浦休渔。林某认为其跨省休渔已经主管机关批准，但未提供船籍港与停泊地省级渔政渔港监督管理机构批准的证据。其提供的《休渔移泊报告书》，名为"移泊"，记载的船名为"闽福鼎渔 07777"，船主（长）一栏记载为"沈某某"，但签名一栏为"冯某某"，且仅加盖了奉化区莼湖镇栖凤村村委会、奉化区莼湖镇渔业办公室、奉化区海洋与渔业执法大队的公章，奉化区莼湖镇栖凤村村委会、奉化区海洋与渔业执法大队盖章审批时间均为空白，不能证明涉案渔船跨省休渔及出海航行的合法性。

二是从航行时间来看，《休渔移泊报告书》载明奉化区海洋与渔业执法大队准许涉案渔船移泊的时间为 2018 年 5 月 23 日至同年 5 月 28 日。但林某在

一审庭审中陈述，涉案渔船之前就已停泊在奉化，2018 年 5 月 21 日因船检需要从奉化开出到霞浦，23 日船检，24 日由福鼎返回奉化。故按照林某的陈述，涉案渔船的航行也不符合《休渔移泊报告书》有关移泊时间的要求。

三是从航行路线来看，《休渔移泊报告书》缺失准许移泊起止地点这一重要内容。根据林某提交的移泊申请书，其申请移泊的路线是从奉化到霞浦，再从霞浦船检后直接返回奉化栖凤。但涉案事故发生于福鼎至奉化途中，与申请移泊的路线不一致。综上，林某未能提供充分证据证明涉案渔船航行已获得主管部门批准，违反了伏季休渔的规定，应认定为违规航行，根据互助保险条款第五条之约定，在航行过程中产生的损失、责任和费用，福建省渔业互保协会不负赔偿责任。对于林某主张的损失合理性及是否属于保险责任范围，不作审查。

二审法院认为，关于争议焦点三，根据我国法律法规的相关规定，伏季休渔是我国一项基本的公共政策。所有应休渔船原则上回船籍港休渔。确不能回船籍港休渔的，由休渔渔船船籍港渔政渔港监督管理机构向停泊地渔政渔港监督管理机构提出申请，经同意后方可异地休渔。2018 年福建省伏季休渔从 5 月 1 日开始，涉案事故发生于 5 月 26 日，处于伏季休渔期间。林某主张涉案航行已取得渔业主管机关批准，并未违法违规。根据涉案《休渔移泊报告书》和二审期间双方提交的异地休渔管理函、异地休渔申请表等证据证实，涉案渔船于 2018 年 5 月 28 日、5 月 31 日分别经船籍港福建省福鼎市、停泊地浙江省宁波市奉化区海洋与渔业执法大队审批同意异地休渔。《休渔移泊报告书》上尽管加盖了停泊地奉化海洋与渔业执法大队的公章，但没有该大队审批的落款日期。且林某在一审中陈述涉案渔船之前就已停泊在奉化，5 月 21 日因船检需要从奉化开出到霞浦，23 日船检，24 日由福鼎返回奉化。按照林某的陈述，涉案渔船的航行也不符合《休渔移泊报告书》有关移泊时间的要求。综上，涉案渔船事先未取得渔业监管部门的批准，在休渔期内航行，构成违规航行。涉案互保条款明确约定对于违规航行等不负赔偿责任，故涉案事故不属于保险赔偿范围。一审据此驳回林某的诉讼请求并无不当，林某上诉的理由不能成立，不予采纳。

保险责任范围内的损失和非责任范围内的损失无法确定的，由被保险人承担举证不能的后果

案例

上海中浦供销有限公司与中国人民财产保险股份有限公司上海市宝山支公司海上保险合同纠纷上诉案 –（2012）沪高民四（海）终字第 120 号

二审法院认为，我国民事诉讼法律规定，人民法院对案件的全部证据，应当从各证据与案件事实的关联程度、各证据之间的联系等方面进行综合审查判断。本案中，涉案保险单载明货物的保险责任启运地为昌荣仓库，目的地为沈阳于洪区，涉案货物在大连卸港后堆存在码头处遭到雨淋而受损，属于约定的承保风险。现有证据证明，涉案货物在起运时就存在包装破损、生锈的情况；货物运抵大连港辽渔码头后，兴沿运输也在货运记录上注明，有部分木托架损坏，外包装破损，部分水湿。现有证据无法确定货物投保前已锈蚀部分的重量，且公估报告认定损坏的 47.752 吨货物中因保险责任期间遭受雨淋造成直接损失的重量无法估算，上海中浦供销有限公司（以下简称中浦公司）也没有举证证明因雨淋而遭受的货损金额，应该承担举证不能的责任。原判根据证据审核原则对此节认定并无不当。中浦公司关于中国人民财产保险股份有限公司上海市宝山支公司应该根据保险合同予以赔付的上诉理由不能成立，二审法院不予支持。

第六章　保险人的义务

保险人就免责条款的提示与明确说明义务

【支持保险人已尽到提示与说明义务的案例】

案例1

青岛永益木业有限公司、华海财产保险股份有限公司日照中心支公司财产保险合同纠纷再审审查与审判监督案 - （2020）最高法民申 2316 号

最高人民法院经审查认为，青岛永益木业有限公司（以下简称永益公司）的再审申请理由不能成立。

案涉保险单和投保单的特别约定条款均有"经保险人与投保人协商确定，每次事故赔偿限额为 700 万人民币"的内容，该约定内容属于减轻保险人责任的条款。根据《最高人民法院关于适用〈中华人民共和国保险法〉若干问题的解释（二）》（以下简称《保险法解释二》）第九条规定，保险人提供的格式合同文本中的减轻保险人责任的条款，可以认定为《中华人民共和国保险法》第十七条第二款规定的"免除保险人责任的条款"，故该条款属于免除保险人责任的条款。《中华人民共和国保险法》第十七条第二款规定："对保险合同中免除保险人责任的条款，保险人在订立合同时应当在投保单、保险单或者其他保险凭证上作出足以引起投保人注意的提示，并对该条款的内容以书面或者口头形式向投保人作出明确说明；未作提示或者明确说明的，该条款不产生效力。"因此，认定免责条款是否发生效力，关键在于认定保险人是否履行提示或者明确说明义务。

根据原审查明的事实，案涉投保单的特别约定内容均为加黑字体，华海财产保险股份有限公司日照中心支公司（以下简称华海公司）通过对免责条款进行加黑的方式进行显著标识，足以引起投保人注意，将免责条款和其他保险

条款相区别，提醒投保人注意免责条款存在。根据《保险法解释二》第十一条第一款"保险合同订立时，保险人在投保单或者保险单等其他保险凭证上，对保险合同中免除保险人责任的条款，以足以引起投保人注意的文字、字体、符号或者其他明显标志作出提示的，人民法院应当认定其履行了保险法第十七条第二款规定的提示义务"之规定，原审据此认定华海公司已对免责条款履行提示义务，并无不当。永益公司主张特别约定内容的字体与保险单其他内容字体一致，与客观事实不符。

另据原审查明的事实，案涉投保单前部载明"若您已填写投保单并盖章，将视为对条款内容（特别是保险责任、责任免除、投保人义务等内容）完全理解且无异议（其中保险责任、责任免除、投保人义务为加黑字体）"，投保单末尾用加黑字体载明"投保人声明：……本投保人已收到并详细阅读投保险种对应的贵公司保险条款，尤其是黑体字部分的条款内容；并对保险公司就保险条款内容，特别是免除保险公司责任的条款的提示和说明完全理解，没有异议，申请投保"，也即案涉投保单已明确载明华海公司对免责条款进行了提示以及说明，且永益公司对此完全理解，永益公司在投保单上加盖公章对此确认。根据《保险法解释二》第十三条规定："保险人对其履行了明确说明义务负举证责任。投保人对保险人履行了符合本解释第十一条第二款要求的明确说明义务在相关文书上签字、盖章或者以其他形式予以确认的，应当认定保险人履行了该项义务。但另有证据证明保险人未履行明确说明义务的除外。"对于永益公司在投保单上加盖公章的行为，应当原则上认定华海公司履行了明确说明义务，除非永益公司能够举出相反证据予以推翻。永益公司主张，保险单的签单时间早于投保单的落款时间，说明华海公司并未在保险合同成立前或者成立时履行提示及明确说明义务。最高人民法院认为，投保单的落款时间早于保险单的签单时间虽然不符合通常的投保承保流程，但并不能据此认定华海公司在出具保险单时未履行明确说明义务，更不能证明华海公司未履行提示义务，因为有关免责条款已经加黑提示。永益公司还主张，根据华海公司的工作人员王某某的一审出庭证词，证明王某某仅做了验标以及提交材料的工作，并未提及或说明每次事故赔偿限额为700万元等免责条款。最高人民法院认为，王某某在一审的证词虽提起验标以及提交材料事宜，但也称"验完标后，我向公司的业务管理部提交了照片以及相关资料，业务管理部逐级向上级公司申报，其后的工作按公司内部流程进行，我就不清楚了。投保单的样本是如何发送给永益公司的我记不清了"。从该证词内容来看，王某某对后续有关工作流程并不清楚，故其证词并不足以证明华海公司未履行明确说明义务。

永益公司还主张，投保人声明处的保险条款内容仅指财产综合险条款，不包括非限额赔偿等特别约定条款，据此认为其在投保人声明处盖章不能视为华海公司履行提示以及说明义务，最高人民法院认为，特别约定条款当然为保险条款，该主张系其理解错误。

案例2

冯某某、中国大地财产保险股份有限公司北海中心支公司海上、通海水域保险合同纠纷案－（2020）最高法民申5460号

关于中国大地财产保险股份有限公司北海中心支公司（以下简称大地保险北海公司）是否向冯某某交付案涉保险条款并履行说明义务的问题。投保单载明，该保单适用案涉保险条款，且投保人声明中明确："本人已经仔细阅读保险条款，并就保险公司就保险条款内容的说明和提示完全理解。"冯某某在投保单的投保人签章处签名。在冯某某提交投保单及交纳保险费用之后，大地保险北海公司出具了保险单，农行北海分行确认其已将保险单交付给冯某某。根据《最高人民法院关于适用〈中华人民共和国保险法〉若干问题的解释（二）》第十三条关于"保险人对其履行了明确说明义务负举证责任。投保人对保险人履行了符合本解释第十一条第二款要求的明确说明义务在相关文书上签字、盖章或者以其他形式予以确认的，应当认定保险人履行了该项义务。但另有证据证明保险人未履行明确说明义务的除外"的规定，在冯某某没有提供相反证据的情况下，原判决认为上述保险单据的签署交付情况应当视为大地保险北海公司已向冯某某交付了案涉保险条款，并就责任范围等保险条款作了说明及提示，理据充分。

案例3

王某某、山东省渔业互保协会海上、通海水域保赔合同纠纷再审审查与审判监督案－（2020）最高法民申64号

最高人民法院认为，关于山东省渔业互保协会（以下简称互保协会）应否承担赔偿责任的问题，再审查明，2014年5月，王某某就其所有的"鲁日开渔73016"渔船参加互保协会雇主责任互保，成为互保协会会员。互保协会渔船雇主责任互保条款第八条第一项规定，船舶不适航或从事渔业生产活动不

符合安全生产条件的，该协会不承担赔偿责任；第二十二条规定，船舶不适航的情形包括船上未能配备合格职务船员和按规定数量配置人员。雇主责任互保凭证正面签章栏上方用加粗加黑加大字体载明："本互保凭证一经出具，将视作会员已充分了解并接受条款内容，除外责任及会员义务已被明确告知"，会员签章栏有"王某某"字样签字。王某某申请再审称互保协会未就免责情形履行充分告知义务的理由不能成立。根据日照海事局水上交通事故责任认定书关于事故原因的记载，"鲁日开渔73016"渔船事发时船长不在船且值班驾驶员不具备有关渔业法规定的任职资格，与"维纳斯"轮对于该次事故负有同等责任。该配员不当的情形违反了《中华人民共和国海上交通安全法》关于船舶应当按照标准定额配备足以保证船舶安全的合格船员的规定，符合案涉海上保赔合同约定的免赔事由。最高人民法院认为，原审判决认定互保协会对王某某不承担赔偿责任并无不当。

案例4

府某某、山东省渔业互保协会海上、通海水域保险合同纠纷再审案 –（2018）最高法民申998号

最高人民法院再审认为，关于二审判决认定的基本事实是否缺乏证据证明的问题，经查明，本案所涉雇主责任互保凭证上明确记载："本互保凭证一经出具，将视为会员已充分了解并接受条款内容，除外责任及会员义务已被明确告知。"该部分内容使用了区别于其他内容的字体字样；且互保凭证为简单的制式表格，上述提示性内容中的"条款""除外责任"以及"会员义务"等势必另有记载。于某某作为互保协会的会员投保雇主责任险，在互保凭证上签字，表明其已经充分了解并接受渔船雇主责任互保条款的内容。二审判决认定互保协会已经尽到了提示义务并无不当。于某某关于二审判决认定的基本事实缺乏证据证明的申请再审理由不能成立。

案例5

大连滨海海上客运有限公司、英大泰和财产保险股份有限公司大连分公司海上、通海水域保险合同纠纷案 –（2021）辽民终95号

一审法院认为，关于保险合同的内容，依据保险单黑色加重字体的"重要提示：本保险合同由投保单、风险问询表、保险条款、特别约定和批单组成"的约定，保险单、投保单与保险条款系保险合同的内容，双方应当按照保险单、投保单、保险条款载明的内容履行各自的义务。保险单对"重要提示"以黑色字体加重显示，在投保单首部标注"请您仔细阅读保险条款，尤其是黑体字标注部分的条款内容，并听取保险公司业务人员的说明……如未询问，视同已经对条款内容完全理解并无异议"，保险人英大泰和财产保险股份有限公司大连分公司以黑体字标注重要内容和免责条款，足以引起投保人大连滨海海上客运有限公司（以下简称滨海公司）的注意，履行了提示义务，在滨海公司未能举证证明未收到保险条款及不清楚保险合同内容的情形下，应认定滨海公司收到保险条款，知晓保险条款属于合同内容。

案例6

山东鑫发渔业集团有限公司、中国人民财产保险股份有限公司海南省分公司海上、通海水域保险合同纠纷案－（2021）鲁民终698号

山东省高级人民法院认为，《中国人民财产保险股份有限公司雇主责任保险条款（2015版）》（以下简称《雇主责任保险条款（2015版）》）责任免除部分第五条规定："下列原因造成的损失、费用和责任，保险人不负责赔偿：……（六）雇员犯罪、自杀自残、斗殴，或因受酒精、毒品、药品影响造成自身人身伤亡的；……"上述条款采用加粗加黑方式印刷，足以引起投保人注意，且山东鑫发渔业集团有限公司（以下简称鑫发公司）在投保单"投保人声明"处加盖公章，应认定中国人民财产保险股份有限公司海南省分公司（以下简称人保海南公司）就上述免责条款向投保人进行了提示和明确说明，该免责条款对鑫发公司具有约束力。从山东省威海市中级人民法院（2019）鲁10刑初35号刑事判决查明的案涉事故的发生过程可以看出，丛某某因张某某违反作业要求，先是扇张某某的脸部，回船舱后再次与张某某发生争执，后张某某拿刀向丛某某连捅数刀，致丛某某死亡，二者之间存在斗殴行为，符合《雇主责任保险条款（2015版）》责任免除部分第五条规定的保险人免责的情形，人保海南公司不应向鑫发公司承担保险赔偿责任。

案例7

中国人寿财产保险股份有限公司庄河市支公司、曾某某海上、通海水域保险合同纠纷案 –（2021）辽民终2338号

曾某某的委托诉讼代理人认为案外人黄某某对保险人免责的特别约定条款内容不清楚，保险人没有尽到告知义务，该条款对黄某某或者被保险人即本案受害人李某某不发生法律效力。大连海事法院认为，保险合同签收确认单上明确告知保险人免责条款及特别约定的内容，并告知投保人已充分理解并接受上述内容，同意以此作为订立合同的依据，本人自愿投保上述险种，并经案外人黄某某签字确认。即黄某某是在充分了解的基础上签订了保险合同，并办理了投保事宜。因此，对曾某某的委托诉讼代理人的该项主张，大连海事法院不予支持。

二审法院维持一审判决。

案例8

宁波梅山保税港区泽天瑞盈投资合伙企业、中国平安财产保险股份有限公司上海分公司海上、通海水域保险合同纠纷案 –（2020）鲁民终2539号

宁波梅山保税港区泽天瑞盈投资合伙企业（以下简称泽天瑞盈）上诉主张，保险条款第十五条属于格式条款（涉案保险条款第十五条约定，被保险人应当遵守国家有关安全的其他相关法律、法规及规定，维护保险船舶的安全，被保险人未遵守上述约定而导致保险事故的，保险人不承担赔偿责任），且加重了泽天瑞盈的责任，在订立合同时和订立合同前中国平安财产保险股份有限公司上海分公司（以下简称平安保险上海分公司）未进行有效说明。二审法院认为，保险条款第十五条字体进行了加粗，平安保险上海分公司尽到了提示义务。投保单载明，平安保险上海分公司已提供并详细介绍了《沿海内河船舶保险条款》，并就有关免除保险人责任的条款做了明确说明，泽天瑞盈盖章确认。合同订立前，诺亚保险经纪的工作人员向平安保险上海分公司发邮件称该条无法保证完成，询问可否将其删除，表明泽天瑞盈了解该条的内容和后果。泽天瑞盈的该主张没有事实依据，二审法院不予支持。

安徽怀宁农村商业银行股份有限公司海口支行、中国平安财产保险股份有限公司江苏分公司海上、通海水域保险合同纠纷案 –（2020）鄂民终 786 号

一审法院认为，"东宜 1178"轮推定为全损，根据保单特别约定，推定全损的免赔率为 25%，该约定通过加粗字体以示区别，足以引起投保人注意，可以认为中国平安财产保险股份有限公司江苏分公司（以下简称江苏平安）履行了提示义务，故该免责条款具有法律效力，江苏平安应向安徽怀宁农村商业银行股份有限公司海口支行（以下简称海口支行）支付"东宜 1178"轮的保险赔偿为 1125000 元（150 万元×75%）。

二审法院认为，关于免赔率的认定问题，涉案船舶推定为全损，根据保单特别约定，推定全损的免赔率为 25%，该约定通过加粗字体以示区别，足以引起投保人注意，且方某某持续多年在江苏平安投保，一审法院认定江苏平安已尽提示、告知义务，并无不当。

案例 10

上诉人浙江松茂船务有限公司、上诉人王某某与被上诉人东海航运保险股份有限公司宁波分公司海上保险合同纠纷案 –（2020）沪民终 343 号

一审法院认为，关于保险合同条款的效力，虽浙江松茂船务有限公司（以下简称松茂船务）、王某某以东海航运保险股份有限公司宁波分公司（以下简称东海保险）在办理承保手续时未向松茂船务、王某某告知有关具体保险条款为由，认为应由东海保险承担相应的责任。但经松茂船务盖章确认的投保单明确载明"保险人已向投保人提供并详细介绍了本保险所适用的条款，并对其中免除保险人责任的条款（包括但不限于责任免除、投保人被保险人义务、赔偿处理、其他事项等），以及本保险合同中付费约定和特别约定的内容作了明确说明，投保人已充分理解并接受上述内容，同意以此作为订立保险合同的依据，自愿投保本保险"。松茂船务已盖章确认东海保险已经向其明确告知了保险条款，现欲否认该节事实，则应由松茂船务、王某某负责举证证

明。而松茂船务、王某某对此并未提供任何证据，故一审法院认可东海保险关于已向松茂船务、王某某告知了保险条款的陈述内容属实，东海保险应该按照保险条款的记载承担保险责任。

关于保险合同的效力，二审中，松茂船务、王某某主张东海保险未提供证据证明其已就保险单上单方印制的格式条款向松茂船务、王某某作了充分的解释和说明。二审法院认为，涉案投保单记载"投保人声明：保险人已向本人提供并详细介绍了本保险所使用的条款，并对其中免除保险人责任的条款（包括但不限于责任免除、投保人被保险人义务、赔偿处理、其他事项等），以及本保险合同中付款约定和特别约定的内容向本人做了明确说明，本人已充分理解并接受上述内容，同意以此作为订立保险合同的依据，自愿投保本保险"。在该段声明的下方投保人签章处，松茂船务加盖了公章。保险单特别约定部分也对保险合同使用条款作出了说明。现有证据已经可以证明东海保险向投保人松茂船务提供了相关条款，并就合同内容进行了说明。二审法院对松茂船务、王某某关于东海保险未提供证据证明其已就保险单上单方印制的格式条款向松茂船务、王某某作了充分解释和说明的上诉理由不予采纳。

案例 11

南通中源供应链管理有限公司、阳光财产保险股份有限公司南通中心支公司海上、通海水域保险合同纠纷案 –（2019）鄂民终1208 号

关于阳光财产保险股份有限公司南通中心支公司（以下简称阳光财险南通公司）是否应当承担保险责任，案涉事故是否属于"除外责任"的问题，南通中源供应链管理有限公司（以下简称中源公司）主张其向阳光财险南通公司投保沿海内河船舶一切险，案涉船舶搁浅事故属于保险责任范围，中源公司向阳光财险南通公司投保时，保险单上没有附保险条款，也没有附免责条款，也没有向中源公司另行交付保险条款，签发提单后也没有交付保险条款，也没有对免责条款履行明确提示、告知及说明义务，阳光财险南通公司应当按照保险合同约定进行理赔。阳光财险南通公司主张本次事故属于船舶座浅，属于保险条款的"除外责任"，也不构成保险事故，阳光财险南通公司不应承担保险责任。原审法院认为，中源公司向阳光财险南通公司投保，阳光财险南通公司出具保险单承保沿海内河船舶险，投保单上投保人声明处明确记载："投保人填写本投保单以前，保险人已经就本投保单及后附的保险条款的内容，尤

其是关于保险人免除责任的条款及投保人和被保险人义务条款向投保人作了明确说明，投保人对该保险条款已完全理解，并同意接受保险条款的约束。"中源公司在此条款处加盖印章。原审法院认为，上述行为应当视为保险人履行了相关保险条款内容和免责条款的明确说明义务，保险条款对双方具有约束力。保险条款明确记载："本保险分为全损险和一切险。"一切险承保六项原因所造成保险船舶的全损或部分损失，其中包括第四项，即搁浅、触礁。除外责任部分规定本保险不负责赔偿浪损、座浅所造成的损失、责任及费用。阳光财险南通公司主张依据中国人民银行印发的《沿海内河船舶保险条款解释》(1996)中关于"座浅"和"搁浅"的定义，本次事故属于"座浅"。但上述解释已经失效，"座浅"与"搁浅"属于相当专业的词汇，行业内专家对此也有不同的理解，况且保险条款中仅规定"座浅"为除外责任，并未对"座浅"给出一个明确定义。此外，案涉事故发生后，阳光财险南通公司向中源公司出具有关理赔事项的告知中也没有明确对本次事故予以拒赔，这也进一步佐证了本次事故属于保险事故。阳光财险南通公司以本次事故属于除外责任中的"座浅"为由拒绝承担赔偿责任的主张，原审法院不予支持。中源公司与阳光财险南通公司之间的保险合同关系依法成立有效，阳光财险南通公司应当根据投保单、保险单和保险条款的约定承担本次保险事故的赔偿责任。

二审法院维持一审判决。

案例 12

林某、福建省渔业互保协会海上、通海水域保赔合同纠纷案 – (2019) 浙民终 1575 号

林某认为，涉案有关第三者碰撞责任险的承保范围、违规航行拒赔等免责条款属于格式条款，福建省渔业互保协会（以下简称福建渔保）未尽明确告知说明义务，应属无效。福建渔保辩称，相关条款并非格式条款，《中华人民共和国保险法》等有关商业保险的规定不适用于本案。即使适用于本案，有关第三者碰撞责任险的承保范围，也不属于免除或限制责任的条款，且福建渔保已尽告知说明义务，相关承保条款合法有效。

一审法院认为，福建渔保属于非营利性社会团体，不同于以营利为目的的商业保险机构，会员自愿入会投保，接受协会章程及互助保险条款的约束，互助共济，保费享受国家财政补贴。本案中林某应缴保费 43680 元，财政补贴 17472 元，实交保费仅 23587.20 元。由于会员代表大会是协会的最高权力机

构，会员享有协会内的选举权和表决权，福建渔保与会员之间的合同不属于商业保险，不适用《中华人民共和国保险法》等有关商业保险的规定，而应适用《中华人民共和国合同法》等相关规定，有关互助保险条款不属于免责格式条款，而属于会员自愿入会时必须遵守的合同义务和前置程序条件。本案中，林某进行续保时，福建渔保的经办人员已就相关互保条款告知说明，相关内容字体亦有加粗，林某本人也在会员声明一栏签字，确认对有关免除及减轻责任的条款、会员义务、特别约定等充分理解并接受，故林某主张有关互保条款属于格式条款并无效，不予采信。

二审法院认为，关于争议焦点二"福建渔保是否已经履行了对互保减免责任条款的提示说明义务"，福建渔保霞浦办事处承保办事员林某证明，在林某投保时，其已经向林某提示注意休渔期违规航行等责任免除条款的规定。从保险凭证的内容来看，会员声明一栏以加粗字体载明："本人在投保之前，协会已向本人提供并详细介绍了本保险所适用的条款，并对其中免除及减轻责任的条款、会员义务、特别约定等向本人作了明确说明，本人对上述内容已充分理解并接受，同样以此作为订立合同的依据，自愿参加本保险。"林某在该会员声明一栏签字确认。故林某上诉称福建渔保未履行对互保减免责任条款提示说明义务的理由不能成立，不予采纳。

案例 13

芜湖江阳船务有限公司、中国人寿财产保险股份有限公司芜湖市中心支公司海上、通海水域保险合同纠纷案 –（2017）鄂民终3189 号

一审法院认为，船舶适航在有关法律、行政法规中都有明确要求，在船舶保险中，船舶必须适航通常作为被保险人的默示保证条款。芜湖江阳船务有限公司（以下简称江阳公司）作为专门的船务公司，应对船舶适航的含义和重要性具有充分认识。本案中，保险单所附的特别约定清单载明"不适航是保险事故发生的直接原因的，保险人不承担赔偿责任"，"保险人已就条款和特约对投保人进行了讲解和告知"。江阳公司已将特别约定清单作为证据提交，且曾就特别约定的其他内容向中国人寿财产保险股份有限公司芜湖市中心支公司（以下简称人寿财保芜湖支公司）申请批改。由此可以认定，特约条款并非格式条款，人寿财保芜湖支公司已就船舶不适航的免责事由向江阳公司作出了提示和明确说明，江阳公司对此亦是知悉和认可的。因此，一审法院对江阳

公司关于人寿财保芜湖支公司未就上述条款进行明确说明的主张不予支持，上述条款为有效条款。

二审法院维持一审判决。

案例 14

全某某与天安财产保险股份有限公司宁波分公司海上、通海水域保险合同纠纷案 –（2020）浙 72 民初 1653 号

本案中，双方争议的全损或推定全损绝对免赔率为损失金额的 25% 的特别条款，系被告对其保险责任的免除条款。依照《中华人民共和国保险法》第十七条第二款规定，保险合同中免除保险人责任的条款，保险人在订立合同时应当在投保单、保险单或者其他保险凭证上作出足以引起投保人注意的提示，并对该条款的内容以书面或者口头形式向投保人作出明确说明；未作提示或者明确说明的，该条款不产生效力。就该特别约定条款的效力，宁波海事法院认为，该投保单已经通过标注星号等明显标志，对免除保险人责任的条款作出了足以引起投保人注意的提示，应认定被告履行了前述规定的提示义务。宁波市鄞州区通顺海运有限公司（以下简称通顺公司）作为专业的航运企业对该特别约定法律后果的理解显然应当超过常人，应认定被告已尽到明确说明义务。故此，宁波海事法院认定该特别约定条款合法有效。本案保险合同生效后，双方合意变更投保人和被保险人为原告，保险以批单形式书面确认该事实，该行为仅产生原告继受通顺公司在本案保险合同项下主体的法律后果，不产生新的法律关系和义务，前述特别约定条款对原告具有拘束力。

案例 15

杨某某与中国人民财产保险股份有限公司武汉市分公司海上、通海水域保险合同纠纷案 –（2019）鄂 72 民初 806 号

关于杨某某提出的船舶险投保单非其本人签名，中国人民财产保险股份有限公司武汉市分公司（以下简称武汉人保）未向其就免责条款、免赔额作出提示说明的主张，武汉海事法院认为，杨某某签署的船舶险投保单投保人声明一栏，能够表明其确认武汉人保对保险条款做了明确说明，依据《最高人民

法院关于适用〈中华人民共和国保险法〉若干问题的解释（二）》（法释〔2013〕14 号）第十三条第二款的规定，应当认定武汉人保履行了说明义务；免赔额在投保单中的特别约定亦有明确记载，对杨某某具有约束力。杨某某的该项主张，没有事实和法律依据，武汉海事法院不予支持。

案例 16

翁某某与中国人寿财产保险股份有限公司泰州市中心支公司海上、通海水域保险合同纠纷 –（2019）鄂 72 民初 126 号

武汉海事法院认为，人寿财险泰州公司在案涉投保单上以不同字体打印了免赔率条款，根据《最高人民法院关于适用〈中华人民共和国保险法〉若干问题的解释（二）》第十一条"保险合同订立时，保险人在投保单或者保险单等其他保险凭证上，对保险合同中免除保险人责任的条款，以足以引起投保人注意的文字、字体、符号或者其他明显标志作出提示的，人民法院应当认定其履行了保险法第十七条第二款规定的提示义务"的规定，应当认定对免赔率条款履行了提示义务。原告提出其签字的投保单系空白的，免赔率条款系事后打印，保险人并未尽到提示义务。根据上述解释第十三条第二款"投保人对保险人履行了符合本解释第十一条第二款要求的明确说明义务在相关文书上签字、盖章或者以其他形式予以确认的，应当认定保险人履行了该项义务。但另有证据证明保险人未履行明确说明义务的除外"的规定，在保险人提交了投保人签字的投保单的前提下，投保人否认其签字的有效性，则应由投保人承担举证责任。原告未举证证明其主张，应当承担举证不能的不利后果。同时，保险事故发生后，原告在其声明中明确表述了免赔额的计算方法，可推知其对于免赔率条款是知情的。原告在声明中要求被告"全额赔偿"720 万元，亦说明其对于保险人扣除约定免赔金额并无异议。

案例 17

卢某某与中国渔业互保协会海上、通海水域保赔合同纠纷案 –（2018）桂 72 民初 303 号

北海海事法院认为，原告卢某某以向被告中国渔业互保协会（以下简称

互保协会）投保的方式成为互保协会的会员，在《渔船保险凭证》的会员声明一栏中签字，确认互保协会已经就该凭证及其所附条款的内容，尤其是免除及减轻互保协会责任的条款、会员义务向卢某某做了明确说明，并接受了互保协会的保险条款。渔船互助保险条款中对责任免除中的第九条、第二十八条做了加粗加黑处理，即互保协会对卢某某已尽到免除责任条款的提示和明确说明的义务，其中第九条约定"下列原因造成的损失、费用，本会不负责赔偿：（一）船舶不适航；（二）会员及其代表或其船员的故意行为或重大过失行为。"

案例 18

安庆市曙光航运有限责任公司与中国太平洋财产保险股份有限公司安庆中心支公司海上、通海水域保险合同纠纷案 –（2015）武海法商字第 00949 号

武汉海事法院认为，涉案保险单第三条明确列明了八个方面的除外责任，其中第六项明确表述，保险船舶因保险事故引起的本船及第三者的间接损失和费用以及人员伤亡或由此引起的损失、责任和费用，本保险不负责赔偿。原告安庆市曙光航运有限责任公司（以下简称曙光公司）请求赔偿的主要是管某某的死亡赔偿费，但认为被告中国太平洋财产保险股份有限公司安庆中心支公司（以下简称太保安庆公司）对除外责任条款未尽到提示义务。根据武汉海事法院查明的事实，涉案保险单背面载明的保险条款中，对除外责任条款的字体全部进行了明显加黑，已发挥了提示作用。原告曙光公司还在投保人声明处盖了本公司公章，表明知悉除外责任条款，虽在庭审中辩称是误盖，但未提供证据证明；即使公章是误盖，法律后果也应当由原告曙光公司自己承担。因此，原告曙光公司称被告太保安庆公司对格式条款没有尽到告知义务，武汉海事法院不予采信。

案例 19

安庆市申宜航运有限责任公司与中国平安财产保险股份有限公司安庆中心支公司海上、通海水域保险合同纠纷案 –（2015）武海法商字第 00085 号

武汉海事法院认为，本案系船舶保险合同纠纷。原告安庆市申宜航运有限责任公司（以下简称申宜公司）、被告中国平安财产保险股份有限公司安庆中心支公司（以下简称安庆平保）基于投保单和保单所证明的船舶保险合同关系系双方真实意思的表示，且不违反法律法规的强制性规定，依法成立并有效。依法成立的合同对双方当事人均具有法律拘束力，原告申宜公司、被告安庆平保应当依约履行各自的义务。原告申宜公司因所属"申宜168"轮在保险期间内发生的碰撞事故，向被告安庆平保主张保险责任，应当证明涉案碰撞事故在保险责任范围内且不在除外责任范围内。根据原告申宜公司填写的投保单背面保险条款的约定，因船舶机械故障造成的损失、责任和费用，属于被告安庆平保的除外责任。被告安庆平保提交的查勘记录已经证明原告申宜公司确认涉案碰撞事故系"申宜168"轮舵机失灵所致，武汉港区海事处对事故原因也作出了同样的认定。因此，涉案碰撞事故因"申宜168"轮舵机失灵所致，属于投保单背面沿海内河船舶保险条款第三条第一款第二项所称的"机器本身发生的故障所造成的损失、责任和费用"，在被告安庆平保的除外责任范围内。同时，原告申宜公司并未以其投保时被告安庆平保未尽说明义务为由主张投保单背面除外责任条款无效，被告安庆平保也已在投保单左下角以加粗黑体字的方式注明原告申宜公司已经确认收到《沿海内河船舶险条款》及附加条款，且被告安庆平保已向原告申宜公司详细介绍了条款的具体内容，特别就该条款中有关免除保险人责任的条款（包括但不限于责任免除、投保人及被保险人义务），以及付费约定的内容作了明确说明。该投保单背面保险条款的除外责任条款系有效的合同条款，对双方均具有法律约束力。因此，被告安庆平保不应对涉案碰撞事故承担保险责任。

案例20

陈某某与中国人民财产保险股份有限公司高淳支公司海上、通海水域保险合同纠纷案－（2014）武海法商字第00500号

根据保险条款第十一条的约定，保险人对每次赔偿均按保险单中的约定扣除免赔额（全损、碰撞、触碰责任除外），而保险公司向原告出具的保险单特别约定全损、碰撞及触碰事故亦应扣除免赔额（2万元或者损失金额的10%）。该特别约定将保险合同主条款中的免赔额范围扩大至船舶碰撞事故，系减轻保险人责任的条款，被告保险公司对该条款应当履行提示及说明义务，否则该条款不产生效力。被告在投保单上对上述特别约定条款采用加黑字体打

印，足以引起投保人的注意，根据《最高人民法院关于适用〈中华人民共和国保险法〉若干问题的解释（二）》第十一条第一款"保险合同订立时，保险人在投保单或者保险单等其他保险凭证上，对保险合同中免除保险人责任的条款，以足以引起投保人注意的文字、字体、符号或者其他明显标志作出提示的，人民法院应当认定其履行了保险法第十七条第二款规定的提示义务"的规定，应当认定被告已履行了提示义务。并且，根据投保单上投保人声明栏的记载，被告已就免除保险人责任的条款及特别约定的内容向原告作了明确说明，原告已表示充分理解并接受上述内容，并在投保单上签字予以确认。因此，应当认定被告已就上述特别约定条款，向原告履行了提示及说明义务，该条款依法产生效力，并约束保险合同双方。故被告赔偿原告因涉案船舶碰撞事故所遭受的损失时，可以依据特别约定，扣除损失金额的 10%，即 51616（516159×10%）元。

 案例 21

　防城港碧海之星海运有限公司、王某某与永安财产保险股份有限公司海上保险合同纠纷案–（2013）厦海法商初字第 382 号

　　厦门海事法院认为，二原告作为从事航运多年的船东，理应熟悉船舶投保业务，在被告出具的《沿海、内河船舶保险单》下部"特别约定"第七条明确规定，本保单承保沿海、内河船舶保险等，适用保单后附的沿海、内河船舶保险及附加险条款，原告所举证据一中也有《沿海、内河船舶保险条款》，其中第三条"除外责任"已用不同于一般条款的黑体字醒目提示，足以引起投保人的注意。原告在保单尾部投保人声明的"保险人已将《沿海、内河船舶保险条款》内容，特别是对保险责任、责任免除及被保险人义务向投保人作了明确告知，投保人对此已经明白并且理解无误……"的字样上盖章，并在《保险销售事项确认书》投保人一栏盖章，确认被告工作人员"已向本人详细解释有关保险条款内容，并清楚说明免除保险人责任的条款"，上述情况应认定为被告已履行《中华人民共和国保险法》第十七条规定的提示和明确说明义务，且该免责条款也无显失公平之处，并不存在《中华人民共和国保险法》第十九条规定的情形，因此，原告的说法与事实不符，厦门海事法院不予支持。

【不支持保险人已尽到提示与说明义务的案例】

 案例22

曲某某、中国大地财产保险股份有限公司威海中心支公司海上、通海水域保险合同纠纷案－（2017）最高法民再413号（2018年全国海事审判典型案例之三）

最高人民法院再审认为，尽管涉案保险单特别约定条款载明"发生全损时，最高赔偿金额不超过150万元"，但该条款系中国大地财产保险股份有限公司石岛支公司业务员单方手写，保险单上的签字及手印并非曲某某本人所为；曲某某按照保险合同的约定缴纳保险费，仅可视为其对双方订立保险合同的追认，但不能由此推定曲某某支付保险费时知悉并接受上述特别约定条款。大地保险石岛支公司根据上述特别约定条款主张曲某某的索赔金额应为300万元，没有事实和法律依据，最高人民法院不予支持。

 案例23

国任财产保险股份有限公司威海市荣成支公司、荣成市祥宇渔业有限公司海上、通海水域保险合同纠纷案－（2021）鲁民终1262号

一审法院认为，本案中，保单附页"特别约定清单"注明特别约定："1. 每次事故绝对免赔额1000元或损失金额的10%，两者以高者为准。"《国任财产保险股份有限公司沿海内河渔船保险条款》第十条规定："保险人对每次赔款均按保险单中的约定扣除免赔额，全损、碰撞触碰责任除外。"该两项条款可以认定为保险法第十七条第二款规定的"免除保险人责任的条款"。而该两项条款未以足以引起投保人注意的文字、字体、符号或者其他明显标志作出提示，国任财产保险股份有限公司威海市荣成支公司（以下简称国任公司）也未提交充分有效证据证明保险人对有关条款的概念、内容及其法律后果以书面或者口头形式向投保人作出常人能够理解的解释说明。因此，本案中的免赔额条款对被保险人不产生效力。

二审法院认为，本案中，国任公司所主张的保单附页"特别约定清单"

中免赔额的特别约定属于法律规定的免除或减轻保险人责任的条款，但国任公司并未举证证明其在保险合同订立时，对该特别约定以足以引起荣成市祥宇渔业有限公司（以下简称祥宇公司）注意的文字、字体、符号或者其他明显标志作出提示的方式履行对投保人的提示义务，亦未证明其就该特别约定的概念、内容及其法律后果以书面或者口头形式向祥宇公司作出常人能够理解的解释说明。因此，本案中的免赔额条款对祥宇公司不产生效力，该免赔额在保险赔偿数额计算时不应予以扣除。

案例24

天安财产保险股份有限公司日照中心支公司、杨某某海上、通海水域保险合同纠纷案 –（2020）鲁民终2261号

一审法院认为，本案中，天安财产保险股份有限公司日照中心支公司（以下简称天安保险）作为提供格式条款订立保险合同的保险人，在《天安财产保险股份有限公司团体人身意外伤害保险条款总则》保险责任中规定"在保险期间内，被保险人在中华人民共和国境内（不包括港、澳、台地区）遭受意外伤害事故，并因该意外事故的直接原因导致身故、残疾、烧烫伤的，保险人依照下列约定给付保险金。"该条款是对保险人在中华人民共和国境外（包括港、澳、台地区）发生意外事故的保险责任免除条款。意外伤害保险就是以被保险人受到意外伤害作为赔偿条件的保险，根据《中华人民共和国保险法》第十七条的规定，订立保险合同，采用保险人提供的格式条款的，保险人向投保人提供的投保单应当附格式条款，保险人应当向投保人说明合同的内容。对保险合同中免除保险人责任的条款，保险人在订立合同时应当在投保单、保险单或者其他保险凭证上作出足以引起投保人注意的提示，并对该条款的内容以书面或者口头形式向投保人作出明确说明；未作提示或者明确说明的，该条款不产生效力。本案中，天安保险未按照法律规定就该条款履行提示说明义务，故该免责条款不发生法律效力，属于以免责条款来混淆保险责任，对天安保险主张在中国境外发生的保险事故不属于保险责任的抗辩，不予采信。且在涉案保险单特别约定第七条已经明确规定了保单承担被保险人在船上工作期间的保险责任，宋某某系在船工作期间发生意外身亡，应属于保险责任承保范围。故对其保险责任的抗辩不予采信。

二审法院认为，《中华人民共和国保险法》第十七条第二款规定："对保险合同中免除保险人责任的条款，保险人在订立合同时应当在投保单、保险单

或者其他保险凭证上作出足以引起投保人注意的提示，并对该条款的内容以书面或者口头形式向投保人作出明确说明；未作提示或者明确说明的，该条款不产生效力。"本案中，在《团体人身意外伤害保险保险单》和投保单中，天安保险并未对其免责条款作出足以引起王某某注意的提示，其也没有举证证明其对该条款的内容以书面或者口头形式向王某某作出明确说明。因此，上述保险单和投保单中的免责条款对王某某不产生效力。

案例 25

广州市建功船务有限公司、陈某某海上、通海水域保险合同纠纷案 –（2020）粤民终 2235 号

一审法院认为，中国人民财产保险股份有限公司广州市分公司（以下简称人保广州分公司）未履行向陈某某明确说明免责条款的义务。根据《最高人民法院关于适用〈中华人民共和国保险法〉若干问题的解释（二）》第十一条第二款以及第十三条第一款的规定，只有在人保广州分公司对保险合同中有关"货物装载不妥"等免除人保广州分公司责任条款的概念、内容及其法律后果以书面或者口头形式向陈某某作出常人能够理解的解释说明后方能认定人保广州分公司履行了明确说明义务，且对于前述解释说明义务的履行事实应由人保广州分公司承担举证责任。本案已查明，陈某某未在包括涉案 2018—2019 年度在内的连续 4 个年度的投保单上的"投保人签章处"签名，人保广州分公司也未能举证陈某某授权他人代为签名。即使前述签名来源于陈某某的授权而由人保广州分公司业务人员签写且陈某某向人保广州分公司交纳了保险费，也仅能代表陈某某对于保险合同成立的追认，而不及于陈某某对"投保人声明处"相关内容的确认。投保单上"陈某某"字样的签名不能证明人保广州分公司已向陈某某明确说明免除人保广州分公司责任条款以及特别约定条款。根据《中华人民共和国保险法》第十七条的规定，在人保广州分公司未能进一步举证之时，涉案保险合同中"货物装载不妥"等免责条款不产生效力。

二审法院认为，人保广州分公司以涉案事故系因货物系固不当引起、与风力因素无关且保险合同约定有"货物装载不妥"的免责条款等为由主张免责。经查，事故发生后，广州沙角海事处作出了水上交通事故调查结论书，其认定的事故原因包括未按《集装箱受力及系固设备计算书》的要求进行绑扎、受台风外围环流影响、遭遇风浪、驾驶人员过失等多重因素。人保广州分公司未

能提交充分证据推翻该事故调查结论书认定的事故原因，其主张涉案事故系因货物系固不当引起、与风力因素无关的依据不足，二审法院不予支持。另查，人保广州分公司提交的投保单中确有记载免赔额条款，但陈某某否认其曾签署该投保单并于本案一审期间申请对该投保单中"陈某某"字样的签名进行笔迹鉴定，而人保广州分公司不同意对此进行鉴定，也未提供其他证据佐证陈某某曾签署该投保单。仅凭人保广州分公司二审期间主张的陈某某曾经委托他人代签相关文件的事实，并不足以认定上述投保单亦系由陈某某委托他人代签。人保广州分公司提供的证据并不足以证明涉案保险单中约定的免赔额条款是保险合同双方当事人达成的真实意思表示，人保广州分公司以该条款主张免责的依据不足，二审法院不予支持。人保广州分公司还以《中国人民财产保险股份有限公司沿海内河船东保障和赔偿责任保险条款》（2010 版）记载的"货物装载不妥"的免责条款主张免责。经查，该条款是人保广州分公司为重复使用而预先拟定的格式条款。人保广州分公司未能提供充分证据证明其已对该免责条款向投保人进行了提示和说明，其以该条款主张免责的依据不足，二审法院亦不予支持。

案例 26

中华联合财产保险股份有限公司重庆分公司、重庆航宇船务有限公司海上、通海水域保险合同纠纷案 -（2019）鄂民终 709 号

二审法院认为，《中华人民共和国保险法》第十七条规定："订立保险合同，采用保险人提供的格式条款的，保险人向投保人提供的投保单应当附格式条款，保险人应当向投保人说明合同的内容。对保险合同中免除保险人责任的条款，保险人在订立合同时应当在投保单、保险单或者其他保险凭证上作出足以引起投保人注意的提示，并对该条款的内容以书面或者口头形式向投保人作出明确说明；未作提示或者明确说明的，该条款不产生效力。"根据该规定，保险人在与投保人订立保险合同时，须履行三项主动义务：其一，保险合同采用保险人提供的格式条款的，保险人应在投保单附上该格式条款，即向投保人提供保险合同格式条款的义务；其二，保险人应向投保人说明保险合同的内容，即向投保人说明保险合同内容的义务；其三，保险人应提示投保人注意保险合同中免除保险人责任的条款，并对该条款作明确说明，即向投保人提示和明确说明免除保险人责任条款的义务。

本案一审过程中，双方当事人提交了案涉保险投保单和保险单，两份单据

特别约定第二条均明确，"本保险执行中华联合财产保险股份有限公司沿海内河船舶保险条款（2009）版"，但两份单据并未附上该保险条款。尽管投保单"投保人声明栏"印有"本人已经仔细阅读保险条款，尤其是字体加粗部分的条款内容，并对保险公司就保险条款内容的说明和提示完全理解，没有异议，申请投保"，投保人签章处盖有重庆航宇船务有限公司（以下简称航宇公司）印章，但航宇公司在本案诉讼过程中否认收到中华联合财产保险股份有限公司重庆分公司（以下简称中联财保重庆分公司）提供的保险条款，除投保单印制的投保人声明外，中联财保重庆分公司并无其他证据证明其向航宇公司履行了提供保险条款、说明保险合同内容及对其中免除保险人责任条款作出提示和明确说明的义务，而"投保人声明栏"的内容没有包括航宇公司表示其因保险人的明确说明，已经明了免除保险人责任条款的概念、内容及其法律后果，不符合《最高人民法院关于适用〈中华人民共和国保险法〉若干问题的解释（二）》第十一条第二款的要求，仅凭印制内容不足以认定中联财保重庆分公司履行了明确说明义务，因此，作为负有上述主动义务且对履行该义务负有举证责任一方，中联财保重庆分公司应承担举证不能的不利后果。

由于中联财保重庆分公司未将保险条款提供给航宇公司，双方未就该保险条款达成合意，故该保险条款不构成案涉保险合同的组成部分，案涉保险合同的内容应依据案涉投保单、保险单等保险凭证确定。关于投保单、保险单特别约定条款，均为印制，显示为同样的字体、字形，其中的免除保险人责任条款并未显示出任何足以引起注意的明显标志，据此可知，中联财保重庆分公司未就投保单、保险单上免除己方责任的条款向航宇公司作出提示和明确说明，故该部分条款依法不产生效力。一审认定中联财保重庆分公司未向航宇公司履行充分释明有关免除责任条款的义务，案涉保险格式条款中免除保险人责任的条款不产生效力并无不当，中联财保重庆分公司关于航宇公司收到保险单后未提异议，航宇公司曾多次投保案涉同类保险，案涉保险条款使用多年，航宇公司应当熟知的上诉理由缺乏法律依据，不能成立。

案例27

阳光财产保险股份有限公司山东省分公司、威海运舟航运有限公司海上、通海水域保险合同纠纷案－（2019）鲁民终2858号

二审法院认为，本案中，投保单中的投保人声明部分内容与投保单其他处字体大小相同且字体很小，没有作出足以引起投保人注意的明显标志，威海运

舟航运有限公司（以下简称运舟航运）仅在投保人签字处加盖了公章；特别约定部分虽单独一页，但运舟航运仅在上面加盖了公章。一审法院认定阳光财产保险股份有限公司山东省分公司（以下简称阳光保险）对特别约定部分（包括免责条款）未履行明确的提示和说明义务，二审法院认为并无不当。阳光保险主张其已经做出了充分的提示与说明，理由不能成立。特别约定载明："1. 本保险为不定值保险，被保险船舶的价值按出险时的市场价值确定。2. 本保单主险每次事故绝对免赔额为 2000 元或损失金额的 5%，两者以高者为准（全损、碰撞、触碰责任除外）……"该约定对运舟航运不发生效力。《中华人民共和国海商法》第二百一十九条第二款规定："保险人与被保险人未约定保险价值的，保险价值依照下列规定计算：（一）船舶的保险价值，是保险责任开始时船舶的价值……"上述特别约定中关于"被保险船舶的价值按出险时的市场价值确定"的内容，与上述法律规定不符。

案例 28

王某某、中国人民财产保险股份有限公司广东省分公司海上、通海水域保险合同纠纷案 –（2019）鲁民终 658 号

一审法院认为，本案中，中国人民财产保险股份有限公司广东省分公司（以下简称人保广东分公司）作为保险人，以特别约定条款第三条"被保险人雇员由于职业性疾病、疾病、传染病、分娩、流产所致的误工、护理、医疗、伤残和死亡，本保险不负责赔偿"的内容主张免责。王某某否认人保广东分公司就免责条款和特别声明向王某某作出过提示和说明，人保广东分公司未举证证明特别约定条款系与王某某协商一致合意的结果，应承担举证不能的法律后果。由于保险单原件中并未载明特别约定条款内容，故特别约定条款不属于双方经过协商自愿达成的意思表示一致的内容，该特别约定条款对王某某不发生法律效力。即使投保单中的王某某签名是本人所签，特别约定条款也应认定为无效。

二审法院维持一审判决。

案例 29

世界建材中心公司、中国人民财产保险股份有限公司广东省分

公司海上、通海水域保险合同纠纷案 – （2016）粤民终 368 号

一审法院认为，本案保险单上记载的"锈蚀风险除外"不能成为中国人民财产保险股份有限公司广东省分公司（以下简称人保广东公司）就海水锈蚀损失免责的依据。理由是：（一）本案保险单签发时有效的 2002 年《中华人民共和国保险法》第十八条规定："保险合同中规定有关于保险人责任免除条款的，保险人在订立保险合同时应当向投保人明确说明，未明确说明的，该条款不产生效力。"2002 年《中华人民共和国保险法》第三十一条规定："对于保险合同的条款，保险人与投保人、被保险人或者受益人有争议时，人民法院或者仲裁机关应当作有利于被保险人和受益人的解释。"（二）对于具有减轻保险人赔偿责任性质的免责条款，1982 年英国协会货物保险 A 条款（以下简称协会 A 条款）于第 4、5、6 和 7 条规定除外责任时均采用列举方式明确造成免于承担保险责任的损失的原因，而本案保险单在适用协会 A 条款的前提下，没有在"锈损免责"条款中载明锈损的原因，仅概括地表述为锈蚀，不明确，易引起歧义。（三）如上所述，海水锈蚀属于协会 A 条款的保险范围，人保广东公司意图通过"锈损免责"的约定免除其对各种原因导致的锈蚀的保险赔偿责任，减轻其在协会 A 条款项下保险责任，应向投保人尽到提示和说明义务。对于是否向投保人履行了说明义务，人保广东公司作为保险人负有举证证明责任。人保广东公司未提供证据证明已向投保人履行提示和明确说明义务，应承担举证不能的不利后果，人保广东公司关于依据该条款海水锈蚀为除外责任的抗辩不能成立。

二审法院认为，人保广东公司在签发的保单正面以普通字体注明"锈损免责"，属减轻其在协会 A 条款项下承保"一切险"的保险责任。但人保广东公司并未举证其曾经向投保人基石资源私人有限公司做出过提示或说明，一审依据《中华人民共和国保险法》第十八条关于"保险人应就免责条款向投保人明确说明，否则免责条款不发生法律效力"的规定，认定涉案保单中的"锈损免责"条款没有约束力正确，人保广东公司依据该条款主张免除锈损赔偿责任没有合同依据。因此，海水污染导致涉案货物产生的锈损损失 180217.22 美元属于人保广东公司的保险赔偿范围。但世界建材中心公司已从"和融"轮拍卖款中获得高于该货损金额的赔偿，且世界建材中心公司未能证明其获得的赔偿款与该笔货损无关，故一审认定人保广东公司无须再向世界建材中心公司支付保险赔偿金正确。

案例30

李某某与太平财产保险有限公司威海中心支公司海上、通海水域保险合同纠纷案－（2015）鲁民四终字第140号

一审法院认为，投保单及保险单中的内容均是由太平财产保险有限公司威海中心支公司（以下简称太平保险公司）打印、提供，太平保险公司应当针对免除其责任的条款作出足以引起李某某注意的提示和明确的说明。李某某投保时，"鲁荣渔50993/50994"对渔船已经取得了捕捞许可证和中日暂定措施水域的渔业捕捞专项（特许）许可证，其船舶安全证书记载的航行与作业区域为近海航区。保险单及投保单关于作业和航行区域为C1渔区的条款，限制了太平保险公司对李某某渔船航行、作业范围的承保，免除了太平保险公司在C1渔区外承担保险责任。太平保险公司应当对仅承保C1渔区范围内的航行和作业向李某某作出足以引起注意的提示和明确的说明。投保单和保险单中打印的航行和作业区域的字迹在大小、颜色、字体方面与其他字迹一样，太平保险公司未履行提示和说明义务。因此，保险合同中关于航行、作业海区为C1渔区的约定对李某某也不应发生法律效力。

二审法院认为，本案所涉保险单记载，"鲁荣渔50993"的航行范围为C1渔区，同时记载，作业渔区仅限于C1渔区作业，如超出C1渔区作业，发生事故保险公司不承担保险责任。上述条款属于免除保险人责任的条款。《中华人民共和国保险法》第十七条规定，对于免除保险人责任的条款，保险人应当作出足以引起投保人注意的提示，并对该条款的内容以书面或者口头形式向投保人作出明确说明；未作提示或者明确说明的，该条款不产生效力。本案所涉保险单上述条款的字迹在大小、颜色、字体方面与其他字迹一样，太平保险公司亦未举证证明其履行了明确说明的义务，因此该条款不产生效力。太平保险公司没有提交有效证据证明其将《太平财产保险沿海渔船保险条款》交给李某某或向李某某出示，所以其关于该条款中有关保险船舶变更航行区域的内容加粗、加黑，故其完成了法律规定的提示义务的主张，并无事实和法律依据。

《中华人民共和国保险法》第五十二条规定："在合同有效期内，保险标的物的危险程度显著增加的，被保险人应按照合同约定及时通知保险人，保险人可以按照合同的约定增加保险费或者解除合同，被保险人未履行前款规定的通知义务的，因被保险人的危险程度显著增加而发生的保险事故，保险人不承担赔偿保险金的责任。""鲁荣渔50993"号渔船作业场所为C1渔区，是该船

渔业捕捞许可证书的记载。该船渔船渔业船舶安全证书记载，准许该船航行与作业区域为近海航区。同时，该船取得农业部黄渤海区渔政局发放的专项（特许）渔业捕捞许可证，许可该船在中日暂定措施水域作业。2013 年 4 月 3 日，"鲁荣渔 50993"号渔船前往 215 海区附近（属中日暂定措施海域）进行捕捞作业。作业结束后，该船驶往温岭市东山港卸鱼货，于 4 月 18 日在温岭牛山岛以东约 12 海里水域发生碰撞，本案所涉保险事故发生于 C2 渔区。太平保险公司并未提交证据证明"鲁荣渔 50993"号渔船在 C2 渔区的危险程度显著增加，亦未举证证明因危险程度显著增加导致本案所涉保险事故，故其无权依据上述法律规定主张免责。

案例 31

A 财保信阳支公司与冯某某通海水域船舶保险合同纠纷案 －（2014）鄂民四终字第 00003 号

二审法院认为，虽然 A 财保信阳支公司所使用的格式投保单上特别用红色字体标明投保人投保时已知悉保险条款的内容，但 A 财保信阳支公司并未将载有保险条款的投保单交给冯某某以便冯某某投保时知悉保险条款的相关内容，亦未将载有保险条款的正式保险单或保险合同交付冯某某以便其对双方的权利义务做进一步确认。故，即使保险条款第三条列明了船舶不适航等情形下保险人的除外责任，第九条明确规定共同海损情形下其仅按比例承担相应责任，但对于该可能全部或部分免除保险人赔付责任的条款，A 财保信阳支公司既未将其通过投保单向冯某某作过告知，亦未以正式保单、保险合同或其他方式向冯某某进行过告知。依据《中华人民共和国保险法》第十七条第一款关于"订立保险合同，采用保险人提供的格式条款的，保险人向投保人提供的投保单应当附格式条款，保险人应当向投保人说明合同的内容"，以及第二款关于"对保险合同中免除保险人责任的条款，保险人在订立合同时应当在投保单、保险单或者其他保险凭证上作出足以引起投保人注意的提示，并对该条款的内容以书面或者口头形式向投保人作出明确说明；未作提示或者明确说明的，该条款不产生效力"之规定，涉案保险条款第三条关于船舶不适航等情形下保险人的除外责任的条款，以及第九条关于共同海损情形下其仅按比例承担相应责任的条款，因 A 财保信阳支公司未对冯某某履行告知义务而不产生法律效力。

案例32

涂某某与中国大地财产保险股份有限公司柳州中心支公司通海水域保险合同纠纷案－（2013）桂民四终字第31号①

本案一审法院认为保险人就保单免责条款尽到了说明义务和提示义务，免责条款有效，二审法院作出了相反的认定，推翻了一审判决。

一审法院的主要裁判理由为，本案中，中国大地财产保险股份有限公司柳州中心支公司（以下简称大地财保公司）在投保单首部用红色字体提示投保人要尤其注意责任免除条款内容以及投保人、被保险人义务、赔偿处理等内容并听取保险公司业务人员的说明，如对保险公司业务人员的说明不明白或有异议的，可在填写投保单之前进行询问；在保险条款中，大地财保公司以黑体字标注了责任免除条款的全部内容。同时，柳州恒运船务有限公司（以下简称恒运公司）在投保单上声明已仔细阅读保险条款中黑体字部分的内容，并对保险公司的说明和提示完全理解，没有异议，在此基础上自愿申请投保，说明投保人已经明了免责条款的真实含义和法律后果。……一审法院认为，大地财保公司已采取合理的方式提醒投保人注意并向投保人明确说明保险责任免除条款内容。涂某某对此予以否认但未能提供相反证据说明，一审法院不予采纳。

二审法院就此问题判决认为，至于大地财保公司说明义务的方式，《中华人民共和国保险法》明确规定可以采取口头和书面两种说明方式，作出足以引起投保人注意的提示。那么本案中，大地财保公司是否已经向投保人恒运公司尽到了说明义务？二审法院作如下分析判断：

1. 案涉《沿海内河船舶保险投保单》正面有红色字体提示客户"请您仔细阅读保险条款，特别是黑体字标注部分的责任免除条款内容……"，本院认为，大地财保公司拟定的投保单中书面载明提醒投保人注意阅读条款，并非对保险条款进行说明，只是让投保人注意阅读，没有使投保人真正了解保险条款的内容和法律后果，没有达到法律让保险人履行说明义务的目的，不能认定保险人履行了说明义务。

2. 保险单上统一印制"投保人声明"，该处内容为"本人已经仔细阅读《沿海内河船舶保险》条款，尤其是黑体字部分的条款内容，并对保险公司就保险条款内容的说明和提示完全理解，没有异议，申请投保"。在投保单的背

---

① 贺荣主编、最高人民法院民事审判第四庭编著：《中国海事审判精品案例》，人民法院出版社2014年版，第439－453页。

面，附上全文黑体的《沿海内河船舶保险条款》。本院认为，投保人恒运公司虽在大地财保公司提供的"投保人声明"一栏签章，但《沿海内河船舶保险条款》印制的免责条款字体和其他条款字体同一，大小一致，颜色无异，与其他条款没有明显的区别，大地财保公司没有尽到《中华人民共和国保险法》第十七条所规定的足以引起投保人注意的提示义务。且投保人恒运公司陈述其在办理投保业务期间大地财保公司没有向其说明解释该条款的具体含义，大地财保公司也没有提供相应的证据证明自己已经对该条款作了明确的说明。故本院认为，虽有投保人在"投保人声明"一栏的签章，但不能说明大地财保公司已经尽到了提示义务和说明义务。

案例 33

宁波福海海运有限公司与华安财产保险股份有限公司宁波分公司海上保险、保赔合同纠纷案 –（2008）浙民三终字第 98 号

关于《华安财产保险股份有限公司国内货运险预约保险协议》（以下简称预约保险协议）条款中约定 3 米以下海浪造成的共同海损是保险人的除外责任。宁波福海海运有限公司（以下简称福海海运公司）庭审中主张，事故发生当时，浪高超过 5 米，但并无证据证明。华安财产保险股份有限公司宁波分公司（以下简称华安保险公司）则辩称，在订立保险合同时，已将保险除外责任明确向福海海运公司说明。一审法院认为，依照《中华人民共和国保险法》第十八条规定，保险合同中规定有关于保险人责任免除条款的，保险人在订立保险合同时应当向投保人明确说明，未明确说明的，该条款不产生效力。而本案中，华安保险公司仅在预约保险协议中以书面方式告知福海海运公司阅读保险条款，特别是保险责任与除外责任，除此外，并无其他证据证明在订立预约保险协议时，华安保险公司将其中的免责条款对福海海运公司作过明确说明。华安保险公司的这种告知方式仅能理解为一种书面提示，远未能达到法律要求的保险人应对责任免除条款"明确说明"的义务，因此，预约保险协议条款中关于 3 米以下海浪造成的共同海损是除外责任的约定，不产生法律效力。无论本案事故中海浪高度是否超过 3 米，华安保险公司均应依保险范围承担赔偿责任。

二审法院的观点与一审法院基本一致。

案例 34

牟某平、牟某有、周某华与中国人民财产保险股份有限公司庄河支公司、中国人民财产保险股份有限公司大连市分公司海上保险合同纠纷案 –（2017）辽 72 民初 278 号

大连海事法院认为，保险单中既约定了连续的保险期间（起始日及终止日），又有"仅承保合法捕鱼作业期间"的特别约定，后者系对前者保险期间和承保范围的变更缩减。保险期间的变更缩减应当符合附加调整承保期间条款第 2.1 条"经投保人申请并经保险人同意，双方同意调整"的规定，方可构成有效约定。中国人民财产保险股份有限公司大连市分公司（以下简称人保大连公司）应举证证明特别约定第 2 项的形成符合该保险条款的规定。因人保大连公司提交的投保单及投保声明书的真实性不被认定，应承担举证不能的后果。另外，即使投保单和投保声明书真实，投保单中的特别约定条款是人保大连公司预先打印，人保大连公司未证明该特别约定源于投保人申请，不符合调整承保期间条款第 2.1 条规定，不能认定是投保人与保险人协商一致的结果，该特别约定应认定是人保大连公司对保险期间及保险责任的部分免除条款。根据《中华人民共和国保险法》第十七条第二款，以及《最高人民法院关于适用〈中华人民共和国保险法〉若干问题的解释（二）》第十条、第十一条的规定，人保大连公司应就该特别约定中隐含的法律、行政法规中的禁止性规定向投保人作出足以引起重视的提示并作出明确说明；但投保声明书中仅泛泛提及合同条款内容及相关法律条文，没有对此予以明确，故该部分免除保险期间及保险责任的条款依法不产生效力。人保大连公司依该特别约定主张免除保险赔偿责任的主张没有有效依据，大连海事法院不予支持。

案例 35

邢台旭阳煤化工有限公司与中国人民财产保险股份有限公司深圳市分公司海上、通海水域保险合同纠纷案 –（2017）浙 72 民初 2159 号

保险合同中的免赔额或免赔率条款属于免除保险人责任的条款。本案中已经查明，本案保险系通过中国人民财产保险股份有限公司深圳市分公司（以

下简称深圳人保）电子投保系统投保，深圳人保未举证其与投保人订立合同时已就该条款向投保人作出提示或明确说明，依据《中华人民共和国保险法》第十七条第二款的规定，涉案保险单有关 1000 元免赔额或 10% 免赔率的约定不对邢台旭阳煤化工有限公司发生效力。

案例 36

黄某某与中国人民财产保险股份有限公司信阳市分公司海上、通海水域保险合同纠纷案 –（2016）鄂 72 民初 1126 号

被告中国人民财产保险股份有限公司信阳市分公司（以下简称信阳人保）认为，涉案船舶配员不足，属于涉案保险条款的除外责任约定的情况，故其不承担保险责任。武汉海事法院认为，涉案保险单中并无任何关于除外责任的约定，被告信阳人保在质证阶段提交的保险条款虽约定了除外责任，但未作出足以引起投保人注意的提示，也不能证明就该条款的内容以书面或者口头形式向投保人作出了明确说明。被告信阳人保于庭审结束后向法院提交了涉案船舶保险的投保单，该投保单尾部印有格式条款，内容为投保人声明保险人已对除外责任作出说明，但该投保单仅首部有投保人签字，声明处却没有，不能证明投保人作出了该声明。综上所述，按照《中华人民共和国保险法》第十七条第二款的规定，被告信阳人保未尽到说明义务，保险合同中关于免除保险人责任的条款不产生效力，被告信阳人保应对涉案保险事故承担保险责任，赔偿原告黄某某的损失。

保险人需尽到提示与明确说明义务的免责条款限于格式条款

案例

中国人民财产保险股份有限公司航运保险运营中心、新华船务（香港）有限公司海上、通海水域保险合同纠纷案 –（2021）最高法民再 24 号

最高人民法院认为，《中华人民共和国保险法》（以下简称《保险法》）第十七条规定："订立保险合同，采用保险人提供的格式条款的，保险人向投保人提供的投保单应当附格式条款，保险人应当向投保人说明合同的内容。对保险合同中免除保险人责任的条款，保险人在订立合同时应当在投保单、保险单或者其他保险凭证上作出足以引起投保人注意的提示，并对该条款的内容以书面或者口头形式向投保人作出明确说明；未作提示或者明确说明的，该条款不产生效力。"《关于适用〈中华人民共和国保险法〉若干问题的解释（二）》（以下简称《保险法司法解释二》）第九条规定："保险人提供的格式合同文本中的责任免除条款、免赔额、免赔率、比例赔付或者给付等免除或者减轻保险人责任的条款，可以认定为保险法第十七条第二款规定的'免除保险人责任的条款'。保险人因投保人、被保险人违反法定或者约定义务，享有解除合同权利的条款，不属于保险法第十七条第二款规定的'免除保险人责任的条款'"。《最高人民法院关于"〈保险法司法解释二〉第九条适用"问题的答复》规定："《保险法司法解释二》第九条是对《保险法》第十七条中'免除保险人责任的条款'的解释。《保险法》第十七条分为两款：第一款是对保险人提供的格式条款的一般说明义务，第二款是保险合同中免除保险人责任的条款的提示和明确说明义务。第二款的理解应以第一款的规定为前提，故第二款中的'免责条款'应指保险人提供的格式条款中的'免责条款'，不包括非格式条款中的'免责条款'。因此，保险合同中的比例赔付条款如不是格式条款，则不属于《保险法司法解释二》第九条规定的'免除保险人责任的条款'，因为非格式条款往往是当事人双方协商的结果，根据《保险法》第十七条的立法本意，保险人对非格式条款不具有提示和说明义务。"

如上所述，案涉保险合同中的"付费条款"与"原木条款"并非格式条款，不存在格式条款的不平等性、先决性、非协商性的特征，中国人民财产保险股份有限公司航运保险运营中心（以下简称人保公司）对该两个条款依法不负有特别提示和说明义务。原审判决认定"付费条款"和"原木条款"是《保险法》第十七条第二款规定的免除保险人责任的条款，人保公司负有提示和明确说明义务，与本案事实不符，适用法律错误，最高人民法院予以纠正。

保险人负有保险责任核定义务，是否应对事故原因、性质承担举证责任

【支持的案例】

案例1

王某某、泰山财产保险股份有限公司海上、通海水域保险合同纠纷案 – （2020）最高法民再167号

关于保险合同纠纷案件中举证责任分配问题，一审法院认为：

其一，保险合同法律关系是民事法律关系的一种，在无特殊规定时，保险索赔案中举证责任适用民事举证责任的一般规定。然而，保险根本职能在于分散风险，补偿损失，将损失发生的风险从被保险人转移至保险人，如果给予索赔方过于严格的举证责任，会导致索赔方承担原因无法查明时的举证风险，无形中加重了索赔方的举证责任。又因为保险事故本身的复杂性以及保险金请求权人自身的专业素质有限，一味要求保险金请求权人提供充足完备的证明和资料，不符合我国保险法优先保护被保险人的原则，也有悖我国合同法的公平和诚信原则。

其二，我国保险法要求被保险人提供的证明和资料指的是被保险人在客观条件下通过合理途径所能取得的证明和资料。考虑到被保险人的能力有限，其对相关资料获取的难易程度以及取得资料可能付出的代价大小，被保险人的举证范围不应当超出其力所能及的范围。又因为民事诉讼中的举证责任常常是相互转换的，保险索赔案中，索赔方只要举证在保险责任期间发生保险事故且造成保险标的的损失，就初步完成了其应履行的举证责任。保险人对索赔请求权进行抗辩的，举证责任相应地转移到保险人一方。

其三，保险人要求被保险人提供的证明和资料的范围受到保险合同约定的限制。如果保险合同对被保险人应当提供的证据和资料范围未作明确约定，而是概括式的表述，应作有利于被保险人的方式解释。结合我国保险法和证据规则的相关规定，索赔方只需在客观上提供自己能力范围内的证据，如果这些证据能够初步证明事故发生在保险责任范围内，应认定索赔方完成了证明保险事故发生的举证责任。综上可见，保险索赔案中，索赔方的举证责任为初步举证责任。

二审法院未对举证责任分配进行分析，认为本案中保险人关于风力提交的证据优于被保险人，对一审判决予以改判。

最高人民法院认为一审法院认定事实清楚，适用法律正确，撤销二审判决，维持一审判决。

案例2

郑某某与中国人民财产保险股份有限公司大连市分公司海上、通海水域保险合同纠纷案 – （2019）辽民终1483号/（2020）最高法民申4681号

一审法院认为，根据《中华人民共和国保险法》第二十三条、第六十四条，《最高人民法院关于民事诉讼证据的若干规定》第七条的规定及《国内水路、陆路货物运输保险条款（2009版）》第十条第二款的约定，在海上保险合同纠纷案中，事故原因、性质的举证责任在保险人，在保险人未提供相关证据的情况下，应承担举证不能的法律后果。本案中……中国人民财产保险股份有限公司大连市分公司（以下简称人保大连分公司）拒赔理由中的"受损货物经硝酸银检测无反应，为淡水水湿，不属于保险责任范围，不予赔付"缺乏证据支持。目前能够查明的是涉案货物遭受水湿，但水湿原因未知。《最高人民法院关于适用〈中华人民共和国保险法〉若干问题的解释（三）》第二十五条规定："被保险人的损失系由承保事故或者非承保事故、免责事由造成难以确定，当事人请求保险人给付保险金的，人民法院可以按照相应比例予以支持。"综合全案，人保大连分公司作为保险人具有法定和约定的保险责任核定义务，其未提供合法有效的公估报告以证明事故性质和原因，未提供充分、合法、有效的证据排除《国内水路、陆路货物运输保险条款（2009版）》第二条列明的所有属于保险责任的情形，亦未提供证据证明存在《国内水路、陆路货物运输保险条款（2009版）》"除外责任"条款下列明的免责事由，过错程度较高。郑某某作为被保险人已履行了及时通知出险、提供单证资料的法定和约定义务。因此认定人保大连分公司对货损承担80%的责任，郑某某承担20%的责任。二审法院判决维持一审判决。

关于原审判决人保大连分公司承担赔偿责任是否缺乏事实依据的问题。最高人民法院再审认为，本案系海上保险合同纠纷案件，案涉保单明文约定适用《国内水路、陆路货物运输保险条款（2009版）》。人保大连分公司作为保险人具有法定和约定的保险责任核定义务，其未能就案涉事故提供充分、合法、

有效的证据排除《国内水路、陆路货物运输保险条款（2009 版）》列明的所有属于保险责任的情形，亦未提供证据证明本案存在《国内水路、陆路货物运输保险条款（2009 版）》"除外责任"条款下列明的免责事由。其拒赔理由中的"受损货物经硝酸银检测无反应，为淡水水湿，不属于保险责任范围，不予赔付"缺乏证据支持，应承担相应不利后果。原审判决据此认定人保大连分公司对案涉货物损失承担赔偿责任并无不当。人保大连分公司需承担赔偿责任的原因与是否协助郑某某处置案涉货物残值无关，人保大连分公司该项再审理由不能成立。

案例 3

中国人民财产保险股份有限公司广东省分公司、田某某海上、通海水域保险合同纠纷案 –（2019）鲁民终 2306 号

二审法院认为，田某某与中国人民财产保险股份有限公司广东省分公司（以下简称人保广东分公司）存在保险合同关系，险种为雇主责任险，徐某某为田某某雇员。保险合同约定：在保险期间内，被保险人的雇员因从事保险单载明的业务工作，在工作时间和工作场所内，因工作原因受到事故伤害导致死亡，依法应由被保险人承担的经济赔偿责任，保险人按照保险合同约定负责赔偿。田某某在本案审理中已证明，徐某某在工作期间摔倒，徐某某摔倒后，船主已向大连市海上搜救中心报警请求救助，在大连市海上搜救中心协调下，由第三方轮船前往现场救助并送医，后抢救无效死亡。徐某某入院记录记载，患者无既往病史，死亡原因为右侧基底节区脑出血破入脑室、脑干出血和脑疝。田某某作为被保险人为证明徐某某死亡事故为保险事故，提供了初步证据，人保广东分公司拒赔应当负有证明徐某某死亡原因不属于保险事故的责任。在本案审理中，人保广东分公司未提供任何证据，只是援引田某某提供的入院记录中没有外伤描述的记载内容，推定徐某某未发生摔伤头部的事故，并且引用徐某某死亡注销证明中"各种疾病死亡"的记载推定徐某某病故。由于死亡证明中的"各种疾病死亡"与医疗记录不符，事故发生后，田某某已向保险人报案，人保广东分公司也派出公估人员进行调查，在其方便查明事故原因的期间未能查明原因或不查明事故原因，在诉讼后又无证据推翻田某某初步证明的事故原因，故，人保广东分公司主张徐某某死亡事故不属于保险事故的主张不成立，按照田某某提供的证据可以认定徐某某死亡事故为保险合同约定的保险事故，在田某某已经向死者家属赔偿后，人保广东分公司亦应当予以赔付。

案例4

中国大地财产保险股份有限公司广东分公司营业部与海南和宇运贸有限公司运输合同纠纷案 –（2019）琼民终80号

二审法院认为，《中华人民共和国保险法》第二十三条规定，保险人收到被保险人或者受益人的赔偿或者给付保险金的请求后，应当及时作出核定；第二十四条规定，保险人依照本法第二十三条的规定作出核定后，对不属于保险责任的，应当自作出核定之日起三日内向被保险人或者受益人发出拒绝赔偿或者拒绝给付保险金通知书，并说明理由。由此可见，在被保险人通知发生保险事故后，保险人应当及时开始保险事故的调查，并对保险标的所发生的损害及其程度予以核定。对保险事故的调查和定损是保险公司的法定义务。意即应当由保险公司证明事故属于保险合同约定的除外责任才可以免赔，而不应当由投保人证明事故属于承保范围所列情况。财产一切险承保的是除保险单列有的除外责任范围外的一切自然灾害或意外事故造成的直接物质损坏或灭失，财产一切险的举证责任在保险人而非被保险人，除非保险人证明损失是属于除外责任范围，否则所有损失均属于保险责任内。所以，在本案中，中国大地财产保险股份有限公司广东分公司营业部（以下简称大地保险）负有证明涉案事故属于保险条款"责任免除"范围的义务。大地保险认为应当将"是否发生触碰"列为本案争议焦点之一，对此，二审法院认为，因是否发生触碰属于承保范围列明事项，不是责任免除事项，不应当列为本案争议焦点，如果将"是否发生触碰"列为争议焦点，则是将涉案事故是否属于承保责任范围的举证责任交由被保险人负担，违反了《中华人民共和国保险法》第二十三条、第二十四条之规定。因此，对大地保险这一主张不予支持。另，本案中大地保险的意见"船舶破损有可能发生在上海港卸货后到曹妃甸期间"也未提交证据予以证明。（2018）琼72民初45号判决书已经证明货损系海水水湿造成。造成货物受海水水湿的原因，可能系船舶触碰造成船舶漏水，也可能系其他原因，但大地保险未证明属于触碰之外的其他原因并且这一原因属于保险条款规定的"免除责任"的范围。总之，涉案事故确实发生于大地保险承保期间，而大地保险未能证明涉案事故属于保险条款规定的"免除责任"的范围，大地保险应当赔偿海南和宇运贸有限公司争议所涉款项。

案例5

中华联合财产保险股份有限公司营口中心支公司与李某海上保险合同纠纷上诉案 –（2018）辽民终675号

一审法院认为：

关于争议焦点一：中华联合财产保险股份有限公司营口中心支公司（以下简称联合保险营口公司）能否以"被保险人李某不能提供气象报告风浪证明及运输船舶航行期间的航海日志，导致事故原因无法证明"为由拒绝赔付？《中华人民共和国保险法》第二十二条规定："保险事故发生后，按照保险合同请求保险人赔偿或者给付保险金时，投保人、被保险人或者受益人应当向保险人提供其所能提供的与确认保险事故的性质、原因、损失程度等有关的证明和资料。"《中华联合财产保险股份有限公司水路货物运输保险条款》第十八条约定："被保险人向保险人申请索赔时，应当提供下列有关单证：……（四）被保险人所能提供的其他与确认保险事故的性质、原因、损失程度等有关的证明和资料。"无论是法律规定还是联合保险营口公司的格式合同约定，被保险人均是有限的提供义务，即"其所能提供的"。"气象报告风浪证明及运输船舶航行期间的航海日志"已超出被保险人所能提供的范围，联合保险营口公司要求其提供此种资料系不公平、不合理的。《中华人民共和国保险法》第二十三条规定："保险人收到被保险人或者受益人的赔偿或者给付保险金的请求后，应当及时做出核定；情形复杂的，应当在三十日内做出核定，但合同另有约定的除外。保险人应当将核定结果通知被保险人或者受益人；对属于保险责任的，在与被保险人或者受益人达成赔偿或者给付保险金的协议后十日内，履行赔偿或者给付保险金义务。保险合同对赔偿或者给付保险金的期限有约定的，保险人应当按照约定履行赔偿或者给付保险金义务。保险人未及时履行前款规定义务的，除支付保险金外，应当赔偿被保险人或者受益人因此受到的损失。"《中华人民共和国保险法》第六十四条规定："保险人、被保险人为查明和确定保险事故的性质、原因和保险标的的损失程度所支付的必要的、合理的费用，由保险人承担。"《中华联合财产保险股份有限公司水路货物运输保险条款》第十八条第二款约定："保险人收到被保险人的赔偿请求后，应当及时就是否属于保险责任做出核定，并将核定结果通知被保险人。情形复杂的，保险人在收到被保险人的赔偿请求并提供理赔所需资料后三十日内未能核定保险责任的，保险人与被保险人根据实际情形商议合理期间，保险人在商定的期间内作出核定结果并通知被保险人。对属于保险责任的，在与被保险人达成有关赔偿金额的协议后十日内，履行赔偿义务。"由上述法律规定及联合保险营口公司的格式合同约定可知，保险责任核定义务在于保险公司，保险公司有义务查明事故发生的原因及性质，并应在法定或约定的时间内给出核定结果。被保险人李某在知晓货物受损后，第一时间通知了联合保险营口公司，并提供了其所能提供的资料，已履行了被保险人在索赔时应承担的义务。联合保险营口公司作为保险人不能以被保险人未提供资料为由而拒绝赔付。

关于争议焦点二：事故原因不明的后果归于谁？2017 年 9 月 8 日，李某向联合保险营口公司出具《情况说明》，表明自己无法提供"气象报告和航海日志"。在明知被保险人没有能力提供相关资料的情况下，保险人应尽己所能搜集这些资料以确定事故的性质、原因和损失程度。"气象报告风浪证明及运输船舶航行期间的航海日志"应系保险人的查明范围。联合保险营口公司未尽到查明义务，导致事故原因不明，应承担相应的法律后果。《最高人民法院关于适用〈中华人民共和国保险法〉若干问题的解释（三）》第二十五条规定："被保险人的损失系由承保事故或者非承保事故、免责事由造成难以确定，当事人请求保险人给付保险金的，人民法院可以按照相应比例予以支持。"考虑到双方对事故原因不明的后果产生的过错程度，按二八责任比例划分是合理的，即联合保险营口公司承担 80% 的责任，李某承担 20% 的责任。

二审法院维持一审判决。

案例 6

广州安盛物流有限公司、中国人民财产保险股份有限公司东莞市分公司海上、通海水域保险合同纠纷案 -（2017）粤民终 2219 号

关于本案货物损失原因及中国人民财产保险股份有限公司东莞市分公司（以下简称财产保险公司）是否应承担赔偿责任。广州安盛物流有限公司（以下简称安盛公司）主张是外来原因导致货物水湿，但具体原因其不清楚。财产保险公司主张收货时货物运单上并没有遭受水浸的记录，应是麻绳的自然属性及自身缺陷导致受潮，对安盛公司的该主张不予确认。一审法院认为，根据《中华人民共和国保险法》第二十二条第一款"保险事故发生后，按照保险合同请求保险人赔偿或者给付保险金时，投保人、被保险人或者受益人应当向保险人提供其所能提供的与确认保险事故的性质、原因、损失程度等有关的证明和资料"的规定，安盛公司应对货损数额、货损原因等进行举证。本案货物装箱时装箱单记载为箱况完好，收货时运单上也无水浸等外来原因导致货物受

潮的记录，安盛公司提交的证据不足以证明其关于外来原因导致货物水湿的主张。根据《中华人民共和国民事诉讼法》第六十四条第一款"当事人对自己提出的主张，有责任提供证据"和《最高人民法院关于民事诉讼证据的若干规定》第二条"当事人对自己提出的诉讼请求所依据的事实或者反驳对方诉讼请求所依据的事实有责任提供证据加以证明；没有证据或者证据不足以证明当事人的事实主张的，由负有举证责任的当事人承担不利后果"的规定，安盛公司应自行承担举证不能的法律后果。综上，安盛公司既未能证明本案货物的损失数额，也未证明货物的损失原因，其要求财产保险公司支付保险金的主张缺乏事实依据，应予驳回。

二审法院认为，关于涉案货损是否因保险事故所致问题，涉及保险人与被保险人就保险事故成立与否的举证责任分配。根据《中华人民共和国保险法》第二十二条第一款"保险事故发生后，按照保险合同请求保险人赔偿或者给付保险金时，投保人、被保险人或者受益人应当向保险人提供其所能提供的与确认保险事故的性质、原因、损失程度等有关的证明和资料"的规定，投保人、被保险人或者受益人对保险事故是否成立负担的是初步的举证责任及认定事故相关的资料提供义务，确认保险事故的性质、原因、损失程度等应由保险人负担举证责任。本案中，涉案货物在目的港的确发现水湿、霉变，安盛公司向财产保险公司报险后，财产保险公司应及时进行勘查并对事故原因作出认定，对于不属于保险事故的应向被保险人说明理由。中国人民财产保险股份有限公司日照市分公司工作人员到达现场进行勘查，记载了货损情况，但并未对货损原因进行分析和认定。财产保险公司在本案中主张货损原因是麻绳的自然属性及自身缺陷，属于保险合同约定的免责事由，但其并未就此进行举证，对该主张不予认可，本案应认定涉案货损系保险事故所致。一审判决根据《中华人民共和国保险法》第二十二条第一款规定认定被保险人安盛公司未尽举证责任，进而认定涉案货损非因保险事故所致有误，二审法院予以纠正。

但是，安盛公司在涉案货损事故发生之后未及时通过处理货物或其他方式确定损失程度以证明自己的实际损失，仅依据收货人拒收为由即请求认定涉案货物全损，缺乏依据。根据《中华人民共和国民事诉讼法》第六十四条第一款"当事人对自己提出的主张，有责任提供证据"和《最高人民法院关于民事诉讼证据的若干规定》第二条"当事人对自己提出的诉讼请求所依据的事实或者反驳对方诉讼请求所依据的事实有责任提供证据加以证明；没有证据或者证据不足以证明当事人的事实主张的，由负有举证责任的当事人承担不利后果"的规定，安盛公司应自行承担举证不能的法律后果。因涉案货物损失金额无法确定，一审判决驳回安盛公司对财产保险公司的诉讼请求，处理结果并无不当，二审法院予以维持。

案例7

中国人民保险股份有限公司九江市八里湖支公司与海南和宇运贸有限公司海上货物运输保险合同纠纷案 – （2013）琼民三终字第7号

二审法院认为，《中华人民共和国保险法》第二十三条规定，保险人收到被保险人或者受益人的赔偿或者给付保险金的请求后，应当及时作出核定；第二十四条规定，保险人依照本法第二十三条的规定作出核定后，对不属于保险责任的，应当自作出核定之日起三日内向被保险人或者受益人发出拒绝赔偿或者拒绝给付保险金通知书，并说明理由。由此可见，在被保险人通知发生保险事故后，保险人应当及时开始保险事故的调查，并对保险标的所发生的损害及其程度予以核定。对保险事故的调查和定损是保险公司的法定义务。财产一切险赔偿免赔责任以外的自然灾害和意外事故。在财产一切险中投保人购买财产险的唯一和终极目的，是能够分散被保险财产的损失危险，由保险人最终承担被保险财产的损害。财产一切险承保的是除保险单列有的除外责任范围外的一切自然灾害或意外事故造成的直接物质损坏或灭失，财产一切险的举证责任在保险人而非被保险人，除非保险人证明损失是属于除外责任范围，否则所有损失均属于保险责任内。所以，本案中国人民保险股份有限公司九江市八里湖支公司负有查清船舶沉没原因的义务。

案例8

营口宏途物流有限公司、中华联合财产保险股份有限公司营口中心支公司海上、通海水域保险合同纠纷案 – （2021）辽72民初1169号

本次诉讼中，中华联合财产保险股份有限公司营口中心支公司（以下简称营口联合保险公司）拒赔的主要理由是认为案涉货物损失是因箱汗导致的，不属于保险事故，保险公司不负保险赔偿责任。营口宏途物流有限公司（以下简称宏途公司）认可货物损失是由淡水导致的，但否认淡水来自箱汗，认

为目的港长兴位于长江三角洲，为淡水区域，集装箱应该是被江水侵入从而发生货损。大连海事法院认为，营口联合保险公司作为保险人负有证明货损原因及存在免责事由的举证义务。营口联合保险公司提交了两份公估报告，用以证明货物发生损失的原因在于"箱汗"。从公估报告显示的分析过程来看，公估人仅单纯考虑了南北方的温差，却忽略了以下因素：一是案涉四个集装箱经历了自中转港上海港至湖州的淡水区域运输，集装箱在中转港转载过程中及淡水区域运输过程中存在被淡水侵入的可能，符合《国内水路、陆路货物运输保险条款》第二条第一项基本险第 3 小项约定承保的保险责任；二是运输途中遇有小雨天气，ZGLU3046558 集装箱箱体有多处破损，此种情况下存在集装箱箱内货物被雨淋的可能，符合《国内水路、陆路货物运输保险条款》第二条第二项综合险第 4 小项约定承保的保险责任。《最高人民法院关于适用〈中华人民共和国民事诉讼法〉的解释》第一百零八条规定："对负有举证证明责任的当事人提供的证据，人民法院经审查并结合相关事实，确信待证事实的存在具有高度可能性的，应当认定该事实存在。对一方当事人为反驳负有举证证明责任的当事人所主张事实而提供的证据，人民法院经审查并结合相关事实，认为待证事实真伪不明的，应当认定该事实不存在。"公估人在作出货损原因认定时考虑的因素不全面、不客观，箱汗导致货损的事实没有达到高度可能的标准，对该事实不予认定。营口联合保险提交的证据不能证明货损发生的原因及存在免责事由，应承担举证不能的法律后果，对案涉货损应承担保险赔付责任。

案例 9

广东通成船务有限公司与中国平安财产保险股份有限公司汕头中心支公司船舶保险合同纠纷案 –（2017）粤 72 民初 931 号

广州海事法院认为，关于争议焦点二，中国平安财产保险股份有限公司汕头中心支公司（以下简称平安汕头公司）是否应对"通成702"轮舵系统损失承担保险责任的问题。广东通成船务有限公司（以下简称通成公司）提交了航海图、航海日志、事故报告、受损照片、索赔告知书、舵系统维修单据等证据，主张"通成702"轮舵系统受损是2016年5月19日船舶搁浅后船长强行操舵造成的，通成公司对其主张已经完成了初步举证责任。根据举证规则，举证责任转移至反驳通成公司上述主张的平安汕头公司，平安汕头公司应提交反驳证据，证明舵系统受损不是上述原因造成的，或者是其除外责任导致的，否则承担未尽举证责任的不利后果。

案例 10

无锡市群明钢业有限公司与中国太平洋财产保险股份有限公司航运保险事业营运中心海上保险合同纠纷案 –（2015）沪海法商初字第 2264 号

关于货损原因，原告无锡市群明钢业有限公司（以下简称群明公司）认为，涉案的船舶由于受到台风"黄蜂"影响，导致船舶晃动，集装箱之间相互碰撞或挤压造成货损。被告中国太平洋财产保险股份有限公司航运保险事业营运中心（以下简称太保公司）认为，由于涉案货物包装、绑扎固定不当，导致货物在集装箱内移位，导致货物受损。上海海事法院认为，上海颐盛保险公估有限公司的检验人员既未到卸货港查勘涉案货物的包装绑扎情况，亦未就绑扎的强度进行测试分析，仅凭照片推断涉案货损原因可能为包装绑扎固定不当。该结论没有事实和法律依据，上海海事法院不予采信。现有证据表明，涉案船舶在航行期间，正值台风"黄蜂"影响我国福建沿海一带，福建沿海恰是涉案运输的必经海域，汕头市揭通货运有限公司出具的情况说明亦印证了上述事实。故上海海事法院认为不能排除风浪系货损原因之一。关于太保公司是否承担责任，上海海事法院认为，保险事故发生后，除合同另有约定或法定的免责之外，保险人应当承担赔偿责任。现太保公司未能举证证明货损原因系由于约定或法定免责的情形，故其应当承担相应的赔偿责任。

案例 11

刘某某与长安责任保险股份有限公司上海分公司、长安责任保险股份有限公司海上保险合同纠纷案 –（2013）沪海法商初字第 1472 号

上海海事法院认为，本案的主要争议焦点在于涉案事故是否属于保险责任范围。按照现有证据，"台联 179"轮事故发生于 2012 年 4 月 30 日 23：30 至 5 月 1 日凌晨 1：00 之间。原告在 2012 年 5 月 1 日向舟山海事局岱山海事处提交的海事报告载明，"台联 179"轮在鲤鱼礁附近海域撞到水下不明物，船身

震动剧烈，随后船舶下沉进水。被告长安责任保险股份有限公司上海分公司（以下简称长安保险上海分公司）所提供的其于 2012 年 5 月 3 日向"台联 179"轮二副所做的调查笔录载明，二副当班时，在鲤鱼礁附近，感到船体颤动。其向原告所做的调查笔录载明，发现船体颤动，估计碰到水下不明物。可见事故发生当时，船员的第一感觉是船舶碰到了水下的不明物体，导致船舶进水下沉。虽被告长安保险上海分公司于 2012 年 6 月 12 日找到"台联 179"轮原船长调查时，船长回答有无触礁提问时说没有触礁。但由于事故发生当时，船长在其舱室休息，是事发后由水手叫起，有无触碰并非其直观感觉，且调查时间已经在事发 1 个多月之后，船长的回答与当班船员的回答以及海事报告的记载不一致，故船长的回答不能作为事故的直观描述。上海海事法院认为，事故原因应为"台联 179"轮在航行中触碰水下不明物体的可能性较大。至于两被告辩称沉船附近没有暗礁，最浅水深 10 米的事实，因被告长安保险上海分公司委托调查的范围仅为沉船位置附近 200 米。而依据相关调查笔录及海事报告的记载，从发生事故到船舶沉没，相隔半个小时以上，船舶航行半个小时的距离远超 200 米，故该报告的结论不能证明"台联 179"轮不可能触礁的事实。而两被告认为原告的船舶系因超载致船帮断裂，因海事报告中称载货 1300 吨，对原告所做的笔录中也记载了装黑泥砂 1300 吨，并未超过额定载货 1350 吨的限额。至于笔录中所记载的 1800 吨，因有明显修改的痕迹，且这个 8 字与之后的 8 字书写习惯不同，原告又否认做笔录时有后续一段话语，两被告对此无相关证据予以佐证，对于这段内容，上海海事法院不予采纳。至于船员配备不足问题，按照 2010 年 12 月中国海事局公布的内河船员最低配员表的要求，涉案船舶的主要船员已基本满足船舶适航要求。综上，两被告不能证明船舶沉没、断裂系由于超载所致。原告初步证明船舶沉没前曾触碰水下不明物体，而两被告的相关证据无法推翻原告所述事实。按照《沿海内河船舶保险条款》的规定，无论是碰撞、触礁或是其他原因所造成的船舶全损，在两被告不能证明涉案船舶超载的情况下，该船的沉没构成了保险事故。故原告的船损属于保险责任范围。

【不支持的案例】

案例 12

上诉人丁某某、上诉人锦州程宇海运有限公司与被上诉人中国人民财产保险股份有限公司上海市分公司等海上保险合同纠纷案－

（2021）沪民终 253 号

二审中，丁某某、锦州程宇海运有限公司（以下简称程宇海运）主张涉案事故系由于触碰水下不明障碍物原因导致，属于保险事故。二审法院认为，根据《中华人民共和国民事诉讼法》第六十四条的规定，当事人对自己提出的主张，有责任提供证据。丁某某、程宇海运请求中国人民财产保险股份有限公司上海市分公司（以下简称人保公司）承担保险赔偿责任，应当举证证明"程××"轮发生保险条款列明的承保风险，即丁某某、程宇海运应对"程××"轮由于触碰水下不明障碍物发生保险事故承担举证责任。丁某某、程宇海运对其主张提供了"程××"轮船长出具的海事声明，用以证明"程××"轮在航行过程中触碰不明障碍物导致发生沉船事故，属于沿海内河船舶一切险的承保范围。二审法院认为，首先，海事部门经调查认定"程××"轮船长因 2017 年 12 月 4 日年龄超过 65 周岁导致其所持有的船长证书失效，故"程××"轮船长不持有适任船长证书，其出具的海事声明缺乏应有的法律效力；其次，"程××"轮船长出具的海事声明提到涉案船舶触碰不明障碍物，未对具体过程予以描述，而这一说法与舟山沈家门海事处出具的《舟山"5·6""程××"轮自沉事故海事调查报告》中写明的"沉船附近水域未发现碍航物"相矛盾。关于丁某某、程宇海运提供的专家满某某出具的关于"程××"轮沉没事故原因的分析报告，二审法院认为，该专家分析报告是建立在丁某某、程宇海运提供的书面材料以及其他材料基础上，专家满某某并没有到涉案事故现场进行勘查，所作出的也只是推论性的结论意见，没有直接的客观的支撑依据，并且作出推论性的结论意见是采用排除法，其排除的第一项船上货物、压载是否分布不当或者有大量货物移动，仅仅根据码头装货过程录像就作出船舶配积载恰当的判断，不具有说服力。船舶配积载是否恰当的直接依据是船舶配载图。而人保公司委托的悦之保险公估有限公司出具的"程××"轮沉船事故原因分析公估报告（以下简称悦之公估报告）提到"该航次配载时没有配载图和装货计划，没有强度核算，由没有经过相关培训的非专业人员凭借经验装货配载，是导致最终船舶沉没的重要原因"。涉案"程××"轮按照舟山沈家门海事处出具的报告载明的吨数为 3308 吨，而船舶检验证书记载的吨数为 3094 吨，悦之公估报告根据"程××"轮水路货物运单上显示的吨数，计算出"程××"轮该航次实际装船货物为 3517.901 吨钢材，远超船舶检验证书规定的参考载货量。因此，丁某某、程宇海运提供的专家满某某出具的关于"程××"轮沉没事故原因的分析报告作为证据因依据不充分，且推论方法亦存在瑕疵，二审法院对其证据效力不予认定。

案例 13

广州安盛物流有限公司与中国人民财产保险股份有限公司东莞市分公司海上保险合同纠纷案 – （2017）粤 72 民初 5 号

　　广州海事法院认为，根据《中华人民共和国保险法》第二十二条第一款"保险事故发生后，按照保险合同请求保险人赔偿或者给付保险金时，投保人、被保险人或者受益人应当向保险人提供其所能提供的与确认保险事故的性质、原因、损失程度等有关的证明和资料"的规定，原告应对货损数额、货损原因等进行举证。本案货物装箱时装箱单记载为箱况完好，收货时运单上也无水浸等外来原因导致货物受潮的记录，原告提交的证据不足以证明其关于外来原因导致货物水湿的主张。根据《中华人民共和国民事诉讼法》第六十四条第一款"当事人对自己提出的主张，有责任提供证据"和《最高人民法院关于民事诉讼证据的若干规定》第二条"当事人对自己提出的诉讼请求所依据的事实或者反驳对方诉讼请求所依据的事实有责任提供证据加以证明；没有证据或者证据不足以证明当事人的事实主张的，由负有举证责任的当事人承担不利后果"的规定，原告应自行承担举证不能的法律后果。综上，原告既未能证明本案货物的损失数额，也未证明货物的损失原因，其要求被告支付保险金的主张缺乏事实依据，应予驳回。

案例 14

安庆市申宜航运有限责任公司与中国平安财产保险股份有限公司安庆中心支公司海上、通海水域保险合同纠纷案 – （2015）武海法商字第 00085 号

　　武汉海事法院认为，本案系船舶保险合同纠纷。原告安庆市申宜航运有限责任公司（以下简称申宜公司）、被告中国平安财产保险股份有限公司安庆中心支公司（以下简称安庆平保）基于投保单和保单所证明的船舶保险合同关系系双方真实意思的表示，且不违反法律法规的强制性规定，依法成立并有效。依法成立的合同对双方当事人均具有法律拘束力，原告申宜公司、被告安庆平保应当依约履行各自的义务。原告申宜公司因所属"申宜 168"轮在保险期间内发生的碰撞事故，向被告安庆平保主张保险责任，应当证明涉案碰撞事

故在保险责任范围内且不在除外责任范围内。根据原告申宜公司填写的投保单背面保险条款的约定，因船舶机械故障造成的损失、责任和费用，属于被告安庆平保的除外责任。被告安庆平保提交的查勘记录已经证明原告申宜公司确认涉案碰撞事故系"申宜168"轮舵机失灵所致，武汉港区海事处对事故原因也作出了同样的认定。因此，涉案碰撞事故因"申宜168"轮舵机失灵所致，属于投保单背面沿海内河船舶保险条款第三条第一款第二项所称的"机器本身发生的故障所造成的损失、责任和费用"，在被告安庆平保的除外责任范围内。同时，原告申宜公司并未以其投保时被告安庆平保未尽说明义务为由主张投保单背面除外责任条款无效，被告安庆平保也已在投保单左下角以加粗黑体字的方式注明原告申宜公司已经确认收到《沿海内河船舶险条款》及附加条款，且被告安庆平保已向原告申宜公司详细介绍了条款的具体内容，特别就该条款中有关免除保险人责任的条款（包括但不限于责任免除、投保人及被保险人义务），以及付费约定的内容做了明确说明。该投保单背面保险条款的除外责任条款系有效的合同条款，对双方均具有法律约束力。因此，被告安庆平保不应对涉案碰撞事故承担保险责任。

第七章　施救与救助

📖 **船舶打捞费属于施救费用，保险人应在保险标的损失之外另行支付**

⚖ 案例1

中国人民财产保险股份有限公司航运保险运营中心、青岛金城远洋渔业有限公司海上、通海水域保险合同纠纷案 –（2020）鲁民终 1230 号

一审法院认为，关于青岛金城远洋渔业有限公司（以下简称金城公司）支付给烟台打捞局的 303 万元打捞费，系金城公司与中国人民财产保险股份有限公司航运保险运营中心（以下简称人保公司航保中心）委托的保险公估公司共同商定后，与烟台打捞局签订打捞合同并支付上述费用，该项费用属于人保公司航保中心应赔付的合理施救费用，对该项费用予以认可。

⚒ 案例2

芜湖县通达航运有限公司与中银保险有限公司芜湖中心支公司海上、通海水域保险合同纠纷案 –（2016）鄂 72 民初 258 号

武汉海事法院认为，打捞"芜湖通达 398"轮产生打捞费 320 万元，原告按 30% 的事故责任比例负担 96 万元，系原告为减少保险船舶损失而采取施救措施所支付的必要的、合理的费用，根据《中银保险条款》"保险船舶在发生保险事故时，被保险人为防止或减少损失而采取施救及救助措施所支付的必要的、合理的施救或救助费用、救助报酬，由本保险负责赔偿"的规定，被告应向原告赔偿打捞费用。被告赔偿该项费用时，不应适用不足额投保和特别约

定的免赔率或免赔额，即被告应赔偿原告打捞费 96 万元。

航标设置费属于施救费用，船舶探摸费兼具救助费用和防污费用的性质

案例

中国人民财产保险股份有限公司烟台市分公司、烟台市通兴海运有限公司海上、通海水域保险合同纠纷案 –（2019）粤民终 566 号

一审法院认为，关于探摸费，是对"广运"轮进行潜水探摸和扫测作业，以便了解"广运"轮的遇险姿态、方位、船舶外部状况及船舶受损情况，为打捞救援提供参考作用，由烟台市通兴海运有限公司（以下简称通兴公司）与正力海洋工程有限公司（以下简称正力公司）签订探摸合同而产生，符合一切险保险条款有关施救承保范围中的"为防止或者减少保险事故的损失"及"为确定保险事故性质、程度而支出的检验、估价的合理费用"的规定。中国人民财产保险股份有限公司烟台市分公司（以下简称人保烟台分公司）提供船舶险理赔报告记载其根据探摸报告估算船舶修理费用，同时亦认可该 95000 元的探摸费用属于一切险项下由涉案碰撞事故引起的合理损失。另外，设置航标是为了提示周边海域过往船只在航标标记区域存在遇险船舶，应当采取相应的避让措施，防止发生碰撞事故，符合一切险有关施救承保范围中的"为防止或减少保险事故的损失"的规定……一审法院据此认定涉案航标费和船舶探摸作业费属于一切险承保范围内的施救费用。

二审法院认为，汕头航标处在"广运"轮沉船位置设置航标，是为了提示周边海域过往船只在航标标记区域存在遇险船舶，应当采取相应的避让措施，防止发生碰撞事故，符合一切险中施救承保范围内关于"为防止或减少保险事故的损失"的约定。人保烟台分公司没有提供充分证据证明设置航标具有防止油污损害发生的目的以及在实际清污、抽油作业中产生了何种作用，故其关于航标费应在船舶一切险和油污险承保范围内平均分摊理赔的主张缺乏事实和法律依据，二审法院不予支持。

关于探摸费用，2015 年 11 月 20 日、21 日，正力公司按照《探摸协议》的约定对"广运"轮进行了水下探摸作业。11 月 24 日，汕头海事局向通兴公司发函，要求对"广运"轮采取全天 24 小时的日夜现场警戒，以及时发现和

报告沉船的位移、燃油污染和船舶漂浮等情况，防止发生次生事故。因此，在正力公司进行水下探摸作业时，"广运"轮仍处于可能发生燃油污染的风险之中。正力公司出具的《探摸报告》载明了现场溢油、船舶残油的情况，并建议尽快进行水下抽油。因此，涉案船舶探摸作业具有救助船舶和防止、减轻油污损害的双重目的。虽然人保烟台分公司对《探摸报告》的真实性不予认可，但《探摸报告》的内容足以构成对通兴公司不利的自认，故二审法院予以采纳。

依照《最高人民法院关于审理船舶油污损害赔偿纠纷案件若干问题的规定》第十一条第二款"作业具有救助遇险船舶、其他财产和防止、减轻油污损害的双重目的，应根据目的的主次比例合理划分预防措施费用与救助措施费用；无合理依据区分主次目的的，相关费用应平均分摊"的规定，结合"广运"轮当时所处的风险、《探摸协议》约定的作业内容以及船舶探摸作业的实际情况，二审法院认定通兴公司委托正力公司对"广运"轮进行探摸作业的主要目的是探摸船舶状况、评估损失，次要目的是防止、减轻油污损害。因此，二审法院酌定涉案船舶探摸费在船舶一切险和油污险承保范围内按照7∶3的比例进行分摊理赔。

📖 对遇险船舶上的货物进行卸载产生的费用是否属于船舶施救费用

⚖ 案例

中国人寿财产保险股份有限公司蚌埠市中心支公司、蚌埠市治淮航运有限责任公司海上、通海水域保险合同纠纷案 –（2017）鄂民终 2782 号

一审法院认为，蚌埠市治淮航运有限责任公司（以下简称治淮公司）因本次碰撞事故产生的抢险吊装集装箱费用，系在保险事故发生时，为防止或减少船舶损失而支出的必要的、合理的施救费用，本保险应负责赔偿，并判定保险公司对治淮公司已支付的 6 万元抢险吊装费在扣除约定的 10% 免赔率后予以赔偿，对治淮公司尚未产生但系其应支付的 16 万元抢险吊装费未予保护。鉴于治淮公司在该民事判决作出之后提供了向打捞公司支付下剩的 16.6 万元（含开发票产生的税费 0.6 万元）抢险吊装费的证据，保险公司对该笔费用应予以保险赔偿。保险公司提出治淮公司支出的抢险吊装费应按共同海损进行处

理的抗辩意见，没有事实和法律依据，一审法院不予采纳。

二审法院认为，涉案船舶"祥运99"轮承保沿海内河船舶一切险，该轮在保险责任期间发生碰撞事故，并导致船舶搁浅，属中国人寿财产保险股份有限公司保险条款一切险列明的保险责任事故。根据该保险条款一切险项下第二条的规定，保险船舶在发生保险事故时，被保险人为防止或减少损失而采取施救及救助措施所支付的必要的、合理的施救或救助费用由本保险负责赔偿。治淮公司主张的抢险吊装费用是对船舶施救时进行减载而将货物吊装过驳产生的费用，船舶在施救过程中会涉及对船载货物进行必要、适当的处置，这是无法完全避免的，并非对货物的施救。虽然涉案船舶施救过程中包含了将货物进行吊装移出船舶的作业，但其目的仍然是对船舶加以施救，由此产生的抢险吊装费属于治淮公司为防止或减少保险事故损失而采取的施救措施所支付的必要的、合理的费用，属于保险公司的理赔范围。现保险公司未举证证明货物处于危险之中，双方也未对船货价值的承担比例进行约定，故二审法院对保险公司主张施救费用应当按船货价值比例承担的上诉理由不予支持。

📖 保单中救助与施救费用分摊条款的法律效力

⚖ 案例

宜昌和济运输股份有限公司、中国人民财产保险股份有限公司重庆市渝中支公司海上、通海水域保险合同纠纷案 –（2019）鄂民终 1206 号

一审法院认为，涉案《中国人民财产保险股份有限公司内河船舶保险条款（2009 版）》（以下简称《保险条款》）第五条第（二）项属有效条款，对双方当事人具有法律约束力，应当根据该条款确定中国人民财产保险股份有限公司宜昌市分公司营业部（以下简称宜昌人保）就涉案施救费所应承担的保险责任。理由如下：

第一，从合同字面解释，该条款的标题为保险责任范围而非除外责任，故该条款系关于保险责任范围的界定，而非免除保险人责任的特别约定，不属于单方减轻或免除保险人责任的免责条款。

第二，从合同整体解释，不能孤立看待该《保险条款》，而应结合船舶和货运保险条款来理解。事实上，在涉案《保险条款》中，因船舶碰撞、触碰所引起的施救打捞费用，由船舶保险人和货运险保险人按照比例共同承担。通

过这一分摊机制，不仅有效平衡保护了船货双方利益，还能充分发挥保险的作用，该《保险条款》并未剥夺被保险人依法享有的权利。

第三，从合同目的解释，该《保险条款》系借鉴海商法共同海损制度，为解决内河船舶碰撞、触碰情形下，为船货共同安全所产生费用的合理分摊而设计的条款。该条款未违反法律强制性规定，应认定有效。

第四，宜昌和济运输股份有限公司（以下简称和济公司）所填写的"和济609"轮投保单正面首部的投保人声明证明，就涉案《保险条款》的内容，宜昌人保向和济公司作出明确说明，已尽我国保险法规定的说明义务。同时，和济公司系专业航运公司，在投保内河船舶保险时，应当知道并了解该《保险条款》的内容。该《保险条款》系双方所达成的真实合意。

综上，该《保险条款》属于合理分摊施救费用的条款，有效平衡船货双方利益并分散保险公司的承保风险，属于有效条款，对双方当事人具有法律约束力，应当据此确定宜昌人保按照船货分摊机制所应承担的船舶施救费用。

二审法院认为，涉案《保险条款》由中国人民财产保险股份有限公司于2009年9月向原中国保险监督管理委员会核准备案，船舶投保单"投保人声明"一栏明确载明保险人已向投保人提供该条款并履行说明义务，投保人宜昌三通航运有限公司加盖公司印章确认，故该《保险条款》系涉案船舶保险合同的有效组成部分，对各方当事人均具有约束力，本案应依据第五条第（二）项有关"保险人对本项规定的费用的支付，凡涉及船货共同安全的，以获救保险船舶的价值占获救船、货、运费的总价值的比例为限，且不超过保险金额"的约定，确定船舶打捞救助损失的保险理赔金额。

📖 索赔共同海损牺牲、分摊和救助费用需以已进行共同海损理算与分摊为前提

⚒ 案例

宁波恒业再生金属有限公司、中国太平洋财产保险股份有限公司宁波东城支公司海上、通海水域保险合同纠纷案 –（2019）浙民终53号

一审法院认为，至于污泥处理费及收集搬运费4209300日元，污油处理及收集搬运费10176678日元，以及污水污泥污油分析费及印花税62220日元，宁波恒业再生金属有限公司（以下简称恒业公司）陈述系因灭火给"新舟"

轮造成的污泥、污水、污油分析及处理费用，根据涉案保险条款第一条第一款第5项之规定，虽然被保险人对遭受承保责任内危险的货物采取抢救、防止或减少货损的措施而支付的合理费用，属于承保责任范围，但该三项费用明显系为了船货的共同利益而发生，应认定为共同海损费用，而非恒业公司所主张的单独施救费用；根据涉案保险条款第一条第一款第7项的规定，共同海损的牺牲、分摊和救助费用虽然也属于承保责任范围，但由于恒业公司未进行共同海损理算和分摊，一审法院对该项主张也不予支持。

二审法院认为，至于污泥、污油处理费及收集搬运费等，属于为了船货的共同利益而发生，而非恒业公司所主张的单独施救费用；根据涉案保险条款第一条第一款第7项的规定，共同海损的牺牲、分摊和救助费用虽然属于承保责任范围，但由于恒业公司未进行共同海损理算和分摊，一审法院未予支持，亦有相应依据。

保单约定的"共同海损费用"是否包括"共同海损牺牲"

案例

宁波福海海运有限公司与华安财产保险股份有限公司宁波分公司海上保险、保赔合同纠纷案 - （2008）浙民三终字第98号

一审法院认为，依照《中华人民共和国保险法》第十七条的规定，订立保险合同时，保险人应当向投保人说明保险合同的条款内容；同时，依照《中华人民共和国合同法》第四十一条的规定，对格式条款的理解发生争议，应当按通常理解予以解释，有两种以上解释的，应当作出不利于提供格式条款一方的解释。本案中，并无证据证明华安财产保险股份有限公司宁波分公司（以下简称华安保险公司）对宁波福海海运有限公司（以下简称福海海运公司）说明过保险条款的内容。诉讼中，双方又对保险范围中关于"共同海损的费用"一词的理解产生争议。故原审认为，根据上述两条法律规定，应按照通常理解来解释"共同海损的费用"一词。将共同海损区分为特殊牺牲与费用，是法律及相关理论对共同海损的理解，属于专业解释，普通人通常难以理解到如此专业的程度，福海海运公司并非海商法和海上保险法的专业人士，自然亦不例外。因此，福海海运公司将"共同海损的费用"理解为共同海损的金额或损失，并要求华安保险公司赔偿，符合普通人对此用语的通常理解，予以支持。

二审法院的观点一审法院基本一致。

沉船打捞过程中将货物移出船舶的费用不应按船货价值分摊

案例

安邦财产保险股份有限公司浙江分公司与扬州市海运有限公司海上保险合同纠纷上诉案 –（2011）沪高民四（海）终字第83号

一审法院认为，根据在案证据，打捞公司收取的施救费仅含起吊沉船、补漏、抽水的作业内容，与保险条款第九条列明的情形不符，涉案保险事故未涉及船舶、货物和运费共同安全的情形，故安邦财产保险股份有限公司浙江分公司（以下简称安邦保险）主张扣除货物施救费的主张，一审法院不予支持。涉案打捞施救费用属于为防止或减少保险事故损失而采取的施救措施所支付的必要的、合理的费用，属于安邦保险的理赔范围。现安邦保险未举证证明打捞施救费中有不必要、不合理的费用，至于船舶在施救过程中会涉及对船载货物进行必要、适当的处置，这是无法完全避免的，但其目的仍然是对船舶加以施救。

关于打捞施救费用的责任承担。二审法院认为，扬州市海运有限公司（以下简称扬州海运）主张的船舶施救费用系针对船舶起吊、补漏和抽水作业产生的费用。虽然涉案船舶施救过程中包含了将货物移出船舶的作业，但是该作业属于船舶施救的必要、合理程序。船舶的施救费用并不是为船、货共同安全而产生，而是扬州海运为减少保险事故损失而采取的措施，由此产生的必要、合理费用属于安邦保险的理赔范围。二审法院对安邦保险主张施救费用应当按船货价值比例承担的上诉理由不予支持。

打捞作业具有紧迫性，虽未经保险人认可，保险人仍应负保险赔偿责任

案例

广州市建功船务有限公司、陈某某海上、通海水域保险合同纠纷案 –（2020）粤民终2235号

一审法院认为，根据涉案保险条款第五条以及第二十一条的载明内容，广州市建功船务有限公司（以下简称建功公司）在对涉案载货集装箱打捞前以及与建航公司签订打捞合同前应事先得到中国人民财产保险股份有限公司广州市分公司（以下简称人保广州分公司）的书面同意或认可，否则人保广州分公司对于打捞产生的相关责任和费用不负责任。一审法院认为，首先，前述条款属于保险合同中的格式免责条款，根据一审法院对于"货物装载不妥"免责条款的论析，前述条款不产生效力。其次，即便不考虑其效力问题，打捞须经人保广州分公司书面同意或认可的条款，意旨在于保险事故发生后，保险人可有效监督被保险人实施相关行为，以避免不当扩大保险人的责任。对于被保险人遭遇保险事故之后采取的相关行为，即使未经保险人事先书面同意或认可，只要相关责任和费用合法、合理，保险人仍应承担相应责任。最后，本案事故发生于航运作业繁忙水域，如不及时打捞落水载货集装箱，将危及航道通行及航行安全，紧急打捞确有必要。而如果为前述紧急打捞设定人保广州分公司书面同意或认可的限定条件，将有可能扩大事故损失，且对航道安全造成重大不利影响。因此，涉案保险事故具有紧急性，涉案打捞具有紧迫性、必要性，无论建功公司、陈某某是否事前征得人保广州分公司书面同意或认可，人保广州分公司均应在合理范围内依法承担相应责任。

二审法院维持一审判决。

📖 沿海运输货物的货主向船方委托的雇佣救助方支付货物救助费用后是否有权向保险人索赔

⚖️ 案例

中国人民财产保险股份有限公司河北省曹妃甸分公司、广东华钢贸易有限公司、浙江满洋船务工程有限公司海上、通海水域保险合同纠纷案 –（2019）浙民终651号

一审法院认为，本案系货物在沿海运输过程中因船舶触礁搁浅引起的保险赔偿纠纷，应优先适用《中华人民共和国海商法》的规定，但该法第四章除外。《中华人民共和国海商法》第一百七十五条规定："救助方与被救助方就海难救助达成协议，救助合同成立。遇险船舶的船长有权代表船舶所有人订立救助合同。遇险船舶的船长或者船舶所有人有权代表船上财产所有人订立救助合同。"第一百八十三条规定："救助报酬的金额，应当由获救

的船舶和其他财产的各所有人，按照船舶和其他各项财产各自的获救价值占全部获救价值的比例承担。"因此，无论救助合同是由遇险船舶的船载货物所有人与救助方签订，还是由船长或船舶所有人代为与救助方签订，获救的货物所有人在法律上都有按比例承担救助报酬的义务。《中华人民共和国海商法》第一百八十八条和第一百九十条还进一步规定："被救助方在救助作业结束后，应当根据救助方的要求，对救助款项提供满意的担保。在不影响前款规定的情况下，获救船舶的船舶所有人应当在获救的货物交还前，尽力使货物的所有人对其应当承担的救助款项提供满意的担保。在未根据救助方的要求对获救的船舶或者其他财产提供满意的担保以前，未经救助方同意，不得将获救的船舶和其他财产从救助作业完成后最初到达的港口或者地点移走。""对于获救满九十日的船舶和其他财产，如果被救助方不支付救助款项也不提供满意的担保，救助方可以申请法院裁定强制拍卖；对于无法保管、不易保管或者保管费用可能超过其价值的获救的船舶和其他财产，可以申请提前拍卖。拍卖所得价款，在扣除保管和拍卖过程中的一切费用后，依照本法规定支付救助款项；剩余的金额，退还被救助方；无法退还、自拍卖之日起满一年又无人认领的，上缴国库；不足的金额，救助方有权向被救助方追偿。"可见，获救的货物所有人为提取货物，须向救助方提供满意的担保，且此类担保首先是为自身依法所负的货物救助报酬支付义务而提供的担保。海商法仅规定船舶所有人应尽力促使货物所有人为其所应承担的救助款项提供满意担保，而未规定应由船舶所有人为全部救助款项提供满意担保；不提供满意担保的，救助方有权在经过一定期限后拍卖其所救助的货物，所得价款扣除相关费用后用于支付救助款项。就本案而言，广东华钢贸易有限公司（以下简称华钢公司）在其所属的174个集装箱货物获救后，为提取获救货物，按浙江满洋船务工程有限公司（以下简称满洋公司）的要求提供现金担保，支付货物堆存、吊装、清理、搬移理箱等费用，并进而根据满洋公司的要求履行了现金担保项下的清偿义务，一方面是在履行获救船载货物所有人的法定义务，另一方面也避免了货物在获救后因长期堆存而导致的损失进一步扩大，甚至面临被救助方拍卖用于充抵救助报酬的风险。至于沿海货物运输中，根据合同法的规定，因承运人需对货物损失承担严格责任，货物所有人在分摊救助报酬后，就自己承担的救助报酬份额可依法转由承运人承担，与海商法规定的救助报酬应由船、货各方按获救财产价值的比例承担并不矛盾，更不足以由此推出货物所有人无须向救助方承担救助报酬法定义务的结论。沿海货物运输合同下承运人严格责任制度，不影响救助合同各方当事人和海上保险合同各方当事人之间的权利义务关系。华钢公司于2017

年7月27日向满洋公司支付2175000元作为救助报酬的现金担保，满洋公司于2018年1月9日开具救助打捞费增值税专用发票；唐山海港海诚船舶货运代理有限公司（以下简称唐山海诚公司）于2017年8月8日支付满洋公司货物堆存费等费用460480元。一审法院于此后的2018年2月21日作出的（2017）浙72民初686号民事判决书（以下简称686号判决）认定，满洋公司与上海勋源海运有限公司（以下简称上海勋源公司）、宁波鸿勋海运有限公司（以下简称宁波鸿勋公司）之间构成雇佣救助合同，上海勋源公司、宁波鸿勋公司是救助合同的委托方，应向满洋公司承担救助费用，但686号判决也明确指出，上海勋源公司、宁波鸿勋公司承担相关费用后依据运输合同是否有权主张分摊及如何分摊，是否构成共同海损以及船东以外的受益人是否有权根据海商法的规定进行抗辩的问题，不属于该案审理范围；满洋公司已经收取货方相关救助报酬与堆存费，亦不属于该案审理范围。686号判决依雇佣救助合同关系判令上海勋源公司、宁波鸿勋公司应向满洋公司支付救助报酬，并不免除获救货物的所有人依海商法规定负有支付货物救助报酬的义务，以及依担保法律关系进行清偿的义务，何况，华钢公司为提取货物向满洋公司提供的系现金担保，且满洋公司已经向华钢公司开具了增值税发票，并函告华钢公司因上海勋源公司、宁波鸿勋公司未按686号判决履行支付义务，将相应的现金担保作为救助报酬予以收取。综上，华钢公司作为涉案货物所有人，在法律上负有向救助方支付货物救助报酬的义务，也有依担保法律关系进行清偿的义务，中国人民财产保险股份有限公司河北省曹妃甸分公司（以下简称人保曹妃甸分公司）关于华钢公司并无向满洋公司支付救助报酬的义务，且其向满洋公司提供的仅是救助担保而非支付救助报酬的抗辩，与法不符，不予采纳。

华钢公司为提取经救助打捞上岸的货物，避免损失进一步扩大，应满洋公司要求提供现金担保，已经人保曹妃甸分公司确认；为提取货物而向满洋公司支付了货物堆存、吊装、清理、搬移理箱等费用，并在686号判决生效后由满洋公司将前述现金担保作为货物救助报酬予以收取。华钢公司上述一系列行为，符合海商法关于获救船载货物所有人应承担向救助方提供满意担保、支付救助报酬的规定，目的是提取货物，减少损失，避免获救货物被救助方留置甚至拍卖，相关费用属于《中华人民共和国海商法》第二百四十条规定的应当由保险人在保险标的损失赔偿之外另行支付的费用。涉案货物处理及救助报酬协议第九条约定，对满洋公司最终应收取的货物救助报酬，满洋公司、华钢公司、唐山海诚公司同意继续友好协商解决，如不能协商解决则通过司法途径，以最终生效的法院判决或者双方达成的和解或者调解所确定的数额作为最终救助报酬数额。上述协议已经人保曹妃甸分公司确认，协议约定最终确定救助报酬的方式不限于司法途径，也包括了当事人自行协商、和解。现满洋公司已将华钢公司提供的现金担保作为救助报酬收取，华钢公司对此也予以确认，可视为双方已协商和解确定了最终的救助报酬，且人保曹妃甸分公司也未举证证明上述救助报酬明显不合理，故华钢公司已经支付满洋公司的涉案 174 个集装箱货物救助打捞费 2175000 元，应作为货物施救费用予以确认。至于 686 号判决是否影响货物所有人对救助报酬的分摊以及是否进而影响保险人对货物施救费用的保险责任，前述已作评析，不再重复。关于华钢公司支付的货物堆存、吊装、清理、搬移理箱等费用460480 元，按《中华人民共和国海商法》第一百九十条规定，救助方因被救助方既不支付救助费也不提供满意担保而拍卖获救财产的，所得价款应当优先扣除保管费用，由此可见，上述货物堆存、吊装、清理、搬移理箱等费用，既是货物救助打捞后必然延续产生的费用，也是获救货物所有人为及时提取货物、避免损失扩大而支出的必要费用，目的是减少保险合同项下的货物损失，同理也属于《中华人民共和国海商法》第二百四十条规定的应当由保险人在保险标的损失赔偿之外另行支付的费用。综上，华钢公司为提取货物、履行担保清偿责任而向满洋公司支付的货物救助报酬和货物堆存、吊装、清理、搬移理箱等费用，属于货物运输保险项下的施救费用，人保曹妃甸分公司作为保险人，应予赔偿。人保曹妃甸分公司提出的货方无须承担救助报酬，进而保险人也无须承担救助报酬以及货物堆存、吊装、清理、搬移理箱等费用保险赔偿责任的抗辩，理由不成立，不予采纳。

　　二审法院认为，华钢公司与人保曹妃甸分公司之间通海水域货物运输保险合同关系依法成立并有效。《中华人民共和国海商法》第一百八十三条规定："救助报酬的金额，应当由获救的船舶和其他财产的各所有人，按照船舶和其他各项财产各自的获救价值占全部获救价值的比例承担。"就该条款最高人民法院在"加百利"轮案再审判决中明确，该条款是对当事人基于"无效果无报酬"原则确定救助报酬的海难救助合同的具体规定，即该条款仅适用于"无效果无报酬"的救助合同。因本案所涉救助已被生效的 686 号判决确认为雇佣救助，故一审判决援引该条法律规定存在不妥。《中华人民共和国海商法》第一百八十八条规定："被救助方在救助作业结束后，应当根据救助方的要求，对救助款项提供满意的担保。在不影响前款规定的情况下，获救船舶的船舶所有人应当在获救的货物交还前，尽力使货物的所有人对其应当承担的救助款项提供满意的担保。在未根据救助方的要求对获救的船舶或者其他财产提供满意的担保以前，未经救助方同意，不得将获救的船舶和其他财产从救助作业完成后最初到达的港口或者地点移走。"本案中，满洋公司已对案涉船舶、货物成功施行救助，根据上述规定，满洋公司在未获满意担保前，华钢公司不得将获救货物自满洋公司处移走。华钢公司在其所属的174个集装箱货物获救后，为提取获救货物，通过与满洋公司协商签订了《货物处理及救助报酬协议》，并提供了现金担保，人保曹妃甸分公司予以确认同时向满洋公司出具了担保函。上述行为发生时686号判决尚未作出，且生效的686号民事判决确认了由合同相对方承担救助报酬，对获救货物所有人是否承担责任并未涉及，因此，华钢公司作为获救货物的所有人其上述行为符合前述法律规定，同时避免了货物在获救后因长期堆存而导致的损失进一步扩大，甚至被拍卖充抵救助报酬的风险。《中华人民共和国海商法》第二百三十六条规定："一旦保险事故发生，被保险人应当立即通知保险人，并采取必要的合理措施，防止或者减少损失。"第二百四十条规定："被保险人为防止或者减少根据合同可以得到赔偿的损失而支出的必要的合理费用，为确定保险事故的性质、程度而支出的检验、估价的合理费用，以及为执行保险人的特别通知而支出的费用，应当由保险人在保险标的损失赔偿之外另行支付。保险人对前款规定的费用的支付，以相当于保险金额的数额为限。"前述条款并未明确排除对雇佣救助合同的适用，因此，上述条款对本案应予适用。虽然在雇佣救助下保险人的赔付义务并非绝对，但根据上述条款的规定，在雇佣救助中产生的相关费用符合施救费用的条件，则保险人应当在另外一个保额内予以赔偿。根据查明的事实及现有证据，涉案事故属双方约定的保险责任范围。案涉保险条款约定保险人责任范围：在发生约定灾害、事故时，因纷乱而造成货物的散失及因施救或保护货物所支付的直接合理的费用。但对上述费用的定义双方并未作出明确。根据前述法律规定，所谓施救费用是指保险标的遭遇保险责任范围内的灾害事故，被保险人或其代理人、受雇人为了减少事故损失而采取适当措施抢救保险标的时支出的必要、合理的额外费用。涉案的2175000元救助费用，一审判决已作详细分析并认定为施救费用，人保曹妃甸分公司对此亦未提出异议，故二审对此予以确认。对于华钢公司支付的货物堆存、吊装、清理、搬移理箱等费用460480元。虽然人保曹妃甸分公司对合理性提出异议，但其并未提供相应的证据证明，且根据人保曹妃甸分公司确认的涉案《货物处理及救助报酬协议》第六条约定，在满洋公司收到约定的现金担保及信誉担保后，安排提取货物，若无人出面解决或确认承担救助后集装箱货物发生的堆存费、装卸费、理箱费等费用，满洋公司有权不放货。因此，上述款项系华钢公司从满洋公司提取涉案货物必然产生的费用，其目的是及时提取货物，防止获救货物的损失进一步扩大，符合《中华人民共和国海商法》第二百四十条的规定，一审据此判决认定前述费用亦属货物运输保险项下的施救费用，有相应的依据，在适用法律上亦无不当。据此，华钢公司向满洋公司支付的救助费用2175000元及货物堆存、吊装、清理、搬移理箱等费用损失460480元，计2635480元，系华钢公司为防止或减少获救货物损失进一步扩大而支出的必要的合理的费用，应当作为施救费用。因上述费用未超出涉案保险合同约定的保险金额，故人保曹妃甸分公司作为涉案货物运输保险的保险人，其应在另一个保险金额内承担保险责任。至于与涉案事故相关联的生效判决虽确认货方无须支付救助报酬义务，但本案处理的争议是基于保险合同关系而产生的人保曹妃甸分公司是否应承担保险责任，华钢公司作为涉案获救货物的所有人及被保险人，其有权选择其中一个法律关系起诉，因此，人保曹妃甸分公司认为一审判决与同类案件的判决相矛盾的上诉理由难以成立，二审法院不予采信。

📖 对落水伤亡人员的搜救费是否属于为减少保险事故造成的损失而发生的费用

🔨 案例

郑某某、刘某、郭某某与太平财产保险有限公司福建分公司海上保险合同纠纷案 -（2014）厦海法商初字第31号

厦门海事法院认为，搜救费用不属于被保险人为了减少损失而产生的费用，保险人对事故伤亡人员进行搜救是对事故采取的事后补救措施，不可能因为搜救而减少事故造成的损失，搜救费用清单是原告单方制作的，没有其他证据加以佐证，不足以支持原告搜救费用的主张。死亡司法鉴定是认定海上交通事故与船员死亡因果联系的证明，由此产生的鉴定费用属于原告举证费用，应由原告自行承担。笔迹鉴定费用应参照《诉讼费用交纳办法》结合案件的具体情况由双方当事人各自负担。

📖 承运人负有对船上所载集装箱货物的打捞义务

🔨 案例

广州市建功船务有限公司、陈某某海上、通海水域保险合同纠

纷案－（2020）粤民终 2235 号

一审法院认为，广州市建功船务有限公司（以下简称建功公司）、陈某某作为涉案船舶的所有人、经营人以及涉案货物的承运人，对涉案船舶及其属具、承运货物等负有妥善经营、安全管理的义务，其身份既是船舶所有人、经营人，也是其承运货物的经营人。涉案集装箱落水事故发生在南沙港驳船港池内，事故中 10 个载货集装箱已沉入港池，如不及时打捞，必然阻碍航道通行，威胁航行安全。根据《中华人民共和国海上交通安全法》第四十条第一款的规定，作为沉没物的经营人，建功公司、陈某某负有及时打捞的法定义务。中国人民财产保险股份有限公司广州市分公司（以下简称人保广州分公司）关于建功公司、陈某某并不属于沉没入水集装箱所有人或经营人、不负有打捞义务的抗辩，属于对法律条文的片面解读，一审法院不予支持。涉案事故发生后，建功公司通过及时与东莞市建航打捞航务有限公司（以下简称建航公司）订立打捞合同的方式，委托建航公司进行打捞，被打捞的载货集装箱属于"被保险船舶上的货物和财产"，由此产生的打捞费用属于人保广州分公司保险责任中的"残骸清除"即我国法律或相关规定强制要求被保险人对装载于被保险船舶上的任何货物和财产（包括属于被保险船舶的属具）实施强制起浮、移动、清除、拆毁以及设置照明或标记所产生的费用，以及为此而产生的被保险人应承担的责任。

二审法院认为，依照《中华人民共和国海上交通安全法》第四十条第一款的规定，建功公司、陈某某作为沉没物的经营人，负有及时打捞该沉没物的法定义务。

📖 被打捞的船载集装箱不属于船舶残骸或残骸上的物料或货物

🔨 **案例**

广州市建功船务有限公司、陈某某海上、通海水域保险合同纠纷案－（2020）粤民终 2235 号

根据涉案保险条款第五条载明的内容，如果人保广州分公司需承担赔偿涉案打捞费用的保险责任，应"首先扣除被保险船舶的残骸本身及获救的残骸上的物料或货物价值以及被保险人在救助中获得的报酬"，人保广州分公司据此辩称如其需要承担保险责任，可对被打捞的集装箱价值先行扣除后再承担赔

付义务。一审法院认为，前述保险条款虽系合法有效条款，但并不能得出人保广州分公司辩称的结论。本案建功公司、陈某某并未因打捞行为获得报酬，因此被打捞上岸的涉案集装箱价值可否被扣除涉及涉案集装箱是否属于"被保险船舶的残骸本身及获救的残骸上的物料或货物"。涉案集装箱属于建功公司、陈某某经营海上运输的运输设备，其虽然属于人保广州分公司承保责任范围内的"被保险船舶上的任何货物和财产"，但其既不是可以从涉案打捞费用中可以扣除价值的"获救的物料"也不是"货物"。因此，人保广州分公司关于扣除涉案集装箱价值的抗辩缺乏合同依据，一审法院不予支持。

二审法院认为，人保广州分公司另以上述保险条款第五条关于残骸清除费用"应首先扣除被保险船舶的残骸本身及获救的残骸上的物料或货物价值"的内容，主张在被打捞集装箱残值范围内予以免责。本案中，被打捞的集装箱属于船载运输设备，其并非上述约定所称的"被保险船舶残骸"，也并非该约定所称的"获救的物料或货物"；人保广州分公司也未能提供充分证据证明被打捞集装箱的残值。人保广州分公司关于扣除被打捞集装箱残值的主张依据不足，二审法院亦不予支持。

📖 施救费用是否适用于责任保险

⚖ 案例

薛某某与永安财产保险股份有限公司兴化支公司海上、通海水域保险合同纠纷案 –（2017）浙 72 民初 2356 号

根据原告、被告的诉辩意见，宁波海事法院对本案的争议焦点归纳并评析如下：

一、涉案损失的性质

薛某某认为，该损失系其为将打捞出水槽钢转运至堆场产生的费用，属被保险人为防止或者减少根据合同可以得到赔偿的损失而支出的必要的合理费用，应由永安财产保险股份有限公司兴化支公司（以下简称永安财保）承担。永安财保则认为薛某某打捞涉案船舶及槽钢系应海事部门清除航道要求，该打捞行为属清除航道障碍而非施救行为，永安财保无须赔付。本院认为，涉案碰撞事故发生后，海事部门虽要求限期打捞沉船，但薛某某在打捞沉船的同时，也打捞了部分槽钢。首先，薛某某打捞槽钢并采取驳运、吊装及堆存措施，既系履行涉案保险合同第二十三条的约定义务，又系履行《中华人民共和国海

商法》第二百三十六条第一款规定的被保险人应在保险事故发生后采取必要的合理措施以防止或者减少损失的法定义务，应予肯定。其次，薛某某作为实际承运人，就涉案槽钢损失对江苏富民材料有限公司（以下简称富民公司）负有赔偿义务，根据《中华人民共和国保险法》第六十五条第四款的规定："责任保险是指以被保险人对第三者依法应负的赔偿责任为保险标的的保险"，该赔偿义务即为涉案水路货物运输承运人责任保险的保险标的。薛某某打捞槽钢并采取驳运、吊装及堆存措施，既可能减轻其对富民公司的赔偿义务，也可能减轻永安财保对薛某某的保险赔偿义务，客观上有利于减少社会财富的浪费，该行为亦应予以鼓励，因此，支出的费用可界定为减损费用。故对永安财保关于该费用系为清除航道障碍支出故其无须赔偿的抗辩意见，不予采纳。

二、薛某某诉请是否应在涉案保险合同保险金额外另行支付

薛某某认为其诉请属于《中华人民共和国海商法》第二百四十条规定的"施救费用"，应由永安财保在保险标的损失赔偿之外另行支付；永安财保则认为涉案保险合同的保险责任范围限于货物毁损、灭失等直接损失，薛某某诉请项目均属间接损失，永安财保无须赔偿。对此，本院认为，此争议的前提问题是水路货物承运人责任险下是否成立"施救费用"，即《中华人民共和国海商法》第二百四十条、保险法第五十七条是否适用于涉案保险。根据《最高人民法院关于审理海上保险合同纠纷案件若干问题的规定》第一条的规定，本案首先应适用海商法的规定，海商法没有规定的，适用保险法的规定，海商法、保险法没有规定的，适用合同法等其他相关法律的规定。

（一）自海商法分析

《中华人民共和国海商法》第二百四十条第一款规定："被保险人为防止或者减少根据合同可以得到赔偿的损失而支出的必要的合理费用，为确定保险事故的性质、程度而支出的检验、估价的合理费用，以及为执行保险人的特别通知而支出的费用，应当由保险人在保险标的的损失赔偿之外另行支付。"依文义解释，水路货物承运人责任险的保险标的是承运人对第三人的赔偿责任，该赔偿责任无法再产生损失，仅有财产损失保险的保险标的，如船舶、货物等有形物才可产生损失。依体系解释，《中华人民共和国海商法》第二百四十条第三款规定："保险金额低于保险价值的，除合同另有约定外，保险人应当按照保险金额与保险价值的比例，支付本条规定的费用。"财产损失保险下，保险金额虽由双方约定，但为防止被保险人超额受益，法律规定保险金额不得超出保险价值，否则超出部分无效；责任保险下，仅有保险金额而无保险价值，保险金额由双方协商确定，不存在不足额保险的情况。故《中华人民共和国海商法》第二百四十条调整的应是财产损失保险，而不包括责任保险。

（二）自保险法分析

保险法第五十七条第二款的表述与海商法第二百四十条第一款的表述本质相同，均为"被保险人为防止或者减少根据合同可以得到赔偿的损失而支出的必要的合理费用"，依体系解释，保险法第五十七条规定在第二章保险合同—第三节财产保险合同，该节前两条即第四十八条、第四十九条调整的是财产损失保险及责任保险，第六十五条、第六十六条调整的是责任保险，而第五十七条并未规定于该节首部，与第四十八条、第四十九条一并调整财产损失保险与责任保险。另外，保险法第六十六规定："责任保险的被保险人因给第三者造成损害的保险事故而被提起仲裁或者诉讼的，被保险人支付的仲裁或者诉讼费用以及其他必要的、合理的费用，除合同另有约定外，由保险人承担。"该规定应为保险法就超出责任保险金额承担义务的列明式规定，非该条所列明的费用，均应限制在保险金额内，且该条为任意性规定，允许保险人与被保险人协议排除适用。上述两点可说明保险法第五十七条调整的应是财产损失保险，而不包括责任保险。

（三）自法律规定目的分析

海商法第二百四十条、保险法第五十七条规定保险人对被保险人为防止或者减少保险标的的损失所支付的必要的合理费用，由保险人在保险标的损失赔偿以外另行支付，目的在于鼓励被保险人于保险事故发生后，积极对保险标的进行施救，以防止或者减少保险标的的损失，进而取得避免或者减少社会财富浪费的效果。保险人须在保险金额外另行支付的根本原因在于，就有形物这一财产损失保险的保险标的，保险人在保险金额（约定）和保险价值（法定）的双重限制下，对有形物具有直接的利害关系，保险人的该利害关系通常较被保险人更为强烈，保险金额及保险价值限额内的损失，保险人须承担赔偿责任，被保险人进行施救，本质上是在维护保险人利益。责任保险的保险标的为无形的赔偿责任，且该赔偿责任系被保险人自身行为引发，保险事故发生后被保险人可对第三人的财产进行施救进而减轻其赔偿责任，但减轻赔偿责任的效果首先及于被保险人，在施救行为有效果时才间接及于保险人。自施救目的而言，财产损失保险中的施救更多是为维护保险人的利益，责任保险中的施救则更多为维护被保险人自身利益。故责任保险不宜直接套用财产损失保险中的"施救费用"规定。

（四）自保险原理分析

保险系分散风险的一种机制，保险人通过向投保人收取保险费，建立保险基金，当被保险人遭受损失时，以保险基金进行补偿。保险的参加者并非单个投保人及保险人，而是面临同类风险和同样需求的大量社会成员，即保险须以一个共同团体的存在为先决条件；其实质是由共同团体的全体成员分担个别成员的意外损失。自保险人而言，保险费的收入与损失赔付总额应大体相当，否则保险的经营将难以为继。故保险须通过大数法则，借助精算，由保险人在准确预计风险的情况下，设定公平合理的费率以收取保险费，待风险发生时对被保险人予以赔偿。保险人对承保风险的预计至关重要，因承保风险决定了保险费率，高风险必然对应高费率。责任保险中，因无保险价值可限制承保风险，保险金额便成为保险人限制承保风险的唯一手段。保险人在订立责任保险合同时，即以保险金额作为其风险上限。要求保险人在保险金额外另行支付"施救费用"，超出了保险人的风险预计，可能出现其收取的保费不足以赔付的情况。为正常经营，保险人势必提高责任保险的费率，收取更高的保险费。如此则打破了保险人与众多投保人这一共同团体间的利益平衡，最终损及整个责任保险利益共同团体。

综合以上四点，本院认为，责任保险下不成立"施救费用"，即海商法第二百四十条、保险法第五十七条不适用于责任保险。本案原告与被告间系水路运输承运人责任险合同关系，不成立"施救费用"，亦不适用海商法第二百四十条、保险法第五十七条。

为鼓励减损，本案中可将涉案费用归入薛某某应对富民公司承担的赔偿责任，在保险金额内由永安财保赔偿，但因系责任保险下的纠纷，永安财保的赔偿责任，仅限于薛某某自身对涉案碰撞事故负有责任的40%部分损失，碰撞对方负有责任的60%部分损失，武汉海事法院已判令陈某某、赵某某对薛某某予以赔偿，故该60%部分损失薛某某不得再要求永安财保赔偿。另外，武汉海事法院已判令永安财保在保险金额内扣除免赔率后向富民公司承担赔偿责任，故薛某某无权再要求永安财保在保险金额外另行支付其诉请费用及利息。至于原告与被告间的其他争议，本院不再评析。

第八章　保险责任和赔偿

第一节　索赔主体

📖 向承运人提供签发清洁提单保函不影响被保险人就运输途中发生的货损要求保险人承担保险责任的权利

⚖️ 案例

上诉人宿迁市业诚国际贸易有限公司与被上诉人中国人民财产保险股份有限公司上海市分公司海上保险合同纠纷案－（2018）沪民终481号

一审法院认为，关于中国人民财产保险股份有限公司上海市分公司（以下简称上海人保）是否具有合同约定或者法定的负责事由，根据法律规定，被保险人未经保险人同意放弃向第三人要求赔偿的权利，或者由于过失致使保险人不能行使追偿权利的，保险人可以相应扣减保险赔偿。涉案保险合同也有相应规定。宿迁市业诚国际贸易有限公司（以下简称业诚公司）在涉案保险合同项下三批次海上货物运输中均向承运人等相关方出具了保函，保证承运人因签发清洁提单而受到任何性质的损失和损害由业诚公司自行承担责任，包括由于签发清洁提单而引发的诉讼。由保函内容可知，业诚公司不仅放弃了向承运涉案货物各相关方要求赔偿的权利，还将替代承运人等相关方承担由于诉讼所引起的各项损失。即便本案上海人保向业诚公司赔付损失后取得向承运人索赔的代位求偿权，承运人向上海人保赔付的损失最终还是由业诚公司自行承担。故业诚公司向承运货物的各相关方出具保函的行为，实际上已经放弃了向第三人要求赔偿的权利，即便涉案海上货物运输中存在货损，保险人也无需作出保险赔偿。

二审法院认为，本案中业诚公司为换取清洁提单，确实针对大副收据的批注向船方出具了保函，但根据保函的表述，保函仅免除船方因签发清洁提单可能遭受的损失、损害或责任，而并未免除船方在运输途中因签发清洁提单之外的原因对货损负有的责任。结合上述 2016 年 12 月 14 日上海人保发送的认可货损金额的电子邮件、业诚公司在二审中提供的涉案货物装船照片与积载图，货损较大的 YX1604L×××× 01、YX1604L×××× 02 提单项下的货物与其他管状货物（钢管）同舱装载，可以初步证明在货物运输过程中，存在积载不当相互碰撞造成货损的可能性。上海人保主张本案所有的货损都来源于保险责任开始之前的原残，或是因货物本身包装不当造成运输途中的散包，而本案中上海人保委托了目的港检验，理应由其证明货物存在原残或包装不当，以及原残或包装不当与最终货损之间的因果关系。并且，业诚公司针对 YX1604L×××× 03 提单项下的货物亦向船方出具了保函，保函内容显示，针对该提单项下货物大副收据亦作了类似批注，而该提单项下货物未与其他货物同舱装载，货损远小于 YX1604L×××× 01、YX1604L×××× 02 提单项下的货损，印证了上海人保所主张的涉案货损全部由货物原残或包装不当引起的理由不能成立。上海人保未充分举证证明其主张，应当推定涉案保函之外的货损产生于保险责任期间，与船方签发清洁提单无关。即使大副收据批注所反映的问题真实存在，根据上海人保发送的电子邮件，其同意赔付的 91152 美元已经扣除了大副收据批注所涉及在装运前已受损或表面状况不良的部分货物的损失。因此，91152 美元货损与船方签发清洁提单无关，与业诚公司出具的保函也无关，上海人保对该部分损失不能因业诚公司出具清洁提单保函而免责。

📖 没有在保单上记载为被保险人的船舶实际所有人/货主具有保险索赔权

案例 1

上诉人丁某某、上诉人锦州程宇海运有限公司与被上诉人中国人民财产保险股份有限公司上海市分公司等海上保险合同纠纷案 –（2021）沪民终 253 号

中国人民财产保险股份有限公司上海市分公司（以下简称人保公司）认为，沿海内河船舶一切险保险单载明的被保险人为上海聚友物流有限公司（以下简称聚友物流），并非丁某某和锦州程宇海运有限公司（以下简称程宇海运），丁某某和程宇海运不具备保险索赔的主体资格。丁某某和程宇海运认

为，聚友物流接受丁某某和程宇海运的委托代为投保"程××"轮的各种保险，聚友物流作为被委托人，并不享有保险利益和索赔利益。一审法院认为，丁某某和程宇海运出具了委托聚友物流代办保险的授权委托书，聚友物流亦确认了其并无船舶保险利益，仅代为投保的事实。因此，聚友物流不是案涉保险合同的被保险人。根据已查明的事实，"程××"轮登记所有权人为程宇海运和丁某某，实际所有权人为丁某某，因此，丁某某具有"程××"轮的保险利益和索赔利益，应认定为案涉保险合同的被保险人。丁某某与人保公司之间通过涉案保险单证明的船舶保险合同关系成立，丁某某具备保险索赔的主体资格。程宇海运作为被挂靠单位，对"程××"轮不享有实际所有权，不具有保险利益，无权作为索赔主体主张保险赔偿。

二审法院维持一审判决。

案例 2

防城港市区农村信用合作联社港口信用社、桂某某船舶抵押合同纠纷案 –（2017）桂民终 285 号

海南省高级人民法院认为，"瑞丰龙 168"轮系桂某某挂靠在广西防城瑞丰龙船务有限公司（以下简称瑞丰龙公司）的名下，虽然瑞丰龙公司是保险合同的投保人和被保险人，但其仅享有收取管理费的权利，对船舶没有财产性权益，缺少实质性的保险利益，而桂某某是船舶的实际所有人和保险合同的实际被保险人，船舶的灭失给其带来实质性的经济损失，故其具有保险利益，保险赔偿金的支付对象是具有保险利益的被保险人，一审判决涉案保险赔偿金向桂某某支付正确。

案例 3

烟台海洋渔业有限公司、中国水产舟山海洋渔业有限公司与永安财产保险股份有限公司宁波分公司、永安财产保险股份有限公司海上、通海水域保险合同纠纷案 –（2016）浙民终 329 号

浙江省高级人民法院认为，保单上记载的被保险人虽为中国水产舟山海洋渔业有限公司（以下简称舟渔公司），但实际的被保险人应为烟台海洋渔业有限

公司（以下简称烟渔公司）等实际货主，烟渔公司亦认可这一事实。烟渔公司作为货主，在保险事故发生时，对涉案货物具有保险利益。此外，本案中，舟渔公司与烟渔公司系作为共同原告起诉索赔，并不存在重复索赔的情形。永安财产保险股份有限公司宁波分公司（以下简称永安保险宁波公司）亦认可，被保险人是舟渔公司或者其他货主，对是否承保以及保费并无实质影响。综上，一审法院认定烟渔公司有权依据保单向永安保险宁波公司主张保险责任并无不当。

案例 4

钦州全顺兴海运有限公司与中国人民财产保险股份有限公司上海市分公司海上保险合同纠纷案 –（2020）沪 72 民初 722 号

上海海事法院认为，虽然上海运贸船务有限公司（以下简称运贸公司）在投保单中将自己填写为被保险人，但被告作为保险人在明知船舶登记所有人和经营人为原告，也明知运贸公司与船舶并无任何利益关系的情况下，应当谨慎审查了解运贸公司与船舶所有人是否存在委托投保关系，也有义务向运贸公司就投保单的填写进行指导和提示说明。倘若被告如其所言在不知运贸公司系代为投保的情况下，即贸然接受运贸公司的投保、收取保费，并将运贸公司记载为被保险人，人为造成保险单记载的被保险人与船舶不具有利益关系的情况，既有悖常理，未尽到作为保险人的谨慎审查义务和对投保人的提示说明义务，在事故发生后以此为由拒赔也有违保险人在订立保险合同中应遵循的最大诚信原则。上海海事法院认为，应当认定被告在接受投保时已明确知悉运贸公司代原告投保的情况。运贸公司作为受托人以自己的名义，在原告的授权范围内与被告订立的合同，被告在订立合同时知道运贸公司与原告之间的代理关系的，该合同直接约束原告和被告。因此，即便涉案保险单中将被保险人记载为运贸公司，原告亦可行使介入权主张其与被告就"全顺通"轮成立海上保险合同关系，双方的权利义务应受保险单及所附保险条款的约束。上海海事法院对被告的该项抗辩不予采纳。

案例 5

吴某某、俞某某与中国太平洋财产保险股份有限公司江门中心支公司船舶保险合同纠纷案 –（2018）粤 72 民初 554 号广州海事法院认为，江门市玉龙船务有限公司（以下简称玉龙公司）以'开泰轮'船舶所有人的名义向中国太平洋财产保险股份有限公司江门市新会支公司（以下简称新会太保）投保船舶保险，新会太保于2016年8月向其签发沿海内河船舶保险单。根据保险单的记载，新会太保为保险人，玉龙公司为被保险人……吴某某、俞某某以玉龙公司的名义向新会太保投保本案船舶保险，其与玉龙公司之间存在委托代理关系……本案中新会太保未表示或证明其如果知道承保船舶的实际所有人为吴某某、俞某某将不会订立保险合同，故本案保险合同直接约束新会太保与吴某某、俞某某。

案例6

王某某与中国渔业互保协会海上、通海水域保赔合同纠纷案 –（2017）琼72民初97号

海口海事法院认为，原告王某某通过第三人李某以第三人李某某名义就"琼临渔W02110"号渔船向被告中国渔业互保协会（以下简称中国渔保）投保渔船全损保险，并支付了保险费，被告同意承保并出具了保险单，且当庭对涉案保赔合同的效力予以认可，故涉案保赔合同合法有效，海口海事法院予以确认。本案投保行为系原告王某某作为实际所有人以第三人李某某名义对涉案船舶进行的投保，因此，可以认定王某某为实际的被保险人。虽然第三人李某某是合同的投保人，但《中华人民共和国保险法》第十二条规定"财产保险的被保险人在保险事故发生时，对保险标的应当具有保险利益。保险利益是指投保人对保险标的具有的法律上承认的利益"。涉案保赔合同中的保险标的是涉案渔船，投保的险种是渔船全损保险，第三人李某某并非涉案渔船的实际所有人，对船舶没有法律上承认的利益，船舶的沉没也未对其造成实质性的经济损失，故第三人李某某对涉案保险赔偿金缺少实质性的保险利益。原告王某某是涉案渔船的实际所有人和保险合同的实际被保险人，船舶的灭失为其带来实质性的经济损失，保险赔偿金正是对其实质损失的经济补偿。因此，原告王某某有权向被告中国渔保主张涉案渔船的保险赔偿金。

案例7

海口辉妙粮油有限公司与美亚财产保险有限公司江苏分公司海

上、通海水域保险合同纠纷案－（2015）武海法商字第00747号

武汉海事法院认为，涉案货物的国内水路、陆路货物运输保险综合险系南京沙鑫物流有限公司（以下简称沙鑫公司）通过美亚财产保险有限公司江苏分公司（以下简称美亚保险公司）网上运输保险系统向其投保，美亚保险公司签发的EM45J00064－000000号保单项下的6份保险单虽载明被保险人为沙鑫公司，但沙鑫公司已书面确认其系代海口辉妙粮油有限公司（以下简称辉妙公司）向美亚保险公司投保，被保险人实际为货主辉妙公司。因此，根据前述规定，辉妙公司作为委托人，可以行使沙鑫公司对美亚保险公司在涉案保险合同项下的权利，即辉妙公司可以要求美亚保险公司向其承担涉案货物损失的保险赔偿责任。

📖 未明确列为被保险人的船舶共有人是否具有保险索赔权

案例1

广州市建功船务有限公司、陈某某海上、通海水域保险合同纠纷案－（2020）粤民终2235号

一审法院认为，中国人民财产保险股份有限公司广州市分公司（以下简称人保广州分公司）承保的险种为沿海内河船东保障和赔偿责任保险，虽然投保单和保险单上显示的投保人和被保险人均只有陈某某，但根据广州市建功船务有限公司（以下简称建功公司）、陈某某均认可的加盖建功公司公章的授权委托书载明，涉案保险事宜系由建功公司委托陈某某全权代理负责购买的，虽然人保广州分公司对此事实持有异议，但并未提交足够反驳证据。根据《最高人民法院关于适用〈中华人民共和国民事诉讼法〉的解释》第一百零八条第一款"对负有举证证明责任的当事人提供的证据，人民法院经审查并结合相关事实，确信待证事实的存在具有高度可能性的，应当认定该事实存在"的规定，可认定涉案责任系由陈某某代表建功公司、陈某某共同购买。涉案保险合同的保险标的为《中华人民共和国保险法》第二百一十八条第一款第六项规定的"对第三人的责任"，系责任保险，属于财产保险范畴。《中华人民共和国海商法》没有具体条文明确规范财产保险的保险利益，应适用《中华人民共和国保险法》的相关规定。根据《中华人民共和国保险法》第十二条第二款"财产保险的被保险人在保险事故发生时，对保险标的应当具有保

险利益"以及第六款"保险利益是指投保人或者被保险人对保险标的具有的法律上承认的利益"的规定，建功公司系涉案船舶的船舶共有人、船舶经营人，同时也是涉案事故发生后与第三人东莞市建航打捞船务有限公司（以下简称建航公司）签订打捞合同并最终在另案生效判决项下对外承担赔偿责任的主体，故其依法享有涉案保险合同项下的保险利益，人保广州分公司关于建功公司不享有保险利益的主张，没有事实和法律依据，一审法院不予支持。

二审维持一审判决。

案例2

中国平安财产保险股份有限公司与天津市金业海运有限公司、陈某龙、陈某华、中国平安财产保险股份有限公司天津分公司船舶保险合同纠纷案－（2014）津高民四终字第122号

关于陈某龙、陈某华是否为本案保险合同被保险人的问题。一审法院认为，涉案保险单记载的被保险人为"天津市金业海运有限公司（以下简称金业公司）等"，与"金业88"轮所有权证书第一页记载的船舶所有人内容一致，该证书第二页还记载了船舶共有人为金业公司、陈某龙和陈某华，该内容是对"金业公司等"的解释和说明。因该证书在投保时已提交保险人，故保险人应当了解"金业88"轮的共有情况，其在保险单中记载被保险人为"金业公司等"，应理解为被保险人包括金业公司等三方，故陈某龙、陈某华为本案保险合同的被保险人。

二审法院维持一审判决。

案例3

广州市建功船务有限公司、薛某芽等与中华联合财产保险股份有限公司广州市越秀支公司、中华联合财产保险股份有限公司广东分公司海上、通海水域保险合同纠纷案－（2014）浙海终字第122号

原审法院审理认为：涉案纠纷系海上保险合同纠纷，广州市建功船务有限公司（以下简称建功公司）为"建功515"轮向中华联合财产保险股份有限公

司广州市越秀支公司（以下简称中华财保越秀支公司）投保，并支付了相应保险费，中华财保越秀支公司出具了保险单，虽保险单仅载明建功公司为被保险人，但中华财保越秀支公司和中华财保广东分公司对"建功515"轮系建功公司、薛某芽、薛某夫共有，及该轮发生碰撞后由建功公司、薛某芽、薛某夫共同向其索赔无异议，故原审法院认定建功公司、薛某芽、薛某夫与中华财保越秀支公司之间成立海上保险合同关系。

二审法院维持一审判决。

📖 船舶共有人是否仅有权索赔其共有部分的保险赔偿金

⚒ 案例

蒋某与中国大地财产保险股份有限公司航运保险运营中心海上、通海水域保险合同纠纷案 – （2019）鄂72民初1448号

武汉海事法院认为，本案系海上保险合同纠纷。蒋某系占"凯王星"轮55%份额共有人，中国大地财产保险股份有限公司航运保险运营中心（以下简称大地保险运营中心）签发远洋船舶保险单，载明蒋某系被保险人，蒋某与大地保险运营中心之间的海上保险合同关系依法成立并生效。涉案碰撞事故属于远洋船舶保险责任事故，大地保险运营中心应当按照约定向被保险人支付保险赔偿。大地保险运营中心辩称蒋某占"凯王星"轮55%份额，仅能主张对应份额的保险赔偿。武汉海事法院认为，蒋某对"凯王星"轮具有保险利益，保险标的物为"凯王星"轮，并非蒋某所占有的份额，大地保险运营中心应就"凯王星"轮发生的全部损失向蒋某进行赔偿。至于蒋某与其他共有人之间关于保险赔偿的分配系其内部事务，与大地保险运营中心无关，且蒋某之外两名共有人旁听庭审后也均未提出异议，武汉海事法院对大地保险运营中心上述抗辩理由不予支持。

📖 既非投保人也非被保险人的货物所有人是否有权获得保险赔偿

⚒ 案例1

威海浦源食品有限公司、中国人民财产保险股份有限公司中山

市分公司海上、通海水域保险合同纠纷案－（2017）鲁民终 1058 号

　　一审法院认为，本案系海上保险合同纠纷。威海浦源食品有限公司（以下简称浦源公司）的诉请基于保险合同，但根据查明的涉案保险合同系上海中谷物流股份有限公司（以下简称中谷公司）与中国人民财产保险股份有限公司中山市分公司（以下简称财保中山公司）签订的保险合同，浦源公司并非涉案保险合同当事人。依据《中华人民共和国海商法》第二百一十六条的规定，海上保险合同，是指保险人按照约定，对被保险人遭受保险事故造成保险标的的损失和产生的责任负责赔偿，而由被保险人支付保险费的合同。因此，作为其中之一的保险合同当事人，具有相对性。而浦源公司既非投保人，也非被保险人或约定受益人，故其对涉案保险标的无保险利益。浦源公司与财保中山公司之间不构成保险合同关系，其不能依据涉案保单要求财保中山公司在保险责任范围内承担赔偿义务。浦源公司主张其为涉案货物的所有人及保险利益人，但其提交的购货合同及付余款凭证三被告均有异议，且合同金额与汇款金额及该购货合同与涉案货物运单记载的货物数量不一致，故一审法院对浦源公司就上述证据所主张的事实不予认定。浦源公司诉请要求中谷公司和中国外运山东有限公司威海分公司（以下简称中外运威海公司）对财保中山公司的理赔承担协助义务，因浦源公司未能提交证据证明其有权要求财保中山公司在保险责任范围内承担赔偿义务，故浦源公司该诉请无事实和法律依据，不予支持。

　　二审法院认为，本案为海上保险合同纠纷，浦源公司是否有权主张权利，关键在于浦源公司在涉案保险合同中的地位。根据财保中山公司的保单系统记载，涉案保险的投保人为中谷公司，被保险人为中外运威海公司，浦源公司并非涉案货物的被保险人，其无权以被保险人的身份向财保中山公司索赔。浦源公司与中外运威海公司之间为委托关系，浦源公司委托中外运威海公司办理国内物流服务业务，同时为涉案货物办理了保险。浦源公司主张基于其与中外运威海公司之间的委托关系，浦源公司作为委托人可以行使受托人作为被保险人的权利。但本案中，中外运威海公司系中谷公司投保时指定的被保险人，并非以自己名义与保险公司订立合同的当事人，不符合《中华人民共和国合同法》第四百零三条的规定，因此，浦源公司主张其可以行使中外运威海公司作为被保险人的权利，没有法律依据。此外，货物的权属并非判断保险赔偿的依据，虽然浦源公司是涉案货物所有权人，但其并非保险合同当事人，无权以被保险人的身份主张权利。

案例 2

烟台海洋渔业有限公司、中国水产舟山海洋渔业有限公司与永安财产保险股份有限公司宁波分公司、永安财产保险股份有限公司海上、通海水域保险合同纠纷案 –（2016）浙民终 329 号

一审法院认为，涉案货物运输保险系由中国水产舟山海洋渔业有限公司（以下简称舟渔公司）对"明洋"轮 1201 航次装载的全部货物整体投保，舟渔公司投保时提供的大副收据、提单已载明这些货物分属舟渔公司及烟台海洋渔业有限公司（以下简称烟渔公司）等共 17 个货主所有，故舟渔公司虽在总的保险单上被记载为被保险人，但结合海上货物运输中代办保险的惯例，除舟渔公司自身的货物以外，其余货物保险应为舟渔公司接受承运人永迪发展有限公司（以下简称永迪公司）的委托，为烟渔公司等货主的利益代办。至于永安财产保险股份有限公司（以下简称永安保险公司）、永安财产保险股份有限公司宁波分公司（以下简称永安保险宁波公司）辩称烟渔公司等货主与舟渔公司间不存在委托投保关系，烟渔公司、舟渔公司存在合谋骗取保险赔款的嫌疑，一审法院认为，永安保险公司、永安保险宁波公司在舟渔公司投保时即可从所附货运单证得知保险标的物并非舟渔公司一人所有，"明洋"轮同时期的船员人身保险也是由舟渔公司代永迪公司投保，永安保险公司、永安保险宁波公司在明知或应知舟渔公司非实际货主的情况下仍接受投保并在签发的保单上将其记载为被保险人，烟渔公司、舟渔公司对此并无过错，现永安保险公司、永安保险宁波公司在保险责任开始后主张烟渔公司、舟渔公司合谋欺诈证据不足，一审法院不予采信，其不能以此为由拒绝承担保险责任。烟渔公司作为涉案货物的所有人，对该保险标的具有保险利益，有权作为被保险人提起本案诉讼；而舟渔公司在本案中仅是烟渔公司的投保受托人，不具有原告的主体资格，无权向永安保险公司、永安保险宁波公司索赔。

二审法院认为，从全案证据来看，涉案保费系由永迪公司实际支付，永安保险宁波公司发出的缴费通知及发票上也均记载永迪公司为投保人或付款人，该记载与舟渔公司、烟渔公司一审时申请的涉案保险舟渔公司的经办人楼某的证言一致，能证明涉案保险系舟渔公司接受永迪公司委托代办全船货物保险。此外，舟渔公司明确在投保时向永安保险宁波公司传真了货物明细，明细中记载了全船货物分属不同货主。涉案保单亦载明保险货物为 57 万余包的冰冻鱿鱼，保险金额高达 57000755.31 元，且"明洋"轮系大型远洋冷藏船，其在远洋公海向各个捕捞船收取鱼货后进行冷藏，再运回国内交付各个货主，永安保

险宁波公司作为专业保险公司，亦认可在接受投保时曾对保单内容进行过必要的询问和核保，故其应当知晓涉案"明洋"轮所载货物并非一家货主所有及舟渔公司系受永迪公司委托为"明洋轮"所有实际货主代为投保。故保单上记载的被保险人虽为舟渔公司，但实际的被保险人应为烟渔公司等实际货主，烟渔公司亦认可这一事实。而烟渔公司作为货主，在保险事故发生时，对涉案货物具有保险利益。此外，本案中，舟渔公司与烟渔公司系作为共同原告起诉索赔，并不存在重复索赔的情形。永安保险宁波公司亦认可，被保险人是舟渔公司或者其他货主，对是否承保以及保费并无实质影响。综上，一审法院认定烟渔公司有权依据保单向永安保险宁波公司主张保险责任并无不当。

 保单受益人的法律地位

案例1

陶某某、中国人民财产保险股份有限公司绍兴市分公司海上、通海水域保险合同纠纷案 –（2020）浙民终 699 号

一审法院认为，双方均确认涉案保险合同真实合法有效。涉案事故发生时，被保险人陈某及陶某某分别系涉案船舶"浙萧山货 2××××"轮的所有权人和光租人，对该轮均具有保险利益，且陶某某系涉案保险合同的第一受益人，在保险事故发生后，陶某某有权依据保险合同要求中国人民财产保险股份有限公司绍兴市分公司承担赔偿责任。

二审法院维持一审判决。

案例2

戚某某、中华联合财产保险股份有限公司营口中心支公司海上、通海水域保险合同纠纷案 –（2019）辽民终 1671 号

原审法院认为，基于保单"特别约定"条款第 4 项"本保单第一受益人上海浦东发展银行沈阳兴华支行"的约定，原审法院通知上海浦东发展银行沈阳兴华支行以有独立请求权的第三人身份参加诉讼，开庭时上海浦东发展银行股份有限公司沈阳分行代表上海浦东发展银行沈阳兴华支行出庭应诉，符合

法律规定。上海浦东发展银行沈阳兴华支行对外虽然不具有独立承担责任的资格和能力，但对于接收保险理赔款这种纯收益行为，其有权接受，上述 30 万元赔款中华联合财产保险股份有限公司营口中心支公司（以下简称联合保险营口公司）应按照保单"特别约定"条款第 4 项的约定向上海浦东发展银行沈阳兴华支行支付。

二审法院认为，根据案涉保单特别约定第 3、4 条"3. 最高赔偿金额不超过被保险人出险时在放贷银行的贷款余额。4. 本保单第一受益人上海浦东发展银行沈阳兴华支行"的约定，案涉船舶出险时，联合保险营口公司应当在放贷银行的贷款余额范围内，向上海浦东发展银行沈阳兴华支行支付保险赔付款。而案涉船舶出险时，戚某某在放贷银行的贷款余额为 80 万，高于案涉保单记载的保险金额 50 万，故联合保险营口公司应当按照约定向上海浦东发展银行沈阳兴华支行支付保险赔付款 50 万。但因联合保险营口公司拒赔，戚某某在联合保险营口公司拒赔期间持续还款，导致戚某某在 50 万元范围外支付了应当由联合保险营口公司向上海浦东发展银行沈阳兴华支行支付的款额，该部分款项联合保险营口公司应当支付给戚某某。因上海浦东发展银行沈阳股份有限公司沈阳分行在二审中确认戚某某尚欠上海浦东发展银行沈阳兴华支行贷款及利息、罚息共计 463722.50 元，故联合保险营口公司应向上海浦东发展银行沈阳兴华支行支付 463722.50 元，剩余 36277.50 元支付给戚某某。

📖 保单约定了受益人不影响被保险人的保险索赔权

🔨 **案例 1**

天安财产保险股份有限公司航运保险中心、钦州市南方轮船有限公司海上、通海水域保险合同纠纷案 –（2020）鲁民终 1228 号

一审法院认为，虽"方舟 568"轮实际船舶所有人并非钦州市南方轮船有限公司（以下简称南方轮船公司），但其作为登记船舶所有人同样具有保险利益；涉案保单确实有第一受益人的书面约定，但我国保险法中并无财产保险合同项下"受益人"的规定，即使本案南方轮船公司、天安财产保险股份有限公司航运保险中心（以下简称天安保险）以及案外人存在"第一受益人"的约定，也不影响南方轮船公司以投保人和被保险人身份向天安保险提出索赔主张。所以天安保险否定南方轮船公司诉权的抗辩和主张不能成立。

二审中，该问题不是争议焦点，二审法院未进行审查。

案例 2

芜湖江阳船务有限公司、中国人寿财产保险股份有限公司芜湖市中心支公司海上、通海水域保险合同纠纷案 – （2017）鄂民终3189 号

一审法院认为，芜湖江阳船务有限公司（以下简称江阳公司）是涉案保险合同中的投保人和被保险人，该公司作为"江阳 0278"轮的船舶所有人，对该轮具有保险利益，依照法律规定和合同约定，该公司享有保险金请求权。保单虽然特别约定芜湖津盛农村商业银行股份有限公司花桥支行（以下简称津盛农商行）为第一受益人，但我国财产保险相关法律规定中没有受益人概念。当第一受益人与被保险人并存时，由于江阳公司与中国人寿财产保险股份有限公司芜湖市中心支公司（以下简称人寿财保芜湖支公司）未对第一受益人的权利与义务进行约定，津盛农商行既非保险合同的当事人，也无从取得独立的保险金请求权。一旦发生保险事故，江阳公司仍然有权要求人寿财保芜湖支公司向自己支付保险金。

二审法院维持一审判决。

案例 3

中国大地财产保险股份有限公司营业部与南京连润运输贸易有限公司海上保险合同纠纷上诉案 – （2013）沪高民四（海）终字第86 号

二审法院认为，本案中，涉案保单特别约定第一受益人为中国银行股份有限公司南京六合支行。根据《中华人民共和国保险法》第十八条的规定："……受益人是指人身保险合同中由被保险人或者投保人指定的享有保险金请求权的人。……"同时，《中华人民共和国保险法》第九十五条规定："……人身保险业务，包括人寿保险、健康保险、意外伤害保险等保险业务；……"据此，我国保险法对"受益人"概念明确界定在人身保险中。而本案是海上保险合同，归属于财产保险业务。根据一审、二审查明的事实，南京连润运输贸易有限公司（以下简称连润公司）系涉案保单的投保人和被保险人，为其所属的"连润 6"投保沿海内河船舶一切险，故连润公司对保险标的具有可保

利益。当涉案船舶发生保险事故后，其完全有权依据保险合同向保险人主张保险赔款。

 案例4

中国光大银行股份有限公司南京分行与中国人民财产保险股份有限公司芜湖市分公司海上、通海水域保险合同纠纷案－（2016）鄂72民初483号

武汉海事法院认为，原告中国光大银行股份有限公司南京分行（以下简称光大银行）认为其系"闽光188"轮涉案保险单特别约定的第一受益人，有权根据该保单约定就"闽光188"轮沉船事故向被告中国人民财产保险股份有限公司芜湖市分公司主张保险金，但我国财产保险相关法律规定中并没有受益人概念。在法律没有规定的情况下，第一受益人在保险合同中享有何种权利，有赖于保险合同如何约定。当第一受益人与被保险人并存，且保险合同未对第一受益人的权利与义务作出具体约定时，一旦发生保险事故，依照《中华人民共和国保险法》第十二条的规定，芜湖市晨光船务有限公司作为被保险人，仍然是享有保险金请求权的人。

 案例5

刘某某与中国人民财产保险股份有限公司芜湖市分公司海上、通海水域保险合同纠纷案－（2017）鄂72民初746号

武汉海事法院认为，原被告未就第一受益人享有的权利进行约定，财产保险相关法律规定中也无相关内容，第一受益人并无合同和法律依据来排除被保险人行使保险金请求权。因此，原告刘某某作为"远洋1878"轮的船舶所有人和涉案保险合同中的投保人，其有权以自己为被保险人进行投保，亦有权单独作为被保险人就涉案事故损失向被告中国人民财产保险股份有限公司芜湖市分公司提出索赔，武汉海事法院对被告关于原告主体资格的答辩意见不予采纳。

第二节　承保风险

📖 **保单背面印制的保险条款与正面记载的承保险种不一致的情况下承保条款的确定**

⚖ **案例1**

上诉人阿斯旺水泥公司（一审原告）与被上诉人天安财产保险股份有限公司（一审被告）海上保险合同纠纷案 -（2016）沪民终136号

一审法院认为，本案保险合同最初成立于投保人湖北鹏翔经贸发展有限公司（以下简称鹏翔公司）与被告之间。保险单上关于保险险别的记载源于鹏翔公司在投保单以及情况说明上记载的要求。通常情况下，人保条款项下的险别保单会记载"PICC"的字样，协会条款下的险别保单会记载"ICC（A）"的字样。本案保险单上关于险别的记载之所以既不标明"PICC"字样，又不标明"ICC（A）"字样，正是由于投保人在情况说明中的特殊要求，即"根据买方银行的要求，保险单证必须符合信用证所列条件，在投保单保险险别一栏填写'COVERING RISKS：MARINE，WAR，MINES AND ALL RISKS'"。也正是在这份情况说明中，鹏翔公司承诺"上述保险类别意义的描述所指代的保险险种为：COVERING MARINE RISKS AS PER INSTITUTE CARGO CLAUSES（ICC）（A）DATED 1/1/1982；COVERING WAR RISKS AS PER INSTITUTE CARGO WAR CLAUSES DATED 1/1/1982。若发生保险事故依据协会条款的保险责任范围负责赔偿"。因此，被告与鹏翔公司之间关于保险险别所对应保险条款的约定是明确的，即投保协会货物保险 A 条款和协会货物战争险条款。本案原告是涉案保险单的受让人，其通过信用证结算获取包括涉案保险单在内的所有单证。原告开立信用证的时间是 2006 年 7 月 19 日，鹏翔公司出具投保单和情况说明的时间是 2007 年 4 月 17 日。鹏翔公司在情况说明中明确言明"根据买方银行的要求，保险单证必须符合信用证所列条件"，即根据原告开立信用证的要求确立保险单记载内容；本案信用证关于保险险别也明确地记载"MARINE，WAR，MINES AND ALL RISKS"。由此可见，原告在信用证中记载保险险别在先，鹏翔公司投保时向被告确认保险险别在后。如果原告投保的是人保条款，鹏翔公司在通常情况下无需多此一举地出具情况说明来向被告确认适用协会条款，因为保险人是中国保险公司，保险单背面即为人保条款。鹏翔公司出具情况说明这一行为唯一合理的解释只有原告对于信用证下保险险别对应的保险条款作出了明确的要求，故鹏翔公司将上述要求转达给了被告。现原告主张由于保险单背面记载的系人保条款，保险单正面记载的保险险别无法识别适用何种条款，故应当做有利于被保险人的解释，应当适用人保条款。一审法院认为该主张缺乏事实依据，也不符合通常的行为逻辑，故不予采信。本案保险条款应当适用协会条款。

二审中，关于涉案保险合同承保的保险条款问题，被保险人阿斯旺水泥公司（以下简称阿斯旺公司）认为应为保险单背面印制的人保条款，保险人天安财产保险股份有限公司（以下简称天安保险）认为根据投保人鹏翔公司出具的"情况说明"，投保人实际投保的和保险人实际承保的均为协会条款。二审法院认为，海上保险合同项下的保险单具有可流转性，被保险人阿斯旺公司系通过信用证付款方式合法受让了涉案提单和保险单，涉案保险单正面保险险别一栏内打印了"COVERINGRISKS：MARINE，WAR，MINESANDALL-RISKS"，保险单背面印制了与前述保险险别相对应的中国人民保险公司1981/1/1版"海洋运输货物保险条款"及"海洋运输货物战争险条款"，阿斯旺公司根据保险单的书面记载主张保险人承保的是人保条款，符合《中华人民共和国海商法》第二百二十九条的规定。天安保险现否认保险单书面记载的效力，应承担相应的举证责任。

天安保险为此提交了鹏翔公司出具的投保单、"情况说明"以及涉案信用证等证据，但二审法院认为前述证据无法证明天安保险所主张的其实际承保的为协会条款的事实。首先，"情况说明"系投保人鹏翔公司单方面出具的书面材料，并非投保单的组成部分。投保单的保险险别栏内填写的内容与保险单正面保险险别栏内打印的内容一致的事实可以证明，将保险险别打印为"COVERINGRISKS：MARINE，WAR，MINESANDALLRISKS"是投保人的真实意思表示，该条款也是投保人与保险人协商一致的结果，而保险单背面印制的中国人民保险公司1981/1/1版"海洋运输货物保险条款"及"海洋运输货物战争险条款"即符合前述保险险别的要求，故保险单的正面条款与背面印制的人保条款构成了完整的保险合同，且与投保单内容不悖。其次，没有证据表明保险人接受了投保人这份关于保险条款的"情况说明"，并与其达成了变更原保险合同的协议。天安保险收到了鹏翔公司出具的"情况说明"，但没有在保险单上批注承保的为协会条款，也没有在保险单上附贴批单以明示承保的为协会条款，亦没有与投保人达成变更保险条款的书面协议，故没有证据表明天安保险接受了鹏翔公司在"情况说明"中提出的涉案保险条款为协会条款的要求。换言之，仅仅鹏翔公司出具了、天安保险收到了"情况说明"，和天安保险在发生保险合同纠纷时出示该份"情况说明"的行为和事实，不符合《中华人民共和国保险法》第二十条关于协商变更保险合同内容的规定，对于受让保险单的被保险人阿斯旺公司而言，保险合同的内容仍以保险单的书面记载为准。最后，没有证据表明鹏翔公司是根据阿斯旺公司的要求投保协会条款。涉案信用证要求将保险险别记载为"MARINE, WAR, MINESANDALLRISKS"，可以表明阿斯旺公司对投保的保险险别确实有明确要求，但无论是人保条款还是协会条款，均符合前述保险险别的要求，在无其他证据佐证的情况下，仅凭阿斯旺公司对保险险别提出了要求的事实，无法推出其必然要求投保协会条款的结论。况且，涉案贸易术语是 CIF，买保险是卖方鹏翔公司的义务，故在符合保险险别要求的情况下，选择何种保险条款是鹏翔公司的权利，故鹏翔公司单方面向保险人出具"情况说明"的行为不足以证明投保协会条款是阿斯旺公司的要求。

综上，在无证据表明涉案保险合同的内容被变更的情况下，受让涉案保险单的被保险人阿斯旺公司与保险人天安保险之间的权利义务关系，应当以涉案保险单的书面记载为准。阿斯旺公司的此节上诉理由成立，二审法院认定涉案保险合同承保的是保险单背面印制的人保条款。一审法院关于涉案保险条款为协会条款的认定有误，应予纠正。二审法院对天安保险提交的证据"英国律师的法律意见"不予采纳。

案例 2

波多唯多国际贸易有限公司与中国人民财产保险股份有限公司宁波市分公司海上、通海水域保险合同纠纷案 –（2020）浙 72 民初 181 号

双方当事人对适用条款各执一词，宁波海事法院依据原告与被告之间海上保险合同的证明，即保险单的记载来认定。案涉保单中承保险别一栏明确记载适用条款为《协会货物保险条款 A》（以下简称协会 A 条款），该条款为当事人特别约定的适用条款，应当据此审查是否发生保险事故。至于提单背面印刷的《中国人民财产保险股份有限公司海洋运输货物保险条款（2009 版）》，其性质为被告提供的格式条款，在当事人对适用条款有明确约定的情况下，应当优先适用特别约定条款，即协会 A 条款。

案例3

凌源市东远农贸科技发展有限责任公司诉中国太平洋财产保险股份有限公司大连分公司海上保险合同纠纷案 –（2009）大海商初字第110号

大连海事法院判决认为，原告与被告之间的海上保险合同关系依法成立有效。被告作为保险人，其签发的保险单是原告与被告之间保险合同的证明。对于保险责任期间，保险单背面的格式条款与依据保险单正面特款适用的《海洋运输冷藏货物保险条款》相矛盾。根据《中华人民共和国合同法》第四十一条的规定，应当采用非格式条款即正面的特款，故该保险单适用中国人民保险公司于1981年1月1日修订的《海洋运输冷藏货物保险条款》。

📖 **保险条款关于风力等级的保险范围是否因违反公平原则而无效**

🔨 **案例**

冯某某、中国大地财产保险股份有限公司北海中心支公司海上、通海水域保险合同纠纷案 –（2020）最高法民申5460号

关于案涉保险条款关于风力等级的保险范围是否因违反公平原则而无效的问题，最高人民法院认为，基于案涉保险为商业保险的性质，各保险公司可根据市场风险评估情况制定相应的保险条款；投保人对险种的选择、保险合同的订立亦具有自主选择权；双方系基于自愿建立保险合同关系，依照保险条款内容确定各自的权利义务。在上述市场行为特性的基础上，原判决就冯某某关于案涉船舶最大抗风能力为7级与保险范围为8级以上（含8级）风力的合理性问题展开评析，认为案涉船舶在超过7级台风时船舶出海可能性小，但不排除船舶在靠泊码头或者已经出海过程中遇到8级以上（含8级）大风浪而受到损害等情形的存在。案涉保险条款中设置的8级以上（含8级）风力适用的情形可能受限，但并非没有适用的可能，且该风浪等级的设定亦不存在违反法律行政法规强制性规定的情形。据此，原判决认定冯某某关于保险责任范围中的风力等级条款设置不合理应属无效的主张不成立，并无不当。

保险近因原则如何适用

案例

江苏华麟化工有限公司诉中国太平洋财产保险股份有限公司江苏分公司等海上保险合同纠纷案 –（2009）沪海法商初字第 335 号

法院判决认为，涉案保单除外条款约定，由于发货人原因造成的灭失或损害，以及由于承保货物固有缺陷或属性造成的灭失或损害，不属于该保险单承保责任范围。本案事实表明货损原因为碰撞，由中国太平洋财产保险股份有限公司江苏分公司委托的上海大通保险技术服务有限公司所出具的代查勘报告对此也予以认同；本案无证据表明超标并非碰撞导致而是因货物固有缺陷或属性引起；涉案货物在保质期内经检验已经质量超标，全损的结果与已过保质期无必然的联系。鉴于本案无证据表明涉案货物的全损系除外责任引起，该损害结果理应由中国太平洋财产保险股份有限公司予以全额赔付。

·法院评析·

"效力说"是多数现代派保险学者对近因的解释，并被各国保险界广泛接受。在本案中，几种原因并存发生，关键是要考查后因与前因之间本身是否有因果关系。同时要注意，在作用力上，各个原因对损害结果的产生不一定都要构成充分条件，独立开来，可能任何一个单个原因都无法导致损害结果，但这不影响其成立近因。根据上述分析，我们可以得出这样一个在多个原因情况下分析近因及其保险责任的方法，即：如果同时发生的诸多原因有的对损失的发生具有现实性、决定性和有效性的原因，则属于保险责任，有的仅仅是增加了损失的程度或者扩大了损失的范围，则此种原因不能构成近因，不属于保险责任。如果它们各自所造成的损失能够区分，保险公司只承担赔偿近因必然的和自然的结果或延伸所导致的损失。如果不好将原因加以区分，则要考查多个原因之间的内部逻辑关系，以其有无中间环节和原因与结果在时间上、空间上的距离远近为判断标准。本案中，"船舶碰撞"属于上述前因，它先使保险标的陷入一种非正常的境地，使得"长期堆存"这一后因介入发挥作用。正所谓"屋漏偏逢连夜雨"，但是上述两个原因，一下子还到不了货损，还需要有一个"货物本质属性"的共同作用才造成货物损失。逆向推演，"货物本质属性"这一原因并不现实性地、决定性地和有效性地使货物损坏,而使货物处于非正常境地时导致损害的支配性有效原因仍是"船舶碰撞","货物本质属性"在此处仅是增加了损失的程度或者扩大了损失的范围,所以保险公司应当对货物损失承担保险赔偿责任。[1]

📖 关于保险责任范围的解释要符合专业和行业惯例:如何解释搁浅

🔨 案例 1

中国人寿财产保险股份有限公司浙江省分公司与浙江奥圣航务工程有限公司、中国人寿财产保险股份有限公司海上保险合同纠纷案 – (2011) 民申字第 357 号[2]

涉案船舶"奥圣 65"轮机舱进水,在附近工作的"奥圣 57"轮、"津航浚 106"轮靠上"奥圣 65"轮一起拖带。拖带中,"津航浚 106"轮 3 根拖缆崩断。随后"奥圣 65"轮船体完全搁浅。

关于涉案事故是否属于保险责任范围,原审法院认为,根据《中华人民共和国海商法》第二百一十六条的规定,保险责任范围应基于保险人与被保险人的约定。涉案船舶投保的是沿海内河船舶一切险,《沿海内河船舶保险条款》即为双方约定的具体内容。根据该条款第三条规定"本保险承保第二条列举的六项原因所造成保险船舶的全损或部分损失以及所引起的碰撞、触碰责任和共同海损、救助及施救费用",第二条第一款第 (四) 项列明的原因为搁浅、触礁,且与前三项所列明的大风、火灾、碰撞等原因一样未加任何限制性定语,只有第 (五) 项所列明的倾覆、沉没进行了限定,必须是第 (一) 至第 (四) 项灾害或事故引起的,因此,可以合理推断搁浅系保险人承保的风险 (或) 原因,而无须再查找引起搁浅的原因。即搁浅属于双方约定的保险事故,由于搁浅产生的损失和救助费用属于保险责任范围。

现代汉语对搁浅一词的解释为船舶进入水浅的地方,不能行驶。中国人民银行《沿海内河船舶保险条款解释》对搁浅的解释为,船舶在航行或锚泊中遭受意外造成船舶底部与海底、河床或浅滩紧密接触,使之无法航行,处于静

---

[1] 评析人为上海海事法院法官汪洋。
[2] 参见涉外商事海事审判网。

止或摇摆状态，并造成船舶损坏或停航 12 小时以上，但船舶为了避免碰撞或者由于其他原因，有意将船舶抢滩座浅受损不属于搁浅责任范围。根据《中华人民共和国合同法》第四十一条的规定，对格式条款应当按照通常的理解予以解释。中国人民银行《沿海内河船舶保险条款解释》对搁浅的概念进行了限定，因其不是本案保险合同的组成部分，也没有证据证明保险人在订立保险合同时对此进行过释明，因此并不约束被保险人。"奥圣 65"轮机舱发生漏水事故使得船舶发生危险，不得已在救助船舶的协助下驶往浅水区，因风浪较大、拖缆断裂、船舶意外搁浅，符合对搁浅的通常理解，属于保险责任范围。

保险人中国人寿财产保险股份有限公司（以下简称人寿财险公司）就一审法院的搁浅认定辩称：原审判决在法律适用上存在错误，对《沿海内河船舶保险条款解释》不予适用，并未对搁浅作出更为准确、更为合理的解释，存在明显错误。

被保险人浙江奥圣航务工程有限公司（以下简称奥圣公司）针对人寿财险浙江公司和人寿财险公司提出的上诉请求和理由答辩称：一、人寿财险浙江公司、人寿财险公司主张原审判决认定"奥圣 65"轮发生"搁浅"属于认定事实错误的主张不成立。《沿海内河船舶保险条款解释》不具有部门规章的效力，在本案中不能作为法律依据加以适用，且并非涉案保险合同的组成部分，对奥圣公司不具有约束力。本案中，"奥圣 65"轮不可能凭借自身浮力自行起浮，综合各方当事人在本案提交的证据，可以认定涉案事故为搁浅而并非座浅。涉案《沿海内河船舶保险条款》中并未对"搁浅"进行任何限制。……

二审法院判决认为，人寿财险浙江公司上诉提出的根据《沿海内河船舶保险条款解释》的相关规定，"奥圣 65"轮的上述行为属于抢滩座浅，不属于保险赔偿范围之主张，一方面该《沿海内河船舶保险条款解释》系中国人民银行行业内部规定，并不属于保险合同约定的范围，保险公司亦未将该相关内容告知被保险人。因此，该解释对奥圣公司不发生法律效力。另一方面，综观涉案事故发生后对"奥圣 65"轮的施救过程，属于"奥圣 65"轮为避免船舶沉没而采取的紧急措施，系因"奥圣 57"轮和"津航浚 106"轮未能拖带成功而致使"奥圣 65"轮搁浅，应认定涉案事故属于保险赔偿范围。

最高人民法院再审判决认为，尽管中国人民银行于 1996 年 12 月 27 日颁布的《沿海内河船舶保险条款解释》（于 2010 年 9 月 29 日废止）对"搁浅"作出了解释，明确规定"有意将船舶抢滩座浅受损不属于搁浅责任范围"，但订立保险合同时双方当事人并没有约定将该解释性文件的内容作为保险合同条款的一部分。该解释性文件不是涉案保险合同的组成部分，对合同双方当事人没有约束力。该解释性文件不是涉案保险合同的组成部分，对合同双方当事人没有约束力。因"奥圣65"轮机舱阀盖结合处漏水，轮机长更换垫片时阀芯弹出，海水涌入机舱，出现险情。在随后的拖带救助中，该轮因拖轮拖缆崩断而搁浅。整个事故的最初起因（机舱漏水）与搁浅的直接原因（拖缆崩断），均具有意外性，搁浅事故属于意外事故。

案例 2

南通中源供应链管理有限公司、阳光财产保险股份有限公司南通中心支公司海上、通海水域保险合同纠纷案 –（2019）鄂民终1208 号

一审法院认为，涉案保险条款明确记载：本保险分为全损险和一切险。一切险承保六项原因所造成保险船舶的全损或部分损失，其中包括第四项，即搁浅、触礁。除外责任部分规定本保险不负责赔偿浪损、座浅所造成的损失、责任及费用。被告主张依据中国人民银行印发的（1996）《沿海内河船舶保险条款解释》中关于"座浅"和"搁浅"的定义，本次事故属于"座浅"。但上述解释已经失效，"座浅"与"搁浅"属于相当专业的词汇，行业内专家对此也有不同的理解，况且保险条款中仅规定"座浅"为除外责任，并未对"座浅"给出一个明确定义。此外，案涉事故发生后，被告向原告出具有关理赔事项的告知中也没有明确对本次事故予以拒赔，这也进一步佐证了本次事故属于保险事故。被告以本次事故属于除外责任中的"座浅"为由拒绝承担赔偿责任的主张，一审法院不予支持。

二审法院认为，虽《关于"普惠"1号船理赔事项告知的函》认为的事故为坐底事故，但阳光财产保险股份有限公司南通中心支公司（以下简称阳光财险南通公司）未向南通中源供应链管理有限公司（以下简称中源公司）主张该"坐底"即为保险除外责任中的"座浅"，阳光财险南通公司在该函中明确根据公估公司的报告，同意向中源公司理赔。故，综合阳光财险南通公司的上述行为，二审法院认定阳光财险南通公司向中源公司做出案涉事故属于保险责任范围，同意理赔的明确意思表示，阳光财险南通公司上诉关于案涉事故不属于保险责任范围，其不应理赔的主张，二审法院不予支持。

案例 3

都邦财产保险股份有限公司与泰州市信诚船务有限公司财产保

险合同纠纷上诉案 –（2013）沪二中民六（商）终字第24号

　　原审法院经审理后认为，……本案保险条款是都邦财产保险股份有限公司（以下简称都邦财保）提供的格式条款，虽然投保单中打印有"本人已经仔细阅读保险条款，尤其是黑体字部分的条款内容，并对保险公司就保险条款内容的说明和提示完全理解，没有异议……"，但"座浅"并非通常用语，保险人不仅应就"座浅"免责向投保人明确说明，也应当就"座浅"的含义向投保人作出明确说明，而无依据证明都邦财保在泰州市信诚船务有限公司（以下简称信诚公司）投保时尽了该义务，保险条款中也没有就"座浅"作出解释，因此，保险条款和投保单均不足以证明都邦财保已经就"座浅"的含义以及"座浅"事故免责向信诚公司作出明确说明，故该免责条款不产生效力。对于事故系"搁浅"还是"座浅"造成，双方当事人也持有明显的争议，通常应当以国家相关部门认定为准，而海事部门出具的事故调查结论就事故经过部分载明"造成船舶搁浅"等文字，可见海事部门也未否定事故系搁浅造成，而海事部门所作结论中并未使用"座浅"一词；即使对照都邦财保陈述的"座浅"含义，也无法得出事故发生符合都邦财保所称的"座浅"，而不是搁浅事故。……

　　二审中，关于都邦财保是否能够援引"座浅"条款免责问题，首先，都邦财保认为该概念属于航海专业词语，在教科书中有所体现，在航海专业领域中属于应知应会。信诚公司则认为，座浅是保险条款中的概念，不属于应知概念，都邦财保应尽到告知与说明义务。二审法院认为，"座浅"属于一个冷僻的专业词语，单凭字面意思亦很难了解该词语的真实含义。该术语在《中华人民共和国海商法》中没有提及，在相关的海事领域法律法规中也罕见。《沿海内河船舶保险条款解释》是中国人民银行发布的文件，发布对象仅为银行与特定保险公司，而非船公司或者普通社会大众。在这种情况下，都邦财保作为专业的保险公司，在使用该术语作为免责条款时，至少应在合同条款中予以说明，但条款中无此定义。《沿海内河船舶保险条款解释》尽管提及了座浅概念，但双方当事人亦未将该文件援引为保险合同条款附件。因此，不能认为都邦财保尽到了告知与说明义务。其次，从搁浅与座浅的定义来看，区分两者并不容易，需要专业部门结合诸多情况予以综合认定。本案事故发生后，海事部门的事故调查结论书亦已经认定为搁浅，而非座浅。该调查结论书的权威性应高于都邦财保所聘请的公估公司的事故调查结论。因此，本案事故亦难以认定为座浅。

案例4

赵某某等与中国人民财产保险股份有限公司温州市分公司船舶保险合同纠纷上诉案 – （2007）浙民三终字第110号

法院判决

相关事实："浙乐油18"轮锚泊于东营港北港池，因受大风（风力9～10级，阵风11级）、高潮位影响及水域限制，于当晚21时左右搁浅在离主航道160米处的沙质浅滩上。

保险人中国人民财产保险股份有限公司温州市分公司辩称：涉案事故系座浅，而非搁浅。宁波海事法院经审理认为，关于事故性质以及被保险人的报告义务，根据东营海事处出具的证明材料，"浙乐油18"轮发生事故前空载在东营北港池抛单锚锚泊，因大风船位移动，船员采取抛双锚、启动主机顶风等措施，而均未见效，显属因走锚漂移而搁浅，不存在人为故意的抢滩行为。事故发生之日，值农历十月十三，非当年乃至当月最高潮位，船舶此后几经多种措施均未能脱浅，也与"座浅"的客观现象不符，不可能事先预料。涉案事故应认定为"搁浅"，而非"座浅"，系《沿海内河船舶保险条款》一切险中的列明风险，属于船舶保险责任范围。

二审认定的事实及判决理由与一审基本一致，在上述事故性质方面没有变动。

法院评析

判断本案是否构成保险条款列明风险中的搁浅事故，有必要辨析一下"搁浅"的含义。在船艺学上，除搁浅外，还有擦浅、抢滩（或谓冲滩）、座浅。后三者均非保险法上的概念，无法直接与保险责任一一对号入座。在保险法上具有法律意义的区分在于当事人的主观意识。搁浅和擦浅系意外造成，搁浅属于列明风险，可构成船舶单独海损，擦浅被认为是触礁，也是列明风险；抢滩属故意行为，不构成船舶单独海损，但可以构成共同海损或者施救费用；座浅因可事先预料，不属于意外事故，保险人不承保。关于保险条款中"搁浅"一词的含义，中国人民银行《沿海内河船舶保险条款解释》可资参照。"船舶在航行或锚泊中遭受意外造成船舶底部与海底、河床或浅滩紧密接触，使之无法航行，处于静止或者摇摆状态，并造成船舶损坏或停航12小时以上即构成搁浅，但船舶为了避免碰撞或者由于其他原因，有意将船舶抢滩座浅受损不属于搁浅责任范围。"就主观意识而言，"浙乐油 18"轮因大风走锚而致搁浅，系意外事故，既非故意，也非事先可以预料；就客观环境而言，船舶系空载，从事故发生之日的潮位与事后始终不能脱浅的事实也可以判断，不可能座浅。①

案例5

郭某某与中国人民财产保险股份有限公司阳江市分公司海上、通海水域保险合同纠纷案 - （2019）粤72民初2467号

广州海事法院认为，订立保险合同时原告和被告并没有约定将《沿海内河船舶保险条款解释》的内容作为保险合同条款的一部分，因此，该解释性文件不是涉案保险合同的组成部分，对合同双方当事人没有约束力。涉案保险合同约定保险人将搁浅作为独立原因承保，但没有对搁浅的含义及其发生的原因作出任何限定。保险条款中并未规定座浅属于除外责任，因此，不能将座浅作为独立事故对待而取代或者否定搁浅事故。中国人民银行发布的《沿海内河船舶保险条款解释》对搁浅、座浅概念的定义本质上的区别在于当事人的主观意识，搁浅的发生是出乎人们的意料之外的，属于意外事故，即事先不能预知的情况引起的，座浅则是人们事先可以预料到的，不属于意外事故。就主观意识而言，"粤阳西渔39358"船选择停泊的地点在渔港范围内，事故现场没有标志该地点属于禁止停泊地点，事故调查报告也没有写明事故地点不能停靠船舶，从原告提交的现场照片也可以看出，事故地点附近停泊着为数不少的船舶，虽然退潮属于可被预知的客观规律，但因清淤施工而导致的海底地貌改变则不在意料之中，涉案事故系意外事故，既非故意，也非事先可以预料。本案原告、被告认可的事故原因不能在涉案保险合同纠纷中作为独立事故对待而取代或者否定搁浅事故。被告以座浅为由认为应免除其保险赔偿责任，并无依据，不予支持。涉案事故是由于退潮船底部与礁石接触而致翻船沉没，属于保险条款列明的"搁浅、触礁"风险造成，该风险是涉案保险条款一切险中的列明风险，属于渔船保险责任范围，被告应予赔偿。

---

① 评析人为宁波海事法院法官吴胜顺。

案例6

深圳讯隆船务有限公司诉中国人民保险公司广东省分公司船舶保险纠纷案 – (2003) 广海法初字第 55 号①

独任代理审判员判决如下：关于"正祥"轮在伊拉克 UMM QASR 港发生的海事事故是否属保险责任范围内的"搁浅"。作为保险索赔权受让人的原告为证明"正祥"轮在伊拉克 UMM QASR 港发生的海事事故属保险责任范围内的搁浅，提供了 1980 年版《辞海》第 707 页关于"搁浅"的解释："搁浅"是指"船舶因水浅搁住，不能浮动"。被告认为 1980 年版《辞海》不是最新版本，随着时间的推移，对搁浅的解释可能发生变化，而且对搁浅的解释应根据行业的通常解释进行。

被告认为"正祥"轮在伊拉克 UMM QASR 港发生的海事事故是座浅而非搁浅，提供了中国人民银行 1996 年 7 月 25 日颁布的《沿海、内河船舶保险条款》、魏润泉等著《海上保险的法律与实务》关于"搁浅"的解释。《沿海、内河船舶保险条款》第三条规定，保险船舶由于浪损、座浅所造成的损失、责任和费用，属除外责任。《海上保险的法律与实务》第 90 页关于"搁浅"的解释是："搁浅是指船舶与海底、浅滩或岩礁接触，并紧密地搁置其上，持续一段时间不能进退的情况。搁浅必须是意外事故，即事先不能预知的情况引起的，船舶或货物搁浅而造成的损失，保险公司均应承担赔偿责任。但是，如果搁浅是由于可以预料的情况或故意行为所致，则不属于海难。例如，港内退潮时发生的搁浅属于可以预料的情况，不是海上保险所承保的搁浅；再如，作为共同海损措施的自动搁浅，也不属于海难中的搁浅，其损失应由各个受益方作为共同海损的分摊。"原告认为《沿海、内河船舶保险条款》是适用沿海和内河的船舶保险条款，对本案国际航线的船舶保险并不适用。《海上保险的法律与实务》关于"搁浅"的解释只是学理解释，并不具备法律效力。对保险条款的解释应适用《中华人民共和国合同法》第四十条。

本代理审判员认为，1980 年版《辞海》第 707 页关于"搁浅"的解释未能从行业及专业的角度解释搁浅作为海上风险的一般特征，该证据不能证明"正祥"轮发生在伊拉克 UMM QASR 港的海事事故是保险责任范围内的搁浅。海上风险具有不可预测性和不确定性特征，"正祥"轮在 UMM QASR 港发生的

① 金正佳：《海事裁判文书精选（1999—2003 年卷）》，中山大学出版社 2004 年版，第 255 – 265 页。

海事事故因船舶吃水超过港口水深限制导致船舶底部触碰海底产生，该事故可以通过港口水深和船舶吃水进行预测并加以避免，不具有海上风险的一般特征。结合《沿海、内河船舶保险条款》和理论上关于搁浅与座浅的区分，可以认定"正祥"轮在伊拉克 UMM QASR 港发生的海事事故不属保险责任范围内的"搁浅"。

📖 主机故障后船舶在风浪作用下搁浅是否属于保险责任范围

⚖ 案例

世嘉有限公司与中国大地财产保险股份有限公司等海上、通海水域保险合同纠纷案 −（2021）沪民终 359 号

一审法院认为，根据查明的事实，主机活塞环的过度磨损导致活塞和气缸套的不气密，从而引起主机着火和因此无法启动。而导致活塞环过度磨损和扫气箱着火的可能原因有很多，比如活塞顶、气缸套等问题，也不排除使用了低品质的燃油和活塞环的问题（虽然日本运输安全委员会所作事故调查报告中称检测了事发时使用的一种燃油，结果基本合格，但船岸往来邮件显示"SA×××"轮在航程前期使用过其他燃油，因此燃油品质问题未被排除），但上述原因均不构成经谨慎处理无法发现的"潜在缺陷"，因此没有证据证明系由第 6.2.2 条中"机器、船体的任何潜在缺陷"引起。"SA×××"轮在涉案航次前刚刚经过主机维修和试航，据此可以合理推定修船人和船员存在疏忽，未经谨慎处理发现和纠正主机存在的问题或未正确保养和维护主机，因此造成"SA×××"轮主机故障的原因中可能涉及第 6.2.3 条中的"船长、高级船员、船员的疏忽"和第 6.2.4 条中的"被保险人以外的修船人的疏忽"这两类列明风险，这是协会定期船舶保险条款第 6 条第 2 款列明的保险人承保的第二类风险。与第 6 条第 1 款列明的第一类风险不同的是，保险人对此类风险的承保存在"但书"的例外规定，即以保险标的的全损损失非起因于被保险人、船东或管理人缺乏谨慎处理为条件。

在案证据表明，"SA×××"轮与世嘉有限公司（以下简称世嘉公司）之间的通讯畅通，几乎没有延时。2 月 4 日"SA×××"轮已报告活塞环备件严重不足，需要 24 个活塞环的紧急备件，2 月 5 日"SA×××"轮已报告 6 组气缸中有 3 组气缸的活塞环损坏，这一方面说明船上备件（仅有 4 个活塞环）严重不足，另一方面说明如果其他气缸的活塞环继续出现问题，则主机随时可

能无法再启动。世嘉公司在有条件纠正船舶不适航状态的情况下不采取合理的措施，未安排解决紧急备件，也未根据当时的船位，趁船舶主机尚可以启动时就近挂靠附近港口进行维修，未给予船舶足够的岸基支持。当船长两次作出要求世嘉公司指示是否继续航程的意思表示时，世嘉公司指示"SA×××"轮冒险继续航程，缺乏合理和必要的谨慎。

船长在2月6日上午0831时已向世嘉公司报告主机无法启动，世嘉公司在当日也获悉"SA×××"轮的6组气缸中仅有1组气缸的活塞环状况良好且无足够配件更换，因此已明知不可能靠船员的修理使主机恢复正常。船舶处于完全失去动力的漂航状态，面临碰撞和搁浅的现实危险。证据表明，"SA×××"轮在2月6日晚间已经与渔船发生碰撞。此时，世嘉公司还应当注意到未来几天海况将会恶化的天气预报，应当尽早安排拖轮对船舶进行施救。但是世嘉公司直到2月8日下午才开始联系韩国拖轮，并且当天被告知拖轮遇到高涌浪被迫返回，预计到2月11日上午才能出发拖航后，未立刻寻求更大马力的拖轮施救。当2月9日午夜船长明确告知如果拖轮有延迟，"SA×××"轮有搁浅危险时，"SA×××"轮面临的全损危险不仅是现实的，而且是紧迫的，而此时世嘉公司已经明知韩国拖轮最早将于2月11日开航，无法为"SA×××"轮提供及时的救援。2月10日0759时，世嘉公司已获报船舶距离附近的岛屿仅有60～70海里的距离，当天被告知另行联系的同样马力的日本拖轮预计到2月13日才能出发时，应当明知"SA×××"轮面临的状况已无法等待如此长的时间，但却再无其他应急举措，也不指令船舶发布求救信号，放任"SA×××"轮身处险境。

综上，在"SA×××"轮主机故障演变为搁浅全损的过程中，世嘉公司缺乏谨慎处理。虽然"SA×××"轮主机故障可能系由"船长、高级船员、船员的疏忽"和"被保险人以外的修船人的疏忽"的第二类风险所引起，但由于全损损失是被保险人缺乏谨慎处理所致，因此属于保险人在此类列明风险下不承担赔偿责任的例外情形。

关于"SA×××"轮在2月9日开始遇到的海况，具体为6级风和5～6级的浪，甚至好于开航次日的海况，对于动力正常时的"SA×××"轮难以构成威胁，不属于灾害性的异常海况，依据英国《1906年海上保险法》附件1《保险单解释规则》第7条对"海上危险"的界定，其对"SA×××"轮的影响是"风浪的通常作用"，不构成协会定期船舶保险条款第6条第1款列明的第一类风险中的"海上危险"。

综上，"SA×××"轮搁浅全损的事故系由多种原因共同作用所造成的结果，但该多种原因或不属于保险人承保的列明风险，或属于列明不予赔偿的情形，因此保险人无须赔偿。

二审法院认为，涉案保险单记载保险条件为"协会定期船舶保险条款全损险（1/10/83）"，保险条款6.1载明"This insurance covers loss of or damage to the subject-matter insured caused by：6.1.1 perils of the sea rivers lakes or other navigable waters"（6.1　本保险承保下列原因造成的损失或损害：6.1.1　海上、江河、湖泊或其他可航水域的危险），涉案保险合同承保因"海上危险"导致的全损。如前所述，涉案保险条款的解释应遵循英国法律和惯例，根据英国《1906年海上保险法》附件1《保险单解释规则》第7条的规定，"海上危险"仅涉及海上意外事故或灾难，不包括风浪的通常作用。搁浅本身并非涉案保险合同的承保风险，所以有必要判断涉案搁浅事故是否符合上述承保风险"海上危险"的定义。

世嘉公司主张，涉案船舶搁浅事故属于保险合同项下的"海上危险"，"SA×××"轮遭遇大风浪，船长对大风浪来袭的影响判断稍迟，导致船舶快速漂移，拖轮因风浪原因救援还需2～3天才能抵达，而船员抛锚自救不成功，最终导致搁浅事故的发生。

首先，世嘉公司主张大风浪导致搁浅事故，属于"海上危险"。二审法院认为，2月9日到搁浅发生的11日，风力6级，5～6级浪，属于海上的正常风浪。若"SA×××"轮主机正常，抵抗该等级的风浪并无任何问题。对于无动力漂航情况下的"SA×××"轮，上述风浪情况对船舶航行具有较大影响。船舶主机故障使得"SA×××"轮丧失了抵御海上正常风浪的能力。

涉案船舶2017年2月1日从中国台湾地区高雄港出发后，2月2日开始发生主机扫气箱着火，直至2月6日主机无法启动，过程中发生了不少于7次的不同气缸内的扫气箱着火情况，轮机长通过更换活塞环或者清洁活塞环后根据船方的指示继续航行。在上述4天时间内，"SA×××"轮一直与船方保持联系，且如实汇报了船舶主机的状况，并多次要求船方给出新的指示。"SA×××"轮在2月2日即开航第二天就发生了扫气箱着火的情况，且在2月4日"SA×××"轮报告了活塞环备件严重不足的情况，船方仍一直要求"SA×××"轮继续前往韩国昂山港并在装货完毕后对主机进行大修，而没有及时采取更为谨慎合理的措施。涉案船舶主机故障显然不属于"海上危险"，不属于船舶的潜在缺陷，且主机故障产生后如船舶配备足够的活塞环予以更换或者在发生故障后就近靠港维修，本可以避免最终主机无法启动导致的漂航情况。世嘉公司在主机发生故障但尚能启动时，没有采取有效措施，是涉案搁浅事故发生的原因之一。

其次，世嘉公司主张船长对大风浪来袭的影响判断属于不确定因素。本案中，2月6日上午"SA×××"轮已向船方报告主机无法启动，但世嘉公司并未给出任何新的指示。当日午夜时分，漂航的"SA×××"轮与渔船发生了碰撞。但2月7日2001时，世嘉公司要求船长根据刚发送的内海公司的建议书更新主机大修计划。可见世嘉公司仍希望通过船上的维修使船舶主机能再次启动。迟至2月8日下午船方才联系韩国拖轮公司，且当日晚间拖轮由于海上风浪而无法出港，并通知预计2月11日才能出发拖航。2月9日，"SA×××"轮报告因天气原因，船舶正在向日本岛屿漂航，如果拖轮有迟延，船舶可能搁浅。随后世嘉公司联络日本拖轮公司，但日本拖轮仍因风浪原因无法出港。最终"SA×××"轮于2月11日0600时在日本鹿儿岛附近海域搁浅，0635时日本海上保安厅收到求救信号。

二审法院认为，从2月6日主机故障船舶开始漂航到最终船舶搁浅的2月11日，共有5天时间。世嘉公司选择在漂航之后通过对船上主机进行大修而非第一时间联系派遣拖轮进行拖带，是不谨慎的。正如其在上诉状中所称之前几次扫气箱着火后通过维修使得船舶共计航行626海里，占总航程的66%，而船舶停机时距离韩国港口仅有105海里，考虑到海况良好，时间充裕，距离韩国非常近，先修理后呼叫拖轮，是很从容的。出于对修复主机的期望，世嘉公司没有选择第一时间联系拖轮。船长在2月9日风浪加大之后要求迅速派遣拖轮，并告知拖轮延迟船舶可能搁浅。船长对于风浪影响及可能发生搁浅情况的判断是准确的。世嘉公司两次联系拖轮均不成功的情况下，也是出于2～3天内海况将会好转的预期，在船舶遭遇大风浪漂向日本岛屿时也没有指示船长发出求救信号，而仅告知其拖轮已经准备好，但从鹿儿岛驶出时间需要根据天气情况而定，并要求"SA×××"轮在拖轮到达前坚持住。世嘉公司寄希望于修复主机继续航行，故而在联系拖轮、指示船长发出求救信号等方面存在不谨慎与不及时，这也是涉案搁浅事故发生的原因之一。

综上，二审法院认为，根据在案证据显示，"SA×××"轮搁浅全损事故系由多个原因共同导致的结果，包括船舶主机故障、船东的救援措施以及风浪的影响，但上述原因均不属于涉案保险合同承保的"海上危险"，保险人无须赔偿。

📖 船舶搁浅后沉没造成货物损失的保险近因与保险事故发生时间

⚖ 案例

寿光市东宇鸿翔木业有限公司与中国人民财产保险股份有限公司连云港市分公司海上保险合同纠纷案－（2014）沪海法商初字第620号

上海海事法院认为，涉案保险合同成立于 7 月 1 日，针对船舶和货物来说，7 月 2 日发生了船舶搁浅的保险事故。对船舶来说，此时遭遇了船壳险（船舶一切险）发生了损失。但是并不意味着货物必然会损坏或灭失。在 7 月 2 日船舶触底搁浅之后，船方即开始安排施救行动。根据远洋货物运输一切险条款，施救费用/共同海损费用需要承担，成功获救的货物应当依法分摊相关费用，这些费用才构成原告的损失。再假设原告没有出具 7 月 4 日的保函，被告应当承担这分摊损失的保险赔偿责任。但因为倒签保险单保函的存在，保险人对于上述损失免除了保险赔偿责任，而应该由原告承担。根据"无效果、无报酬"的救助原则，货物成功获救是分摊损失的前提，鉴于事实上原告货物实际全损，所以原告也不会承担上述分摊费用的责任。退一步讲，假定涉案保险合同成立于 7 月 4 日，如果原告货物获救，对于因 7 月 2 日船舶搁浅事故导致的分摊施救费用/共同海损费用的损失，因不在保险人的承保责任期间，保险人无须承担赔偿责任，施救费用/共同海损费用的分摊责任应当由原告承担；由于原告货物全损，因此同样不会发生原告承担上述费用的情况。因此，由于船舶搁浅并没导致原告任何损失，保险人不必承担赔偿责任。上海海事法院还认为，如果船体强度足够，船舶搁浅并不会导致船舶断裂，原告货物不会灭失；即使船舶断裂，如果施救及时，可能船舶不会沉没，原告货物不会灭失；即使船舶沉没，涉案货物也可能被抢卸而不会灭失。事实证明，涉案船舶沉船事故中确有货物获救。很明显，涉案货物灭失最直接、决定性和有效性的原因是 2013 年 7 月 6 日船舶沉没。2013 年 7 月 2 日的船舶搁浅仅仅是 7 月 6 日沉船的诸多因素之一，沉船才是导致货损的主要原因。船舶搁浅是涉案货损的间接原因之一，他们之间不存在直接因果关系。因此，根据原告和被告之间的保险合同，以及查实的案情，可以认定船舶沉没才是涉案货物灭失的近因，系保险事故，属于船舶一切险的承保范围。即使存在倒签保险单保函，被告作为保险人对于 2013 年 7 月 5 日以后发生的保险事故所致货物灭失也应该承担保险赔偿责任。换言之，不管涉案保险合同成立于 2013 年 7 月 1 日还是 7 月 4 日，对于涉案货物于 7 月 6 日发生的沉船保险事故，被告都应当承担保险赔偿责任。

未知原因的船舶沉没事故是否属于承保风险

案例

健懋国际船务有限公司与都邦财产保险股份有限公司、都邦财产保险股份有限公司福建分公司海上保险合同纠纷上诉案 – （2011）

闽民终字第 169 号

一审法院认为，从案涉保险合同的约定来看，本案适用《远洋船舶一切险条款》，而远洋船舶一切险条款的责任范围包括 7 种风险，本案涉及的风险是海上灾害，该风险在船舶保险条款中为列明风险。在我国法律中，海上灾害没有明确定义，从理论上说，海上灾害应具备两项特征，即损害的原因必须是偶然和意外的、损害是与海有关的。在都邦财产保险股份有限公司（以下简称都邦公司）、都邦财产保险股份有限公司福建分公司（以下简称都邦福建公司）无法证明造成损害的某一事故或事件为偶然或意外事故或事件的情况下，例如损害原因无法确定或者船舶失踪，法院只能通过事实推定认定某一损害为无法确定的海上灾害造成。从本案事实来看，健懋国际船务有限公司（以下简称健懋公司）所属船舶在被拖带过程中沉没，船长的海事声明也无法明确是何种危险造成沉没，也就是说，健懋公司所属船舶在被拖带过程中的沉没是无法确定的海上灾害造成，因此，原审法院推定涉案船舶是由于遇到无法确定的海上灾害，导致拖带船舶沉没，而该风险正是健懋公司投保的险种中列明风险的一种，属于保险责任。

二审法院维持一审判决。

📖 仅凭船员陈述不能认定碰撞事故原因和是否需向对方船舶承担责任

⚖️ 案例

余杭航运有限公司与中国人寿财产保险股份有限公司上海市分公司海上保险合同纠纷案 –（2020）沪 72 民初 186 号

上海海事法院认为，法院认定的证据中，仅有被告提供的检验报告对涉案碰撞事故进行了描述。前述报告中，关于事故情况使用的是"据报"的措辞，损失原因使用的是"我们从被保险人的船舶上的船员处了解到"的措辞，可知被告委托的检验机构获知事故原因和过程的唯一来源是原告船员的单方陈述。除此之外，就涉案碰撞事故情况并无有权机关出具的碰撞事实调查材料予以认定，事发当时的气象状况、海况也无记载。上海海事法院认为，在无其他证据印证的情况下，仅凭船员的陈述并不足以证明碰撞事故的原因和过程，实际是否发生大风浪、风浪的程度和级别、风浪是否为涉案碰撞事故发生的直接原因并不能确定，两船在碰撞发生时的航行情况和所处状态也无法确定，碰撞事故是由一船过失造成，还是两船互有过失造成也无法查明。根据涉案碰撞责任保险条款，被告承担保险赔偿责任应以原告就保险船舶与其他船舶碰撞所致损失负有赔偿责任为前提。基于在案现有证据，无法认定保险船舶对涉案碰撞事故的发生是否具有过失以及过失程度比例，原告未能证明其因涉案碰撞事故对"XINSHAN"轮损失负有赔偿责任，无权请求被告对此承担保险赔偿责任。

无接触的间接碰撞是否属于保险条款中约定的船舶碰撞

中华人民共和国海商法

第一百六十五条 船舶碰撞，是指船舶在海上或者与海相通的可航水域发生接触造成损害的事故。

第一百七十条 船舶因操纵不当或者不遵守航行规章，虽然实际上没有同其他船舶发生碰撞，但是使其他船舶以及船上的人员、货物或者其他财产遭受损失的，适用本章的规定。

最高人民法院关于审理船舶碰撞和触碰案件财产损害赔偿的规定

第十六条第三项 "船舶碰撞"是指在海上或者与海相通的可航水域，两艘或者两艘以上的船舶之间发生接触或者没有直接接触，造成财产损害的事故。

最高人民法院关于审理船舶碰撞纠纷案件若干问题的规定

第一条 本规定所称船舶碰撞，是指海商法第一百六十五条所指的船舶碰撞，不包括内河船舶之间的碰撞。

海商法第一百七十条所指的损害事故，适用本规定。

涉外商事海事审判实务问题解答
（最高人民法院民事审判第四庭）

149. 如何理解保险条款中船舶碰撞的含义？

答：船舶保险条款中规定了船舶碰撞属于保险责任范围，其中的碰撞包括船舶在海上或者与海相通的可航水域发生接触造成损害的事故，即直接碰撞，也包括《海商法》第170条规定的船舶因操纵不当或者不遵守航行规章，虽然实际上没有同其他船舶发生碰撞，但是使其他船舶以及船上的人员、货物或者其他财产遭受损失的间接碰撞。

案例1

中国人民财产保险股份有限公司航运保险运营中心与广西梧州同舟船务运输有限公司海上保险合同纠纷案 – （2022）鄂民终1360号

一审法院认为，涉案事故中，广西梧州同舟船务运输有限公司（以下简称同舟公司）所属"东桂16"轮与其他两船虽未发生直接接触的碰撞，但因其疏忽瞭望、横越不当、未保持安全航速和避让措施不当，对碰撞责任划分及处理可适用《中华人民共和国海商法》第一百七十条"船舶因操纵不当或者不遵守航行规章，虽然实际上没有同其他船舶发生碰撞，但是使其他船舶以及船上的人员、货物或者其他财产遭受损失的，适用本章的规定"的规定。该规定同样能适用于处理涉案保险合同关系，理由如下：1. 涉案保险条款属格式条款，订立保险合同时中国人民财产保险股份有限公司航运保险运营中心（以下简称人保航运中心）并未向同舟公司明示船舶碰撞不包括无接触的间接碰撞。而不管碰撞在辞典中如何定义，目前航运界对于船舶之间的碰撞确有直接碰撞与间接碰撞的区分，因此对于保险条款中的船舶碰撞确有两种以上的解释。涉案之外的同舟公司投保的其他保单，明确强调说明了间接碰撞不属保险责任，也从另一方面予以印证对涉案保单中的船舶碰撞有不同理解。《中华人民共和国保险法》第三十条规定："采用保险人提供的格式条款订立的保险合同，保险人与投保人、被保险人或者受益人对合同条款有争议的，应当按照通常理解予以解释。对合同条款有两种以上解释的，人民法院或者仲裁机构应当作出有利于被保险人和受益人的解释。"由此应作出对人保航运中心不利的解释，即涉案事故属保险责任范围。2. 若涉案保单条款中船舶碰撞只能认定为直接接触的碰撞，将极大导致在发生本案类似事故时，被保险船舶消极采取有效措施导致直接接触碰撞发生，极可能造成保险人的更大损失，不利于实现保险目的，更不利于避免或减少社会财富浪费。3. 最高人民法院民四庭发布的《涉外商事海事审判实务问题解答（一）》中第149条就"如何理解有关保险条款中船舶碰撞的含义？"解答如下："船舶保险条款中规定了船舶碰撞属于保险责任范围，其中的碰撞包括船舶在海上或者与海相通的可航水域发生接触造成损害的事故，即直接碰撞，也包括《中华人民共和国海商法》第一百七十条规定的船舶因操纵不当或者不遵守航行规章，虽然实际上没有同其他船舶发生碰撞，但是使其他船舶以及船上的人员、货物或者其他财产遭受损失的间接碰撞。"该解答同样可以适用处理本案纠纷。

二审法院认为，《中华人民共和国海商法》第一百七十条规定："船舶因操纵不当或者不遵守航行规章，虽然实际上没有同其他船舶发生碰撞，但是使其他船舶以及船上的人员、货物或者其他财产遭受损失的，适用本章的规定。"该条款是我国海商法中第八章船舶碰撞章节的规定，即无接触的船舶间相互作用适用船舶碰撞章节规定。《最高人民法院关于审理船舶碰撞纠纷案件若干问题的规定》第一条规定："本规定所称船舶碰撞，是指海商法第一百六十五条所指的船舶碰撞，不包括内河船舶之间的碰撞。海商法第一百七十条所指的损害事故，适用本规定。"说明我国法律、司法解释以及航运界对于船舶之间的碰撞确有直接碰撞与间接碰撞的区分，因此对于保险条款中的船舶碰撞确有两种解释。《中华人民共和国保险法》第三十条规定："采用保险人提供的格式条款订立的保险合同，保险人与投保人、被保险人或者受益人对合同条款有争议的，应当按照通常理解予以解释。对合同条款有两种以上解释的，人民法院或者仲裁机构应当作出有利于被保险人和受益人的解释。"涉案保险合同由人保航运中心提供的格式条款订立，现双方对船舶碰撞的理解产生争议，涉案保险合同并未明确约定船舶碰撞不包含间接碰撞。因此，对船舶碰撞有两种以上解释的，人民法院应当作出有利于被保险人和受益人的解释，涉案事故属于船舶碰撞，属于保险责任范围。本案应当适用《中华人民共和国海商法》及《最高人民法院关于审理船舶碰撞纠纷案件若干问题的规定》，但人保航运中心对于前述法律及司法解释条款理解有误，其关于本案一审判决适用法律错误的上诉理由不能成立，二审法院不予支持。

案例2

中国人民财产保险股份有限公司铜陵市分公司与上海华灵物流有限公司、安徽山鹰纸业股份有限公司海上保险合同纠纷上诉案 –（2011）沪高民四（海）终字第31号

一审法院认为，根据《最高人民法院关于审理船舶碰撞和触碰案件财产损害赔偿的规定》第十六条第一款第三项的规定，"船舶碰撞"是指在海上或者与海相通的可航水域，两艘或者两艘以上的船舶之间发生接触或者没有直接接触，造成财产损害的事故。根据相关法律的规定，接触并非船舶碰撞的必要条件。同时，根据法律规定，保险人与被保险人对于保险合同的条款有争议时，人民法院应当作出有利于被保险人的解释。本案中，双方对于保险合同中约定的"船舶碰撞"是否包括无接触的船舶碰撞存在争议，法院认定应当作有利于被保险人的解释。综上，本案事故系由于船舶航行过程中的船浪导致，应认定为船舶碰撞

导致的事故，属于涉案保险合同的责任范围。中国人民财产保险股份有限公司铜陵市分公司（以下简称铜陵人保）抗辩船浪造成的损失不属于保险合同列明的保险责任范围、涉案货物落水系由于货物积载不当造成，保险人不承担赔偿责任等抗辩未提供证据加以证明，法院对上述抗辩理由不予采纳。

二审法院认为，本案中，双方当事人约定，船舶发生碰撞、搁浅造成的货损和在装货、卸货或转载时因意外事故造成的损失，保险人应予理赔。现有证据证明，涉案船舶装卸货物后在外行进时突遇船浪，造成船载货物上部因倾斜滑入水中，承运人对货物装载不当也是货物落水的原因之一。根据法律规定，船舶碰撞是指海上或者与海相通的可航水域，两艘或者两艘以上的船舶之间发生接触或者没有直接接触，造成财产损害的事故。故涉案船浪引起的事故应认定为船舶碰撞导致的事故。同时根据承保风险条款的约定，船舶碰撞引起的货损，保险人应予赔付。装载不当造成货物落水损失系承运人的过失，不属于保险合同约定的保险人可以免除保险理赔之情形，保险人对此应予赔付。铜陵人保没有举证证明涉案货损存在符合保险合同约定的保险人责任免除条款中列明风险的情形，其对保险标的发生承保危险应承担赔偿责任。铜陵人保关于涉案货损不属于承保责任范围的上诉理由不能成立，二审法院不予支持。

案例3

巴拿马浮山航运公司诉中国人民保险公司青岛市分公司船舶保险合同纠纷案 –（2001）鲁经终字第314号

一审法院认为，《中华人民共和国保险法》第一百四十七条规定："海上保险适用海商法的有关规定；海商法未作规定的，适用本法的有关规定。"正如被告中国人民保险公司青岛市分公司（以下简称青岛人保公司）在答辩中所称，《中华人民共和国海商法》在第一百六十五条第一款规定，船舶碰撞是指船舶在海上或者与海相通的可航水域发生接触造成损害的事故（即直接碰撞损害）；第一百七十条同时规定，船舶因操纵不当或者不遵守航行规章，虽然实际上没有同其他船舶发生碰撞，但是使其他船舶以及船上的人员，货物或者其他财产遭受损失的（即间接碰撞损害），也适用本章规定。这说明，海商法所说的船舶碰撞，包括直接碰撞和间接碰撞两种情形。《最高人民法院关于审理船舶碰撞和触碰案件财产损害赔偿的规定》第十六条第一款第三项中更明确了这一点。法律不禁止合同当事人在不违法的前提下，对双方的权利义务另行约定，但这个约定必须是双方当事人的真实意思表示，并且是双方当事人均无异议的意思表示。鉴于海商法和司法解释都规定船舶碰撞有两种情形，如果本案保险合同使用的船舶碰撞概念与法律和司法解释的规定不一致，保险人有义务在签订保险合同时声明。青岛人保公司在签订保险合同时未声明，只在保险单上指明根据 1986 年 1 月 1 日中国人民保险公司发布的《船舶保险条款》承保。而在《船舶保险条款》中，只有保险人对"被保险船舶与其他船舶碰撞或触碰任何固定的、浮动的物体或其他物体而引起被保险人应负的法律赔偿责任"负责的规定，对"碰撞或触碰"是否包含间接碰撞没有规定。"继承者"轮与"浮山"轮没有直接碰撞，而是在躲避"浮山"轮的突然转向时遭受损失，两轮之间发生了间接碰撞。在这种情况下保险人是否担责，《船舶保险条款》的规定含糊不清，以致引发争议。《中华人民共和国保险法》第三十条规定，保险人与被保险人对保险合同的条款有争议时，人民法院应当作有利于被保险人的解释。故对原告巴拿马浮山航运公司（以下简称浮山航运公司）的诉讼主张，应当支持。从另一个角度看，保险事故发生后，被保险人负有及时有效地采取措施，防止损失扩大的义务。如允许保险人对间接碰撞拒赔，势必会消极地鼓励被保险船舶在发生间接碰撞事故后，为谋求保险赔偿而故意直接碰撞，从而使保险人遭受更大的损失，造成船舶保险市场的混乱，不利于培育良好的保险市场和保险秩序。

　　二审法院认为，《1910 年碰撞公约》第十三条规定："本公约的规定扩及于一艘船舶对另一艘船舶造成损害的赔偿案件，而不论这种损害是由于执行或不执行某项操纵，或是由于不遵守规章所造成。即使未曾发生碰撞，也是如此。"《中华人民共和国保险法》第十七条规定："保险合同中规定有关于保险人责任免除条款的，保险人在订立保险合同时应当向投保人明确说明，未明确说明的，该条款不产生效力。"上诉人青岛人保公司主张对间接碰撞不负赔偿责任，可是这一点，不仅在《船舶保险条款》的除外责任中未规定，就是订立保险合同时，也未向被上诉人浮山航运公司明确说明，因此不产生效力。一审认定本案保险合同所涉的"船舶碰撞"应当包括间接碰撞，符合我国法律和司法解释的规定，也与国际公约吻合，因而是正确的。

📖 港口设施及码头等作为保险标的的保险事故不属于海上事故，船舶碰撞例外

最高人民法院关于审理海上保险纠纷案件若干问题的规定

　　第二条　审理非因海上事故引起的港口设施或者码头作为保险标的的保险合同纠纷案件，适用保险法等法律的规定。

第三条 审理保险人因发生船舶触碰港口设施或者码头等保险事故，行使代位请求赔偿权利向造成保险事故的第三人追偿的案件，适用海商法的规定。

最高人民法院第二次全国涉外商事海事审判工作会议纪要

116. 港口设施及码头等作为保险标的的保险事故，不属于海上事故，亦不属于与海上航行有关的发生于内河或者陆上的事故，海事法院审理港口设施及码头等作为保险标的的保险合同纠纷案件，应当适用《中华人民共和国保险法》的规定。发生船舶碰撞码头保险事故时，码头保险人行使代位请求赔偿权利向船舶所有人追偿的，适用《中华人民共和国海商法》的规定。

📖 船舶触碰桥墩是否属于保险责任范围

🔨 案例

温州市洞头东海船务有限公司、中国太平洋财产保险股份有限公司洞头支公司海上保险合同纠纷案 – （2021）浙72民初1211号

根据交通运输部印发的《港口设施维护管理规定（试行）》第三条规定，港口设施主要包括码头、防波堤、引堤和护岸、港池、进出港航道、锚地、港区道路与堆场、仓库、港区铁路与装卸机械轨道、防护设施等及其他生产与生产辅助设施。宁波海事法院认为，本案"东海689"轮触碰的大桥防撞墩并不属于上述的港口设施，亦不属于码头和航标，被告辩称该损失不属于保险责任范围，于法有据，宁波海事法院予以采纳。对原告主张的该部分损失金额及相应证据，本案中均不作认定。原告认为，保险条款第三条第五项中将"桥的损失和费用"作为除外责任列明，但被告未就该除外责任条款尽到明确说明义务，根据法律规定，该条款不产生效力，大桥防撞墩属于桥的一部分，故被告应对该部分损失承担赔偿责任。宁波海事法院认为，只有当保险事故属于保险责任范围时，才有必要审查除外责任条款是否有效，以及保险事故是否属于除外责任条款规定的情形，本案中原告投保的"一切险"系列明式条款，故法院无须再审查除外责任条款的效力。

船舶触碰施工平台是否属于保险责任范围

案例

唐山海港华洋船务有限公司、江某某诉中国大地财产保险股份有限公司舟山中心支公司船舶保险合同纠纷一案 –（2014）津海法商初字第 26 号

关于触碰施工平台（含钻孔灌注桩）是否属于保险赔偿范围。天津海事法院认为，施工平台由海河堤岸边整体在水面以上伸往海河河道，通行施工机械履带吊、混凝土罐车，进行钢筋笼、护筒吊装作业，供施工船舶停靠。从地理位置、工程结构、物体外形、设定功能等方面衡量，施工平台具备码头的基本特征，结合二原告提交的证据中海河海事局对施工平台界定为临时码头的描述，可以认定施工平台（不含钻孔灌注桩）为临时码头，属于二原告与被告保险合同中触碰责任的承保范围，因此被告应承担向二原告给付保险赔偿金的责任。

栈桥属于桥梁还是港口设施

案例

洞头县通达船务有限公司与中国人民财产保险股份有限公司温州市分公司海上、通海水域保险合同纠纷案 –（2014）甬海法温商初字第 54 号

宁波海事法院经审理认为，涉案栈桥位于温州港状元岙港区，《关于港口基础设施范围界定的通知》（交财发〔1995〕891 号）明确规定"港口基础设施涵义主要包括：码头（含浮码头）、防波堤、防沙堤、导流堤、栈桥、船闸、驳岸、护岸、锚地、趸船、港内岸标、浮标等设施；港池、航道；陆域形成及征地拆迁形成的水下设施；客运码头的附属设施；边防（指资产帐在港务局的）、战略设施；港内仓储设备、围墙、桥梁、道路、铁路及港内外装卸运输服务的水、电设施；为运营船舶服务的通讯导航和环保设施，水工工程的

大临设施，以及国务院有关部门规定范围内的港口设施等"。因此，涉案栈桥是温州港状元岙港区的港口基础设施。保险条款第二条约定："本保险承保第一条列举的六项原因所造成保险船舶全损或部分损失以及所引起的下列责任和费用：一、碰撞、触碰责任。本公司承保的保险船舶在可航水域碰撞其他船舶或触碰码头、港口设施、航标，致使上述物体发生的直接损失和费用，包括被碰船舶上所载货物的直接损失，依法应当由被保险人承担的赔偿责任。本保险对每次碰撞、触碰责任仅负责赔偿金额的四分之三，但在保险期间内一次或累计最高赔偿额以不超过船舶保险金额为限。"故"浙洞机185"轮触碰涉案栈桥造成的损失属于保险条款第二条的承保范围。

📖 码头龙门架倒塌砸中保险船舶属于保险责任范围

🔨 案例

刘某某与中国人民财产保险股份有限公司芜湖市分公司海上、通海水域保险合同纠纷案 -（2017）鄂 72 民初 746 号

"远洋1878"轮于保险期间内在可航水域被扬州市金牛船业有限公司倒塌的龙门吊砸中受损。原告刘某某认为该事故属于《中国人民财产保险股份有限公司内河船舶保险条款（2009 版）》（以下简称《保险条款》）第五条所列的触碰事故，被告中国人民财产保险股份有限公司芜湖市分公司（以下简称人保芜湖公司）按约应当负责赔偿。被告人保芜湖公司则认为《保险条款》所列的触碰事故是指保险船舶在可航水域与码头、港口设施、船闸、航标发生的触碰，"远洋1878"轮在涉案事故中的触碰对象不在上述所列范围之内，因此，该公司不应承担赔偿责任。武汉海事法院认为，涉案保险合同中未对触碰进行解释，也未对全损险下的触碰对象作出限定。由于《保险条款》是保险人为了重复使用而预先拟定的格式条款，依照《中华人民共和国合同法》第四十一条的规定，对格式条款的理解发生争议的，应当按照通常理解予以解释；对格式条款有两种以上解释的，应当作出不利于提供格式条款一方的解释。因此，在本案中可以参照《最高人民法院关于审理船舶碰撞和触碰案件财产损害赔偿的规定》第十六条关于"船舶触碰"的定义，将涉案保险合同全损险下的触碰解释为保险船舶与设施或者障碍物发生接触造成的事故。涉案事故符合上述定义，被告人保芜湖公司应当按约对该事故造成的船舶损失进行赔偿。

海洋运输货物保险条款"一切险"是否属于列明风险

案例 1

海南丰海粮油工业有限公司与中国人民保险公司海南省分公司海运货物保险合同纠纷案 –（2003）民四提字第 5 号

最高人民法院判决认为：海南丰海粮油工业有限公司（以下简称丰海公司）与中国人民保险公司海南省分公司（以下简称海南人保）之间订立的保险合同合法有效，双方的权利义务应受保险单及所附保险条款的约束。本案保险标的已经发生实际全损，对此，发货人丰益贸易私人有限公司没有过错，亦无证据证明被保险人丰海公司存在故意或过失。保险标的的损失是由于"哈卡"轮船东 BBS 公司与期租船人之间的租金纠纷，将船载货物运走销售和走私行为造成的。本案争议的焦点在于如何理解涉案保险条款中一切险的责任范围。

依本案"海洋运输货物保险条款"的规定，一切险"除包括上列平安险和水渍险的各项责任外，本保险还负责被保险货物在运输途中由于外来原因所致的全部或部分损失"。保险条款中还列明了五项保险人的除外责任条款，即：①被保险人的故意行为或过失所造成的损失；②属于发货人责任所引起的损失；③在保险责任开始前，被保险货物已存在的品质不良或数量短差所造成的损失；④被保险货物的自然损耗、本质缺陷、特性以及市价跌落、运输迟延所引起的损失；⑤本公司海洋运输货物战争险条款和货物运输罢工险条款规定的责任范围和除外责任。从本案保险条款的规定看，除前述五项除外责任的规定外，保险人应当承担包括平安险、水渍险以及被保险货物在运输过程中由于各种外来原因所造成的损失。

何谓运输过程中的"外来原因"，属于对保险条款的解释。保险合同作为格式合同的一种，提供格式条款的一方应当遵循公平原则确定当事人之间的权利义务，并采取合理的方式提请对方注意免除或者限制其责任的条款，按照对方的要求，对该条款予以说明。本案中的保险条款除外责任中并不包括因承运人的非法行为将整船货物盗卖或者走私造成的保险标的的损失，海南人保亦不能证明其在签订保险合同时向丰海公司说明因承运人的非法行为将整船货物盗卖或者走私造成的损失不属于保险责任范围。因此，海南人保应当按照合同约定承担赔偿责任。原审以海南人保与丰海公司有长期的保险业务关系，在本案纠纷发生前，双方曾多次签订保险合同，海南人保还作过一切险范围内的赔付为由，认定丰海公司对本案保险合同的主要内容、免责条款及一切险的责任范围是清楚的，因此海南人保可以不承担本案的赔偿责任。这一认定在事实和法律上均无依据，应予纠正。

海南人保在原审中提供了中国人民银行给中国人民保险（集团）公司的复函，对"一切险"条款作出解释，以证明本案事故不属于保险责任范围。最高人民法院认为，根据我国保险法的规定，保险人应当在订立保险合同时向投保人说明保险合同条款的内容。中国人民银行作为当时保险行业的主管机关，在涉案保险事故发生之后对保险合同条款作出的解释，不应适用于本案。且从中国人民银行的复函看，亦不能得出本案事故不属一切险责任范围的结论。

综上，最高人民法院认为本案保险标的的损失不属于保险条款中规定的除外责任之列，应为收货人即被保险人丰海公司无法控制的外来原因所致，故应认定本案保险事故属一切险的责任范围。原审认为丰海公司投保货物的损失不属一切险的责任范围错误，应予纠正。丰海公司的再审申请理由依据充分，应予支持。

案例 2

华联粮油诉华安财产保险海上货运保险合同纠纷案 -（广东省高级人民法院审理，案号未知，审结日期：2000.08.28）

法院判决认为，保险合同约定的"一切险"保险责任范围为"除包括上列平安险和水渍险的各项责任外，本保险还负责被保险货物在运输途中由于外来原因所致的全部或者部分损失"。保单中并未对"一切险"进行解释。该保险合同是格式合同，对格式条款的理解发生争议时，应当按照通常理解予以解释。按通常理解，"一切险"是非列明风险，"外来原因"应属于未能确定、未能列举的承保风险。尽管作为我国保险行业的主管机关的中国人民银行于1997 年 5 月 21 日在答复中国人民保险公司《关于〈海洋货物运输保险"一切险"条款解释的请示〉的复函》中，将"外来原因"解释为"仅指偷窃、提货不着、淡水雨淋、短量、混杂、沾污、渗漏、碰损、破损、串味、受潮受热、钩损、包装破裂、锈损"，但是，由于我国保险行业之外的其他人对保险知识的缺乏，对上述解释缺少了解，其对保险的认识往往只能依靠保险单条款来加以理解。而保险公司并未在保单中明确载明该保单的"一切险"为列明风险，也未将中国人民银行对该条款的解释附于保险单或在承保时对该条款进行说明和解释，导致双方对保险条款中的"一切险"条款的理解发生争议。在这种情况下，对发生争议的条款应当按照通常理解予以解释。《中华人民共和国保险法》第三十条规定："对于保险合同的条款，保险人与投保人、被保险人或者受益人有争议时，人民法院或者仲裁机关应当作有利于被保险人和受益人的解释。"中国人民银行作为保险行业的主管机关，无权对保险人与被保险人发生争议案件的具体条款进行解释。中国人民银行的上述解释，只对保险公司从事保险业务起指导作用，而不是对具体的保险合同条款进行解释，因此在本案中不适用。对保险公司关于其承保的"一切险"为列明风险的主张，不予支持。保单中承保的"一切险"为非列明风险，如保险人主张免责，应举证证明货物受损是由其除外责任引起的。保险公司主张粮油公司应首先举证证明保险标的遭受了保险风险的理由不能成立。在本案中，因保险公司未针对其可以免责的除外责任进行有益的抗辩和举证，其行为应被视为其放弃了相关的权利，其不能免责。

法院评析

本案海运货物保险单中"一切险"是否属列明风险？

本案关于"一切险"条款是否属列明风险条款的争论，直接影响到对事故原因举证责任的分担问题。列明风险条款就是保险条款对承保的风险采取逐项列举的方式详细明示，而不是采用一般性、包容性的术语进行概括。按照"明示其一就排斥其他"的逻辑推理和合同解释规则，列明风险条款的保险人承保的风险就限定在所列举的风险项目中，被保险人索赔必须举证证明损失是列明风险中的某项或某几项原因所致，否则，保险人可以以被保险人不能证明损失属承保范围为由而拒赔。在列明风险条款下，被保险人首先承担了较重的举证责任。非列明风险条款主要采用一般性、包容性的术语对承保风险进行概括，或者对部分承保风险列明，对部分承保风险进行一般概括。非列明风险条款一般通过对除外责任进行详细列明来限定承保风险。在非列明风险条款下，只要被保险人初步证明了保险事故的原因属保险条款规定的一般性、包容性的术语范畴，保险人欲从保险事故原因上抗辩进行拒赔，就须证明损失是保单除外责任条款中列明的某项除外风险所致；如果保险人不能举证除外风险，法院将认定损失属保单的承保范围。既然非列明风险保险单没有从正面具体列明承保项目，被保险人就没有超出保单约定的举证责任。相比之下，采用非列明风险条款的保险人一般要承担较重的举证责任，从以下对本案的实例分析中可见一斑。

"一切险"条款在海上保险法的理论上或者从字面上看属非列明风险。但在保险实务中不同的保险条款中的一切险在风格上却有较大的差异。英国伦敦保险人协会海运货物保险条款所规定的一切险是非列明风险。中国人民保险公司 1986 年船舶保险条款中的一切险虽然名为"一切险",却详细列明了具体承保的风险来限定承保范围,这种"一切险"条款应属列明风险条款。本案保单所采用的保险条款即中国人民保险公司 1981 年 1 月 1 日的海洋运输货物保险条款所规定的"一切险"保险责任范围为:"除包括上列平安险和水渍险的各项责任外,本保险还负责被保险货物在运输途中由于外来原因所致的全部或者部分损失。"其中,平安险和水渍险条款属列明风险条款,但对"外来原因"这一概括性术语,没有进一步列明其范围,"外来原因"即属非列明风险。故在整体上看,本案"一切险"条款应属非列明风险条款。虽然中国人民银行《关于〈海洋货物运输保险"一切险"条款解释的请示〉的复函》(银函〔1997〕210 号)将"外来原因"限定为"仅指盗窃、提货不着、淡水雨淋、短量、混杂、沾污、渗漏、碰损、破碎、串味、受潮受热、钩损、包装破碎和锈损",似乎应将"外来原因"及本案"一切险"理解为列明风险,但从法理上看,中国人民银行的上述复函只是我国保险业的主管机关作出的部门规章,只对其所属的保险公司从事保险业务起指导作用。而保险合同条款必须是当事人的自由合意,本案保险合同当事人并没有将中国人民银行的上述指导意见纳入保险单中转化为合同条款。中国人民银行的上述复函作为部门规章不能对保险人和被保险人平等民事主体之间的民事合同产生约束力,不能干预法律赋予民事主体缔约自由的权利,不能强制性地自动成为保险单中的一项保险条款,不能改变本案"一切险"非列明风险的特征。在本案"一切险"条款下,被保险人只需要证明货物是在保险人的责任期间因外来原因遭受灭失、损坏的,而不必证明具体是由哪一种风险造成的,保险人就应承担赔偿责任,除非保险人能证明货物的灭失损坏是由于除外风险造成的。在本案中,被保险人举证证明货物在装船前状况良好,在运输途中发霉变色,船舶航行途中没有遇到恶劣天气,船舶舱底及舱壁没有异常情况,这排除了平安险和水渍险所列明的自然灾害和意外事故引起本案货损的可能。按照豆粕霉变成因的一般规律,本案货损可能属于外来原因(如航行中通风不够,受潮受热)或货物的本质缺陷等除外风险所造成的。本案货物装运前的商检证明货物装运前含水量并不高,没有发现瑕疵,这就进一步表明货损是由外来原因造成的可能性较高。按照谁主张谁举证,及举证责任在肯定一方而不在否定一方的举证规则,货物本质缺陷等除外风险应由保险人举证。本案中保险人没有举证货损由除外风险造成的，非此即彼，法院只能认定货损由外来原因所致。前已述及，被保险人只须初步举证货损属外来风险所致，无须进一步举证货损属外来原因中的哪种具体原因所致。本案判决认定货损属保单一切险的承保范围是正确的。①

案例3

武汉某饲料有限公司诉某财产保险股份有限公司江西省分公司海上货物运输保险合同纠纷案 – （上海市高级人民法院审理，案号未知）

一审法院判决认为：原告与被告双方对涉案保险单背面载明的保险条款并无异议，双方的争议在于对涉案一切险承保责任范围中"外来原因"的理解不同。一切险条款是中国人民银行在银发〔1994〕328号《关于下发外币保险业务类保险条款的通知》中批准执行的，该行还在1997年5月21日发布的复函1中对"外来原因"作了具体解释，并在1998年11月27日发布的复函2中进一步明确："外来原因所致的全部或部分损失"是指11种一般附加险所承保的11种风险。由此，一切险条款及其上述解释业经中国人民银行审核批准，已在我国保险市场上普遍适用多年，成为我国保险业的交易习惯。在原告与被告对保险合同条款的理解有争议时，应当按此交易习惯确定争议条款的真实意思；在原告与被告未就一切险的保险范围在保险单上作出明确约定时，也应当按此交易习惯确定一切险的保险范围。

涉案保险单所约定承保的一切险是平安险、水渍险和11种一般附加险的总和，其与涉案战争险的承保责任范围均属于列明风险式。原告作为被保险人，首先必须证明已发生涉案保险合同约定的保险事故，这是要求被告承担保险赔偿责任的前提。但原告至今未能举证证明本案中已发生一切险或战争险承保范围内的保险事故，依法应承担举证不能的不利后果，被告据此不应承担保险赔偿责任。

原告就此上诉称：……中国人民银行的文件属内部规章，在被告未将上述规章列入保险合同中或告知被保险人的情况下，该规章对保险行业以外的任何单位和个人均无约束力；《中华人民共和国合同法》和《中华人民共和国保险法》均规定对于保险合同条款有争议时，人民法院或者仲裁机关应当作出有

---

① 评析编写人为广州海事法院余晓汉，责任编辑为杨洪逵。

利于被保险人和受益人的解释，本案争议的"外来原因"应属于未能确定、未能列举的承保风险，涉案货物因船舶失踪引起的风险就在此列。

二审法院审理认为：原告与被告之间的保险合同合法有效，双方当事人的权利义务应受保险单及所附保险条款的约束。涉案货物投保了一切险和战争险，在双方当事人对于一切险的保险责任范围产生不同理解的情况下，根据《中华人民共和国合同法》第四十一条和《中华人民共和国保险法》第三十条的规定，应作出有利于被保险人的解释。从涉案保险单记载的内容看，一切险的承保风险除平安险和水渍险的列明风险外，还包括运输过程中由于外来原因产生的其他风险，因此，一切险的承保范围是指除外责任以外的任何意外事故，并非列明式风险。被告在原审中提供的中国人民银行就一切险条款所作解释的两份复函，属于保险行业的内部规定，在被告未向涉案货物的投保人或被保险人明确告知的情况下，对原告没有约束力。同时，基于上述对一切险条款的解释及该条款除外责任的具体规定，从货物保险的宗旨考虑，在货物运输保险中，保险人对货物承担的责任既包括货物的具体状态，也包括货物能安全抵达其目的地，即一切险还应承保航程丧失或受阻的风险。本案中，船舶被法庭扣押是可以认定的事实，由于载货船舶被扣押的风险没有在除外责任中明确除外，且对被保险人原告而言是意外风险，因此，该风险属于保险人的责任范围，但是，船舶被扣押后，保险货物依然存在，并未被扣押，且被允许转船运输，被保险人必须证明保险货物无法运送至目的地，才能构成航程丧失或受阻。鉴于原告未举证证明被保险人在出事地点采取了转运措施，或证明在当时的情况下不能找到替代船舶将货物运至目的地，或按照《中华人民共和国海商法》第二百四十六条第二款的规定，证明"为避免发生实际全损所需支付的费用与继续将货物运抵目的地的费用之和超过保险价值"，涉案货物并未因航程丧失或受阻而构成推定全损，原告也未按照《中华人民共和国海商法》第二百四十九条的规定提交委付通知，不能请求全损赔偿。此外，现有证据不能证明原告在事故发生后采取了必要的合理措施，以防止或减少损失，根据《中华人民共和国海商法》第二百三十六条的规定，对由此产生的损失，保险人被告不负赔偿责任。

📖 外来原因的举证责任

⚖ 案例1

诚泰财产保险股份有限公司、诚泰财产保险股份有限公司云南

分公司海上、通海水域保险合同纠纷案－（2020）桂民终 1192 号

一审法院认为，涉案货物在保险单约定的中转地防城港卸货后，发现短量615.04 湿吨，事故发生于涉案货物的运输途中。该项短量损失是否属于"外因所致"，应由被告举证证明。被告出具的保险单及适用的保险条款均没有列明"外来原因"的范围，也未提供充分有效的证据证明涉案货物短量不属于"外来原因所致"，因此，应认定系"外来原因所致"。同时，被告也未提供充分有效的证据证明涉案货物短量属于《海洋运输货物保险条款》约定的除外责任。因此，涉案货物的短量属于保险责任范围。

二审法院认为，首先，前文已述，经比对，由上诉人承保的第一批货物在出仓后至目的港测量时确实发生了大量短少，该短量是发生在运输过程中。其次，《海洋运输货物保险条款》中规定的一切险，应是外来的风险，且是不确定的、意外的、无法列举的风险，因此一切险的承保范围较宽，被保险人只要证明货物损失并非保险除外责任列明的原因造成的，则该损失应当属于保险责任范围。本案中，货物短少数量为 545.431 干吨，并无任何证据证明是因货物自身属性而发生的短少，且目前亦无任何证据证明该货物短量是被保险人故意或者过失造成的，上诉人亦未说明及举证证明该货物短量存在除外责任条款列明的原因所致，则在被上诉人云南红投国际投资开发集团有限公司已经举证证明案涉货物存在短少 545.431 干吨的情况下，应可认定该损失系因"外来原因"所致。据上分析，涉案货物短少 545.431 干吨应属保险责任范围。

案例 2

广州安盛物流有限公司与中国人民财产保险股份有限公司东莞市分公司海上保险合同纠纷案－（2017）粤 72 民初 5 号

广州海事法院认为，根据《中华人民共和国保险法》第二十二条第一款"保险事故发生后，按照保险合同请求保险人赔偿或者给付保险金时，投保人、被保险人或者受益人应当向保险人提供其所能提供的与确认保险事故的性质、原因、损失程度等有关的证明和资料"的规定，原告应对货损数额、货损原因等进行举证。本案货物装箱时装箱单记载为箱况完好，收货时运单上也无水浸等外来原因导致货物受潮的记录，原告提交的证据不足以证明其关于外来原因导致货物水湿的主张。根据《中华人民共和国民事诉讼法》第六十四条第一款"当事人对自己提出的主张，有责任提供证据"和《最高人民法院关于民事诉讼证据的若干规定》第二条"当事人对自己提出的诉讼请求所依据的事实或者反驳对方诉讼请求所依据的事实有责任提供证据加以证明；没有证据或者证据不足以证明当事人的事实主张的，由负有举证责任的当事人承担不利后果"的规定，原告应自行承担举证不能的法律后果。综上，原告既未能证明本案货物的损失数额，也未证明货物的损失原因，其要求被告支付保险金的主张缺乏事实依据，应予驳回。

📖 货物因运输途中温差变化导致水汽凝结而受损是否属于外来风险造成的

🔨 案例

波多唯多国际贸易有限公司与中国人民财产保险股份有限公司宁波市分公司海上、通海水域保险合同纠纷案－（2020）浙72民初181号

宁波海事法院经审查认为：首先，THE NATIONAL SURVEY JOINT-STOCK COMPANY（以下简称 NSC 公司）据以得出事故原因所依据的事实，即集装箱完好无损而木箱出现破损、木箱内部霉变程度高于外部、上海与胡志明市的温度变化和高湿度水平、硝酸银测试结果为阴性等，均系客观事实。原告指出的木箱破损件数、硝酸银测试样本不足、未告知检测目的等瑕疵，均不足以推翻事故结论。其次，在 NSC 公司代表被告在越南进行勘验、调查时，原告即知道其身份，当时却未提出异议并接受其对事故的处理，事后却又质疑 NSC 公司资质的合法性，故宁波海事法院对该异议不予采信，并对 NSC 公司出具的检验报告予以认定，确认货损系黄铜管发生水汽凝结所致。

关于本案货损原因是否属于协会 A 条款项下的保险事故。协会 A 条款项第 1 条规定，承保范围为除 4、5、6、7 各条规定除外责任以外的一切风险所造成的保险标的损失。经宁波海事法院审查，黄铜管发生水汽凝结不符合第 4（一般责任条款）、5（不适航和不适宜除外责任条款）、6（战争除外责任条款）、7（罢工除外责任条款）各条所规定的任一情形，黄铜管因水汽凝结而致损在一般生活经验上应属于风险范畴，故案涉货损原因属于保险事故。

货物色泽变化导致价格降低属于保险事故

案例

上海申福化工有限公司与中国人民财产保险股份有限公司上海市分公司海上保险合同纠纷上诉案－（2011）沪高民四（海）终字第131号

原审法院认为，根据当事人双方保险条款约定，涉案货物投保险别为一切险，保险人负责平安险、水渍险的各项责任，还负责保险标的在运输途中因外来原因所致的全部或部分损失。涉案货物在起运港西班牙维尔瓦的色度值低于5铂钴，在运抵目的港中国常州后色度值和湿度发生明显变化，已不符合上海申福化工有限公司（以下简称申福公司）购买涉案苯酚色度不超过10铂钴的要求，而该运输区间属于保险单记载的责任区间，涉案货物的色度值变化是在保险责任区间内发生，尽管涉案苯酚仍有其他用途，但色度变化已影响其本身价值，造成涉案货物部分实际损失的事实确已发生，属于保险事故。中国人民财产保险股份有限公司上海市分公司（以下简称财保上海）抗辩认为，涉案货物在目的港卸船交付后色度继续发生变化，色度变化是由于货物自然属性发生氧化造成，属于保险人的除外责任。原审法院认为，根据保险合同的约定，被保险货物的自然损耗、本质缺陷、特性引起的损失属保险人的除外责任。但如保险人欲以此条款予以免责，则保险人应对其主张免责的除外责任负举证义务。审理中，财保上海并没有提供证据证明涉案货物损失系其自身的本质缺陷、特性造成，相反申福公司提供随船小样的检验结果表明涉案苯酚的色度值并无变化，证明货物自然属性导致货物损失的理由不能成立，故原审法院对财保上海的该项抗辩意见不予采纳。财保上海应承担举证不能的不利后果。

上海市高级人民法院认为，涉案货物在起运港的色度值低于5铂钴，符合申福公司购买的色度要求。运抵目的港后，色度值和湿度已明显不符合申福公司的购买要求。尽管涉案苯酚可作它用，但色度变化已影响其原有价格，否则申福公司不会在购买时对色度提出特别要求。因此，造成涉案货物部分实际损失的事实确已发生。根据保险合同的约定，被保险货物的自然损耗、本质缺陷、特性引起的损失属保险人的除外责任。保险人欲以此条款主张免责，则其应对主张免责的除外责任负举证义务。对此，财保上海并没有提供有效证据予以证明。而申福公司提供随船小样的检验结果表明涉案苯酚的色度值并无变化，由此可证明财保上海所称的货物自然属性和本质缺陷导致货物损失的理由不能成立。原判据此认定涉案货损不属保险人的除外责任并无不当。

📖 进口大豆货损是否属于保险责任范围

⚖ 案例

中国太平洋财产保险股份有限公司航运保险事业营运中心、日照银行股份有限公司莒县支行海上、通海水域保险合同纠纷案 –（2020）鲁民终 1702 号

一审法院认为，本案货损属于保险人的保险责任范围。1. 涉案大豆品质适合海上运输要求。适用于收购、储存、运输、加工和销售的商品大豆国家标准 GB1352—2009，规定大豆水分含量指标不超过 13% 即为符合标准，该水分含量的标准应当被视为可以满足大豆储藏、运输商业流通方面的一般要求。本案大豆装船前进行了品质检验，平均含水量为 12.88%，符合国家标准。中国太平洋财产保险股份有限公司航运保险事业营运中心（以下简称太保航运中心）认为涉案大豆平均含水量超过 12.5% 的安全水分标准以及杂质较高是造成货损的客观原因，没有事实和法律依据，一审法院不予采纳。太保航运中心提交的《关于"阿德兰特"轮大豆发生货损案的专家意见》（以下简称《专家意见》）及《公估报告》，均援引"安全储运期"这一理论以支持其结论，但未提供法律和事实依据以证明该理论的合法性。《专家意见》及《公估报告》均得出结论，认为涉案货物在 2017 年 5 月 25 日船舶抵达日照港锚地时品质完好，未发生货损。《专家意见》得出该结论的依据仅是由"阿德兰特"轮船方提供的照片。但在总共七张照片中存在抵港两张内容完全一致，而照片上显示的日期却前后两天不一致的情况，出现明显矛盾。故，一审法院对《专家意见》中有关船舶抵达日照港锚地时货物品质完好，未发生货损的结论不予采信。《公估报告》得出上述结论的依据，仅为通过船长陈述，且庭审中公估人有按照安全储运期理论，涉案货物存在本案航行途中发生货损的可能性不能被排除的表述。一审法院对《公估报告》的结论亦不予采信。故，对太保航运中心主张涉案进口大豆损失因货物的自然特性、固有缺陷及其他除外责任造成而不应承担保险赔偿责任的抗辩，一审法院不予采纳。2. 迟延不是导致涉案大豆损害的直接及唯一原因，而是由多种外来原因综合导致。首先，装运港雨中作业对涉案大豆的损害产生影响。涉案大豆在装港装货期间为 2017 年 4 月 7

日至 4 月 10 日，4 天内共计有 8 次降雨，且 4 次停装，雨中作业是导致船舱内货物水分含量增高并最终导致货损发生的原因之一。其次，运输过程中的通风措施不当是导致货损的重要原因。太保航运中心提交货舱温度及通风记录，主张根据该通风记录记载，其掌管货物 141 天，共计通风 99 天。在一审法院审理的（2018）鲁 72 民初 1245 号一案庭审中，作为涉案大豆运输承运人的萨么科股份有限公司（以下简称萨么科公司），与本航次航海日志所记载通风记录相核对后，确认其掌管货物 141 天，共计通风仅 66 天。与检验检疫局《残损检验鉴定证书》所统计的 59 天通风记录基本相符。太保航运中心提交的通风记录中对于通风天数的统计与航海日志有较大出入，对其真实性一审法院不予认可，不予采信。"阿德兰特"轮在掌管涉案货物期间，没有采取合理的通风时间，对所承运货物的保管、照料未尽合理谨慎义务，是导致涉案大豆货损的重要原因。最后，卸货延迟亦是货损发生的重要因素。涉案"阿德兰特"轮是用于载运散装货物的海上运输船舶，并不适合于大豆货物的长时间储存，本案大豆卸货时发生霉变，与海上运输航程持续了 4 个多月有关。

综上，太保航运中心不能提交证据证明迟延是涉案大豆的货损直接且唯一原因，涉案大豆产生损坏的原因是由多种因素造成的，对太保航运中心主张由于延迟卸货从而导致货损，依照保险合同除外责任的约定，其不应当承担保险赔偿责任的抗辩，一审法院不予采信。

二审法院维持一审判决。

船东因行使留置权占有货物是否构成保险合同项下的保险事故

案例

中国人民财产保险股份有限公司上海市分公司与自然环保集团有限公司、江苏永禄肥料有限公司海上保险合同纠纷案 –（2013）沪高民四（海）终字第 108 号

一审法院认为，现有证据表明涉案的海上运输原先是一个正常履行的运输合同，直至玛琳船务有限公司（以下简称玛琳公司）将货物运抵卸货港海域，自然环保集团（私人）有限公司（以下简称环保私人公司）向玛琳公司主张提货时，情况发生了变化。玛琳公司因未能从承租人上海中基船务有限公司（以下简称中基公司）处收到涉案航次的运费和滞期费，在要求环保私人公司

支付运费未果，并得知环保私人公司向当地法院申请了扣船令后，遂留置货物并驾船逃逸，致环保私人公司和自然环保集团有限公司（以下简称环保集团公司）失去了对货物的控制。玛琳公司因行使留置权占有涉案货物是否构成涉案保险合同项下的承保风险，取决于双方保险条款的约定。双方约定的承保险别为协会 A 条款，其承保风险范围远大于协会 B 条款和 C 条款。2009 协会 A 条款第 1 条风险条款（Risks Clause）规定："本保险承保保险标的物损坏或灭失之一切风险，但不包括下列第 4、5、6 及 7 条规定的除外责任。"可见，协会 A 条款承保的风险范围系非列明风险，"一切风险减去除外责任"即为该条款的承保风险范围。风险在保险领域系指损失发生的不确定性。如保险标的因某种不确定的因素而遭受损失的，这种因素均可归属于风险。这也就是通常所说的保险合同的射幸性。本案中，被保险人已按运输合同的约定支付了应支付的运费，并随后取得了运费预付的提单，但由于涉案船舶存在转租的情形，涉案船东因未能从其租船合同的相对人处收取运费留置货物进而载货逃逸，这显然不是江苏永禄肥料有限公司（以下简称永禄公司）在投保时能够预见到的，对于环保私人公司、环保集团公司以及永禄公司而言，这纯属意外，其符合协会 A 条款中风险的定义。无论是从协会 A 条款风险条款的措辞，还是从英国《1906 海上保险法》第 3 条对航海与海上危险的定义，都无法得出可将本案情形排除在协会 A 条款承保风险范围之外的结论。

中国人民财产保险股份有限公司上海市分公司（以下简称人保上海公司）的抗辩理由在于玛琳公司留置涉案货物系合法行为，而承运人合法留置货物不属于协会 A 条款的承保风险。一审法院认为，判断是否承保风险范围不应以船东行为的合法性为标准。在被保险人没有任何违约或过错的情况下，船东基于某一法律的特别规定而合法地对被保险人的货物行使留置权，致被保险人丧失对货物的所有权，对被保险人而言，与因天火或第三人偷盗而丧失货物所有权的情形并无本质区别。船东留置行为的合法性对于保险人向船东追偿可能会存在影响，但不能成为保险人将其排除在承保风险之外的理由。只要保险标的是因不可归责于被保险人的原因而被他人留置，无论这种留置被判定为合法还是不合法，均应属于协会 A 条款的承保风险。英国的狄龙大法官（Lord Justice Dillon）在 Intergrated Container Service Inc 诉 British Traders Insurance Co Ltd［(1984) 1 Lloyd's Rep 154］一案中也表达了类似的观点："本保险单承保的是一切险，我看不出有什么理由要将货物被第三方合法变卖这种风险排除在外。不管货物是因留置（依据港口管理规定或司法执行程序）而被合法变卖，还是被非法变卖，原告们实际上都失去了他们的集装箱。"（"The policy is against all risks, and I can see no reason why the risk of lawful sale by a third party should be excluded. The plaintiffs effectively lose their containers whether the sale is lawful under a lien port regulations or a process of judicial execution or unlawful."）。如果船东留置货物是由于被保险人怠于履行义务而导致的，则结果将会相反，保险人可以援引协会 A 条款 4.1 条被保险人蓄意恶行予以拒赔，但本案没有证据证明存在这样的情形。

二审法院认为，涉案运输涉及三份租约，被保险人（保单转让前为永禄公司）已经依据其与上海世威国际货物运输代理有限公司（以下简称世威公司）之间的租船合同，于装货完毕开船前向出租人世威公司支付了 70% 的运费（租约约定其余的 30% 运费在船到港卸货后付清），不存在违约行为。至于世威公司是否会向其出租人中基公司支付费用、中基公司是否会向其出租人玛琳公司支付费用，都非投保人在签订租约和保险合同当时能预知，也并非被保险人能掌控，故被保险人对玛琳公司未能从承租人处收到运费和滞期费等费用，不存在过错。涉案货物因不可归责于被保险人的原因在目的港被船东玛琳公司留置，对被保险人而言，系运输途中意外蒙受的风险，在该风险不属于2009 协会 A 条款规定的"除外责任"的情况下，保险人应当对被保险人遭受的损失承担赔偿责任。

人保上海公司另认为，被保险人没有证据证明货物已经发生全损，即使货物发生损失，也实际发生在保险责任期间结束后，不属于承保范围。二审法院认为，现有证据表明，涉案船舶 2010 年 3 月 19 日在驶离目的港后，于 2011年 8 月 16 日在印度被拆解，船东玛琳公司最终如何处理涉案货物，情况不明，本案一、二审期间，也没有涉案货物下落的证据，一审法院认定涉案货物已经实际全损并无不当。涉案货损因船东玛琳公司行使留置权所致，而涉案船舶系在玛琳公司宣布行使留置权之后才驶离目的港，故涉案保险事故发生在保险人的保险责任期间内。至于该保险事故所造成的损失数额系在保险责任期间届满后才得以确定的事实，不影响保险人应当承担的赔偿责任。

海上货物运输承运人无单放货或错误放货导致的损失是否属于保险理赔范围

最高人民法院关于审理海上保险纠纷案件若干问题的规定

第十一条 海上货物运输中因承运人无正本提单交付货物造成的损失不属于保险人的保险责任范围。保险合同当事人另有约定的，依约定。

案例1

最高人民法院关于中国上海抽纱进出口公司与中国太平洋保险公司上海分公司海上货物运输保险合同纠纷请示的复函 -（2000）交他字第8号

关于无单放货是否属于保险理赔的责任范围问题。我们认为，根据保险条款，保险条款一切险中的"提货不着"险并不是指所有的提货不着。无单放货是承运人违反凭单交货义务的行为，是其自愿承担的一种商业风险，而非货物在海运途中因外来原因所致的风险，不是保险合同约定由保险人应承保的风险。故无单放货不属于保险理赔的责任范围。

涉外商事海事审判实务问题解答
（最高人民法院民事审判第四庭）

166. 海上货物运输无单放货是否属于保险理赔范围？

答：根据保险条款，保险条款中一切险中的"提货不着"险并不是指所有的提货不着。无单放货是承运人违反凭提单交付货物义务的行为，是其自愿承担的一种商业风险，而非货物在海上运输中因外来原因所致的风险，不是保险合同约定由保险人应承担的风险。海上货物运输无单放货不属于保险理赔的责任范围。

上海市高级人民法院审理海事案件若干问题的讨论纪要（二）（试行）
（沪高法〔2001〕523号）

三、关于承运人无单放货行为是否构成海上货物运输保险合同一切险承保的货物提货不着风险的问题

承运人无单放货是其不正确履行海上货物运输合同交货义务的违约行为，由此造成提单持有人提货不着的风险是可以预见的，这种提货不着不具有海上货物运输保险合同的风险特征，故不属于保险合同约定承保的风险。被保险人就海上运输货物投保一切险时，保险人的责任范围虽然包括"提货不着险"，但对承运人无单放货造成的提货不着，保险人不应承担赔偿责任。

案例2

深圳市中农网股份有限公司与北部湾财产保险股份有限公司海上、通海水域保险合同纠纷案 –（2016）桂民终191号

一审法院认为：深圳市中农网股份有限公司（以下简称中农网公司）向北部湾财产保险股份有限公司（以下简称北部湾财保公司）投保了综合险，其中保险责任范围包括"遭受盗窃或整件提货不着的损失"，该保险条款是指保险有效期内，保险货物被偷走或窃走，以及货物运抵目的地后，货物的全部或整件未交的损失，但导致"整件提货不着"的风险必须是偶然的、意外的，应当具备不可预见性和责任人不确定性等特征。本案中，承运人广西鑫海国际货运代理有限公司（以下简称鑫海公司）利用控制被保险货物的便利，未按照中农网公司指令送到指定的地点，而是将货物错误交付给案外人荣某，导致中农网公司遭受未能提货的损失，为此，中农网公司已另案向北海海事法院对鑫海公司提起诉讼，一审法院业已作出（2014）海商初字第130号民事判决，判令承运人鑫海公司对未依约交付货物承担赔偿责任。可见，承运人鑫海公司违反海洋、水路货物运输的交易习惯和合同约定，未凭中农网公司指令放货的行为，是其自愿承担的一种商业风险，是可以预见的风险，责任人是鑫海公司也十分确定，而非货物在海运途中因外来原因所致的风险，不是保险合同约定由北部湾财保公司应承保的"整件提货不着"风险，中农网公司不能因此向北部湾财保公司索赔。

二审法院认为，上诉人中农网公司向被上诉人北部湾财保公司投保的保险险别为国内水路、陆路货物运输综合险，"遭受盗窃或整件提货不着的损失"属于综合险的范围。货物运输中的风险，一般是指货物运输过程中因外来原因造成的风险，既包括自然原因造成的风险，也包括人为因素造成的风险，但其应当具备不可预见性和责任人不确定性的特征。本案中，虽然上诉人中农网公司并没有收到案涉22箱货物，但前已述及，其没有收到货物的原因是承运人及实际承运人违反合同的约定，未按托运人中农网公司的通知放货，而是将货物交付给了荣某，即事故的发生系承运人不正确履行职责的违约行为所致，是承运人自愿承担的一种商业风险，该事故是可以预见且责任人是确定的，本案事故的发生并不符合保险事故所应当具备的不可预见性及责任人不确定等的风险特征，故本案并不属于"整件提货不着"保险事故，上诉人认为"整件提货不着"指被保险人无法提到货物而无论原因的上诉主张无法律依据，二审法院不予支持。

案例3

中国抽纱公司上海进出口公司诉中国太平洋保险公司上海分公司海上货物运输保险合同纠纷案－（上海市高级人民法院审理，案号未知，审结日期：2001.03.20）

二审法院判决认为，提货不着虽然是本案海上货物运输保险合同中约定的一种风险，但并非所有的提货不着都应当由保险人承担赔偿责任。海上货物运输保险合同中的风险，一般是指货物在运输过程中因外来原因造成的风险，既包括自然因素造成的风险，也包括人为因素造成的风险。但是，凡海上货物运输保险合同所指的风险，都应当具备不可预见性和责任人不确定性的特征。托运人、承运人、收货人等利用接触、控制保险货物的便利，故意毁损、丢弃或无单放行以至提货不着，是确定的责任人不正确履行职责而发生的可以预见的事故。本案是因承运人银风公司（Silver Wind Corporation）无单放货，造成持有正本提单的被上诉人中国抽纱公司上海进出口公司（以下简称抽纱公司）提货不着。无单放货虽然能导致提货不着，但这种提货不着不具有海上货物运输保险的风险特征，故不属于保险合同约定承保的风险。

承运人是被上诉人抽纱公司选定的，抽纱公司与其签订了海洋货物运输合同。抽纱公司在选定承运人时，有责任审查承运人以及承运代理人的资格和信誉。当承运人故意违约无单放货时，抽纱公司应当根据海洋货物运输合同的约定，向这个确定的责任人追究违约责任。抽纱公司不去追究承运人银风公司的违约责任，却以"提货不着是约定的风险"为由，起诉请求判令上诉人保险公司赔偿，致使应承担无单放货违约责任的银风公司免受追偿。抽纱公司的诉讼请求，不仅不符合承运人应该根据提单交货的国际惯例，有悖于海上货物运输保险合同中保险风险系外来因素造成的特征，混淆了海上货物运输合同与海上货物运输保险合同之间的法律关系与责任界定，也不符合公平、正义的法律原则。

综上所述，虽然本案的海上货物运输保险合同中约定承保"偷窃、提货不着险"，但对承运人无单放货造成的提货不着，上诉人保险公司可不承担赔偿责任。原判从字义上对"偷窃、提货不着险"作出的解释，不符合保险合同只对外来原因造成的风险给予赔偿的本意，不当地扩大了保险人的义务。保险公司此一上诉理由成立，予以采纳。原审判决不当，应予纠正。

局部强对流天气造成保险事故是否属于保险责任范围

案例

浙江新洲造船股份有限公司、阳光财产保险股份有限公司等海上保险合同纠纷案－（2021）浙72民初122号

关于原告船厂是否发生保险事故。首先，因受损起重机所在地并无气象观测站点，故只能根据天气环境场、雷达回波反推、现场实况视频以及当地周边自动站实况分析得出最大可能性的结论。根据气象部门的证明，当地现场最大风力极有可能达到和超过10级。虽被告阳光财产保险股份有限公司杭州中心支公司（以下简称阳光保险杭州公司）提供的气象证明距离事发地点最近监测点该时间段出现了7级大风，但由于"局地强对流天气发展快、移速快、天气复杂多变"的特点，该份证明并无法排除事发船台区域发生8级以上乃至10级大风的可能性。其次，根据原告提供的证8、9，即1号船台《造船门式起重机防风防滑能力验算》及计算依据结论，该起重机的最高防风能力为每秒21.08米（9级风），该结论符合GB/T 3811—2008《起重机设计规范》对沿海作业起重机的设计标准（高于每秒20米），且报告计算人曹某某亦出庭接受质询。虽该验算书存在数据来源未经核实等瑕疵，且两被告对验算书不予认可，但两被告未提供相反证据证明该起重机防风防滑能力不合格，况且案涉起重机的防风防滑能力本身并不影响保险责任范围，而是作为判断是否发生保险事故即8级大风的辅助证据。同时，根据现场视频，起重机坠海过程中无其他外力介入。根据现有证据，原告诉称的现场风力能与起重机的防风防滑能力相互印证。再次，两被告辩称强对流天气并非保险合同约定的暴风，而保险条款中并未规定强对流天气系保险人的除外责任范围，根据一般理解，强对流天气是指伴随雷暴现象的对流性大风、冰雹、短时强降水，是具有重大杀伤性的灾害性天气之一，具有空间尺度小、生命史短暂并带有明显突发性的特征。故强对流天气中的对流性大风只要符合8级以上特征，即可认定为暴风，两者概念具有一定的重叠性，两被告仅从称呼上来片面判断，显然缺乏依据。最后，两被告认为根据保险条款约定，原告将案涉起重机放置于露天，即未尽妥善保管义务，即便发生暴风，保险人也不负赔偿责任。而根据起重机自身属性，其无法存储于仓库等建筑物内部，且按照常识，起重机作业需在露天场地进行，况且被告阳光保险杭州公司在承保时对此情形亦属明知并就该条款未作解释说

明，故该条款并不适用于案涉起重机。综合全案证据，宁波海事法院认定本次事故属于保险责任范围。

由承保风险和非承保风险导致的保险事故如何确定保险责任

案例 1

曲某某、中国大地财产保险股份有限公司威海中心支公司海上、通海水域保险合同纠纷案 –（2017）最高法民再413号（2018年全国海事审判典型案例之三）

最高人民法院再审认为：

涉案保险条款列明综合险承保的3项原因，其中第1项原因是暴风雨、台风、搁浅、触礁等自然灾害和意外事故，"意外事故"通常被理解为非因当事人的故意或过失，而是由于当事人意志以外的原因而偶然发生的事故，据此可以认定第1项原因不含当事人方面的疏忽或者故意；第2项原因是船壳和机器的潜在缺陷，涉案事故并不涉及；第3项原因为"船长、大副、船员、引水员或修船人员的疏忽"，其中列明疏忽的人员范围不含船东本人。上述3项原因的列明方式表明涉案保险条款将相关人员的疏忽专门予以列明，由此也印证第1项原因不含当事人方面的疏忽。涉案保险条款已经清楚表明船东疏忽不属其列明的承保范围。尽管涉案保险条款第三条（除外责任）列明船东的疏忽，但这只能表明该保险条款在除外责任部分同时（反向）强调保险人不负责赔偿船东疏忽引起的损失，而不能表明船东的疏忽原本在该条款列明的承保范围中。涉案保险条款第二条（责任范围）所列明的3项原因即为该保险所承保的风险，据此可以认定，在造成涉案事故的三个原因中，台风与船长船员的疏忽属于承保风险，而船东的疏忽为非承保风险。

根据《中华人民共和国保险法》第十七条第二款的规定，保险人在订立合同时未对免除保险人责任的条款向投保人作提示或者明确说明的，该条款不产生效力。中国大地财产保险股份有限公司石岛支公司（以下简称大地保险石岛支公司）未提供证据证明其在订立保险合同时已向曲某某明确说明除外责任条款。尽管曲某某确认与大地保险石岛支公司订立保险合同采用涉案保险条款并认可该条款的效力，但在曲某某对其中除外责任条款的效力提出异议的情况下，不能据此认定除外条款也与其他条款一并生效。曲某某主张涉案保险条款中的除外责任条款不生效，具有事实和法律依据，应予支持。大地保险石岛支公司根据涉案保险条款载明的除外责任条款提出免责抗辩，不能成立。

如上所述，本案事故系由承保风险（台风与船长船员的疏忽）和非承保风险（船东的疏忽）共同作用而发生，其中台风为主要原因。根据上述各项风险（原因）对事故发生的影响程度，本院酌定大地保险石岛支公司对涉案事故承担75%的保险赔偿责任。一审法院未查明全部事故原因和涉案保险条款载明的承保范围，认定大地保险石岛支公司对涉案事故承担100%的保险赔偿责任，存在认定事实与适用法律错误问题，应予纠正。二审法院未查明大地保险石岛支公司在订立保险合同时是否向曲某某明确说明涉案保险条款中的除外责任条款，直接认定大地保险石岛支公司免除50%的保险赔偿责任，也存在认定事实与适用法律错误问题，应予纠正。

· 典型意义 ·

本案是一起典型的船舶保险合同纠纷案。该案再审判决在审理思路与实体规则适用方面均发挥了指导作用，主要体现在以下三个方面：一是保险赔偿责任的认定涉及的基本问题包括合同总体上的效力、事故原因、保险承保范围、除外责任、因果关系构成等，该案再审判决明确了有关基本问题的论证层次。二是关于多因一果的损害赔偿的处理，我国法律并没有规定保险赔偿的"近因原则"，从《最高人民法院关于适用〈中华人民共和国保险法〉若干问题的解释（三）》第二十五条规定人身保险中按相应比例确定赔付的原则看，我国保险司法实践正在倾向采纳国际上逐步发展的比例因果关系理论，该案再审判决遵循了这一司法动向。三是该案再审判决明确了海商法第二百四十四条中"开航"的含义。

案例 2

天津市腾龙舟船务有限公司、中国人寿财产保险股份有限公司航运保险运营中心等海上、通海水域保险合同纠纷案 –（2021）鲁72 民初 2127 号

青岛海事法院认为，原告对事故原因的分析依据主要是"中海油598"轮大管轮与轮机长于事故发生后对事故过程的陈述以及对事故原因的分析。悦之评估报告中的事故概况主要也是引用了此两人的分析意见。据此，案涉事故发生过程可简要概括为"首先是船员发现锅炉缺水；然后船员加冷水手动补水；

补水后听到异响，最后停航检查时发现锅炉漏水"。显然，在船员加冷水之前锅炉已经缺水/漏水。庭审时，原告曾陈述称船员向锅炉加冷水是主动降温的方式。鉴定人韩某出庭时解释称，船员如此操作不是一个正常的降温操作，高危状况下的锅炉（加冷水）可能会导致锅炉炸裂。可见，船员向锅炉加冷水的操作方式虽然不规范，但是，并不是每一次加冷水都会发生锅炉炸裂漏水的严重后果。青岛海事法院采信鉴定人的分析意见，认定案涉事故的发生系因为船员加冷水之前锅炉已处于高危状态。然而，青岛海事法院进一步分析认为，船员加冷水的不规范操作加剧了锅炉的高危状态以致锅炉爆管产生异响。根据双方认可的存在破洞的 39 根炉管，用肉眼观察双方提供的照片，破洞炉管存在不同程度的锈蚀现象。鉴定人韩某认为锈蚀是一个逐渐侵蚀的过程。悦之评估报告认定炉管漏水的原因系炉管锈蚀所致。鉴定人又解释称在炉管慢慢变薄以至于形成破洞的过程中，对锅炉会起到一个渗漏水的不良现象。按照此逻辑，39 根破洞的炉管不是于事故发生当日突然性破裂，而是经过一个缓慢的渗漏水过程。但是，经查"中海油598"轮锅炉日常维护保养记录，没有关于锅炉长时间处于渗漏水现象的记录，足以证明案涉炉管破裂成洞不是一个缓慢的过程，必有另外一个因素的存在导致炉管的炸裂。

综上分析，青岛海事法院认为，根据本案现有证据，足以认定船员加冷水进锅炉的不规范操作加剧了锅炉的高危状态，以致锈蚀变薄的炉管瞬间炸裂，导致 39 根炉管炸裂成洞，引发锅炉漏水事故的发生。

关于事故责任的承担，青岛海事法院认为，船员加冷水导致锅炉漏水系因船员疏忽行为造成的船舶损失，属于案涉船舶条款约定的保险人的承保风险。保险法律关系中的船员与被保险人是独立的主体，涉案事故是船员过失造成，但船员的过失不等同于被保险人或其代表（含船长）的过失，因而，被告以涉案保险条款"二、除外责任……（二）被保险人及其代表的疏忽或故意行为"的除外责任作为拒赔理由与本案事实不符，不予支持。

关于案涉船舶保险条款除外责任中"被保险人克尽职责应予发现的正常磨损、锈蚀、腐烂或保养不周或材料缺陷，包括不良状态部件的更换和修理"的规定，青岛海事法院认为，自然磨损是指船舶在营运期间，机械磨损、船壳生锈腐烂等必然的、可以预料的损失。如果被保险人对船舶不及时进行维修保养，则会加剧船舶机械的磨损程度。同时，船东为了维护船舶的安全，保持船级和适航性，应对船舶进行定期维修，并及时更换和修理有缺陷的材料或处在不良状态的部件，由此而产生的费用也属于正常开支。保险人对于上述的各种损失及费用都不予负责。因为必然的和可以预料的风险损失，不在保险风险之列；同时，正常的维修和费用开支是被保险人应尽的职责。

关于案涉炉管锈蚀问题，被告于答辩、举证质证、法庭辩论环节分析了诸多可归因于船方的责任，在此不再重复记载。青岛海事法院认为，船用锅炉炉管属于船舶正常运营中的消耗器件。被告关于炉管锈蚀造成的损失属于保险人的除外责任的抗辩理由符合保险条款的约定，予以支持。综合分析本案案情，考虑到原告作为被保险人的过错程度，青岛海事法院认定案涉锅炉事故，被告对原告应承担70%的保险赔偿责任。

 多因一果如何确定保险责任

【支持按比例赔付的案例】

案例1

永安财产保险股份有限公司金坛支公司、清远市华粤船务有限公司海上、通海水域保险合同纠纷案－（2020）最高法民再169号

最高人民法院再审认为，根据事故认定书，值班船员在明知进气系统安全阀未安装，也知道水泥罐体设计压力0.30 MPa、最高允许工作压力0.28 MPa的情况下，仍违反《气卸式散装储罐操作规程》要求，将罐体安全阀的压力表刻度调高至0.4 MPa，超过罐体设计压力限值，罐体安全阀未能工作，导致罐体内空气压力大于承受极限压力，造成罐体爆裂。

上述违规作业行为，无论是清远市华粤船务有限公司（以下简称华粤公司）提出的船员个人擅作主张，还是永安财产保险股份有限公司金坛支公司（以下简称永安保险公司）提出的船员接受船方或船长指令所为，均属船员在从事雇佣活动中的职务行为。船方或船长明显未尽到强化船员安全意识、规范船员安全生产等责任。在此情况下，永安保险公司主张华粤公司违反《中华人民共和国保险法》第五十一条关于"被保险人应当遵守国家有关消防、安全、生产操作、劳动保护等方面的规定，维护保险标的的安全"的规定，理据充分。从违规作业的过程、结果以及责任定性来看，船方、船长及船员应当意识到该作业行为将明显增加事故发生的可能性和严重性，事实上该作业行为也是造成涉案事故的直接原因。故永安保险公司关于涉案违规作业行为导致船舶危险程度显著增加的主张成立，最高人民法院予以支持。

在具体评判涉案事故损失的责任承担问题时，最高人民法院注意到，涉案事故认定书就事故发生区分了直接原因和间接原因，相应认定"华粤０××"

轮负事故的主要责任，深圳前海港区西区维美船舶临时作业点负次要责任。事故认定书也指出，值班船员是按照该类船气泄式散装储罐习惯做法操作。因此，虽然永安保险公司关于适用《中华人民共和国保险法》第五十二条规定的"在合同有效期内，保险标的的危险程度显著增加的，被保险人应当按照合同约定及时通知保险人……被保险人未履行前款规定的通知义务的，因保险标的的危险程度显著增加而发生的保险事故，保险人不承担赔偿保险金的责任"的免责主张可以成立，但涉案事故中他方次要责任的认定以及"华粤0××"轮违规作业行为的过失程度等因素也应纳入损失承担的考量。最高人民法院在一审、二审判决认定的涉案事故损失数额，即船舶维修费840612元、船舶清舱费186000元、船员医疗费12164元以及相应计息方式，且双方当事人对此未提出异议的基础上，酌定永安保险公司承担上述费用的40%，华粤公司自行承担上述费用的60%。华粤公司关于永安保险公司承担涉案事故全部损失的主张，永安保险公司关于其完全不承担涉案事故损失的主张，最高人民法院均不予支持。

案例2

曲某某、中国大地财产保险股份有限公司威海中心支公司海上、通海水域保险合同纠纷案－（2017）最高法民再413号（2018年全国海事审判典型案例之三）

最高人民法院再审认为，曲某某作为"鲁荣渔1813""鲁荣渔1814"船的船东（所有人）得知"米雷"台风接近该两船停靠的港口，于2011年6月25日决定移泊避免台风损害，该项决定的动因正当合理。该两船在移泊过程中受海上大风浪作用失控而搁浅全损，在事故起因和损失成因中，台风具有直接、重要影响。从移泊中一船机舱因无人注意而进水的事实看，该事故发生过程中也存在人为应对不当的原因：首先，曲某某组织移泊行动时应当事先注意两船均未修理完工（其中一船没有动力）且将在台风中移泊约4海里，该移泊存在较大困难和风险，从而相应召集配备足够船员驾驶并看管两船，而上述事实表明曲某某没有配备足够船员导致其与3名船长船员在移泊中难以顾全两船的驾驶及其安全；其次，船长船员在移泊过程中没有适当注意对船舶机舱进行防水排水，对其中一船机舱进水失去动力并造成事故也有一定影响。据此可知，涉案事故系由台风、船东的疏忽、船长船员的疏忽三个原因共同造成，其中台风是主要原因。

......

如上所述，本案事故系由承保风险（台风与船长船员的疏忽）和非承保风险（船东的疏忽）共同作用而发生，其中台风为主要原因。根据上述各项风险（原因）对事故发生的影响程度，本院酌定中国大地财产保险股份有限公司石岛支公司（以下简称大地保险石岛支公司）对涉案事故承担75%的保险赔偿责任。一审法院未查明全部事故原因和涉案保险条款载明的承保范围，认定大地保险石岛支公司对涉案事故承担100%的保险赔偿责任，存在认定事实与适用法律错误问题，应予纠正。二审法院未查明大地保险石岛支公司在订立保险合同时是否向曲某某明确说明涉案保险条款中的除外责任条款，直接认定大地保险石岛支公司免除50%的保险赔偿责任，也存在认定事实与适用法律错误问题，应予纠正。

案例3

宁波梅山保税港区泽天瑞盈投资合伙企业、中国平安财产保险股份有限公司上海分公司海上、通海水域保险合同纠纷案－（2020）鲁民终2539号

二审法院认为，本案事故系由承保风险（台风）和除外责任（被保险人未能维护保险船舶的安全，履行安全保障义务）两个共同作用而发生，且二者发挥同等作用，一审法院认定中国平安财产保险股份有限公司上海分公司对涉案事故承担50%的保险赔偿责任，是正确的。

【不支持按比例赔付的案例】

案例4

芜湖市安顺船务有限责任公司、中国人民财产保险股份有限公司芜湖市分公司海上、通海水域保险合同纠纷案－（2021）最高法民申7674号

芜湖市安顺船务有限责任公司（以下简称安顺公司）申请再审称，恶劣天气是船舶沉没的直接原因，案涉事故属于保险事故。退一步讲，即使恶劣天

气不是船舶沉没的唯一原因，也是主要原因，中国人民财产保险股份有限公司（以下简称人保公司）应承担相应的责任。

最高人民法院再审认为，根据案涉船舶保单的记载，因8级以上（含8级）大风等原因造成保险船舶的全损，保险人按照合同约定负责赔偿。宁波镇海海事处的《水上交通事故责任认定书》记载了事故发生时气象海况为能见度1～2海里，偏北风7级，阵风8～9级，机舱进水，导致"万庆10"轮自沉。该责任认定书对事故责任认定如下：1. 船长未能充分估计恶劣天气对船舶航行安全的影响，相关安全防范措施未落实到位；2. 安顺公司未能切实履行安全生产主体责任，"万庆10"轮存在配员不足、船员无证、船舶证书过期等违章行为。由此，本起事故为"万庆10"轮单方面责任事故，船长徐某某对本起事故负主要责任，安顺公司负管理责任。该责任认定书并未认定大风系导致船舶沉没的原因。在安顺公司没有提供证据证明案涉事故与8级以上（含8级）大风具有因果关系的情况下，原审判决采信海事部门的责任认定书，认定案涉事故不属于保险责任范围而驳回安顺公司的诉讼请求，结果并无明显不当。

案例5

中国太平洋财产保险股份有限公司航运保险事业营运中心、山东晨曦粮油有限公司海上、通海水域保险合同纠纷案 –（2020）鲁民终1702号

一审法院认为，迟延不是导致涉案大豆损害的直接及唯一原因，而是由多种外来原因综合导致。首先，装运港雨中作业对涉案大豆的损害产生影响。涉案大豆在装港装货期间为2017年4月7日至4月10日，4天内共计有8次降雨，且4次停装，雨中作业是导致船舱内货物水分含量增高并最终导致货损发生的原因之一。其次，运输过程中的通风措施不当是导致货损的重要原因。中国太平洋财产保险股份有限公司航运保险事业营运中心（以下简称太保航运中心）提交货舱温度及通风记录，主张根据该通风记录记载，其掌管货物141天，共计通风99天。在一审法院审理的（2018）鲁72民初1245号一案庭审中，作为涉案大豆运输承运人的萨么科公司，与本航次航海日志所记载通风记录相核对后，确认其掌管货物141天，共计通风仅66天。与检验检疫局《残损检验鉴定证书》所统计的59天通风记录基本相符。太保航运中心提交的通风记录中对于通风天数的统计与航海日志有较大出入，对其真实性一审法院不

予认可，不予采信。"阿德兰特"轮在掌管涉案货物期间，没有采取合理的通风时间，对所承运货物的保管、照料未尽合理谨慎义务，是导致涉案大豆货损的重要原因。最后，卸货延迟亦是货损发生的重要因素。涉案"阿德兰特"轮是用于载运散装货物的海上运输船舶，并不适合于大豆货物的长时间储存，本案大豆卸货时发生霉变，与海上运输航程持续了4个多月有关。综上，太保航运中心不能提交证据证明迟延是涉案大豆的货损直接且唯一原因，涉案大豆产生损坏的原因是由多种因素造成的，对太保航运中心主张由于延迟卸货从而导致货损，其不应当承担保险赔偿责任的抗辩，一审法院不予采信。

二审法院认为，2017年8月22日2025时，"阿德兰特"轮靠泊日照港西五泊位，山东晨曦粮油有限公司（以下简称晨曦公司）登轮验货时发现货物变质便禁止卸货并向保险人报案，随后原日照出入境检验检疫局和上海海神保险公估有限公司均对船上或卸货过程中的货物进行了检验，分别出具了相应报告，虽然两机构认定货损的原因不一致，但对货损的事实均作出认定，由于损失是发生在到达目的港收货人最后仓库或储存处所，或货物最后全部卸离海轮后满60天之前，故货损事故应属于保险责任期间发生的事故。山东省高级人民法院（2020）鲁民终1573号判决对本次货损事故原因及责任作出认定，根据该判决认定事实，本次事故所造成的损失未认定为货物本身的缺陷或特性所致，也不是收货人晨曦公司直接的迟延卸货造成的损失。太保航运中心在本案中主张的保险事故原因及归责事由与萨么科公司在（2020）鲁民终1573号海上货物运输合同纠纷一案中的主张一致，在没有新证据的情况下，无理由对本案所涉保险事故原因作出与（2020）鲁民终1573号判决不一致的认定。因此，本案所涉保险事故不符合协会货物保险A条款中关于保险人免责条款的约定，太保航运中心要求免责的主张不成立。

第三节　保险责任期间

"仓至仓"条款保险责任期间何时何地起算

案例1

北京欣维尔玻璃仪器有限公司、中国人民财产保险股份有限公司北京市分公司海上、通海水域保险合同纠纷再审案 – （2018）最

高法民申 3513 号

天津市高级人民法院认为，涉案保险单记载承保险别为 PICC（中国人民财产保险股份有限公司）海洋运输货物保险条款（2009 版）的一切险，根据保险单背面条款第 Ⅲ 条责任起讫第 1 款规定，该保险负"仓至仓"责任，保险责任始于被保险货物运离保险单所载明的起运地仓库或储存处所开始运输之时。本案中，北京欣维尔玻璃仪器有限公司（以下简称欣维尔公司）与中国人民财产保险股份有限公司北京市分公司（以下简称财保北京分公司）对涉案事故发生时保险人的保险责任是否开始存在争议。对此，天津市高级人民法院认为，从上述条款的文义理解，保险责任开始需满足两个条件：其一是被保险货物运离保险单所载明的起运地仓库或储存处所，即被保险货物发生物理位移，运离地点系保险单所载明的起运地仓库或储存处所；其二是运离货物的目的为开始运输。涉案保险单载明自天津至费城，即涉案货物的起运地为天津，故本案保险人财保北京分公司的责任期间亦应起始于涉案货物运离天津的仓库或者储存处所。涉案货物由北京经陆运到达环发讯通公司位于天津的仓库，环发讯通公司确认涉案事故发生时货物仍存于上述仓库，其他各方亦未提交相反证据证明货物已经运离，因此应认定涉案事故发生时涉案货物尚未运离环发讯通公司仓库。据此，财保北京分公司的保险责任尚不满足"仓至仓"责任的开始条件，保险责任尚未开始，一审判决认定涉案事故并非发生在保险责任期间，并无不当。欣维尔公司主张环发讯通公司系涉案货物的无船承运人，其接收货物后运输已经开始，保险责任期间应覆盖运输责任期间，对此，天津市高级人民法院认为，保险责任与承运人责任并非同一法律关系，保险责任期间应根据保险合同当事人的约定确认，涉案保险单已经明确载明了保险责任期间的起讫条款，欣维尔公司的上述主张，缺乏依据，天津市高级人民法院不予支持。

最高人民法院裁定认为，本案系海上保险合同纠纷，被保险人北京欣维尔玻璃仪器有限公司与保险人中国人民财产保险股份有限公司北京市分公司的权利义务应依据涉案保险单及所附保险条款的约定来确定。涉案保险单背面条款第 Ⅲ 条责任起讫第 1 款约定，本保险负"仓至仓"责任，自被保险货物运离保险单所载明的起运地仓库或储存处所开始运输时生效。涉案保险单载明自天津至美国费城，货物的起运地为天津。故财保北京分公司的责任期间应自涉案货物运离天津的仓库或者储存处所开始。涉案事故发生时，涉案货物储存于环发讯通（天津）国际货运代理有限公司位于天津的仓库，尚无证据证明货物已经或正在运离。根据保险责任期间起讫条款的约定，因涉案货物储存在承人仓库中未运离，财保北京分公司的保险责任尚不满足"仓至仓"责任的开始条件，保险责任未开始。二审判决认定涉案事故并非发生在保险责任期间，并无不当。涉案保险未涵盖涉案货物自北京至天津的运输区段。

案例2

中谷集团上海粮油有限公司与中国人民财产保险股份有限公司大连市分公司、中国人民财产保险股份有限公司大连市甘井子支公司海上保险合同纠纷案 –（2014）民申字第 567 号

最高人民法院再审认为，涉案保险条款第十条约定："保险责任的起讫期，是自签发保险单（凭证）后，保险货物运离起运地发货人的最后一个仓库或储运处所时起，至该保险凭证上注明的目的地收货人在当地的第一个仓库或储存处所时终止。"涉案货物 2010 年 10 月 15 日实际起运，但涉案保险单明确记载的签发时间以及货物起运日期均为 2010 年 10 月 20 日。在此情况下，二审法院认定保险责任自 10 月 20 日开始，并无不当。中谷集团上海粮油有限公司关于二审判决认定保险责任期间适用法律错误的申请理由没有法律依据，最高人民法院不予支持。

案例3

镇江市纬泰联运有限公司与中国人民财产保险股份有限公司镇江市分公司保险纠纷上诉案 –（2007）鄂民四终字第 20 号

一审法院认为，双方当事人争议的焦点是涉案货物发生的事故是否属于水路货物运输保险责任范围。根据涉案货物保险单背面所附的《水路货物运输保险条款》第十条的记载，保险责任的起讫期是签发保险单后，保险货物运离起运地发货人的最后一个仓库或储运处所时起。何为"起运地"，一审判决认为，在保险人和被保险人没有特殊约定的情况下，只能按照通常的逻辑，以保险单正面所载明的"启运地"为准。在本案中，保险单正面记载的启运地为镇江，因此，保险责任的起讫期只能从发货人在镇江地级市的行政区域内的最后一个仓库或储运处所时开始。原告称其在投保时已明确告知了被告其运输货物的方式及启运地点，但原告并未举证证明，一审判决不予认可。另原告提

出的该"起运地"应是发货人发货的所在地的主张，无限扩大了保险人的责任范围，不符合公平原则，一审判决不予支持。综上，一审判决认为，涉案货物发生事故时的区域淮安市并不在保险单所明确的保险责任区域，即镇江地级市的行政区域之内，不属于保险事故，被告作为保险人对此事故造成的损失无须承担保险赔偿责任。原告要求被告赔偿其损失的主张，缺乏法律依据，一审判决不予支持。依据《中华人民共和国民事诉讼法》第一百二十八条，《中华人民共和国保险法》第二十五条，判决驳回原告镇江市纬泰联运有限公司的诉讼请求。

该案二审阶段双方达成调解协议。

 案例4

意大利国际进出口有限责任公司与中国太平洋财产保险股份有限公司航运保险事业营运中心、中国太平洋财产保险股份有限公司海上、通海水域保险合同纠纷案 – （2018）津72民初1069号

天津海事法院认为，涉案保险单背面条款第Ⅲ.1条约定本保险负"仓至仓"责任，自被保险货物运离保险单所载明的起运地仓库或储存处所开始运输生效，包括正常运输过程中的海上、陆上、内河和驳船运输在内，直至该项货物到达保险单所载明目的地收货人的最后仓库或储存处所或被保险人用作分配、分派或非正常运输的其他储存处所为止。保险单载明自中国天津至意大利热那亚，货物的起运地为天津，故保险人的责任期间应自涉案货物运离天津的装货仓库（即大冶交割库）开始至收货人在意大利热那亚接收货物结束。被保险人主张货物在运输中发生了调换，其负有对该保险事故发生在保险责任期间的举证责任。根据现有证据和庭审调查，货物被调换发生于承运人交接货物之前。因此，根据保险责任期间起讫条款的约定，被保险人未能证明调换货物发生在保险责任期间，其主张保险合同项下货物损失赔偿缺乏事实和法律依据。

 案例5

旺客商贸有限公司与中国平安财产保险股份有限公司上海分公司海上保险合同纠纷案 – （2015）沪高民四（海）终字第80号

上海市高级人民法院认为，本案二审争议焦点为涉案货物被调换是否属于约定的保险事故范围及涉案保险合同约定的保险责任期间。

关于涉案保险合同的责任期间。根据双方当事人共同确认作为涉案保险合同组成部分的 1982 年版英国保险协会货物保险合同条款第 8.1 条之规定，保险责任始于货物运输保险单载明的仓库或贮存处所开始运送之时，在运送的通常过程期间持续，终止于在载明的目的地交付到收货人的或其他仓库或贮存处所。本案保险单记载的涉案货物运输起运地为中国天津新港、目的地为比利时安特卫普，故本案保险人的责任期间亦应起始于天津新港的仓库或者贮存处所，终止于安特卫普港的仓库或者贮存处所。因此，旺客商贸有限公司关于"仓至仓条款"所覆盖保险责任期间应自货物运离发货人仓库时起到运抵收货人仓库时止的全部期间的上诉理由，无事实与法律依据，上海市高级人民法院亦不予采纳。

案例6

广东奥马冰箱有限公司与中国平安财产保险股份有限公司佛山分公司、中国平安财产保险股份有限公司佛山市顺德支公司海上保险合同纠纷案 – （2018）粤 72 民初 646 号

关于已装船起运货物，两被告是否需承担保险责任及责任大小。原告根据预约保险协议的约定自行网上申报出保险单，原告系涉案保险单记载的被保险人，两被告对其系涉案货物运输的保险人无异议，原告与两被告之间成立海上货物运输保险合同关系，该 7 份保险合同是双方的真实意思表示，没有违反法律和行政法规的强制性规定，合法有效，双方当事人均应依约享有权利，履行义务。首先，涉案预约保险协议约定责任起讫为仓至仓，自签发保险凭证和保险货物运离起运地发货人的最后一个仓库或储存处所时起保险责任开始，另预约保险协议后附的伦敦协会货运险（A）条款第 8.1 款规定，本保险责任自货物运离保险单所载明的起运地仓库或储存处开始运输起生效，包括正常运输过程。本案中，原告、被告双方对涉案事故发生时保险人的保险责任是否开始存在争议。原告认为被告的保险责任自货物离开原告的仓库起算，被告认为，本案南沙港为起运地，南沙集装箱码头即为发货人的最后一个仓库或储存处所，也构成伦敦协会货运险（A）条款第 8.1 款规定的保险单载明的起运地仓库或储存处。对此，广州海事法院认为，根据涉案预约保险协议的约定，保险责任开始需满足两个条件，其一是签发保险凭证，其二是被保险货物运离起运地发

货人的最后一个仓库或储存处所。被保险货物系原告在南沙集装箱码头等待装船期间发生水浸受损，又根据涉案 7 份保单关于起运地为南沙或盐田的记载，故南沙或盐田集装箱码头系发货人的最后一个仓库或储存处所。且涉案事故发生时货物仍存放在南沙集装箱码头并未运离，因此，应认定涉案事故发生时被保险货物尚未运离起运地发货人的最后一个仓库或储存处所，被告的保险责任尚未开始。

案例7

寿光市东宇鸿翔木业有限公司与中国人民财产保险股份有限公司连云港市分公司海上保险合同纠纷案 - （2014）沪海法商初字第620号

对"关于保险责任开始时间的争议"，上海海事法院的分析说理如下：

原告认为，涉案保险的保险责任期间应依照被告的 2009 年版保险条款中的"仓至仓"条款来确定，保险责任期间与保险单何时签发、是否存在倒签情况甚至保险合同何时成立都没有关系。本院认为，原告的这种观点是片面的。如果完全依照原告所说，仅仅"仓至仓"条款就能够独立、完全地解决保险责任期间的问题，那么，保险合同的成立生效时间就完全失去了法律上的意义，这显然是不合逻辑的。海上运输货物保险合同设置"仓至仓"条款的目的在于针对整个运输过程，通过这一条款将非海上运输阶段也纳入保险范围内。"仓至仓"条款是从空间的维度界定了保险人的责任期间。但这仅仅是一个维度。要完全确定保险责任期间，还需要从时间的维度进行界定。所谓时间的维度，无非就是保险单的签发日期或者保险合同的成立生效日期，又或者是保险合同约定的保险人开始承担保险责任的时间，即在倒签保险单的情况下，还有可能涉及保险人与被保险人的特别约定。所以说，保险责任期间受到空间条款（"仓至仓"条款）和时间条款（签单日期或保险合同成立日期或特别约定）的双重限制。具体到本案中，涉案船舶于 2013 年 6 月 30 日从连云港开航，由此可知涉案货物离开起运地发货人的最后一个仓库或存储处所的日期最迟不会晚于 6 月 30 日；涉案保险单注明的签单日期为 2013 年 6 月 19 日；保险合同成立日期为 2013 年 7 月 1 日，倒签保险单担保函对时间又另作特别约定，约定从 2013 年 7 月 5 日起算。综合以上几个时间点，按照双重限制的原则，应当认为本案中被告承担保险责任期间自 2013 年 7 月 5 日开始，被告对于之前因保险事故发生的损失不承担保险责任。

📖 "仓至仓"条款保险责任期间何时何地终止

 案例1

中国大地财产保险股份有限公司江苏分公司、迪克哈瑞合资公司海上、通海水域保险合同纠纷案 –（2020）最高法民申1587号

最高人民法院认为：

本案《货物运输保险单》中明确载明，货物到达保险单所载明目的港（地）收货人的最后仓库或被保险人用作分配、分派或非正常运输的其他储存处所等情形时，"仓至仓"条款项下的保险责任期间终止。根据该条款词句的表述，其中"最后仓库"应限定为收货人在所载明目的港（地）所有或所使用的存储场所。中国大地财产保险股份有限公司江苏分公司（以下简称大地保险）认为保单载明目的港的任一仓库均可视为最后储存处所，忽略了该条款的限定条件，实际扩大了保险责任期间终止的适用情形，不符合该条款的真实意思，原判决对该条款的理解和据此作出的认定，具有法律依据，并无不当。

根据原判决查明的事实，收货人本意是租用有棚仓库，但案涉货物并未依据约定被存放在有棚仓库，而被暂存于露天堆场，且该情形完全是由于码头仓储空间不足导致的意外结果，因此原判决认定露天堆场并非收货人的最后储存处所，收货人预定的有棚仓库才是货物最后储存处所，具有事实依据。大地保险主张露天货场是"被保险人用作分配、分派的其他储存处所"，但其未能提交证据证明案涉货物在露天堆场即被分配或分派，因此原判决未予支持其相应主张，并无不当。大地保险推测原判决是根据格式条款的相关法律规定不予支持其上诉理由，缺乏依据，不能成立。

 案例2

上诉人原刚国际贸易江苏有限公司与被上诉人天安财产保险股份有限公司海上保险合同纠纷案 –（2022）沪民终440号

一审法院认为，涉案货运险的保险期间从中国天津至刚果民主共和国金沙

萨,保险人的保险责任在正常运输过程中持续,直至货物运输至收货人在金沙萨的收货地址,但运输不应存在非正常的延迟和存储。受损货物运至中转港罗安达后一直堆存在港口,原刚国际贸易江苏有限公司(以下简称原刚公司)未提交证据证明收货人或者原刚公司或者其他货物控制人有继续运输受损货物至目的地的计划,故当受损货物到达罗安达的存储场所时,针对受损货物的运输停止,与之相对应的运输保险的保险期间亦终止。之后发生的自然灾害或意外事故造成的货物损失和费用不再属于运输保险的保险责任范围。并且原刚公司提交的证据不足以证明受损货物是否存储于安全、适当的场所,是否实际遭受了盗窃或其他意外事故,以及遗失的具体时间等情况。关于原刚公司主张受损货物系根据天安财产保险股份有限公司(以下简称天安财险)指示留置在中转港罗安达,原刚公司未提交证据证明其主张,一审法院无法采信。《中华人民共和国海商法》第二百三十六条规定,一旦保险事故发生,被保险人应当立即通知保险人,并采取必要的合理措施,防止或者减少损失。减损义务是被保险人的法定义务。货物的所有权人对货物享有完全的掌控权,在发生保险事故后,应采取必要的合理措施减少损失,履行减损义务,而不应放任受损货物随意堆存,不再过问。故关于原刚公司主张的第二个事故——受损货物堆存在罗安达期间遗失全损的主张,缺乏事实和法律依据,一审法院无法支持。

二审法院认为,根据涉案保单的约定,涉案货物的保险责任期间为从我国天津起至刚果民主共和国金沙萨到达收货人处止的期间,但该期间应以货物正常运输为前提,且无论如何以被保险货物在最后卸载港全部卸离海轮后满60天为止。涉案受损货物在到达罗安达港卸离船舶进入存储场所后即处于停止运输的非正常状态,直至下落不明,乃至灭失,故一审法院认定涉案受损货物在罗安达港的最终灭失非保险责任范围,并无不当,二审法院予以确认。原刚公司虽主张涉案受损货物离船后,仍处于承运人掌管之下,但未能就此提供证据加以证明,且其所谓收货人不可能在距其几百公里外的另一个国家提取货物的说法,也与ZHONGYI公司通过代理运走未受损部分货物的事实相违。因此,原刚公司关于涉案货物只要未运抵收货人仓库即处于天安公司承保范围的主张,理据不足,二审法院不予采纳。

二审法院维持一审判决。

案例3

德国赫尔微底亚瑞士保险公司诉上海新兴技术开发区联合发展有限公司海上货物运输保险合同代位求偿权纠纷案 –(2001)沪高

经终字第 437 号

重审一审判决认为，涉案保险单载明保单适用德国海上保险通则（ADS货物 1973），该通则是否为德国法律，原告未予证明，但这不影响该通则对本案应予适用的法律效力。该通则中关于保险责任期间"仓至仓"条款的规定适用于涉案保险合同。由于原告、被告双方对该条款"收货人指定的地点（最终交付地）"的理解存在分歧，且原告未举证德国法律或国际惯例有关"最终交付地"的法律解释，而我国法律对此亦无定义或解释，故按照国际上极具影响并被广泛使用已成为国际惯例的 ICC（伦敦协会货物险）条款解释涉案"仓至仓"条款。涉案保险条款"货物在目的地交付于收货人指定的地点（最终交付地）时，保险解除"应理解为保险责任在货物抵目的港后，并运至收货人在当地的"第一仓库或其他储存处所"时即行终止。"第一仓库或其他储存处所"包括"自用、租用、借用或寄存的处所"。结合本案货物运输的实际情况，涉案货物已经运抵上海捷高公司所在地上海漕河泾高科技园区，应视为货物已至货物"最终交付地"，保险责任期间已经结束。

二审法院维持一审判决认为，海运保险单虽然约定保险期间是"仓至仓"，由于收货人上海捷高公司已将货物提离港区并运至上海捷高公司所在地上海漕河泾高科技园区存放，海上货物运输合同承运人的责任期间结束，所以，海上货物运输保险合同保险人的保险责任期间亦已经终结，对于海上货物运输保险合同终结后发生的货损事故，该合同的保险人不必承担理赔责任。

· 法院评析 ·

本案货损事故是否发生在保险合同约定的"仓至仓"保险责任期间？目前国际上对"仓至仓"条款下保险人责任期间的界定基本一致：保险责任终止于货物在目的地交付于收货人最终仓库或其指定存放地点，并以保险标的卸下船舶之日起 60 日为限。对于"最终"仓库或货物存放地点约定不明，实际事故地点是否属于收货人最终仓库或其指定地点存在不同的认识。处理的原则是，首先可以由保险合同双方当事人约定或由收货方指定，如果据此无法确定，则应将通常运输过程以外，收货人实际用于分配货物或存放货物的地点视为收货人指定地点。否则可能产生规避《中华人民共和国海商法》第二百五十二条的后果。本案中，货物在收货人所在的工业园区内发生事故，通常的集装箱运输过程已经结束，保险人不应再承担责任。

案例4

厦门亿联网络技术股份有限公司、中国人民财产保险股份有限公司厦门市分公司海上、通海水域保险合同纠纷案－（2021）闽72民初351号

厦门海事法院认为，根据《中华人民共和国合同法》第一百二十五条规定，当事人对合同条款的理解有争议的，应当按照合同所使用的词句、合同的有关条款、合同的目的、交易习惯以及诚实信用原则，确定该条款的真实意思。首先，"仓至仓"条款以货物从装货前的仓储地点到卸货后的仓储地点为保险责任起讫期限，卸货后的仓储地点应当限定在根据保险单可以确定的范围内。如果将"被保险人用作分配、分派的其他储存处所"理解为可以在保险单所载明目的地之外的其他地区，则由于被保险人在投保时未告知运输的最终目的地，保险人在承保时并不知道货物最终将运往何处进行"分配、分派"，承保的风险处于不确定状态，如此理解显然不合理，也不符合该条款的本意。其次，从条款本身的逻辑上看，其含义为货物先到达两种仓储地点之一时保险责任终止，相对于"保险单所载明目的地收货人的最后仓库或储存处所"，货物到达"被保险人用作分配、分派或非正常运输的其他储存处所"的时间应当在先，该储存处所必然在保险单所载明的目的地范围内。最后，"仓至仓"条款作为一个整体，对其具体条文的理解应当结合前后文，不应做出与前后文相矛盾的解释。该条款最后一句的规定为"如在上述六十天内被保险货物需转运到非保险单所载明的目的地时，则以该项货物开始转运时终止"，明确了货物无须在目的地仓储而是直接运往非保险单所载明的目的地的情形属于转运，保险责任在货物开始转运时终止。因此，被保险人直接将目的港卸下的货物运往他处用于"分配、分派"，保险人的保险责任也是在保险单所载明的目的地转运时终止。

根据上述对"仓至仓"条款含义的分析，案涉货物从保险单载明的目的地鹿特丹开始转运时，被告的保险责任终止，事故发生时已超出"仓至仓"条款规定的保险期间。

案例5

兴亚物流（上海）有限公司连云港分公司诉中国人民财产保险

股份有限公司连云港市分公司海上、通海水域保险合同纠纷案 –
（2018）沪 72 民初 2900 号（上海海事法院发布 2019 年十大精品案
例之七）

上海海事法院认为，第一，根据现有视频证据及从收货人处了解可知，涉案货损系在集装箱车到达收货人仓库的卸货平台，在货物卸离集装箱车至地面的过程中发生。从监控视频可知，虽处同一密闭空间，但收货人货物集中储存处所位于卸货平台约 10 米远处，收货人的货物在该最后仓库统一存放，仓库与卸货平台之间设置有关卡及门锁，以防偷盗，从该仓库的卸货平台地面至货物最终存放地点之间须通过液压车或叉车继续运载前行，故涉案货损发生之卸货平台并不属于货物的"最后仓库或储存处所"。第二，该条款所称"货物到达最后仓库或储存处所"应理解为货车到达仓库，对货物进行搬卸作业并货物最终存储于仓库的过程。货物从集装箱车卸离至仓库地面，经叉车搬入仓库落定后，保险人承保的风险才终止。本案的货损发生在货物从集装箱车卸离至地面过程中，此时货物尚未到达仓库，保险责任期间尚未终止。第三，根据合同法相关规定，对格式条款的理解发生争议的，应当按照通常理解予以解释。对格式条款有两种以上解释的，应当作出不利于提供格式条款一方的解释。对于"仓至仓"条款责任期间何时终止的理解，因双方存在不同理解和争议，应当作出对提供格式条款一方即保险人不利的解释。综上，上海海事法院认为货损发生在保险责任期间，且属于承保风险所致的货损，因此存在保险事故，对于被告不存在保险事故及货损发生在保险责任期间终止后的抗辩，上海海事法院不予采纳。

案例 6

尤迪特包装私人有限公司等诉大众保险股份有限公司海上保险
合同纠纷案 –（2011）沪海法商初字第 101 号

上海海事法院判决认为，根据当事人在庭审中的陈述及各自的举证情况，本案的争议焦点主要是：……（2）货损是否发生在被告的保险责任期间；……2. 保险单背面条款三责任起讫约定的"仓至仓"责任，保险责任的终止是被保险货物到达保险单所载明目的地收货人的最后仓库或储存处所或被保险人用作分配、分派或非正常运输的其他储存处所为止。由此可见，被保险货物运抵卸货港卸货后，保险责任并没有当然终止，如果该货物通过陆路运往保险单载明的卸货港所在地区的收货人的仓库，则保险责任直至该仓库为止。本案保险单载明自中国上海港至印度那瓦什瓦港，贸易合同和信用证均载明CIF印度那瓦什瓦港，提单载明堆场至堆场。显然，涉案货物被告的保险责任期间为中国上海至印度那瓦什瓦。结合保险单背面条款，被告的保险责任应从中国上海至印度那瓦什瓦收货人的仓库。"仓至仓"责任还约定，如被保险货物未抵达上述仓库或储存处所，则以被保险货物在最后卸货港全部卸离海轮后满60天为止。如在上述60天内被保险货物需转运到非保险单所载明的目的地时，则以该项货物开始转运时终止。涉案货物从目的港提离后，运往印度的浦那，在过印度潘维尔市往浦那方向3公里处的高速公路上发生事故，已经离开了印度的那瓦什瓦，而浦那和那瓦什瓦并非同一城市或地区，因此，根据上述条款，被告的保险责任自涉案货物提离目的港开始运输时终止。

案例7

广东恒兴集团有限公司诉华泰财产保险股份有限公司广东省分公司海上货物运输保险合同纠纷案 – （2007）广海法初字第426号

原告与被告对保险责任的起讫乃"仓至仓"责任并无异议，但保险责任何时终止以及保险责任终止时货物是否发生了损坏，则存有完全对立的立场和意见。

保险条款中对"仓至仓"责任的规定是：自被保险货物运离保险单所载明的起运地仓库或储存处所开始运输时生效，包括正常运输过程中的海上、陆上、内河和驳船运输在内，直至该项货物到达保险单所载明目的地收货人的最后仓库或储存处所或被保险人用作分配、分派或非正常运输的其他储存处所为止。显然，保险人所承担的"仓至仓"责任的期间，并不完全等同于承运人的责任期间，即：在国际海上集装箱货物运输中，保险责任开始于货物一经运离保险单载明的起运地发货人仓库之时，而此刻承运人责任是否开始在此不论，在起运港承运人掌管或控制货物之前的货损风险不由承运人承担；在目的港承运人的责任终止于交付货物时，而保险责任则终止于货物到达保险单所载明目的地收货人的最后仓库。承运人对于非集装箱货物的责任期间，则是指从货物装上船时起至卸下船时止、货物处于承运人掌管下的全部期间，而保险人的责任期间仍是"仓至仓"。无论货物是否由集装箱装运，保险人的责任期间都明显长于承运人的责任期间。所以，被告关于海洋货物运输保险承保的是货物处于承运人控制下的运输期间的风险、保险责任终止于货物脱离承运人控制而转由被保险人自己控制之时的抗辩理由，没有法律根据和事实依据，不予采信。

那么，本案保险人的责任期间到底终止于何时？涉案货物鱼粉已运抵保险单所载明的目的港上海港，因而保险人的责任期间不适用于货物未抵达目的地仓库或储存处所，则以被保险货物在最后卸载港全部卸离海轮后满 60 天为止的规定，亦不适用在上述 60 天内被保险货物需转运到非保险单所载明的目的地时，则以该项货物开始转运时终止的规定。涉案鱼粉的保险责任期间只能适用"该项货物到达保险单所载明目的地收货人的最后仓库或储存处所或被保险人用作分配、分派或非正常运输的其他储存处所为止"的规定。

货物以何种方式到达保险单所载明目的地收货人最后仓库，并不是保险责任终止所需要考虑的因素，因而无论是国际货物运输合同的承运人将货物运进仓库，抑或是收货人提货后自行将货物运进仓库，都不影响以货物进入仓库的时刻作为保险责任终止的规定。亦即收货人从承运人处提货后自行运进仓库前的一段时间仍属于保险责任期间，而这段时间到底应该有多长，其间是否可以将货物暂存某处如码头堆场，嗣后再运进仓库，有关法律及保险条款并无限定性或者说否定性的特别要求。当然，如果货物一直暂存某处，收货人始终未将货物运进仓库，亦始终未进行分配或分派，则为了避免保险人的责任过重，此时应以被保险货物全部卸离海轮后满 60 天终止保险人的责任，即暂存某处并非无期限，以保险单约定的该 60 天为限具有显见的合理性。

收货人提货后将货物堆放在码头堆场而未运进仓库，此时可以对货物做出两种不同的处理：可以将货物运进保险单所载明目的地收货人的最后仓库或储存处所，也可以由被保险人在码头堆场将货物分配、分派。倘若货物运进收货人的最后仓库，则进库一刻起保险责任终止；倘若货物不运进仓库而直接将货物分配、分派，则从货物实际分配、分派一刻起，保险责任终止。将保险责任期间理解为码头堆场货物实际分配、分派时方才终止，是符合保险条款本意的，也是与保险责任期间从货物进入最后仓库一刻终止的规定吻合一致的，否则，进入码头堆场的货物就会面临两种完全不同的命运：从堆场进入仓库的货物以入库一刻终止保险责任，而分配、分派的货物则一进入堆场就终止了保险责任。若此，被保险人就会选择先将存放于堆场的货物入库，再分配、分派货物。显而易见，这样理解保险条款，将会造成被保险人不必要的成本支出，而保险人却并没有因此而得到任何额外的好处和利益，故而是不可理喻的。鉴此，被告对鱼粉的保险责任终止于 2007 年 5 月 14 日原告在上海龙吴码头分配或分派鱼粉之时，而非终止于 5 月 2 日货物从集装箱内拆出完毕之时。被告关于其保险责任终止时间的抗辩主张，不符合保险条款的本意，该抗辩理由不成立。

另外，保险单正面"特别约定"第3项关于货物"用集装箱装运的，装运前集装箱完好的货物，在运输过程中发生保险事故造成损失，保险人方可理赔"的约定，仅是对货物装运前集装箱的状态作出特别约定，即装运前集装箱已损坏的，即使是在运输过程中发生保险事故造成损失，保险人也不予理赔，而并不是指货物在集装箱内发生保险事故造成损失，保险人才予以理赔。该特别约定不具有改变"仓至仓"责任期间的效力，字里行间也没有缩短"仓至仓"责任期间的意思表示，换言之，集装箱货物的保险责任期间仍然是"仓至仓"而不是"集装箱内"，该特别约定仅是特别要求装运前集装箱须完好无损。经仁祥保险公估（北京）有限公司检验，集装箱在目的港没有发现破损，足可证明货物在起运港装箱时集装箱是完好的。

案例8

日本兴亚损害保险株式会社与上海浦新国际集装箱储运有限公司、上海华航国际货运有限公司赔偿纠纷案 –（2003）沪海法商初字第473号

被告上海华航国际货运有限公司辩称：……涉案海上货物运输约定的交付地为上海港集装箱堆场，这也是本案原告保险责任期间的终止地，而造成涉案货物损坏的交通事故发生在从集装箱堆场到上海高荣模具有限公司（以下简称上海高荣公司）仓库的公路运输区段，不属于原告的保险责任期间内。

上海海事法院判决认为，关于涉案保险合同的保险期间问题，两被告认为涉案保险合同的保险期间应在货物卸至涉案提单记载的交货地上海港堆场时即告终止，而涉案货物的损坏发生在此后的内陆运输区段，不属于原告的保险期间范围，原告不应赔付。提单上记载的交付地是海上运输段承运人运输责任期间的终止地，这与涉案保险合同中保险人的保险责任期间是两个不同的概念。涉案保险单背面协会货物保险条款第一条运输条款明确并入仓至仓条款，即保险人保险责任"始于货物运离载明的仓库或储存处所开始运送之时，在通常运送过程中连续，终止于在载明的目的地交付到收货人的或其他最后仓库或储存处所；……"因此，上海海事法院认为涉案保险责任应在涉案货物到达收货人上海高荣公司的仓库或其指定的在上海的其他仓库时终止。而涉案事故发生在货物从上海港堆场运往上海高荣公司工厂途中，仍在原告的保险责任期间内，原告据此向上海高荣公司作出赔付符合保险合同的约定，并无不当。

倒签保险凭证的情况下保险责任期间的起算

涉外商事海事审判实务问题解答
（最高人民法院民事审判第四庭）

161. 倒签保险凭证的情况下，保险责任期间自何时开始？

答：倒签保险凭证的情况下，保险人的责任自保单上显示的时间开始起算。保险人与被保险人之间对责任起止时间有特别约定的，从其约定。

投保后保险责任期间开始前发生的保险事故保险人是否应承担保险责任

案例

上诉人朱某某与被上诉人华安财产保险股份有限公司上海分公司海上保险合同纠纷案 –（2014）沪高民四（海）终字第117号

上海海事法院认为，根据法律规定，投保人提出保险要求，经保险人同意承保，保险合同成立。保险人应当及时向投保人签发保险单或者其他保险凭证，该保险单或保险凭证应当载明当事人双方约定的合同内容。首先，现有证据表明，原告于2012年7月30日通过其代理人沙某某向被告投保，虽然投保单未记载保险期间，但保险单上载明保险责任期间自2012年8月1日起计算，可初步证明原告、被告双方就保险责任期间约定为自2012年8月1日起计算；其次，根据原告的代理人沙某某的陈述，其经常为船东代办保险业务，并明确知晓被告核保最快需要2天时间，可据此认定原告对2天的核保时间应当有所预计；最后，根据现有证据表明，原告于2012年7月30日委托沙某某投保，沙某某电话联系被告业务员季某投保事宜并邮寄了投保材料，被告于次日收到投保材料并核保完毕，制作了自2012年8月1日起计算保险责任期间保险单，其已履行了及时向投保人签发保险单的义务。故上海海事法院认为自2012年8月1日起计算保险责任期间并无不当。关于原告、被告口头约定保险责任期间自原告向被告账户支付保险费之日2012年7月30日的次日起计算的主张，由于原告没有提交相应的证据予以佐证，上海海事法院对此不予采信。综上，上海海事法院认为，涉案船舶系在 2012 年 7 月 31 日沉没，保险责任期间自 2012 年 8 月 1 日起计算，涉案船舶沉没的事故未发生在保险责任期间。

二审法院认为，根据《中华人民共和国保险法》的规定，保险合同成立后，投保人按照约定交付保险费，保险人按照约定的时间开始承担保险责任。保险责任期间根据投保人和保险公司之间的约定来确定。本案中，朱某某未能提供证据证明其与华安保险就保险责任期间的起算时间进行过约定，原审法院认定保险责任期间从华安财产保险股份有限公司上海分公司（以下简称华安保险）收到涉案保险费之次日即 2012 年 8 月 1 日开始计算并无不当，对朱某某关于保险责任期间包含 2012 年 7 月 31 日的上诉主张不予支持。涉案事故发生在 7 月 31 日，故事故并未发生在保险责任期间内。

📖 在卸货港仓库发现货物损坏是否发生在保险责任期间

⚖ 案例

民丰特种纸股份有限公司与德国格宁保险有限公司海上货物运输保险合同纠纷案 –（2004）沪海法商初字第 91 号

上海海事法院认为，涉案货物在卸货港卸货时箱子外包装已经损坏，该损坏应被认定为在承运人责任期间内所发生；根据涉案保险单的承保范围和条件，该损坏也应被认定为在保险人的责任期间内发生。原告虽无直接证据证明卸货当时箱内的货物已经有损坏，但其所证明的卸货时外包装破损构成了货物可能受损的初步证据。嗣后，经华泰公司进一步检验证实木箱底部严重破损隆起，该底部破损是在卸货时就已经发现的，并且该部分损坏有别于木箱其他部位的一般损坏；有关检验报告的结论意见表明涉案货物是与叉车或坚硬物体撞击从而使木板破损，并造成了箱内货物的损坏。原告称本案货物的损坏部位在木箱底部，不易被发现，有关货物重量和体积都较大，并且属于较为精密的印刷设备，在目的港承运人交货的堆场进行检验存在客观障碍，因此在收货人仓库发现货损后立即申请华泰保险经纪有限公司进行检验是合理的。上海海事法院认为原告的上述理由合理可信。本案并无其他证据可以证明或推定货物受损发生于被告的保险责任期间以外，根据证据优势的原则进行推断，可以认定货物受损的最大可能性在承运人的责任期间内。被告辩称货损发生于非保险责任期间，应当对此作相应的举证，否则应当承担涉案货损的保险赔偿责任。

保险责任起讫条款不属于免责条款

案例

南京恒兴船务有限公司与中国人民财产保险股份有限公司沧州市运河支公司浮阳营业部海上、通海水域保险合同纠纷案 –（2015）民申字第 137 号

最高人民法院再审认为，涉案《补充协议》第三条是关于保险责任起讫时间的约定，其中的括号部分是对起讫时间作出的进一步说明，不属于《中华人民共和国保险法》第十七条第二款中规定的免除保险人责任的条款。南京恒兴船务有限公司（以下简称恒兴船务公司）主张应依据《中华人民共和国保险法》第十七条认定该条款无效，没有事实与法律依据。

《补充协议》第三条对保险责任期间的起讫作出了明确约定："保险责任从载货船舶驶离起运港时起至到达目的港卸货泊位停靠为止。"结合当事人在随后括号中的进一步说明"装船和卸船过程中造成的货损不属于保险责任"，涉案保险合同约定的保险责任期间至船舶停靠卸货泊位时即终止。该条款既不属于格式条款，按照一般理解也不存在歧义，恒兴船务公司关于应对《补充协议》第三条作出有利于恒兴船务公司解释的主张，没有事实及法律依据。

第四节　免责条款

逾期不支付保险费保险合同自逾期之日起自动终止是否属于免责条款

案例 1

上诉人威来船务有限公司与被上诉人中国人民财产保险股份有限公司航运保险运营中心海上保险合同纠纷案 –（2017）沪民终 244 号

一审法院认为，保险合同既是射幸合同又是双务合同，双方当事人基于偶然事件互负并不对等的给付义务。涉案保险合同特别约定第 10 条系当事人基于保险合同的特性约定的合同终止情形，该特别约定条款由当事人协商一致而形成，且不违背法律禁止性规定，故对合同双方当事人均有约束力。本案威来船务有限公司（以下简称威来公司）未按时支付本应于 2014 年 1 月 20 日支付的第三期保险费，直至 2014 年 4 月 4 日凌晨涉案船舶"G××××F××××1"轮沉没后于当日补交了第三期保险费。若在保险合同履行过程中，投保人或者被保险人均可在保险事故发生后通过补缴保险费的方式获得保险赔偿，则对保险人显失公平。因此，威来公司的行为不仅违背了合同约定，更不符合保险合同作为射幸合同的基本特性，中国人民财产保险股份有限公司航运保险运营中心（以下简称人保航保中心）有权依据保险合同特别约定第 10 条主张保险合同终止并不承担保险赔偿责任。此外，威来公司关于人保航保中心未行使合同解除权的抗辩亦缺乏事实和法律的依据，原审法院不予采信。

　　二审法院认为，依法成立并生效的合同，对当事人具有约束力。当事人均应按照约定行使权利、履行义务。本案中威来公司与人保航保中心之间经双方协商达成的包括特别约定在内的保险合同系双方真实意思表示，具有法律效力。保险合同特别约定第 10 条载明："保险费合计 31000.00 美元。保险费缴付双方按以下约定：第一期保险费签单时缴付 11000.00 美元，第二期保险费于 2013 年 10 月 20 日缴付 10000.00 美元，第三期保险费于 2014 年 01 月 20 日缴付 10000.00 美元，双方约定，如投保人（或被保险人）没有按照约定的日期缴付约定的保险费，保险人有权从投保人（或被保险人）违约当天起终止本保险合同，对自违约之日起所发生的任何事故损失和费用不承担赔偿责任。"因此，威来公司应按照约定日期分别在签单时、2013 年 10 月 20 日以及 2014 年 1 月 20 日分期缴付保险费，否则作为保险人的人保航保中心即有权"对自违约之日起所发生的任何事故损失和费用不承担赔偿责任"。现威来公司违约未能按照约定日期于 2014 年 1 月 20 日缴付约定的第三期保险费，而涉案船舶沉没事故发生于 2014 年 4 月 4 日威来公司违约行为持续期间，根据约定，不论该事故性质为何，人保航保中心均可依约对此事故不承担赔偿责任。因此，人保航保中心关于驳回威来公司诉讼请求之主张有事实与法律依据，二审法院予以采纳。威来公司关于保险人不负赔偿责任应以行使合同解除权为前提的抗辩无事实和法律依据，二审法院不予采纳。有鉴于此，二审法院对双方当事人有关事故原因或其他约定或法定因素是否使得人保航保中心无须承担保险赔偿责任之争议不再赘述。

案例2

香港金禧船务有限公司诉中国大地财产保险股份有限公司宁波分公司船舶保险合同纠纷案 –（2010）浙海终字第 126 号[①]

该案为船舶保险合同纠纷。对于"逾期不支付保险费，保险合同自逾期之日起自动终止"的约定是否属免责条款，宁波海事法院经审理认为：（1）从文义上理解，该条款为保险合同权利义务终止条款，属于当事人约定终止的其他情形，符合《中华人民共和国合同法》第九十一条第（七）项的规定。（2）所谓免责条款，以责任存在为前提，而保险责任的存在，以保险合同的存在为前提。本案保险合同终止后，被告对原告就不存在保险责任，也就不存在免责问题。换言之，本案被告不承担保险赔偿责任，其依据是保险合同在事故发生前已经终止，而不是保险责任期间的责任免除；本案是原告通过自身行为将自己置于不利地位，而不是被告通过约定将其置于不利地位。因此，该条款不属于免责条款。因为该条款是本案被告应否承担保险赔偿责任的关键，即使不是免责条款，也应审查其约定的有效性。对此，宁波海事法院认为：（1）该条约定并不违反禁止性法律规定，依据契约自由原则，应该确认其效力。（2）从公平、合理的角度进行衡量，原告按期交纳保费，被告才承担保险责任，原告不按期交纳保费，保险合同自动终止，被告不承担保险责任，并无不公平、不合理可言，原告不能获得赔偿，完全由于其违约所造成。

该案二审过程中，双方和解结案。

· 法院评析 ·

"逾期不支付保险费，保险合同自逾期之日起自动终止"的约定，并不违反法律的强制性规定。尽管该条款是投、承保双方的真实意思表示，但在海上保险合同中是否允许当事人进行这样的约定，这是一个值得深入思考的问题。《最高人民法院关于审理海上保险纠纷案件若干问题的规定》第五条明确规定："被保险人未按照海商法第二百三十四条的规定向保险人支付约定的保险费的，保险责任开始前，保险人有权解除保险合同，但保险人已经签发保险单

---

① 最高人民法院中国应用法学研究所：《人民法院案例选（2013 年第 4 辑总第 86 辑）》，人民法院出版社 2014 年版。案例评析部分，编写人为宁波海事法院吴勇奇法官，责任编辑为黄西武法官，审稿人为王彦君法官。

证的除外；保险责任开始后，保险人以被保险人未支付保险费请求解除合同的，人民法院不予支持。"此处的"解除保险合同""解除合同"，与上述条款中的"保险合同自逾期之日起自动终止"，显然是等效的。本案无论是从"保险人已经签发保险单证"的角度，还是从"保险责任开始后"的角度，认定保险合同自逾期之日起终止，似乎都与该条规定相抵触。换言之，本案似乎应当认定投、承保双方关于"逾期不支付保险费，保险合同自逾期之日起自动终止"的约定无效。

但依据司法解释起草人在《〈最高人民法院关于审理海上保险纠纷案件若干问题的规定〉的理解与适用》一文中所述："海上保险合同成立、保险费的支付以及保险责任开始可以是不同的时间。依照海商法的规定，一旦保险责任开始，保险人不得解除合同。保险责任开始之前如果被保险人未履行支付保险费的义务，应当赋予保险人解除合同的权利。但海上货物运输保险与船舶保险的情况不同，海上货物运输保险中的保险单是可以转让的，向保险人要求保险赔偿的被保险人可能不是与保险人签订保险合同的人，如果保险人已经签发了可转让的保险单，即使被保险人（签订保险合同的人）未支付保险费，在保险责任开始前保险人也无权解除保险合同。因此规定被保险人未按照《中华人民共和国海商法》第二百三十四条的规定向保险人支付约定的保险费的，保险责任开始前，保险人有权解除保险合同，但保险人已经签发保险单证的除外；保险责任开始后，保险人以被保险人未支付保险费请求解除合同的，人民法院不予支持。这样的规定既强调了被保险人支付保险费的义务，也考虑到海上货物运输保险中的特殊性，保证了保险单证依法可以转让的性质。"《最高人民法院关于审理海上保险纠纷案件若干问题的规定》第五条的规定是针对海上货物运输保险的，而不针对船舶保险。也就是说，对于海上货物运输保险而言，是不允许投、承保双方约定"逾期不支付保险费，保险合同自逾期之日起自动终止"的，或者说这种约定违反了《最高人民法院关于审理海上保险纠纷案件若干问题的规定》第五条的强制性规定，应当认定无效。但本案是船舶保险合同纠纷，不适用《最高人民法院关于审理海上保险纠纷案件若干问题的规定》第五条的规定。

上述理解，完全符合海商法的相关规定。《中华人民共和国海商法》第二百二十七条第一款规定："除合同另有约定外，保险责任开始后，被保险人和保险人均不得解除合同。"《中华人民共和国海商法》第二百二十八条则规定："虽有本法第二百二十七条规定，货物运输和船舶的航次保险，保险责任开始后，被保险人不得要求解除合同。"很明显，本案投、承保双方约定"逾期不支付保险费，保险合同自逾期之日起自动终止"，属于《中华人民共和国海商法》第二百二十七条第一款所规定的"合同另有约定"的情况，由于是在船舶保险合同下作此约定，故该约定并不违背《中华人民共和国海商法》第二百二十八条规定的精神。

至于投、承保双方在履行合同过程中是否变更了"逾期不支付保险费，保险合同自逾期之日起自动终止"的约定，宁波海事法院在一审判决中已经作了实事求是的分析认定。

📖 被保险人逾期缴纳保险费保险人不承担保险责任的约定是否有效

⚖ 案例

中国人民财产保险股份有限公司航运保险运营中心、新华船务（香港）有限公司海上、通海水域保险合同纠纷案 –（2021）最高法民再 24 号

一审法院认为，根据《中华人民共和国海商法》第二百一十六条"海上保险合同，是指保险人按照约定，对被保险人遭受保险事故造成保险标的的损失和产生的责任负责赔偿，而由被保险人支付保险费的合同"及第二百二十七条"除合同另有约定外，保险责任开始后，被保险人和保险人均不得解除合同。……保险人要求解除合同，应当将自合同解除之日起至保险期间届满之日止的保险费退还被保险人"的规定，保险人依法承担保险责任和被保险人依约支付保险费系其各自的合同义务，保险合同可以约定就保险费的支付设定解除保险合同的条件。案涉"付费条款"就此作出了约定，赋予保险人享有解除合同的选择权，保险人选择解除合同时，有权收取合同终止日之前的保费（解除合同条款）。在同一条款中以相同的条件同时约定"保险人对交费之前发生的事故不负赔偿责任"（免除责任条款），意味着不论合同是否解除，保险人对交费之前的特定期间，只享有收取保费的权利而不需履行承担保险责任的义务，该约定系保险人单方免除了其应负担的责任，权利义务不相一致，违反了合同法的公平原则。

根据《中华人民共和国保险法》第十七条的规定，对该免除保险人责任的条款的内容，保险人在订立合同时应向投保人作出足以引起注意的提示，并以书面或口头形式作出明确说明。海商法意义上的保险事故系指发生于保险责任期间内、遭受的损失应由保险人负责赔偿的事故，属于保险人的承保风险。

该免除责任条款对于保险事故也不予赔偿，实质上是将保费应付之日起至实际支付之日止的时间段排除在保险责任期间之外，正如被告在本案中的抗辩主张：涉案保险合同约定保险责任期间自 2017 年 2 月 27 日 0 时至 2018 年 2 月 26 日 24 时止，原告于 8 月 1 日支付了应于 7 月 10 日支付的第二期保费，涉案碰撞事故属于保险事故，因发生在 7 月 11 日至 7 月 31 日期间而不承担赔偿责任。航运实务中，船舶经营者投保船舶定期保险的目的，无疑是为了获得在保险责任期间内连续不间断的保险保障。被告作为专业船舶险的保险人，应当将该条款的上述应有之义向原告作出提示和明确说明。但该意思表示系在"付费条款"的抬头之下，以与合同解除条款合并在一起的方式予以表达，被告提交的沟通邮件及附有声明的投保单不足以证明其已尽到《中华人民共和国保险法》第十七条第二款规定的义务，故该条款不产生效力。

据上，因被告单方免除其应承担的法定责任，且未尽提示和说明义务，致使该免除责任条款无效，但并不影响涉案"付费条款"其他约定的效力。被告未选择解除合同，并在碰撞事故发生之前催交保费，则原告于碰撞事故发生后支付保费系其履约行为，被告亦应当继续依约履行自己的义务。即使该期保费原告没有支付，被告享有的系对原告的债权请求权，其拒绝承担保险责任违反《中华人民共和国保险法》第五条规定的诚实信用原则。原告延付保费不能免除被告的保险责任，被告相应的抗辩理由不能成立。

二审法院认为，本案中，"付费条款"约定，新华船务（香港）有限公司（以下简称新华船务公司）应于 2017 年 3 月 10 日、2017 年 7 月 10 日、2017 年 11 月 10 日前分别支付保险费的 33%、33%、34%；否则，保险人对交费之前发生的事故不负赔偿责任，并有权向投保人发出解除保险合同通知的次日零时起终止合同，投保人仍需缴纳合同终止日之前的保费。该条款虽置于投保单和保险单"付费约定"下，但根据该条款，新华船务公司如交费违约，则中国人民财产保险股份有限公司航运保险运营中心（以下简称人保公司航保中心）则对交费之前发生的事故不负赔偿责任。该条款属于实质上免除了保险人在一定时间内承担保险责任的条款。"原木条款"约定，船舶装运原木期限发生的任何保险责任，保险公司不予承担。该条款系对远洋一切险承保范围进行了除外责任约定，属于免除保险人责任条款。"付费条款"和"原木条款"载于人保公司航保中心提供的船舶保险投保单（2009 版）和船舶保险保险单（2009 版）中，属于《中华人民共和国保险法》第十七条第二款规定的免除保险人责任的条款。

关于人保公司航保中心对"付费条款"和"原木条款"是否负有提示和明确说明义务。人保公司航保中心主张上述条款系缔约双方商定，并非格式合同文本，其依法不负有提示和明确说明的义务。从《中华人民共和国保险法》第十七条的规定来看，保险人对于格式条款和免责条款的提示、说明等规定在不同款项中，系并列关系；从文字表述来看，也无法得出第二款以第一款为前提。法律之所以规定保险人对特定条款具有提示和说明义务，是基于缔约自愿和诚信原则，使缔约方完全了解和明白合同约定的内容和权利义务，特别是对于专业术语和模糊不清的用语，提出文本的一方有义务作出说明，使对方明白其含义，充分意识到缔约风险。本案中，人保公司航保中心以"付费条款"和"原木条款"为依据主张免除其保险责任，依法应负有提示和明确说明义务。

关于"付费条款"能否免除人保公司航保中心保险责任的问题。首先，"付费条款"载于投保单和保险单"付费约定"中，条款内容在投保单上字体加黑、加下划线进行了提示，保险单置于特别约定清单中单独成页，人保公司航保中心尽到了提示义务。但人保公司航保中心在缔约过程中，与新华船务公司的邮件往来仅是将"付费条款"与其他条款一并作为续约条件，并未主动对该条款的概念、内容、法律后果作明确说明。其次，"付费条款"中"交费之前"并不明确，新华船务公司须分三期交纳保费，交费之前指的第一期交费前、每期交费前还是交清保费前，从文意解释看，容易产生歧义。最后，"付费条款"赋予人保公司航保中心在新华船务公司逾期交费时解除合同和收取合同终止日前保费的权利，同时，人保公司航保公司对交费前发生的事故不负赔偿责任，该条款内容显失公平。人保公司航保中心在缔约时未对条款进行明确说明，在新华船务公司第二期交费逾期时进行了催收，未解除合同，新华船务公司现已交清全部保费，在条款内容本身存有歧义且有违公平的情况下，人保公司航保中心以该条款为由免除保险责任，理由不能成立。

最高人民法院认为，《中华人民共和国保险法》（以下简称《保险法》）第十七条规定："订立保险合同，采用保险人提供的格式条款的，保险人向投保人提供的投保单应当附格式条款，保险人应当向投保人说明合同的内容。对保险合同中免除保险人责任的条款，保险人在订立合同时应当在投保单、保险单或者其他保险凭证上作出足以引起投保人注意的提示，并对该条款的内容以书面或者口头形式向投保人作出明确说明；未作提示或者明确说明的，该条款不产生效力。"《关于适用〈中华人民共和国保险法〉若干问题的解释（二）》（以下简称《保险法司法解释二》）第九条规定："保险人提供的格式合同文本中的责任免除条款、免赔额、免赔率、比例赔付或者给付等免除或者减轻保险人责任的条款，可以认定为保险法第十七条第二款规定的'免除保险人责任的条款'。保险人因投保人、被保险人违反法定或者约定义务，享有解除合同权利的条款，不属于保险法第十七条第二款规定的'免除保险人责任的条款'"。《最高人民法院关于"〈保险法司法解释二〉第九条适用"问题的答复》规定："《保险法司法解释二》第九条是对《保险法》第十七条中'免除保险人责任的条款'的解释。《保险法》第十七条分为两款：第一款是对保险人提供的格式条款的一般说明义务，第二款是保险合同中免除保险人责任的条款的提示和明确说明义务。第二款的理解应以第一款的规定为前提，故第二款中的'免责条款'应指保险人提供的格式条款中的'免责条款'，不包括非格式条款中的'免责条款'。因此，保险合同中的比例赔付条款如不是格式条款，则不属于《保险法司法解释二》第九条规定的'免除保险人责任的条款'，因为非格式条款往往是当事人双方协商的结果，根据《保险法》第十七条的立法本意，保险人对非格式条款不具有提示和说明义务。"

如上所述，案涉保险合同中的"付费条款"与"原木条款"并非格式条款，不存在格式条款的不平等性、先决性、非协商性的特征，中国人民财产保险股份有限公司航运保险运营中心（以下简称人保公司）对该两个条款依法不负有特别提示和说明义务。原审判决认定"付费条款"和"原木条款"是《保险法》第十七条第二款规定的免除保险人责任的条款，人保公司负有提示和明确说明义务，与本案事实不符，适用法律错误，最高人民法院予以纠正。

📖 保单中关于未足额缴纳保险费保单失效或按比例承担保险责任的条款是否有效

⚖ 案例1

中国平安财产保险股份有限公司天津分公司与安邦（香港）船务发展有限公司海上、通海水域保险合同纠纷案 –（2016）浙民终513号

一审法院认为，对于保险单载明的"分期交付保险费的，保险人按照保险事故发生前保险人实际收取保险费总额与投保人应当交付的保险费的比例承担保险责任，投保人应当交付的保险费是指截至保险事故发生时投保人按约定分期应该缴纳的保费总额"，应理解为只要安邦（香港）船务发展有限公司（以下简称安邦公司）按照约定（或保险人接受的时间）支付了分期应该缴纳的保险费，中国平安财产保险股份有限公司天津分公司（以下简称平安天津公司）即应全额承担保险责任。至于在保险条款第七条第（一）款中载明

"保险船舶在承保期限内发生全损时，未交付的保费要立即付清"，而被保险人未付清全额保费，属于双方的保费纠纷，可以另行通过诉讼等方式解决，并不影响本案的处理。

二审法院认为，至于平安天津公司提出安邦公司未足额缴纳保险费，其至多赔付一半保险赔款的理由。保险单载明"（保费）第一次付款时间为2013年2月5日，金额为44000元，第二次支付时间为2013年8月15日，金额为44000元"，同时载明"分期交付保险费的，保险人按照保险事故发生前保险人实际收取保险费总额与投保人应当交付的保险费的比例承担保险责任，投保人应当交付的保险费是指截至保险事故发生时投保人按约定分期应该缴纳的保费总额"。但香港天诚国际船舶管理有限公司直至2013年3月7日保险事故发生后才缴纳了第一期保费44000元，按照上述条款则平安天津公司无须承担保险责任，显然与保险法规定的缴纳保险费与保险合同的效力无关的精神相悖。故一审判决认为平安天津公司应全额承担保险责任并无不当。

案例 2

晨洲船业集团有限公司与中国人民财产保险股份有限公司广东省分公司海上、通海水域保险合同纠纷案 –（2015）浙海终字第240号

一审法院认为，尽管中国人民财产保险股份有限公司广东省分公司（以下简称广东人保）称在通过诺亚天泽保险经纪（上海）有限公司（以下简称诺亚经纪）的投保协商过程中，双方已经商定了保费分四期支付，且在保费支付安排后均有"逾期不付，保险自动终止"字样，但目前并无证据证明投保人对该条款进行了确认。2013年3月7日投保人签署的投保单中，并没有保费支付安排及不支付保费后果的条款，仅在投保人声明栏中有"保险人已对本保险合同中付费约定和特别约定的内容向本人做了明确说明"的描述，但保险人不能证明在投保单上已经附上了付费约定及特别约定条款。更何况，保单签发前，保险人于2013年3月8日向投保人出具的"应收保费通知书"中要求晨洲船业集团有限公司（以下简称晨洲集团）支付的是包括"成路15"轮在内的10艘船的全部保费1440600元，注明"保费支付后保单方可起保"，既不是要求保费分期支付，也没有"逾期不付，保险自动终止"的条款，说明在2013年3月8日之前保险人自己也没有认可该条款的存在。在2013年3月19日保险人重新发送的应收保费通知书中，也仅注明保费分四期支付的每

期具体数额，而没有"逾期不付，保险自动终止"字样。广东人保于2013年3月10日签发的保单上，在保费分四期支付的安排后才出现了"不按保单约定支付保费将导致保单失效，为了保证您能及时获得保险保障，请您尽快交付保险费"的文字，由此可见，在发送给投保人及被保险人方的书面正式文件中，仅在保单中有"逾期不付将导致保单失效"条款的相关描述，并且也不是广东人保所说的"任一期保费逾期不付，保险自动终止或失效"的权利义务性明确条款，而仅是"不按保单约定支付保费将导致保单失效，为了保证您能及时获得保险保障，请您尽快交付保险费"的描述。在该描述中，"将导致保单失效"亦可理解为"可能、将会导致保单失效"，而不是"自动失效和注销"，保险人在发现逾期后是否会发送催缴保费通知、是否会给予缴费宽限期亦都不明确，并且从后面紧跟的文字"为了保证您能及时获得保险保障，请您尽快交付保险费"的用语看，该语句更像是交费的礼貌性提示，而不是意思表示明确的设定权利义务及责任的限制性条款。由于相关法律明确投保单与保单不一致时，以投保单为准，而投保单上并没有"逾期不付，保险自动终止"条款，因此，一审法院认为，该条款不能认定为存在于涉案保险合同中。

二审法院认为，根据《最高人民法院关于适用〈中华人民共和国保险法〉若干问题的司法解释（二）》第十四条第（一）项规定，投保单与保险单或者其他保险凭证不一致的，以投保单为准，但不一致的情形系经保险人说明并经投保人同意的，以投保人签收的保险单或者其他保险凭证载明的内容为准。本案中，特别约定清单中"不按保单约定支付保费将导致保单失效"的条款与投保单上人保远洋船舶保险条款（2009版）中第七条"如果保险人同意，保费也可以分期交付，但保险船舶在承保期限内发生全损时，未发生的保费要立即付清"的约定相悖，在投保单保险销售事项确认书处未见保险销售人员、保险中介销售人员及保险中介机构的盖章，广东人保亦未能举证证明其对于该特别约定清单中的条款尽到了特别说明义务。虽然广东人保主张特别约定清单内容与投保单不一致已经诺亚经纪和晨洲集团确认同意，但晨洲集团对于保险单和特别约定清单的签收行为并不能代表其当然接受了与保险单不同的内容，该行为仍然不能免除广东人保对于有利于自己免责条款的特别说明义务。因此，二审法院认为，"不按保单约定支付保费将导致保单失效"的条款不存在于本案的保险合同中，一审法院据此认定特别约定清单中"不按保单约定支付保费将导致保单失效"的条款无效并无不当。

案例 3

浙江巨戎远洋渔业有限公司、太平财产保险有限公司大连分公司海上保险合同纠纷案 –（2021）浙 72 民初 748 号

太平财产保险有限公司大连分公司（以下简称太平财险大连分公司）辩称，至案涉事故发生日 2019 年 12 月 23 日，浙江巨戎远洋渔业有限公司（以下简称巨戎公司）并未按合同约定支付过任何保险费，保险合同依约尚未生效，巨戎公司称太平财险大连分公司对巨戎公司于 2019 年 12 月 30 日缴付的 110000 元保险费予以收取，并于次日向巨戎公司开具了增值税专用发票，足以说明太平财险大连分公司已认同了巨戎公司对保费的补交，确认了保险合同的效力。即使太平财险大连分公司对合同的效力存有异议，但该补交事实的发生，根据《中华人民共和国保险法》第二十条第一款"投保人和保险人可以协商变更合同内容"、最高人民法院《关于适用〈中华人民共和国保险法〉若干问题的解释（三）》第八条第三款"保险合同自投保人补交保险费之日恢复效力"等规定，涉案保险合同仍合法有效。宁波海事法院认为，太平财险大连分公司关于合同未生效的辩称不能成立，批单特别约定投保人必须按照本保单约定的日期缴付保险费，否则本保险合同无效，若投保人未及时按合同约定缴纳保险费，保险人不承担保险责任，依据该约定，巨戎公司没有按约在收到保单后 15 日内支付第一期保费 50000 元，保险合同因未生效对双方均无拘束力，太平财险大连分公司在 2019 年 12 月 30 日收到"巨龙 2"轮保险费，应当通知巨戎公司合同未生效并退还保险费。事实上，太平财险大连分公司在 2019 年 12 月 30 日收到"巨龙 2"轮保险费后并未拒绝接受，而是出具了以巨戎公司为抬头的增值税发票，在后续的交涉过程中亦（未）提出合同未生效。2019 年 12 月 25 日、12 月 26 日，巨戎公司向太平财险大连分公司提交事故经过报告和处理方案，从 2020 年 1 月 3 日太平财险大连分公司回复巨戎公司邮件来看，双方已于 2019 年 12 月 30 日举行会议讨论事故处理，太平财险大连分公司在接受补交保险费时已知悉船舶因故障失去动力，巨戎公司并未向其隐瞒船舶现状。综上，对巨戎公司关于双方已确认保险费补交和合同已生效的主张，宁波海事法院予以支持，保险合同生效时间为 2019 年 6 月 4 日 00 时，涉案保险事故发生在保险期限内。

船舶是否适航的举证责任

案例

上诉人威来船务有限公司与被上诉人中国人民财产保险股份有限公司航运保险运营中心海上保险合同纠纷案 -（2017）沪民终244号

中国人民财产保险股份有限公司航运保险运营中心（以下简称人保航保中心）认为，由于威来船务有限公司（以下简称威来公司）不能提供船舶有效的适航证书、船长的适任证书，且装载货物的含水量明显超过适运水分限量，故"G××××F×××1"轮开航时处于不适航状态，依照《中华人民共和国海商法》第二百四十四条的规定，人保航保中心不负赔偿责任。原审法院认为，《中华人民共和国海商法》第二百四十四条规定，船舶开航时不适航造成保险船舶损失的，保险人不负赔偿责任，但是在船舶定期保险中被保险人不知道的除外。关于船舶在开航时不适航的举证责任应由人保航保中心承担。同时，《中华人民共和国保险法》第二十二条规定，保险事故发生后，按照保险合同请求保险人赔偿或者给付保险金时，投保人、被保险人或者受益人应当向保险人提供其所能提供的与确认保险事故性质、原因、损失程度有关的证明和资料，故关于船舶在开航时适航的举证责任则由威来公司承担。根据在案的有效证据，威来公司提交了船舶登记证书、船舶临时登记证书、船舶电台执照和最低安全配员证书以及船员名单、部分船员适任证书。上述证据不能证明威来公司按照船舶开航要求准备了全套船舶证书，也不能证明威来公司按照最低安全配员证书为船舶各岗位配备了具有相应资质的适任船员。故人保航保中心依据举证先后顺序，通过指出威来公司提交的证据存在问题达到证明"G××××F×××1"轮开航时处于不适航状态的证明目的的举证方式并无不当，原审法院予以采纳。此外，由于本案威来公司未就《中华人民共和国海商法》第二百四十四条除外事项进行抗辩，且威来公司系船舶所有人，另一共同被保险人系船舶经营人，应当知晓船舶开航时应持有全套船舶证书以及船员配备情况，故本案不适用该条款记载的除外事项。人保航保中心关于"G××××F×××1"轮装载货物的含水量明显超过适运水分限量的抗辩，原审法院在前文已经予以认定，在本节中不再重复论述。综上，人保航保中心关于涉案船舶不适航不负保险赔偿责任的抗辩成立，原审法院予以采信。

二审维持一审判决。

船舶配员不当构成船舶不适航且导致保险事故发生的，可以依约定构成保险除外责任

案例1

朱某某与华安财产保险股份有限公司上海分公司海上保险合同纠纷上诉案－（2014）沪高民四（海）终字第117号

该案中，2012年12月3日，唐山海事局出具事故调查报告，该调查报告对事故原因进行了分析，认为事故的直接原因是"鸣××"轮航行至京唐港附近水域时，正值台风"达维"过境，"鸣××"轮遭遇大风浪，货舱进水导致船舶沉没。事故的间接原因是：1."鸣××"轮不适航，船舶超航区航行。"鸣××"轮属内河船舶，船舶结构、强度、稳性和船上设备均不能满足海上安全航行需要，亦不具备抵御海上风浪的能力。2."鸣××"轮船上人员不适任。船上人员均未持有船员证书，也未经过相关的培训，违反了海上交通运输法律法规。3.船舶管理混乱、安全意识不强。"鸣××"轮运营期间未如实向六安鑫海航运有限公司（以下简称鑫海公司）报告船舶动态，非法超航区航行，船舶开航前未对航经海域的气象海况条件予以足够重视，冒险开航，鑫海公司作为船舶经营人和管理公司未对船舶进行有效管理，放任船舶在沿海装运海沙，未尽管理义务。

原审法院认为，由于"鸣××"轮未妥善配备船员，违反了船舶适航义务，即使涉案事故发生在保险责任期间，属于保险事故，保险人也可依据该法律规定不承担赔偿责任。

关于华安财产保险股份有限公司上海分公司（以下简称华安保险）是否应当承担保险责任。二审法院认为，根据《中华人民共和国海商法》的规定，船舶开航时不适航，保险人不负赔偿责任。本案中，涉案船舶最低安全配员证书记载，船舶在航行时船舶配员不低于7人，包括船长1人、二副1人、轮机长1人、二管轮1人、水手2人和机工1人。而朱某某在二审庭审中自认，涉案事故发生时，船上共有8人，包括其母亲和儿子，以及6名船员。涉案船舶配员不足，船舶不适航，故华安保险无须承担保险赔偿责任。

案例2

刘某某与中国太平洋财产保险股份有限公司舟山市普陀支公司海上保险合同纠纷上诉案 – （2012）浙海终字第29号

一审法院查明，2010年9月2日，浙江杭州海事处出具事故调查报告指出：不熟悉通航环境和操纵不当是本起事故的直接原因；超载航行是事故的重要原因；配员不符合安全航行要求是事故的间接原因，该轮至少应配8名合格船员，但船上人员均无与其工作岗位相符的船员证书和适任证书。该报告结论指出：本次事故属单方责任事故，"国良108"轮在此次事故中负全责。其中，该轮实际船长是本次事故的主要责任人，该轮经营人未对船舶配备足以保证船舶安全的合格船员是造成本起事故的间接原因，应负次要责任。

一审法院经审理认为，刘某某、中国太平洋财产保险股份有限公司舟山市普陀支公司（以下简称太保公司）间的保险合同并未规定"船舶不适航"保险人即可免除赔偿责任，而《中华人民共和国海商法》第二百四十四条明确规定适用于"保险船舶损失"，故太保公司该反诉主张无事实及法律依据，不予采纳；海事部门虽认定了事故的直接原因、重要原因、间接原因，也确定了主要责任人及次要责任人，且保险条款虽有第三条第（五）项之规定，但太保公司现有证据不足以证明被保险人（刘某某）有何"故意或重大过失"行为及该行为与事故有无、有何关系，故太保公司该反诉主张，证据与理由均不充分，亦不予采纳。太保公司反诉请求无事实与法律依据，不予支持。

二审中，太保公司主张其免责成立，由于刘某某欺诈才导致其错误支付140万元赔偿。二审法院认为，是否存在免责情形是每个保险人在处理理赔中必须考量的情况，太保公司既然认为根据雇主责任险的规定，被保险人及其代表的故意行为、重大过失行为造成的损失、费用和责任，保险人不负责赔偿，就应当对被保险人是否存在该行为事先予以调查，同时也负有证明刘某某经营的"国良108"轮未配置适任船员构成其免责的义务。调查是保险人决定赔付前的权利，没有证据表明刘某某阻挠了调查或提供了伪证，太保公司也陈述理赔结束后向海事局咨询才知道"国良108"轮未配置适任船员的事实，故主张刘某某欺诈缺乏证据。刘某某经营的"国良108"轮未配置适任船员只构成船舶不适航，并未明确约定为保险人免责事项，即便可以认定为被保险人及其代表的故意行为、重大过失行为，太保公司仍需证明本案事故损失与该行为的因果联系，但太保公司未提供证据，故太保公司关于其免责成立以及已赔付的140万元应当返还的主张不能成立。

案例 3

泰州市振陵运输有限公司与安信农业保险股份有限公司海上保险合同纠纷上诉案 - （2011）沪高民四（海）终字第 204 号

该案保单约定，船舶的配员需符合海事部门规定的最低配员要求，否则发生保险事故保险人不承担赔偿责任。一审法院认为，根据该事故报告可以认定，"振陵机 369" 轮在事故航次满载航行，因积载不当船体向右倾斜，在右机发生故障时，驾驶员加大左机转速转向，船体向右倾斜加剧，货舱、机舱同时进水，致使船体倾覆下沉。当时船上仅有 4 名船员，不符合该轮最低配员要求，影响了船舶排水和施救，构成了船舶不适航，且与船舶沉没具有因果关系，属于保险除外责任。因此，造成 "振陵机 369" 轮沉船事故的原因是船舶积载、驾驶、配员不当，涉案事故不属于保险责任范围，保险人无须承担赔付责任。被保险人对此提起上诉，二审法院维持原判。

案例 4

郑某某等与中国人民财产保险股份有限公司宁波市分公司海上保险合同纠纷上诉案 - （2007）浙民三终字第 10 号

一审法院判决认为，涉案船舶发生事故时，除轮机长 1 人证船相符外，其他人员无证书或船证不符，已构成保险条款第三条所规定的 "船舶不适航"。船员能力、素质显然对其就海上风险的预计、处理有重大影响，事故航次未充分考虑安全因素一直未加盖舱盖板，致船舶在风浪中轻易、短时间内进水沉没即是明证。故涉案事故与船舶不适航之间亦存在法律上的因果关系，中国人民财产保险股份有限公司宁波市分公司（以下简称人保宁波分公司）提出的其对船舶因不适航造成的损失不负赔偿责任的抗辩，合法有理，予以采纳。

二审法院查明并判决："浙定 58016" 轮最低安全配员要求 8 名船员，郑某某、杨某某同时向人保宁波分公司投保了船东对船员责任险。保险金额共计 56 万元，上报船员 7 名。涉案事故航次，仅刘某某 1 人证船相符，袁某某、庄某某持证等级均为 "未满 100 总吨船舶"，不符合 "浙定 58016" 轮总吨位 295 吨的要求，其他船员均无证书。刘某某、韩某某在事故中丧生，另有 2 名船员不知姓名，也下落不明。从船舶配员看，严重不适航。且由于船员配备不适航，对事故发生的预见和处理，缺乏足够能力应对。船舶不适航与事故发生之间具有因果关系。郑某某、杨某某认为配员不适航系人保宁波分公司造成、构成刑事犯罪，但未提供相应证据。

案例 5

温州市洞头东海船务有限公司、中国太平洋财产保险股份有限公司洞头支公司海上保险合同纠纷案 – （2021）浙 72 民初 1211 号

原告提供的"东海 689"轮船舶最低安全配员证书上载明该轮最低配员人数为 6 人，配备船员必须持有与案涉船舶种类、航区、等级或主机类别和所担任职务相符的有效的船员适任证书。据温州海事局事后调查时侯某某的陈述，事发时船上配员 7 人，但船长林某某因故并未在船上工作，船舶由侯某某驾驶。原告认为，船上配员人数符合要求，侯某某的海船船员适任证书虽然已经过有效期，但足以证实侯某某具备驾驶船舶的能力，且事故发生原因系急落潮所致，故不存在不适航的情形。宁波海事法院认为，即使"东海 689"轮的事发航次船员人数符合最低安全配员要求，但船长因故未在船工作，船舶由侯某某驾驶，而其持有的海船员适任证书已失效，且准任等级与职务为未满 500 总吨船舶的船长，故"东海 689"轮由未持有效适任证书的侯某某驾驶，显然不符合船舶配员要求，存在船舶不适航的情形。

📖 船舶未配备最新海图导致发生触礁事故构成不适航，且与保险事故具有因果关系

案例

秦皇岛市合顺船务有限公司与中国人民财产保险股份有限公司秦皇岛市分公司船舶保险合同纠纷案 – （2015）津高民四终字第 93 号 /（2016）最高法民申 1395 号

一审法院认为，中国人民解放军海军司令部航海保证部 2013 版纸海图

上在事发水域有"新礁"的标注，但涉案船舶未配备航线需要的纸海图，其所使用的电子海图上亦没有"新礁"标注。事故发生后，公估人员登船检验的结果表明，船长指示的该航次的计划航线通过了"新礁"所在位置，更新后的电子海图在该位置出现"一米暗礁"的标注。而秦皇岛市合顺船务有限公司（以下简称合顺公司）未能提供充分证据证明其所主张的船长指示虚假航线，ECS157 电子海图经过更新仍没有"新礁"标注等事实存在。因此，由于纸海图缺失及电子海图未更新，涉案船舶在规划航线时没有避开"新礁"所在位置，从而导致沿计划航线行驶的船舶发生触礁事故。故，船舶不适航与涉案事故的发生具有直接的因果关系。关于涉案船舶能否参照《中国航务指南：南海海区》及《中国沿海航行里程表》规划航线，从而避免触礁事故发生的问题，因上述资料上均没有对"新礁"具体位置的标注，其不能代替纸海图的作用，参照该资料并不能准确判断"新礁"的位置，从而规划出安全的航线，避免触礁事故。故，上述航行资料的配备，不能阻却船舶不适航与涉案事故发生之间的因果关系。二审法院维持了一审判决。

最高人民法院再审认为，《中华人民共和国海商法》第四十七条规定："承运人在船舶开航前和开航当时，应当谨慎处理，使船舶处于适航状态，妥善配备船员、装备船舶和配备供应品，并使货舱、冷藏舱、冷气舱和其他载货处所适于并能安全收受、载运和保管货物。"据此，在船舶开航前和开航当时使船舶处于适航状态，是承运人应尽的法定义务。在本案中，涉案触礁事故发生时，合顺公司所有的"金润988"轮使用的 ECS157 电子海图系统是 9.0.1 版本而非最新的 9.3.1 版本，合顺公司未尽到及时更新的责任，该船舶也没有配备本航次航行所需的纸海图。根据《国内航行船舶船载电子海图系统和自动识别系统设备管理规定》第十九条、第二十一条的规定，"为确保电子海图数据的准确性和完整性，沿海航行船舶船载电子海图系统设备应使用官方发行的符合国际海道测量组织 S－57 格式要求的电子海图并应及时更新"，"配备船载电子海图系统设备的船舶应保持适当的纸海图作为备份，并及时更新。以确保在船载电子海图系统设备故障时能够安全返回港口"。合顺公司作为承运人对船舶完成预定航次没有做到必要的装备，保障船舶配备达到适航状态，在电子海图对事发水域状况标注与实际不符的情况下，未能做到根据纸海图设定正确航线、确保航行安全，最终导致涉案触礁事故的发生。原审判决认定合顺公司的船舶在涉案航次处于不适航的状态，船舶不适航与涉案事故的发生具有直接的因果关系，并不缺乏事实和法律依据。

船舶配载不当是否构成不适航

案例

上海中福轮船公司与中国人民保险公司上海市分公司船舶保险合同纠纷案 –（2003）沪海法商初字第 77 号

上海海事法院认为，涉案"仲宇"轮于 2002 年 5 月 25 日从宁波北仑港开航时，货物交接清单载明的船舶艏吃水为 2.90 米，艉吃水为 3.60 米，平均吃水 3.25 米，按照船舶稳性计算书的要求，差距极小，应属正常范围，总体上并未超载。该轮船长在海事事故报告中填写的船舶吃水情况，也与货物交接清单所载稍有出入，并不能反映船舶开航时状况，评价船舶的适航性应以后者为准。涉案航次中，"仲宇"轮装载货物 1260 吨，其中，前货舱载约 510 吨，后货舱载约 750 吨，属货物配载严重不当。在船舶未超载情况下，被告仅以货物配载不当认为船舶不适航，依据不足。

船舶锚泊时船舶配备不当是否构成开航时不适航

案例

天津市金业海运有限公司、林某某等海上保险合同纠纷案 –（2020）浙 72 民初 1105 号

原告认为："源兴丰"轮受撞时不是处于在航或开航状态，而是处于锚泊状态，值班船员配置不齐，未确保 AIS（船舶自动识别系统）正常使用（并非人为关闭），不能推定"源兴丰"轮不适航；该轮锚位选择不合理，不属于违法锚泊，不能援引船壳险条款第十五条的规定。被告认为："源兴丰"轮的值班船员不符合法律规定，未向对方渔船发出警告声号，其能力不足以正确使用 AIS，致该轮技术状态不符合法律规定，导致"源兴丰"轮不适航，依据船壳险条款第三条的规定，应免除保险责任；该轮锚位选择不合理，违反了《中华人民共和国海上交通安全法》第十条的规定，依据船壳险条款第十五条的规定，应免除保险责任。宁波海事法院认为，事故责任认

定"源兴丰"轮存在值班人员未采取有效措施、选择锚位不合理、未确保 AIS 正常使用这三方面的过失（未将配员不当列入其中）。"源兴丰"轮处于锚泊状态时，若存在值班船员配备不当而未采取有效措施、未确保 AIS 正常使用，也不属于所谓"开航时"不适航的情形，而事实上，该轮事发前或事发时 AIS 未能正常被接收，也不能排除事发海域存在信号盲区的可能，且该轮锚灯显示正常，不应认定该轮不适航；由于历史的原因，台州温岭海域没有法定的锚地，事发海域因石塘渔港和箬山渔港的建设，最近几年大量 3000 总吨以下的船舶锚泊于此，"源兴丰"轮选择的锚地可视为因渔港建设而多年形成的习惯性锚地，并非属于明文禁止船舶锚泊的海域，不应认定该轮选择锚位是原告明知违法而故意为之。因此，"源兴丰"轮值班人员未采取有效措施、AIS 未正常使用、锚位选择不合理，不属于免除被告保险责任的免责事由。况且，"源兴丰"轮遭受碰撞是导致该轮沉没的主要原因，根据近因原则，被告应承担保险责任。

📖 保险公司以约定船舶不适航主张免责，免责范围应当根据船舶不适航状况与保险事故之间的因果关系程度综合判定

⚒ 案例1

阳光财产保险股份有限公司温州中心支公司、温州鸿达海运有限公司海上、通海水域保险合同纠纷再审审查与审判监督案 –（2017）最高法民申 4824 号①

最高人民法院认为，案涉《沿海内河船舶保险条款（2009 版）》（以下简称《保险条款》）第一条中约定，碰撞、触碰造成保险船舶发生的全损，本保险负责赔偿。本案事故为触碰所致的船舶全损事故，属于保险合同全损险的承保范围。《保险条款》第三条约定，船舶不适航，包括船舶技术状态、配员、装载等所造成的损失、责任及费用，该保险不负责赔偿。虽然案涉船舶构成超载和船员不适任，属于船舶不适航，阳光财产保险股份有限公司温州中心支公司（以下简称阳光保险公司）可根据保险合同的约定主张免责，但免责范围应当根据船舶不适航的状况与保险事故之间的因果关系程度进行综合判定。温

---

① 摘自《最高人民法院司法观点集成（新编版）·民商事增补卷Ⅳ》第 1776 页，观点编号 1028。

州飞云江海事处作出的《水上交通事故责任认定书》认定事故的直接原因是船长操作不当,间接原因是装载不当,损失扩大的原因是船员应急处置措施不当。鉴于本案事故发生的主要原因和决定性因素是船长操作不当,而非船员不适任和船舶超载等不适航因素,二审判决根据原因对损害结果的发生或扩大所发挥的作用力来确定责任范围,酌定阳光保险公司对案涉船舶损失承担70%的保险责任并无不当。无论是船员不适任还是船员应急处置不当造成本案损失的扩大,上述因素均非损失发生的决定性因素。阳光保险公司并未对事故责任认定书提出足以反驳的证据,二审判决参考该责任认定书对事故责任的认定结论,结合当事人对事故及损失认定的举证情况认定责任承担份额并无不当。在阳光保险公司已因船舶不适航等原因而免除部分保险责任情形下,二审判决认定阳光保险公司对本案事故承担70%的保险责任,并未扩大或加重阳光保险公司的保险责任。

案例2

天津紫海航运有限公司与中国人民财产保险股份有限公司平潭支公司海上、通海水域保险合同纠纷案 –(2015)津海法商初字第873号

天津海事法院认为,2013年9月29日,中国船级社厦门分社出具"紫海顺"轮《海上船舶检验证书簿》,其中含有《海上货船适航证书》,可以证实"紫海顺"轮在事故航次中船舶技术状态是适航的。对于被告认为按照威海市气象科技服务中心出具的涉案事故发生时石岛地区整点风向风速测量数据,事故发生时未出现8级以上大风的主张,天津海事法院认为,该气象数据仅是对整点进行的测量,不能证明其他时间段的气象情况。而山东省石岛气象台出具《气象资料证明》,证明2013年11月24日10时至11月25日凌晨2时30分之间,石岛地区有极大风速为220米/秒(九级)的西北风气象现象发生。中华人民共和国海事局出具的《事故调查报告》中也称,威海市气象台11月24日0600时气象预报:阴有中到大雨,南风5~6级转北风6~7级,傍晚7~8级,阵风9级。救助指挥船"北海救113"轮提供气象情况:事发时现场海上西北风8~9级,阵风10~11级,浪高5~6米,能见度约1.5海里。由此可以证实事故发生时,出现了阵风9级以上的大风浪,故对被告该项主张不予支持。

对于原告提出的中华人民共和国海事局《事故调查报告》中指出船舶沉

没的原因是大风浪，根据近因原则，本案船舶沉没的近因就是大风。涉案事故发生时风力在9级以上，属于承保范围，涉案船舶自身是适航的。虽然船舶不满足最低配员要求，但这不是涉案船舶沉没的直接原因。即使船舶沉没的原因是配员不足，也不代表被告可以免除保险赔偿责任的主张。天津海事法院认为，根据《中华人民共和国海商法》第二百四十四条第一款的规定：除合同另有约定外，因船舶开航时不适航，造成保险船舶损失的，保险人不负赔偿责任。又根据原告与被告签订的保险单第三条第一款的规定：船舶不适航、不适拖（包括船舶技术状态、配员、装载等，拖船的拖带行为引起的被拖船舶的损失、责任和费用，非拖轮的拖带行为所引起的一切损失、责任和费用）所造成的损失、责任及费用，本保险不负责赔偿。本案中，中国船级社厦门分社出具的"紫海顺"轮《海上货船适航证书》，虽然能够证明"紫海顺"轮在涉案航次中技术是适航的，但根据《事故调查报告》的认定，涉案船舶在事故航次开航时，舱盖未完全盖上，船上配员不足，中途又更换了部分没有船员证书的船员上船，造成船员配员不足。因此，涉案船舶在事故航次开行时和航行中，实际是不适航的。《事故调查报告》中虽认定事故直接原因是"紫海顺"轮航行途中遭遇大风浪，甲板上浪，舱盖漏水，货舱持续进水，产生自由液面，在大风浪作用下导致船舶倾覆沉没。但同时也指出，间接原因是黄石市恒风海运有限公司未按照体系文件规定履行安全管理责任，高某建直接或通过其在船代表高某国擅自调配不合格船员、船长及相关船员没有履行职责、船舶在开航时未关闭货舱、大风浪中舱盖不能保持风雨密、船舶处于不适航状态等均是事故的间接原因。因此，《事故调查报告》并没有排除船舱未盖舱盖或者舱盖未盖严以及船员配备不足是造成涉案事故的原因。综上所述，因"紫海顺"轮在事故航次开航时舱盖未完全盖上，船上配员不足，中途又更换部分没有船员证书的船员上船，致使开航时和涉案事故发生时，船舶不适航。根据《中华人民共和国海商法》第二百四十四条第一款的规定，以及涉案保险单第三条第一款的规定，保险人对由此而产生的保险事故不负赔偿责任。故对原告要求被告赔偿事故保险赔款的主张不予支持。

案例3

福建省某某某轮船公司与某某财产保险股份有限公司广东分公司海上保险合同纠纷案－（2011）甬海法商初字第294号

宁波海事法院认为，原告作为被保险人，既应证明有列明风险的具体事实发生，还应证明该事实与船舶灭失间存在近因。根据温州海事局的调查报告，涉案事故存在3项事实对船舶沉没发生作用：1."东海818"轮的舱口围风雨密性不能保证及后舱的舱盖板未关闭；2. 船长操作不当；3. 事故当时恶劣的风力和海浪情况。其中第1项事实是事故发生的直接原因，第2项事实是事故发生的间接原因，而恶劣天气仅为事故发生的客观原因。在3项事实中，8级风仅为客观原因，对事故发生直接产生结果、起支配作用的事实，即涉案事故发生的近因为舱口围风雨密性不能保证及后舱的舱盖板未关闭，故原告主张8级风与事故发生存在直接的因果关系，8级风构成保险责任，事实和理由不足，宁波海事法院不予支持。

船舶本身适航是船舶适航的应有之义，这就要求船舶的船体、船机在设计、结构、性能和状态等方面能够抵御合同约定的航次中通常出现或者能合理预见的风险。而"东海818"轮的风雨密不能保证，后舱的舱盖板未关闭，使船舶难以抵御海上风险，已构成船舶不适航。此外，"东海818"轮本航次配员7人，未达到最低安全配员要求，船长许某某仅持有大副证书，无法胜任船长的工作，导致其面临恶劣海况时，未能作出正确判断并及早采取安全措施，亦构成船舶不适航。温州海事局有关上述两项不适航分别构成事故的直接原因和间接原因的结论，系其依据行政职权进行调查后得出的结论，原告无相应证据予以反驳，宁波海事法院予以确认。故，涉案船舶不适航是导致事故发生的近因。综上，8级风并非涉案事故的近因，"东海818"轮船舶本身不适航、船员不适职是事故的近因，本案不属于保险责任事故，原告主张的船舶损失，宁波海事法院不予支持。

📖 船舶航次保险和定期保险下船舶不适航的保险责任

最高人民法院第二次全国涉外商事海事审判工作会议纪要

120. 船舶航次保险中，保险船舶应保证开航时适航。被保险人违反此项规定的，从其违反之日起，保险人不负赔偿责任。

在船舶定期保险中，被保险人明知船舶不适航而同意开航的，保险人对此种不适航造成的损失，不负赔偿责任。

案例

上诉人阳光保险股份有限公司柳州中心支公司与被上诉人柳州远龙航运有限公司、一审被告阳光保险股份有限公司广西分公司通海水域保险合同纠纷案-（2014）桂民四终字第48号

关于"柳州明泰162"船在发生触礁事故时是否适航的问题，一审法院认为，原告在保险期间，将"柳州明泰162"船的WD615.61C发动机更换成WD615.57C发动机是否会引起船舶适航证书失效，从而导致船舶不适航，系本案双方最主要争议点。船舶适航是承运人的基本义务。关于这一点，《海牙规则》和《中华人民共和国海商法》中都有明确规定。参照《中华人民共和国海商法》第四十七条"承运人在船舶开航前和开航当时，应当谨慎处理，使船舶处于适航状态，妥善配备船员、装备船舶和配备供应品，并使货舱、冷藏舱、冷气舱和其他载货处所适于并能安全收受、载运和保管货物"的规定，船舶所有人或经营人在船舶营运期间内，应确保船舶处于适航状态，并按照有关法规的规定及时向船舶检验机构申请相关的检验，确保持有有效的证书，对船舶营运安全管理负责。至于船舶是否适航，应从船舶技术状态、配员、装载等方面认定。船舶不适航主要指：1. 人员配备不当。船上未能配备合格职务船员和按规定数量配置的人员。2. 船舶适航证书失效。船舶国籍证书、船舶登记证书、船舶检验证书、捕捞许可证等过期失效。3. 超航区、超抗风等级。超过适航证书记载的安全航行区域或抗风力等级。4. 装备不妥。船舶技术性能不符合船舶的船级规范要求和不具备其航程所需的装备以及燃料、物料、淡水和给养物品不足。5. 配载不当。装载货物没有按船型要求或进行合理配载。

本案当事人双方对"柳州明泰162"船的人员配备、航区、装载配备等并无异议，异议在于原告柳州远龙航运有限公司（以下简称远龙公司）在保险期间改装船舶发动机是否会引起船舶适航证书失效，从而导致船舶不适航。原告远龙公司于2009年4月接管"柳州明泰162"船后，没有预先得到船舶检验部门的同意，私下将WD615.61C发动机更换成WD615.57C发动机，违反了中华人民共和国海事局（2011）391号文公布的《船舶与海上设施法定检验规则》（内河船舶法定检验技术规则）（2011）关于"船舶建造或修理所使用的船用产品和材料，应按照《船用产品检验规则》的规定进行产品检验，并取得相应的产品证书后方准许在船上安装或使用"的规定，致使船舶实际状况的发动机型号WD615.57C与《内河船舶检验证书簿》所载发动机型号WD615.61C不符，依照中华人民共和国海事局海法规（2011）514号文公布

的《内河船法定营运检验技术规程》关于"船舶适航证书和其他证书在发生下列任一情况时即自动失效：（3）涉及船舶安全和防污染的修理、改装等项目而没有预先得到船舶检验机构同意者"的规定，"柳州明泰162"船没有预先得到船舶检验机构同意，私下更换发动机，自更换 WD615.57C 发动机时起，该船的船舶检验证书即予失效，据此，可以认定"柳州明泰162"因船舶适航证书失效而不适航。此外，柳州船舶检验局在被告阳光保险股份有限公司柳州中心支公司举报"柳州明泰162"船擅自更换 WD615.57C 发动机后经核实，于 2011 年 3 月 29 日作出《关于"柳州远龙157"船检证书失效的函》，认为"柳州明泰162"船舶检验证书从更换 WD615.57C 发动机时起失效，从而进一步确认"柳州明泰162"船自更换 WD615.57C 发动机时起，该船的船舶检验证书即失效。故一审法院认定"柳州明泰162"船在发生触礁事故时因船舶适航证书失效而不适航。

二审法院维持一审判决。

📖 船舶在港内检修不存在不适航的情况

⚖ 案例

中国人民财产保险股份有限公司航运保险运营中心、青岛金城远洋渔业有限公司海上、通海水域保险合同纠纷再审案 -（2021）最高法民申 4 号

二审法院认为，中国人民财产保险股份有限公司航运保险运营中心（以下简称人保公司航保中心）主张，火灾事故的发生原因是大副赵某某仅持有二副证书，船员证书不适任，船舶不适航，青岛金城远洋渔业有限公司（以下简称金城公司）在船员选任上存在严重疏忽和故意，根据保险条款特别约定"由于保险渔船不具备适航条件所造成的损失"及"由于船东及其代表的疏忽，船东及其代表和船东的故意行为造成的损失"条款，人保公司航保中心不承担保险责任。经查，人保公司航保中心和金城公司对保险船舶发生火灾事故均认为系大副赵某某在货舱擅自动用电焊所致。但大副赵某某的行为不是船东或其代表的行为，船员证书不适任与火灾发生之间不具有必然联系。涉案船舶一直在港口内进行检修，并未处于在航状态，不存在不适航情形。在金城公司投保时，人保公司航保中心未根据《中华人民共和国保险法》第十七条第二款和《最高人民法院关于适用〈中华人民共和国保险法〉若干问题的解

释（二）》第九条的规定，就除外责任或免责条款向金城公司进行明确说明，上述条款对金城公司不产生效力，人保公司航保中心应对涉案保险事故承担保险责任。

最高人民法院认为，案涉船舶保险为定期保险，根据人保公司航保中心提交的《远洋船舶"鲁胶南远渔178"起火后沉没案公估报告》的记载，火灾事故发生在船舶靠泊蔚阳栾家口港码头换装设备期间，火灾原因为船员擅自使用电焊不慎引发。案涉保险单所附的《中国人民财产保险股份有限公司船舶保险条款（2009 版）》对除外责任限定为"不适航，包括人员配备不当、装备或装载不妥，但以被保险人在船舶开航时，知道或应当知道此种不适航为限"，双方在保险单正面记载的特别约定条款对除外责任限定为"由于保险渔船不具备适航条件所造成的损失"。本案事故发生在港口停泊换装设备期间，并非开航时，且案涉事故发生原因为船员擅自使用电焊不慎引发，属于船员疏忽行为，与其持有一级还是二级船员证书并无直接因果关系，并不属于案涉保险合同约定的除外责任，原审判决认定人保公司航保中心应承担保险赔偿责任，并无不当。

📖 海上货船适航证书有效期届满是否当然失效

⚒ 案例

天津市鹏伟船务工程有限公司与中国太平洋财产保险股份有限公司天津分公司海上、通海水域保险合同纠纷案 –（2016）津民终72 号

关于涉案船舶适航证书是否失效。涉案船舶《海上货船适航证书》记载：本证书有效期至 2012 年 09 月 21 日止。"下次检验日期"则记载：年度检验为 2012 年 09 月 22 日、换证检验（特别检验）为 2014 年 09 月 22 日等内容。涉案保险事故发生于 2012 年 11 月 20 日、11 月 27 日，中国太平洋财产保险股份有限公司天津分公司（以下简称太保天津分公司）据此主张，因该证书未根据《国内航行海船检验证书核查指南》规定提出并办理展期手续，因此，自 2012 年 9 月 21 日次日开始，涉案船舶已经处于不适航状态，且与保险事故之间存在因果关系。

天津市高级人民法院认为，根据《国内航行海船法定检验技术规则》（2011 版）、《国内航行海船检验证书核查指南》的相关规定，在换证检验情

形下，如到期时船舶不在预定检验的港口，船舶所有人确应依法向船舶检验机构提出展期申请，如船舶检验机构认为正当和合理，可以将证书给予不超过三个月的展期。因此，如证书的下一个检验系换证检验，船舶检验机构未以加盖签注章等形式对船舶给予展期、船舶未经检验，则船舶证书失效，船舶处于不适航状态。但上述规定，仅针对船舶换证检验而非年度检验。如证书的下一个检验系年度检验或者中间检验，则并不涉及"展期"制度，而应适用"窗口期"规则，即在证书的每周年日前、后各三个月内进行检验。如在每周年日后三个月内未进行检验，则证书失效，但如在每周年日后三个月内遭遇事故而未办理年度检验或者中间检验，在事故发生时证书并不失效。本案中，涉案船舶《海上货船适航证书》的下一个检验系年度检验，故应适用"窗口期"规则而非"展期"制度，在2012年9月21日后三个月内，即便遭遇涉案保险事故，涉案船舶仍处于适航状态。故而，对太保天津分公司的相关主张，天津市高级人民法院不予支持。

📖 保险条款中关于因被保险人过失造成的损失不承担责任的条款是承保范围条款还是免责条款，是否有效

 案例1

永安财产保险股份有限公司金坛支公司、清远市华粤船务有限公司海上、通海水域保险合同纠纷案－（2020）最高法民再169号

二审法院认为，保险条款第五条属于除外责任规定，该条款第四项明确"投保人、被保险人及其代表（包括船长）的故意、过失行为和违法犯罪行为"，保险人不负赔偿责任。虽然除外责任条款用于明确保险人不承担保险赔偿责任的风险项目，与保险责任条款一并从正反两个角度对承保风险的范围进行明确约定，然而该条款将投保人和被保险人的过失行为造成的事故损失排除在保险责任范围之外。永安财产保险股份有限公司金坛支公司（以下简称永安保险公司）在诉讼中强调除外责任条款中的"过失"分为一般过失和严重过失，在严重过失的前提下保险人有权拒赔；"华粤0××"轮的船员将罐体安全阀值调高导致爆炸事故属于严重过失，故保险人有权拒赔。上述主张系永安保险公司在事故发生后拒赔的观点，未在清远市华粤船务有限公司（以下简称华粤公司）投保时予以说明，且该除外责任条款第四项笼统地将"被保险人的过失行为"造成的事故列为除外责任范围，加重了被保险人的责任。

通常而言，投保船舶如发生保险条款第四条所列明的碰撞或触碰、爆炸、火灾的保险责任，基本上都会出现被保险人的过失或者不当行为，此时保险人若援引上述除外责任条款进行拒赔，则违背了投保人对船舶进行投保时化解风险的初衷，排除了保险公司依法应负的责任。《中华人民共和国保险法》第十九条规定，免除保险人依法应承担的义务或者加重投保人、被保险人责任的格式条款属于无效条款。保险条款第五条系保险公司事先拟定而反复使用的格式条款，因加重被保险人的责任，排除保险人的义务而无效。永安保险公司无权援引该条款第四项内容进行免责。

最高人民法院再审认为，双方当事人亦就涉案保险条款第五条"除外责任包括……（四）投保人、被保险人及其代表（包括船长）的故意、过失行为或者违法犯罪行为"的效力问题存在争议。上述条款系永安保险公司提供的格式条款，从字面来看，该条款将"过失行为"纳入免责范畴，免除了保险人依法应承担的义务，明显加重被保险人的责任。永安保险公司在本案诉讼发生后就"过失行为"单方解读为重大过失行为，并不足以修正其拟定该项格式条款以及签约过程中未就条款含义作合理释明的过错。故华粤公司关于上述免责条款无效的主张于法有据，最高人民法院予以支持。

案例 2

巴拿马永跃船务发展有限公司与中国人民财产保险股份有限公司青岛市分公司船舶保险合同纠纷上诉案 -（2007）鲁民四终字第 65 号

一审法院认为，根据中国人民财产保险股份有限公司（以下简称中国人保）船舶保险条款（1986 年 1 月 1 日）一切险相应条款的规定，巴拿马永跃船务发展有限公司（以下简称永跃公司）未克尽职责所致的事故损失，不属于中国人民财产保险股份有限公司青岛市分公司（以下简称青岛人保）承保的责任范围，且构了青岛人保可以免责的正当事由；而船员的疏忽行为则属于青岛人保的承保风险，青岛人保应对由此产生的相应事故损失承担赔偿责任。由于该承保风险仅是导致事故发生的次要原因，青岛人保的赔偿责任应当限于整个事故损失的较少部分。青岛人保已实际赔付事故修理合理费用（154643 美元）的 15%，且对尚有争议的近 8.8 万元美元的拖航费也已通融支付，可以视为青岛人保对永跃公司已进行了合理赔付。据上，一审法院认为，本案机损事故仅部分归因于船员疏忽的承保风险所致，青岛人保对此已尽合理赔付义务；未予赔付部分的损失和费用，不属于青岛人保的责任范围，青岛人保不应承担保险赔偿责任。

二审法院认为，青岛人保以本案所涉事故损失是由于船东永跃公司未克尽职责所致为由主张免除其保险赔偿责任，应提交证据证实船舶不适航，或永跃公司有疏忽或未克尽职责的行为，且船舶不适航或永跃公司疏忽或未克尽职责的行为导致了本案所涉机损事故的发生。《船舶技术鉴定报告》的鉴定结论表明，本案所涉机损事故是船员的疏忽行为所造成的，属于中国人保船舶保险条款（1986年1月1日）一切险的责任范围，青岛人保应予赔付。青岛人保提供的证据尚不足以证明"海丰大阪"轮存在双诚咨询公司《检验报告》所称的在沥港船厂修理后存在滑油分油机不能正常工作的问题和悦之公估公司《分析报告》所称的问题，亦不足以证明《检验报告》所称的该轮存在的五项问题和悦之公估公司《分析报告》所称的问题与机损事故之间存在因果关系，不能证明本案所涉机损事故是因为该轮不适航，或永跃公司疏忽或未克尽职责造成的，其免除赔付责任的主张没有事实和法律依据，二审法院不予支持。

📖 保单中关于承保航区为某一特定区域不承保转场风险的约定是否有效

🔨 案例

东莞市海龙疏浚工程有限公司、中国平安财产保险股份有限公司深圳分公司海上、通海水域保险合同纠纷案－（2018）辽民终154号

一审法院认为，本案案涉投保单及保险单均为中国平安财产保险股份有限公司深圳分公司（以下简称深圳平保）提供的格式文本，在合同订立过程中，投保人东莞市海龙疏浚工程有限公司（以下简称海龙公司）处于相对的被动地位。依据《中华人民共和国合同法》第三十九条之规定，采用格式条款订立合同的，提供格式条款的一方应当遵循公平原则确定当事人之间的权利和义务，并采取合理的方式提请对方注意免除或者限制其责任的条款，按照对方的要求，对该条款予以说明，深圳平保作为专业的保险机构，对于海龙公司而言处于绝对优势地位，更应严格遵循最大诚信原则，其有义务在投保时依法履行明确说明义务，就该条款向投保人进行完全的释明；同时，对投保人的保险需求提出专业建议，以避免重大风险遗漏。本案中，投保单及保险单均有承保航

区为山东潍坊水域、不承保转场风险的条款，违背了船舶的移动属性，在适用保险行业"沿海"区域保险费率的情况下，限制了海龙公司的保险权利，明显减轻了深圳平保的保险责任，深圳平保的承保风险因此大大降低，依据《最高人民法院关于适用〈中华人民共和国保险法〉若干问题的解释（二）》第九条之规定，保险人提供的格式合同文本中的责任免除条款、免赔额、免赔率、比例赔付或者给付等免除或者减轻保险人责任的条款，可以认定为保险法第十七条第二款规定的"免除保险人责任的条款"，"承保航区为山东潍坊水域、不承保转场风险"条款属于免除保险人责任的条款。依据《中华人民共和国保险法》第十七条第二款之规定，对保险合同中免除保险人责任的条款，保险人在订立合同时应当在投保单、保险单或者其他保险凭证上作出足以引起投保人注意的提示，并对该条款的内容以书面或者口头形式向投保人作出明确说明；未作提示或者明确说明的，该条款不产生效力。故深圳平保就保险单特别约定第4条"承保航区为山东潍坊水域，不承保转场风险"条款负有提示及明确说明之义务。

　　本案的争议焦点之一为深圳平保是否履行了提示及明确说明义务。依据《最高人民法院关于适用〈中华人民共和国保险法〉若干问题的解释（二）》第十三条之规定，保险人对其履行了明确说明义务负举证责任。同时依据《最高人民法院关于适用〈中华人民共和国保险法〉若干问题的解释（二）》第十一条之规定，保险合同订立时，保险人在投保单或者保险单等其他保险凭证上，对保险合同中免除保险人责任的条款，以足以引起投保人注意的文字、字体、符号或者其他明显标志作出提示的，人民法院应当认定其履行了保险法第十七条第二款规定的提示义务；保险人对保险合同中有关免除保险人责任条款的概念、内容及其法律后果以书面或者口头形式向投保人作出常人能够理解的解释说明的，人民法院应当认定保险人履行了保险法第十七条第二款规定的明确说明义务。本案中，投保单及保险单对"承保航区为山东潍坊水域，不承保转场风险"条款未能设置足以引起常人注意的文字、字体、符号或者其他明显标志，且亦未能提供证据证明深圳平保以书面或者口头形式向海龙公司做出过解释说明，深圳平保举证仅仅在以邮件方式沟通的报价单中以特殊字体作出提示，而报价单不属于《中华人民共和国保险法》第十七条规定的投保单、保险单或者其他保险凭证，故深圳平保未能履行明确提示及说明义务，而深圳平保工作人员吴某某的证言与其他书证结合可以还原案涉保险合同的订立过程，即深圳平保承诺与上一家的保险条件一样的情况下在未收到和递交投保单和保险单的情况下海龙公司即支付了保费。综合以上事实，可以认定特别约定第4条无效。同时，该条款的无效并不必然导致整个保险合同的无效。原深圳平保双方之间签订的保险合同仍是双方在自愿、平等基础上缔结的，依据《中华人民共和国合同法》第五十六条之规定，无效的合同或者被撤销的合同自始没有约束力。合同部分无效，不影响其他部分效力的，其他部分仍然有效，其他合同条款仍然有效。

至于承保航区的认定，原审法院认为，案涉保险单名称为《沿海内河船舶保险单》，保险类别为沿海、内河船舶保险一切险及附加险，结合原深圳平保双方工作人员要约、承诺以及海龙公司在过往投保的情况，以及投保船舶航行区域为沿海的特点，可以认定，海龙公司订立此份合同的真实目的是为涉案船舶投保沿海船舶险。依据《中华人民共和国合同法》第六十一条之规定，合同生效后，当事人就质量、价款或者报酬、履行地点等内容没有约定或者约定不明确的，可以协议补充；不能达成补充协议的，按照合同有关条款或者交易习惯确定，故原审法院认定，案涉保险单承保区域为沿海。

二审法院认为，深圳平保上诉所提，按照涉案保单"特别约定"第4条"承保航区为山东潍坊水域，不承保转场风险"的约定，涉案保险事故超出了深圳平保的承包范围，该条款亦存在于海龙公司盖章的投保单上。因涉案投保单与保险单均是在海龙公司支付保费后，由深圳平保一同邮寄给海龙公司的，故投保单及保险单上的内容均系深圳平保公司单方形成，属于保险人深圳平保提供的格式条款。根据《中华人民共和国保险法》第十七条规定，保险人深圳平保应当向投保人海龙公司说明合同内容。对保险合同中免除保险人责任的条款，保险人在订立合同时应当在投保单、保险单或者其他保险凭证上作出足以引起投保人注意的提示，并对该条款的内容以书面或者口头形式向投保人作出明确说明；未作提示或者明确说明的，该条款不产生效力。涉案投保单上并没有对"承保航区为山东潍坊水域，不承保转场风险"作出加粗涂色等足以引起投保人注意的提示，故原判认定该条约定无效并无不妥。至于深圳平保主张其工作人员与海龙公司的工作人员进行过沟通，且在向海龙公司工作人员发去的电子邮件中已对该条内容进行了涂色提示的理由，因海龙公司对此不予认可，且深圳平保并未提供其他证据予以佐证，故原审法院对深圳平保的该主张不予采信并无不当。另外，海龙公司作为法人，其有足够的能力审查涉案投保单和保险单的能力。虽然涉案投保单系深圳平保承保后发给海龙公司盖章的，但海龙公司亦应查看相应内容并在发现问题后及时沟通解决，但海龙公司并未审查和采取措施，原判认定海龙公司对涉案保险条款无效存在一定责任亦符合客观事实，故原判判令海龙公司承担20%责任亦无不妥。海龙公司、深圳平保的上诉主张均不能成立，二审法院不予支持。

📖 被保险人必须与保险人商定后方可进行修理或支付费用，否则保险人有权重新核定是否属于免责条款

🔨 案例

钦州市钦州港致远顺船务有限公司与中国人民财产保险股份有限责任公司北海市分公司海上保险合同纠纷上诉案 –（2013）桂民四终字第 45 号

二审法院认为，《中华人民共和国合同法》第三十九条规定："采用格式条款订立合同的，提供格式条款的一方应当遵循公平原则确定当事人之间的权利和义务，并采取合理的方式提请对方注意免除或者限制其责任的条款，按照对方的要求，对该条款予以说明。"本案中，双方保险条款第八条规定："保险船舶发生保险事故的损失时，被保险人必须与保险人商定后方可进行修理或支付费用，否则保险人有权重新核定。"在被保险人未经保险人商定而擅自修理或支付费用的情况下，保险人有权重新核定，即意味着保险人不必然接受被保险人的修理费用，但也不必然拒绝。因此，该条款实际上是保障双方当事人在发生保险事故后平等协商的权利，不属于《中华人民共和国合同法》第三十九条规定的"免除或者限制其责任的条款"，因此，并不属于需要特别说明的条款，该条款作为有效合同的一部分，不存在法律规定的其他的无效情形，因此，对双方当事人具有约束力。

📖 保险人援引除外责任条款通常须证明保险事故与除外责任有因果关系

🔨 案例

中国人民健康保险股份有限公司上海分公司与苏某某海上保险合同纠纷上诉案 –（2014）沪高民四（海）终字第 79 号

原审法院认为，本案中，被保险人张某某在保险责任期间被他人意外刺伤致死，属于保险合同约定的保险责任范围。但中国人民健康保险股份有限公司

上海分公司（以下简称人民健康保险上海分公司）主张张某某在事发时处于醉酒状态，属于保险除外责任，其无须承担赔付责任。对此，原审法院认为，该起保险事故并非因被保险人醉酒直接造成，其近因为他人意外加害致死，醉酒与保险事故间没有直接因果关系。而在附件2《大陆渔船船员综合保险方案（近海）》第3条共同除外责任第（1）项约定中载明，对于被保险大陆渔船船员以下行为（包括酗酒）导致的死亡或残疾，保险公司作为共同除外责任特别标注，该表述可理解为酗酒行为须与保险事故有直接因果关系，才能被认定为保险人的除外责任。虽然《福佑专家人身意外团体意外伤害保险》的责任条款第1.3条约定被保险人在下列期间（包括醉酒）内发生的保险事故，本公司不承担给付保险金的责任，该表述可理解为醉酒与保险事故间无须有直接因果关系，但《大陆渔船船员综合保险方案（近海）》作为协议附件2全文附在保险协议后，而《福佑专家人身意外团体意外伤害保险》的保险条款并未附在保险协议后，而且，没有证据表明该除外条款对投保人作过特别说明，该条款可认定无效。故对人民健康保险上海分公司提出被保险人张某某在事发时处于醉酒状态属于除外责任，保险人不应赔付的抗辩理由不予采纳。

二审法院判决认为，本案二审争议焦点为张某某死亡的保险事故是否存在保险人责任免除事由。人民健康保险上海分公司上诉认为张某某死亡的保险事故发生于张某某醉酒期间且在性质上应为斗殴，故其无须对此承担给付保险金的责任。苏某某则认为，在被保险人的死亡系醉酒所致时，醉酒才是免责事由；而关于斗殴问题，首先保险人未就斗殴作出任何解释说明，其次人民健康保险上海分公司已在一审中表示放弃将斗殴作为免责理由且台湾法院的判决也未认定被保险人的行为为斗殴，故其将斗殴作为免责理由不成立。关于醉酒的抗辩，首先人民健康保险上海分公司二审提交的证据材料，并不能证明其已经就保险合同中的责任免除条款向投保人作特别提示；其次，即使责任免除条款是有效的，根据其表述，也应理解为醉酒成为责任免除条款的前提条件是醉酒与死亡后果之间存在法律上的因果关系，本案中张某某虽确曾于死亡前饮用酒精性饮料，但并无证据显示其死亡与其饮用酒精性饮料的行为间存在法律上因果关系，故人民健康保险上海分公司该项上诉理由并不成立。

📖《中华人民共和国海商法》第二百四十三条保险除外责任下"航运迟延、交货迟延"的含义

🔨　案例

广东富虹油品有限公司与中国平安财产保险股份有限公司深圳分公司海上货物运输保险合同纠纷案 – （2005）粤高法民四终字第304 号①

·判决原文·

一审法院判决认为，被告无权依据保险单中的除外责任条款拒赔。但是，《中华人民共和国海商法》第二百四十三条规定："除合同另有约定外，因下列原因之一造成货物损失的，保险人不负赔偿责任：（一）航行迟延、交货迟延或者行市变化；（二）货物的自然耗损、本身的缺陷和自然特性；（三）包装不当。"被告可以依据法律关于保险除外责任的规定对因航行与交货迟延所造成的货物损失不予赔偿。

双方当事人在保险单上约定被告按照中国人民保险公司（1981/1/1）海洋运输货物保险条款承保一切险，对货物短量外的损失承担"仓至仓"责任。按照保险单关于一切险的承保范围与"仓至仓"责任条款的约定，被告应负责被保险货物在运输途中由于外来原因所致的全部或部分损失，保险期间从保险单载明的起运地仓库至货物运至保险单载明的目的地仓库。保险合同约定"仓至仓"责任"包括正常运输过程"，不是仅限于正常运输，从而间接将运输迟延排除在保险期间之外。保险合同也没有直接排除运输迟延于保险期间之外的措辞，而是明确约定保险责任"直至"货物达到目的地仓库。而且，保险单正面约定：短量责任为"港至港"责任，其他责任为"仓至仓"，保险单对于"港"与"仓"有明显区分。如果对于在船舶到目的港后等泊期间货物发生的非短量损失，保险人可以就此拒赔，那么其对非短量损失的保险期间为"仓"至"港"，而不是"仓至仓"。因此，即使发生运输迟延，只要货物尚未到达目的地仓库，"仓至仓"保险期间不应终止，运输迟延仍属于该保险期

---

① 贺荣主编、最高人民法院民事审判第四庭编著：《中国海事审判精品案例》，人民法院出版社2014 年版，第 397 – 427 页。

间。法律规定航行与交货迟延所造成的损失为保险除外责任，也不意味航行与交货迟延期间不属于保险期间。法律规定保险人可因航行与交货迟延而不负责赔偿的损失，是与航行与交货迟延有因果关系的损失。迟延期间所发生的损失不等于因迟延所造成的损失，因为在迟延期间可能存在外来原因造成被保险货物损失，也可能因迟延等其他因素或多种因素综合作用造成货损。因运输迟延属保险期间，在运输迟延中因承保风险所造成的损失，保险人仍应负责赔偿；如果在运输迟延中因承保风险与迟延等保险除外风险共同造成被保险货物损失，保险人仅可拒赔因迟延等保险除外风险所造成的损失，即与迟延等保险除外风险有因果关系的部分损失。

二审法院就此继续做了补充判决理由，其认为，《中华人民共和国海商法》第二百四十三条规定，除合同另有约定外，保险人不负责赔偿因航行迟延、交货迟延或者行市变化造成的货物损失。这里的航行、交货迟延是指船舶实际的航行时间以及交货时间晚于运输合同约定的航行时间以及交货时间。而本案提单没有明确约定航行时间以及交付时间。在承托双方没有明确约定航行时间和交付时间的情况下，中国平安财产保险股份有限公司深圳分公司主张涉案货物发生了航行迟延和交货迟延缺乏事实依据。

· 法官评析 ·

关于航行与交货迟延损失除外的问题。

（1）保险中航行与交货迟延的认定。《中华人民共和国海商法》（以下简称《海商法》）第二百四十三条规定，除合同另有约定外，因航行迟延、交货迟延所造成的货物损失，保险人不负责赔偿。但法律没有对这里的"航行迟延""交货迟延"下定义。《海商法》第四章"海上货物运输合同"第五十条第一款规定：货物未能在明确约定的时间内，在约定的卸货港交付的，为迟延交付。根据立法原意，应坚持"约定迟延交付"论，即该"迟延交付"的认定以明确约定交付时间为前提，当事人没有约定交付时间的，就不应认定存在迟延交付。应该看到，这里"迟延交付"不能等同于"航行迟延""交货迟延"，并予以混用。首先，两者词义相似，但措辞上毕竟明显不同，不是同一术语。其次，前者是《海商法》第四章"海上货物运输合同"中的术语，而后者是《海商法》第十二章"海上保险合同"中的术语，两者外延不同。最后，以海上货物运输合同中的双方当事人是否约定交付时间来认定保险合同下是否存在"航行迟延""交货迟延"，令人不解。运输合同的内容与保险合同并无必然关联，运输合同当事人之间的约定何以影响保险合同当事人的权利义务？如果运输合同当事人是否约定交付时间会影响保险合同下是否存在"航行迟延""交货迟延"，就等同于保险合同当事人的权利义务不能仅凭该合同当事人之间的约定，还要受运输合同当事人约定的制约，这有违"合同的相对性"。本案二审基于提单没有明确约定航行和交付时间，认定保险合同下不存在航行迟延和交货迟延，作了新的突破。笔者认为，既然《海商法》对"航行迟延""交货迟延"没有定义，那就应按照海上保险实践中的一般观念来认定，本案船舶将将货物运抵目的港后停泊 56 天后才靠泊卸货，明显属于海上保险合同法规范中的"航行迟延""交货迟延"（尽管不构成海上运输合同法规范中的"迟延交付"）。如果这种情况还不构成迟延，停泊多少天才算迟延？而且，本案保险合同双方当事人对"航行迟延""交货迟延"的事实也是一致认可的。故应认定本案保险合同下存在"航行迟延""交货迟延"。

（2）迟延期间发生的损失与因迟延所造成的损失。"迟延期间所发生的损失不等于因迟延所造成的损失。"这是原审判决中一句精要的论述。这不仅是简单地从字面上作如此理解，而是有根据有意义的。首先，从合同整体上解释，结合保险合同约定，短量责任为"港至港"，其他责任为"仓至仓"，说明两种责任期间明显不同。如果将迟延期间所发生的损失等同于因迟延所造成的损失，依法作为保险除外责任，那么，就意味保险人不应赔付货物抵港后迟延期间的损失，其对货物非短量损失实际上承担的责任是"仓至港"，而不是"仓至仓"。因而，从双方当事人的约定看，确有区分两种损失的必要。其次，从实际情况看，在迟延期间可能因通风不良等其他因素引起货损，这样，迟延期间的货损就是其他因素，而不是迟延所引起，迟延期间的损失就不是迟延所造成的损失。如果迟延因素与其他因素共同引起货损，则迟延期间发生的货损就不单纯是迟延所造成的损失。最后，无论是保险单的约定，还是《海商法》的规定，保险人的除外责任之一是迟延所造成的损失，而不是迟延期间所发生的损失，这里特别需要强调因果关系。在海上保险实务中保险人对海运货物的保险期间普遍为"仓至仓"，意味其承保货物滞港（进仓前）期间的风险，这与法律和保险单中均规定迟延所造成的损失除外（而不是迟延期间所发生的损失除外）是相吻合的，这是有意的商业与法律安排，而绝不是拟定法条与保险单条款中不经意的文字疏漏。故审理类似案件必须区分迟延期间所发生的损失与迟延所造成的损失。①

---

① 该案评析载北大法律信息网，标题为"广东富虹油品有限公司诉中国平安财产保险股份有限公司深圳分公司海运货物霉变损失保险赔付案"，未注明作者，从文风看似为一审审判长余晓汉法官所撰写。

《中华人民共和国海商法》中"明知可能造成损失而轻率地作为或者不作为"是否可以视同"间接故意",继而构成保险条款除外责任中的"故意"

案例

深圳市光达航运有限公司诉中国人民保险公司深圳分公司保险合同纠纷案 –（1998）广海法深字第 101 号①

关于原告的行为是否属除外责任,合议庭认为:《中华人民共和国海商法》第二百零九条规定"经证明,引起赔偿请求的损失是由于责任人的故意或者明知可能造成损失而轻率地作为或者不作为造成的,责任人无权依照本章规定限制赔偿责任"。在该条款中,"故意"和"明知可能造成损失而轻率地作为或者不作为"是责任人不能享受限制责任的两种独立情形,不具有交叉和包容的关系。上海海事法院判决书和上海市高级人民法院判决书认定原告不能享受责任限制的原因是其明知可能造成损失而轻率地将"光达"轮投入营运,并没有认定是原告故意造成的。由于船东责任险条款载明适用《中华人民共和国海商法》,因此,船东责任险条款中的"故意"与《中华人民共和国海商法》的"故意"的含义应是一致的。被告将上海海事法院判决书和上海市高级人民法院判决书的上述认定认为是原告的间接故意行为,因而是故意行为的推论是不成立的。

除外责任条款是否属于免除保险人责任的条款

案例1

泰州市长鑫运输有限公司与永安财产保险股份有限公司泰州中心支公司海上、通海水域保险合同纠纷案 –（2017）最高法民再269 号

---

① 金正佳:《海事裁判文书精选（1999—2003 年卷）》,中山大学出版社 2004 年版,第 266 – 272 页。

最高人民法院认为，根据涉案保险单的记载，"长鑫顺888"轮航行区域为沿海，涉案保险合同属于《中华人民共和国海商法》第二百一十六条规定的海上保险合同。涉案保险条款第三条约定了保险人承担保险责任的范围，第六条约定了保险人不承担保险责任的除外情形，分别属于《中华人民共和国海商法》第二百一十七条第六项规定的"保险责任和除外责任"，二者都是海上保险实务中常见的合同条款。保险责任条款主要约定保险人负责赔偿的风险项目，除外责任条款则用于明确保险人不承担保险赔偿责任的风险项目。两类条款从正反两个角度对承保风险的范围进行明确约定。在被保险人举证证明发生了保险责任条款约定的事故时，保险人仍有权依据除外责任条款的约定主张免责，只是需要对其主张的免责事实承担举证责任。根据涉案保险条款第六条第（三）项的约定，因台风自然灾害造成的损失、费用和责任，保险人不负责赔偿。该项除外责任条款的约定是明确的，只要保险人举证证明损失是由于台风造成的，即可免于承担保险赔偿责任，不存在两种以上的解释。一审、二审法院混淆了保险责任条款与除外责任条款的不同功能，认为涉案除外责任条款的含义存在两种理解，进而认定因台风造成船舶沉没不属于除外责任的情形，认定事实错误，最高人民法院予以纠正。

案例2

曾某某与中国人民财产保险股份有限公司舟山市分公司海上、通海水域保险合同纠纷案 –（2017）浙72民初554号

宁波海事法院经审理认为，沿海内河渔船一切险属于列明风险，"浙台渔冷32890"轮所发生的离合器传动轴、轴承损坏事故，不属于列明的风险范围，且属于保险条款明确列明的除外责任——机器本身发生的故障；保险条款规定的除外责任，是从反向对列明风险所作的进一步明确，属于保险责任范围划定的基本规定，它不同于保险合同中的责任免除条款，不以保险公司的明确说明为生效条件；保险合同中的责任免除条款，以事故属于保险责任范围为前提，约定保险人不承担保险责任或减轻保险人责任的条款，根据《中华人民共和国保险法》第十七条第二款之规定，保险人对这种条款须以书面或者口头形式向投保人作出明确说明，否则，该条款不产生效力。至于原告诉称的事故原因火灾，发生时没有报案，事后既无充分证据证明何时发生了火灾，也无证据证明火灾与离合器传动轴、轴承损坏事故之间的因果联系，且火灾与事故发生的时间间隔较长，难以让人形成具有因果关系的内心确认，以及排除其他非承保原因致使事故发生的可能，故宁波海事法院对火灾导致涉案事故发生不予认定。

📖 责任范围条款与免责条款的识别

🔨 案例1

中国人民财产保险股份有限公司大连市星海湾支公司、中国人民财产保险股份有限公司大连市分公司、大连旅顺滨海船舶修造有限公司海上、通海水域保险合同纠纷案 – （2018）辽民终400号

关于大连旅顺滨海船舶修造有限公司（以下简称滨海公司）提出的"但机器本身的损坏不予负责"属于免责条款，且中国人民财产保险股份有限公司大连市星海湾支公司（原名称为中国人民财产保险股份有限公司大连市分公司营业部，以下简称大连人保营业部）未对该免责条款履行提示及明确说明义务，导致该条款无效的主张，大连海事法院认为，在修船责任保险中，保险人可以承保被保险人的全部修船责任，也可以承保部分修船责任。修船责任保险的范围由保险人和被保险人在修船责任保险协议中约定。第三.1条系对保险赔偿责任范围的约定，"机器本身的损坏不予负责"是对保险赔偿责任范围界定的条件，不属于免责条款。对滨海公司的该项主张，不予支持。

二审法院认为，在对第三.1条的理解上，上诉人的理解核心是机器本身的价值不在保险责任范围之内。按此理解，"但机器本身的损坏不予负责"与第二分句"由于修船工人或技术人员的过失而引起的火灾事故或船舶机损对承修船舶所造成的直接损失"在责任范围上明显缩小，"直接损失"原本包含机器本身及之外的损失，而但书却排除了机器本身的价值，从而限制或者免除了保险人的部分责任范围。根据《最高人民法院关于〈适用中华人民共和国保险法〉若干问题的解释（二）》（以下简称《保险法解释二》）第九条"保险人提供的格式合同文本中的责任免除条款，可以认定为保险法第十七条第二款规定的免除保险人责任的条款"的规定，但书部分应当认定是散落于第三条的免责条款。《中华人民共和国保险法》第十七条第二款规定，对保险合同中免除保险人责任的条款，保险人应当在投保单、保险单或者其他保险凭证上做出足以引起投保人注意的提示，并对该条款的内容以书面或者口头形式向投保人作出明确说明；未作提示或者明确说明的，该条款不产生效力。《保险法解释二》第十一条第一款规定，保险合同订立时，保险人在投保单或者保险

单等其他保险凭证上，对保险合同中免除保险人责任的条款，以足以引起投保人注意的文字、字体、符号或者其他明显标志作出提示的，人民法院应当认定其履行了保险法第十七条第二款规定的提示义务。样版中"但机器本身的损坏不予负责"是加黑、加粗处理的，在视觉上有明显反差，使得但书部分成为全句的重点，这种情况下，上诉人的理解是通常理解；但案涉保险协议书中的但书部分与句子前面部分的文字均为同一字体、字号，没有引起投保人注意的任何提示，上诉人也没有证据证明其履行了其他提示或说明义务的行为，故该免责条款不产生效力。

案例2

陆某某、中国人寿财产保险股份有限公司铜陵市中心支公司海上、通海水域保险合同纠纷案 –（2020）鄂民终420号

一审法院认为，陆某某填写了相关信息的投保单，并取得保险单。交通运输部《港口设施维护管理规定（试行）》第二条也对港口设施范围都有明确规定，港口设施与跨越长江的架空高压电缆并不具有客观方面的关联性、交叉性和相似性，故此条款本就不应该存在争议，按通常理解即可解释。结合本案事实，一切险列明的条款并不是保险免责条款，否则列明保险责任条款就没有存有的意义。中国人寿财产保险股份有限公司铜陵市中心支公司业务员同意协商赔偿的前提是协商成功，并不等于认可陆某某诉称的保险责任。因此，陆某某的诉请不符合法律规定。一审不予支持。

二审法院维持一审判决。

案例3

东莞市莱钢钢结构有限公司、戴姆建筑工程有限公司海上、通海水域保险合同纠纷案 –（2019）粤民终198号

一审法院认为，79M号保险单记载的承保险别为：根据《中国太平洋财产保险股份有限公司海洋货物运输保险条款》承保一切险，但不包括擦刮、压凹、腐蚀、氧化和碰撞所导致的损失和损害。《中国太平洋财产保险股份有限公司海洋货物运输保险条款》规定的一切险的责任范围，包括平安险与水渍险。其中，水渍险的责任范围为：除平安险的各项风险责任外，还包括被保

险货物由于恶劣气候、雷电、海啸、地震和/或洪水等自然灾害所造成的部分损失。本案中，部分货物因运输中遭遇强风巨浪而出现扭曲、破碎、生锈、表面油漆刮伤、结构凹陷变形等损坏，属于因恶劣气候造成的部分损失，其在《中国太平洋财产保险股份有限公司海洋货物运输保险条款》规定的水渍险和一切险的责任范围之内。中国太平洋财产保险股份有限公司深圳分公司（以下简称太保深圳公司）理应根据保险合同承担保险赔偿责任。

2009 年 10 月 1 日起施行的《中华人民共和国保险法》第十七条第二款规定："对保险合同中免除保险人责任的条款，保险人在订立合同时应当在投保单、保险单或者其他保险凭证上作出足以引起投保人注意的提示，并对该条款的内容以书面或者口头形式向投保人作出明确说明；未作提示或者明确说明的，该条款不产生效力。"保险人在保险合同成立前负有向投保人就保险人责任免除条款进行明确说明的义务，其说明的方式可以是书面或者口头形式。太保深圳公司主张适用涉案保险合同中保险人免除责任的条款，其应提供证据证明其已就该条款向投保人进行了明确说明。现太保深圳公司未能就此提供相应的证据，应自行承担举证不能的法律后果。

二审法院认为，经查，双方当事人争议的上述条款记载于 79M 号保险单中的"承保险别"一栏。从该条款的完整内容来看，其约定承保险别为一切险，指明不含擦刮、压凹、腐蚀、氧化和碰撞所致的损失、损害，并对免赔额的问题作出约定，从保险类别、免责情形和免赔额等多方面对保险责任范围作出的界定，与常见保险合同中的免责条款仅就免责情形予以列举而一般并不涉及保险类别、免赔额等其他事项的规定方式存在明显区别。该条款约定的擦刮、压凹、腐蚀、氧化和碰撞所致损失、损害的情形，系本案保险标的物钢结构件在海运途中经常出现的损失、损害情形，并非普遍存在或通用于各类型货物的损失、损害情形。另从 33U 号保险单的投保过程来看，不含擦刮、压凹、腐蚀、氧化和碰撞所致损失、损害及免赔额的条款，系太保深圳公司在核保时提出的承保条件。以上情况表明，79M 号保险单中记载的上述条款，并非订立合同前太保深圳公司未与东莞市莱钢钢结构有限公司（以下简称莱钢公司）协商而预先拟定的一般性免责条款。

依照《中华人民共和国合同法》第三十九条的规定，当事人为重复使用而预先拟定并在订立合同时未与对方协商的条款属于格式条款；采用格式条款订立合同的，提供格式条款的一方应当遵循公平原则确定当事人之间的权利和义务，并采取合理的方式提请对方注意免除或者限制其责任的条款，按照对方的要求对该条款予以说明。2009 年 10 月 1 日起施行的《中华人民共和国保险法》第十七条第二款规定："对保险合同中免除保险人责任的条款，保险人在订立合同时应当在投保单、保险单或者其他保险凭证上作出足以引起投保人注意的提示，并对该条款的内容以书面或者口头形式向投保人作出明确说明；未作提示或者明确说明的，该条款不产生效力。"上述法律规定保险人负有提示说明义务的免责条款，是指保险人为重复使用而预先拟定且在订立合同时未与对方协商的格式条款。本案中，双方当事人争议的 79M 号保险单中"承保险别"一栏记载的上述条款系当事人对保险责任范围作出的约定，其并非订立合同前太保深圳公司未与莱钢公司协商而预先拟定的格式条款，故其不应适用上述法律关于保险人对免责格式条款负有提示说明义务的相关规定。一审判决依照 2009 年 10 月 1 日起施行的《中华人民共和国保险法》第十七条第二款规定、以太保深圳公司未对该条款进行提示说明为由认定 79M 号保险单"承保险别"中的相关条款属无效条款，认定事实及适用法律存在错误，二审法院对此予以纠正。

案例 4

美亚财产保险有限公司深圳分公司、玉柴船舶动力股份有限公司海上、通海水域保险合同纠纷案 – （2017）粤民终 1275 号

二审法院认为，关于焦点一，"锈蚀免责条款"是否为双方当事人合意变更的免责条款的问题。根据本案已查明的事实，0571 号预约保险合同及后续批单是美亚财产保险有限公司深圳分公司（以下简称美亚财险深圳分公司）与玉柴船舶动力股份有限公司（以下简称玉柴公司）协商一致的意思表示。0571 号预约保险合同约定，如有超过本保险对"保险标的物、包装、运输路线、运输工具及标的物保险价值承包限额"规定之任何货运，被保险人需在货运前向美亚财险深圳分公司申报以便核保之需，并以美亚财险深圳分公司确认是否承保为准。依此条款，对于特殊货物的承保，玉柴公司需向美亚财险深圳分公司申报，并经美亚财险深圳分公司确认，双方之间保险合同才能生效。本案货物为在 0571 号预约保险单范围之外的特殊货物，玉柴公司的代理玉柴物流公司于 eMARINE 系统中向美亚财险深圳分公司申报。在美亚财险深圳分公司确认承保前，由其职员与玉柴物流公司职员多次通过邮件往来，就货物的承保进行协商。美亚财险深圳分公司职员于 2016 年 1 月 13 日上午 11 点 37 分邮件表明将按照包括"锈蚀免责条款"在内的承保条件承保，同时要求玉柴公司以人民币申报。玉柴物流公司职员于 2016 年 1 月 13 日上午 11 点 50 分邮件回复美亚财险深圳分公司职员，请求按同样货物的相同承保条件予以承保，

并附上之前货物的承保条件。该之前的承保条件均包括了"锈蚀免责条款"。玉柴物流公司与美亚财险深圳分公司在此后仅就投保的币种进行了协商，玉柴物流公司未就承保条件提出任何异议。美亚财险深圳分公司职员于 2016 年 1 月 14 日 17 点 24 分发送邮件给玉柴物流公司职员，表明接受玉柴公司投保并将承保条件完整地发送给了玉柴物流公司，承保条件包括了"锈蚀免责条款"。上述美亚财险深圳分公司所发邮件的结尾注明"如有任何疑问，请直接联系您的业务代表，或直接拨打客户电话 400×××0-8858"。玉柴物流公司并未对此提出异议，而是继续登录系统打印本案保险单。同时，本案货物承保之前，美亚财险深圳分公司与玉柴公司之间已就同样货物的承保发生过两次交易，并且多次进行协商。本案货物的承保条件与之前所发生的两次承保的承保条件完全一致，玉柴公司从未对此提出过任何意见。综合上述事实可见，"锈蚀免责条款"应为美亚财险深圳分公司与玉柴公司合意的结果，并非美亚财险深圳分公司单方拟定的条款。现玉柴公司以此条款未经双方协商一致为由主张无效，与事实不符。一审判决对此认定有误，二审法院予以纠正。

案例 5

南京金丝鸟粮油食品有限公司与中国人民财产保险股份有限公司深圳市分公司海上、通海水域保险合同纠纷案 -（2016）鄂 72 民初 824 号

武汉海事法院分析认为，"不包含发霉和潮湿风险"，从字面上看，没有对发霉和潮湿风险的发生原因进行限定。根据《中国人民财产保险股份有限公司海洋运输货物保险条款（2009 版）》关于一切险的约定，被保险货物自身原因所致的发霉、潮湿损失并不包含在一切险的责任范围内，当事人没有必要对此再作免责约定。因此，涉案保险单在承保险别一栏中，继一切险及制裁限制与除外条款之后，写明"不包含发霉和潮湿风险"，应当理解为，被告中国人民财产保险股份有限公司深圳市分公司（以下简称人保深圳公司）在一切险的基础上增加了免责条款，即便被保险货物在运输途中由于外来原因而发霉、潮湿，该公司对由此所致的损失也不负赔偿责任。《中华人民共和国保险法》第十七条第二款规定："对保险合同中免除保险人责任的条款，保险人在订立合同时应当在投保单、保险单或者其他保险凭证上作出足以引起投保人注意的提示，并对该条款的内容以书面或者口头形式向投保人作出明确说明；未作提示或者明确说明的，该条款不产生效力。"被告人保深圳公司没有向法院

提交证据，未能证明上述免责条款是双方当事人协商的结果，也未能证明该公司已就该条款向投保人进行了提示和明确说明，依照上述法律规定，该条款不产生效力，被告人保深圳公司不能据此免责。

案例6

世界建材中心公司、中国人民财产保险股份有限公司广东省分公司海上、通海水域保险合同纠纷案－（2016）粤民终368号

一审法院认为，本案保险单上记载的"锈蚀风险除外"不能成为中国人民财产保险股份有限公司广东省分公司（以下简称人保广东公司）就海水锈蚀损失免责的依据。理由是：（一）本案保险单签发时有效的2002年《中华人民共和国保险法》第十八条规定："保险合同中规定有关于保险人责任免除条款的，保险人在订立保险合同时应当向投保人明确说明，未明确说明的，该条款不产生效力。"2002年《中华人民共和国保险法》第三十一条规定："对于保险合同的条款，保险人与投保人、被保险人或者受益人有争议时，人民法院或者仲裁机关应当作有利于被保险人和受益人的解释。"（二）对于具有减轻保险人赔偿责任性质的免责条款，1982年英国协会货物保险A条款（以下简称协会A条款）于第4、5、6和7条规定除外责任时均采用列举方式明确造成免于承担保险责任的损失的原因，而本案保险单在适用协会A条款的前提下，没有在"锈损免责"条款中载明锈损的原因，仅概括地表述为锈蚀，不明确，易引起歧义。（三）如上所述，海水锈蚀属于协会A条款的保险范围，人保广东公司意图通过"锈损免责"的约定免除其对各种原因导致的锈蚀的保险赔偿责任，减轻其在协会A条款项下保险责任，应向投保人尽到提示和说明义务。对于是否向投保人履行了说明义务，人保广东公司作为保险人负有举证证明责任。人保广东公司未提供证据证明已向投保人履行提示和明确说明义务，应承担举证不能的不利后果，人保广东公司关于依据该条款海水锈蚀为除外责任的抗辩不能成立。

二审法院认为，人保广东公司在签发的保单正面以普通字体注明"锈损免责"，属减轻其在协会A条款项下承保"一切险"的保险责任。但人保广东公司并未举证其曾经向投保人基石资源私人有限公司做出过提示或说明，一审依据《中华人民共和国保险法》第十八条关于"保险人应就免责条款向投保人明确说明，否则免责条款不发生法律效力"的规定，认定涉案保单中的"锈损免责"条款没有约束力正确，人保广东公司依据该条款主张免除锈损赔

偿责任没有合同依据。因此，海水污染导致涉案货物产生的锈损损失
180217.22 美元属于人保广东公司的保险赔偿范围。但世界建材中心公司已从
"和融"轮拍卖款中获得高于该货损金额的赔偿，且世界建材中心公司未能证
明其获得的赔偿款与该笔货损无关，故一审认定人保广东公司无须再向世界建
材中心公司支付保险赔偿金正确。

📖 机器本身故障导致事故造成的损失是否属于保险责任范围

【支持的案例】

⚖ 案例1

安庆市申宜航运有限责任公司与中国平安财产保险股份有限公
司安庆中心支公司海上、通海水域保险合同纠纷案 –（2016）鄂民
终632号

一审法院认为，本案系船舶保险合同纠纷。安庆市申宜航运有限责任公司
（以下简称申宜公司）、中国平安财产保险股份有限公司安庆中心支公司（以
下简称安庆平保）基于投保单和保单所证明的船舶保险合同关系系双方真实
意思的表示，且不违反法律法规的强制性规定，依法成立并有效。依法成立的
合同对双方当事人均具有法律拘束力，申宜公司、安庆平保应当依约履行各自
的义务。申宜公司因所属"申宜168"轮在保险期间内发生的碰撞事故，向安
庆平保主张保险责任，应当证明涉案碰撞事故在保险责任范围内且不在除外责
任范围内。根据申宜公司填写的投保单背面保险条款的约定，因船舶机械故障
造成的损失、责任和费用，属于安庆平保的除外责任。安庆平保提交的查勘记
录已经证明申宜公司确认涉案碰撞事故系"申宜168"轮舵机失灵所致，武汉
港区海事处对事故原因也作出了同样的认定。因此，涉案碰撞事故因"申宜
168"轮舵机失灵所致，属于投保单背面沿海内河船舶保险条款第三条第一款
第二项所称的"机器本身发生的故障所造成的损失、责任和费用"，在安庆平
保的除外责任范围内。同时，申宜公司并未以其投保时安庆平保未尽说明义务
为由主张投保单背面除外责任条款无效，安庆平保也已在投保单左下角以加粗
黑体字的方式注明申宜公司已经确认收到《沿海内河船舶险条款》及附加条
款，且安庆平保已向申宜公司详细介绍了条款的具体内容，特别就该条款中有

关免除保险人责任的条款（包括但不限于责任免除、投保人及被保险人义务），以及付费约定的内容作了明确说明。该投保单背面保险条款的除外责任条款系有效的合同条款，对双方均具有法律约束力。因此，安庆平保不应对涉案碰撞事故承担保险责任。

二审法院认为，本案中，"申宜168"轮因舵机液压油油管接头突然泄露，舵机失压无舵，船舶操纵避让困难导致事故发生。涉案保险条款第三条第一款第二项约定除外责任范围包括"船舶正常的维修保养、油漆，船体自然磨损、锈蚀、腐烂及机器本身发生的故障和舵、螺旋桨、桅、锚、锚链、橹及子船的单独损失"。根据上述内容，保险条款第一条和第三条第一款第二项之间的关系存在两种不同的理解：1. 机器本身发生的故障所造成的一切损失（包括本船损失和其他损失），保险人不负责赔偿。2. 机器故障造成的损失（本船损失），保险人不负责赔偿；机器故障造成碰撞、触碰而导致的损失（其他损失），保险人应当赔偿。按照第二种理解，涉案保险条款的第一条对于船舶碰撞、触碰的原因并未明确，故机器故障造成船舶碰撞、触碰而产生的损失，不适用第三条第一款第二项的责任免除。根据《中华人民共和国保险法》第三十条规定，当保险条款存在两种不同的理解时，应作出对被保险人申宜公司有利的解释。故本案货损系机器故障造成船舶碰撞而导致，属于保险公司承担赔偿责任的范围。涉案保险条款第二条规定："本保险承保第一条列举的六项原因所造成保险船舶的全损或部分损失以及所引起的下列责任和费用：一、碰撞、触碰责任。本公司承保的保险船舶在可航水域碰撞其他船舶或触碰码头、港口设施、航标，致使上述物体发生的直接损失和费用，包括被碰船舶上所载货物的直接损失，依法应当由被保险人承担的赔偿责任。本保险对每次碰撞、触碰责任仅负责赔偿金额的四分之三，但在保险期间内一次或累计最高赔偿额以不超过船舶保险金额为限。属于本船舶上的货物损失，本保险不负赔偿责任。"涉案船舶碰撞导致财产损失14.5万元在保险责任范围内，安庆平保应当负责赔偿金额的四分之三，即10.875万元。

案例2

大地财保信阳支公司与冯某某通海水域船舶保险合同纠纷案 —（2014）鄂民四终字第00003号

二审法院认为，"豫信货10829"号发生搁浅事故，冯某某为此支付的施救费用95000元，从因果关系角度看，船舶搁浅系该笔费用支出的直接的、最近的原因，而船舶液压油泄漏这一船舶机器故障并非发生施救费用95000元的直接近因。依涉案保险条款第一条，船舶搁浅属于保险人承保的风险；依保险条款第二条，涉案救助费用的支出属于被保险人为防止或减少进一步的损失而采取相应的施救及救助措施所支出的必要的、合理的施救或救助费用，大地财保信阳支公司应向冯某某进行赔偿。冯某某原审同意大地财保信阳支公司对应承担的责任免赔35%，属于对其自身实体权利的处分，原审予以支持并无不当。

 案例3

乐清市远洋海运有限公司诉中国太平洋财产保险股份有限公司乐清支公司海上保险合同纠纷案 –（2011）甬海法温商初字第29号

证据质证过程中，保险人认为，根据保险条款，共同海损在"一切险"的保险范围时，应是保险条款第一条列明的6条原因引起的保险责任，而"兴远舟2"轮在海上出险的原因不是8级大风引起，而是舵有问题，所以不在保险承保的范围。

宁波海事法院认为，因被告对原告诉称的保险合同订立以及"兴远舟2"轮于2010年8月23日因遭遇台风"蒲公英"在海上发生舵设备失灵，导致船舶和装载的15278.21吨玉米遭遇海上共同危险的事实并无异议，宁波海事法院予以确认。

宁波海事法院判决认为，根据双方订立的保险合同约定，被告承保了"兴远舟2"轮的一切险，按照保险条款第二条约定，一切险的保险责任范围包括了共同海损、救助及施救。本案船舶是在航行中遭遇台风，为了船舶和装载货物的安全，舵设备因频繁操纵出现故障，从而导致"兴远舟2"轮在海上失去操控能力，涉案船舶和装载货物均面临海上危险，符合共同海损的构成要件。至于舵设备本身的修复损失，原告并未主张由被告承担保险责任，被告此项抗辩与本案争议无关，不作审查。因此，宁波海事法院认定本案因台风导致"兴远舟2"轮在海上发生的共同海损属于被告承保的船舶一切险的保险责任范围，被告对此应承担保险责任。

【不支持的案例】

 案例 4

广西明发海运有限公司与中国人民财产保险股份有限公司重庆市渝中支公司海上保险合同纠纷上诉案 –（2010）闽民终字第 462 号

一审判决认为，本案双方的争议焦点在于本起事故是否属于保险事故。原告广西明发海运有限公司（以下简称广西明发）主张"新明富 7"轮发生主机故障，失去动力而无法航行，是为了船货的共同安全而采取的合理措施，由此产生的费用属于共同海损费用，属于保险人的承保范围。被告中国人民财产保险股份有限公司重庆市渝中支公司（以下简称渝中人保）认为"新明富 7"轮发生主机故障，是"机器本身发生的故障"，属于保险条款除外责任。原审认为，关于本起事故原因，《公估报告》与"新明富 7"轮轮机长所作的分析、判断基本一致，应予采信。据此，原审认定"新明富 7"轮主机故障系因第七缸活塞使用较长时间发生结构性疲劳而突发断裂，使连杆、活塞在高速运转的惯性作用下连续撞击缸套，造成缸套断裂，掉落的活塞下部、活塞销、缸套下部被曲轴、连杆惯性带着高速运转，不断撞击着缸套及机体，最终导致机体上下口被击穿。该事故应属于船舶机器本身发生的故障所致。根据保险条款中除外责任的约定，船舶机器故障造成本身及引起的其他损失或损坏，保险人不承担赔偿责任。因此，案涉事故不属于保险责任范围内的事故，原告广西明发的主张没有事实和法律依据，不予采信。

二审法院维持一审判决。

 案例 5

海南金海船舶运输公司与中国人民财产保险股份有限公司海口市分公司海上保险合同纠纷上诉案 –（2008）琼民二终字第 7 号

原判认为，本案是船舶保险合同纠纷。双方签订的保险合同是双方真实意思表示，合法有效，具有法律约束力。海南金海船舶运输公司（以下简称金海公司）为"金海燕"船舶投保的是船舶沿海内河保险一切险，该险种为一切险，但保险人承担保险赔偿责任的情形仅为合同第一条约定的 6 种风险发生时造成船舶全损或部分损失以及由此引发的碰撞责任、共同海损、救助及施救费用，因而实际上是列明风险性质合同。从合同中载有的"投保人声明"来看，金海公司对此已经知情。保险标的发生承保保险事故是被保险人得以向保险人主张保险索赔的最重要前提条件之一。本案被保险船舶"金海燕"虽然发生了救助费用损失，但本航次事故是由于"金海燕"号尾轴断裂致使螺旋桨掉落、船舶失去动力而造成。虽然救助措施避免了船货遭受更大的损失，但尾轴断裂属于机器本身的故障，螺旋桨掉落事故是单独损失，都不在双方约定的承保范围之列，且皆属于保险合同第 3 条第 2 款明确约定的除外责任，因此，中国人民财产保险股份有限公司海口市分公司（以下简称财保海口分公司）关于本案救助费用不属于保险事故造成，因而不负赔偿责任的抗辩成立，金海公司主张的拖带救助费请求，不应予以支持。

金海公司上诉称：一、上诉人所支付的拖带费用依法属于为了避免被上诉人的损失而产生的合理费用和损失，被上诉人向上诉人赔偿拖带费用，依法属于被上诉人的法定义务。……"金海燕"船舶在失去动力、在原地抛锚的情况下，在茫茫大海中，如果不及时采取拖带等救助措施，该船舶及货物存在两种可能：1. 在没有大风大浪情况下，该船原地抛锚，直至最终船舶及货物全部损失；2. 在存在大风大浪等恶劣天气情况下或其他条件下，该船舶发生碰撞或者触碰等情形，导致船舶及货物受损。可见，在此情况下，上诉人及时采取拖带救助措施是唯一避免船舶及货物遭受损失的合法、合理行为，也是让被上诉人免受损失的合法、合理行为，所产生的拖带费用依法属于上诉人为了让被上诉人免遭损失而产生的合理费用和损失，上诉人依法有权向被上诉人索赔，被上诉人依法应向上诉人赔偿有关拖带费用，这是被上诉人的法定义务。……二、上诉人所采取的拖带救助措施是为了避免保险事故的发生，该拖带费用属于"被保险人为防止或减少损失而采取施救及救助措施所支付的必要的、合理的施救或救助费用"，依约应由被上诉人承担。被上诉人认为上诉人采取拖带救助行为不符合合同约定的"保险船舶发生事故时"而拒绝赔偿是对国家财产损失采取放任态度，是极其错误的、极其危险的。

财保海口分公司答辩称：一、"金海燕"号螺旋桨掉落事故产生的救助费用不属于保险责任，不应予以赔偿。"金海燕"号投保的是一切险。《沿海、内河船舶保险条款》第二条一切险规定："本保险承保第一条列举的六项原因所造成的保险船舶的全损或部分损失以及所引起的下列责任和费用。"基于对各项证据材料确认的"金海燕"号螺旋桨掉落事故当时的天气、海况、航道水深，证明该事故并非由于条款所列举的六项原因造成，不属于保险事故。非保险事故所产生的救助费用不应予以赔偿。二、"金海燕"号螺旋桨掉落事故属于除外责任，不应予以赔偿。依据《沿海、内河船舶保险条款》第三条除外责任第二款规定，

"金海燕"号螺旋桨掉落事故属于单独损失，属于除外责任，因此该损失以及由此产生的其他损失不应予以赔偿。三、"金海燕"号并未投保《螺旋桨等单独损失险》，不应予以赔偿。"金海燕"号投保的是一切险，并未投保螺旋桨等单独损失险，因此其螺旋桨单独损失以及由此产生的其他损失不应予以赔偿。

二审法院判决认为，依双方保险合同除外责任第三条第二项约定，船舶正常的维修、油漆，船体自然磨损、锈蚀、腐烂及机器本身发生的故障和舵、螺旋桨、桅、锚、锚链、橹及子船的单独损失，保险公司不负责赔偿。金海公司同财保海口分公司未约定沿海内河船舶保险附加条款中螺旋桨、舵、锚链及子船的单独损失的附加条款。故金海公司请求财保海口分公司赔偿拖轮费用15万元，无合同依据，亦不符合法律规定。其上诉请求无理，二审法院不予支持。财保海口分公司抗辩的螺旋桨掉落的救助费不属于保险责任的主张有合同及法律依据，二审法院予以采纳。原判认定事实清楚，证据充分，适用法律正确，应予维持。

保险船舶发生碰撞或触碰事故造成第三者船舶沉没或码头受损引起的清理航道费用是否属于保险责任范围

涉外商事海事审判实务问题解答
（最高人民法院民事审判第四庭）

165. 保险船舶发生保险事故造成第三者船舶沉没引起的清理航道费用是否属于保险责任范围？

答：保险船舶发生保险事故造成第三者船舶沉没而引起的清理航道费用，不属于保险人保险责任范围。

上海市高级人民法院审理海事案件若干问题的讨论纪要（一）（试行）
（沪高法〔2001〕286号）

四、关于保险船舶撞沉他船，因打捞被撞沉船舶而产生的清理航道费用是否属于保险责任范围的问题

根据中国人民银行《沿海、内河船舶保险条款》（下称保险条款）规定，清理航道的费用属于保险人的除外责任。投保一切险的保险船舶发生保险事故撞沉他船而产生的清理航道费用，因其不属于直接损失，同样适用保险条款规定的除外责任，保险人对此可不予赔偿。

案例

广东仁科海运有限公司、中银保险有限公司广东分公司海上、通海水域保险合同纠纷案－（2017）最高法民申4639号

最高人民法院再审认为，关于受损码头清障费、事故现场及航道看护费、设标费是否属于涉案保险责任范围的问题。另案一审原告中国石油化工股份有限公司上海石油分公司罗泾油库（以下简称罗泾油库）起诉主张广东仁科海运有限公司（以下简称仁科公司）赔偿受损码头清障费用560万元，已生效的再审判决认定，罗泾油库根据上海海事局限期打捞清除的行政决定立即委托打捞作业人清除码头残骸，由此产生的清障费用属于为保障航道畅通所必然发生的费用。涉案触碰事故受害人罗泾油库以清理障碍的名目主张打捞码头残骸的费用，另案再审判决亦认定该笔费用系为保障航道畅通所作的支出，仁科公司认为清理码头水下残骸的费用应属于修复重建受损码头的费用名目缺乏依据。再审判决还认定，码头触碰事故发生后，为防止发生次生事故而在现场水域设立专用浮标并派船守护事故现场，由此产生事故现场及航道看护费用和设标费用，均是为保障水域航行安全所采取必要措施的费用。故依据再审判决的认定，受损码头清障费用、事故现场及航道看护费、设标费均系为了保障航道畅通、安全所发生，不属于罗泾油库码头因涉案触碰事故产生的直接损失。依据《中银保险有限公司沿海内河船舶保险条款》第二条之约定，中银保险有限公司广东分公司承保的碰撞、触碰责任仅包括承保的保险船舶在可航水域碰撞其他船舶或触碰码头、港口设施、航标，致使上述物体发生的直接损失和费用。故二审判决认定受损码头清障费、事故现场及航道看护费、设标费不属于涉案保险责任范围并无不当。仁科公司称再审判决认定受损码头清障费、事故现场及航道看护费、设标费的赔偿请求属于限制性海事赔偿请求即意味着这些费用为涉案触碰事故导致的直接损失缺乏法律依据，不能成立。

📖 保险人不负责赔偿由于保险标的的本质缺陷或特性造成的损失和费用

🔨 **案例1**

仙乐健康科技股份有限公司与丘博保险（中国）有限公司海上

保险合同纠纷案－（2016）沪72民初30号

上海海事法院认为：

首先，可以认定涉案货物发生软化粘连是由于在运输途中受温度影响。涉案货物系清洁接收，外包装纸箱完好，没有证据证明存在其他外来原因导致货损；涉案胶囊的主要成分明胶熔点较低，对较高的温度相当敏感，为此中国医药包装协会标准《明胶空心胶囊》中建议其贮存温度不得高于25℃，而涉案航线经过深圳、新加坡、南亚等温度较高的地区，集装箱内温度极有可能高于25℃。这也与原告在保险理赔过程中的陈述相符。原告曾向检验人表示，导致胶囊紧紧粘连在一起的原因是"集装箱运输时经过热带地区，温度高于规定的储存温度（15℃～25℃）"。综上，在案证据可以证明涉案货损的直接原因是自然温度变化，而究其本质，货损原因则为涉案货物的"自然特性"以及"包装不当"。涉案胶囊货物的组成成分熔点较低，对较高的温度敏感，显然属于货物的"自然特性"，在没有其他外来原因的情况下，涉案货物因自然温度变化而产生的软化粘连，显然属于因"货物的自然特性"而造成的货物损失。此外，由于涉案货物对较高温度敏感的特性，在外在环境温度适宜的情况下，对其常温保存及运输可认为是充分的包装，而根据涉案航次的时间和航线走向，可以预见常温运输方式下装载于集装箱内的货物极有可能遭遇25℃以上温度，也极有可能发生货物性状变化，此时常温运输则属于"包装不当"。

其次，根据涉案保险合同约定，涉案货损原因属于保险除外责任。无论货损原因系涉案货物的"自然特性"或"包装不当"，依据《中华人民共和国海商法》第二百四十三条的规定，只有在保险合同另有约定的情况下，保险人才需负赔偿责任。而纵观涉案保险合同条款，并无保险人承保该两项风险的特别约定。原告认为其投保的是"一切险"，只要保险标的发生毁损或灭失，被告即应当支付保险金。对此观点本院难以认同，协会货物一切险第1条即开宗明义："本保险承保保险标的物毁损或灭失之一切危险，但下列第4、5、6及7条之规定除外"，而上述货损原因恰为涉案保险合同列明的除外责任条款所覆盖，涉及的具体条款有"4.3由于保险标的物之包装或配制不固或不当所致之毁损灭失或费用"和"4.4由于保险标的物之固有瑕疵或本质所致之毁损灭失或费用"。综上，根据相关法律规定以及涉案保险合同的约定，被告并无对因涉案货物的"自然特性"或"包装不当"所致损失进行赔偿的义务。

案例2

汇孚集团有限公司与太阳联合保险（中国）有限公司北京分公司、太阳联合保险（中国）有限公司海上保险合同纠纷案 –（2013）津海法商初字第632号

关于涉案货损产生于保险责任期间内，货损原因是否属于保险人的除外责任问题。天津海事法院认为，依据目的港现场检验报告，收货人处得知集装箱外观状况良好，箱封正常，货物包装也未发现损坏。货物没有水损迹象。因此可以排除货损由于海水浸入、箱汗、淡水浸泡等事故原因造成。涉案货物为镀锌铁丝，锌为化学性质活泼的金属，在潮湿的条件下，表面易出现白色腐蚀产物，为减缓白锈的生成，通常采用铬酸盐进行钝化处理，以提高其耐蚀性。在腐蚀锌层后，与锌层下铁接触易产生黄锈。原告出具的情况说明证实涉案铁丝采用电镀方法镀锌层，未进行钝化处理。结合公估报告中李某某、陈某某意见及李某某、黄某某证言，同时考虑涉案货物经30余天海洋运输及排除其他保险事故的可能，综合认定二被告证据可以证明货损产生排除保险事故的原因，属于保险除外责任。

📖 **保险单中约定的不包含锈蚀风险仅指自然特性导致的锈蚀**

 案例

原刚国际贸易江苏有限公司与天安财产保险股份有限公司海上保险合同纠纷案 –（2022）沪民终440号

一审法院认为，钢材、金属等物品长期暴露在空气中，必定会因空气中含有的水分导致一定程度的锈蚀，这是货物的自然特性导致。保险单中约定的不包含锈蚀风险即指这种自然特性导致的锈蚀。案涉灭火事故导致货物湿损引发的锈蚀系外来意外事故造成，不属于除外条款约定的锈蚀风险。天安财产保险股份有限公司（以下简称天安财险）也未举证证明其曾向被保险人或者投保人特别说明过除外条款约定的锈蚀风险不仅包含货物自然特性导致的锈蚀，还包含意外事故、自然灾害等情况造成的锈蚀。由于天安财险未能举证证明，一审法院对天安财险这一主张不予支持。

二审法院维持一审判决。

船舶全损免赔额应当按照保险价值还是保险金额乘以免赔率计算

案例1

中国平安财产保险股份有限公司与天津市金业海运有限公司、陈某龙、陈某华、中国平安财产保险股份有限公司天津分公司船舶保险合同纠纷案－（2014）津高民四终字第122号

对于保险人的赔偿数额，一审法院认为，各方当事人对"金业88"轮构成全损没有争议，故保险人应按照全损进行赔偿。涉案保险单正面记载"全损事故的免赔率为损失金额的15%"，但该内容在语法上存在矛盾："免赔率"应当指某一比例，而"损失金额的15%"则表示某一具体的数额。因此，应当结合保险合同的目的、其他条款以及诚实信用原则对其进行解释。根据涉案保险条款第七条的规定，船舶全损后，当保险价值高于或等于保险金额时，保险人按照保险金额进行赔偿；当保险价值低于保险金额时，保险人按照保险价值进行赔偿。从合同目的来说，保险单关于免赔率的约定是进一步将保险人的责任限定在全损损失的85%。因此，结合第七条的规定，应理解为当保险价值高于或等于保险金额时，保险人按照保险金额的85%进行赔偿，当保险价值低于保险金额时，保险人按照保险价值的85%进行赔偿。由于"金业88"轮的保险价值超过了保险金额，故保险人应当按照保险金额的85%进行赔偿，即赔偿1020万元，扣除已支付的180万元，保险人还应当支付840万元。

二审法院认为，原审法院运用目的解释、体系解释等方法，结合保险合同第七条的相关规定，将保险单正面条款"全损事故的免赔率为损失金额的15%"解释为"当保险价值高于或等于保险金额时，保险人按照保险金额的85%进行赔偿"，并无不当，二审法院予以确认。

案例2

温州市吉泰运输有限公司与中国人民财产保险股份有限公司洞

头支公司海上保险、保赔合同纠纷案 - (2012) 浙海终字第86号

一审法院认为，温州市吉泰运输有限公司（以下简称吉泰公司）对货主实际承担的货物赔偿额已大于保险单约定的总赔偿限额，中国人民财产保险股份有限公司洞头支公司（以下简称洞头中保公司）应以保险单约定的赔偿限额95.5万元为限承担保险赔偿责任。由于保险单特别约定了本起事故应扣除绝对免赔额2000元后，再按保险条款有关规定赔付，而保险条款中，对单方责任事故已约定绝对免赔率20%，吉泰公司作为法定船舶经营人，对责任保险项下的绝对免赔率应当清楚。本案中的保险标的，应认定为船东的单方责任事故造成的货物损失，故确定：洞头中保公司应支付的保险赔款为（955000 - 2000）×80% = 762400（元）。

二审法院认为，案涉保险合同双方当事人主体适格，意思表示真实，内容合法，应作为考量双方权利义务的依据。保险单正面约定赔偿限额为95.5万元，故洞头中保公司应以此为限承担保险赔偿责任。保险条款约定被保险人在事故中负全部责任的，保险人免赔20%，因此，原审判决扣除20%计算保险金正确。

案例3

全某某与天安财产保险股份有限公司宁波分公司海上、通海水域保险合同纠纷案 - (2020) 浙72民初1653号

关于保险责任范围及具体赔偿金额，双方合同约定一切险项下，被保险船舶全损按照保险金额赔偿，但保险金额高于保险价值时，以不超过出险当时的保险价值计算赔偿。双方保险合同虽约定保险金额为70万元，但事故发生之后经保险公估及原告书面确认，确定案涉船舶于事故发生时船舶价值为60万元，故此，宁波海事法院认定该船保险价值为60万元。依据双方关于船舶全损时绝对免赔率为损失金额的25%的特约，被告应赔偿原告船舶损失45万元。

第五节 保证条款

 在合理时间内开航构成保险合同的保证条款

案例

美国陈氏公司诉中国太平洋保险公司船舶保险合同纠纷案 —
（1997）沪海法商字第 486 号

上海海事法院认为，在合理时间内开航构成保险合同的保证条款。被保险人违反该条款的，保险人依法享有解除合同或者要求修改承保条件、增加保险费的权利。被保险人违反保证条款时，应当立即通知保险人。被保险人不通知的，不影响保险人权利的行使。涉案保险合同为海上船舶航次保险合同，对此原告、被告双方认识一致，并无任何异议。涉案船舶并无载货，按涉案保险条款第五条内容，不载货船舶航次保险的责任期间为自起运港解缆起锚时开始至目的港抛锚或系缆完毕时终止。因此，涉案保险单保险期限或航程载明的 1995 年 4 月 20 日开始，并非指 1995 年 4 月 20 日涉案船舶必须在该日开始起拖，但也并非表明涉案船舶在该日后的任何时间起拖均符合合同的约定。根据船舶航次保险的特点和保险行业惯例，对此的合理解释应为被保险船舶应在该日或该日后的一段合理期间内起拖。超过合理时间起拖，可能会使预定航程出现双方在订约当时所不能预见的保险风险，使双方的订约基础发生质的变化。因此，在合理时间内开航构成保险合同的保证条款。按照涉案保险单约定，涉案航程应自 1995 年 4 月 20 日开始，但被保险船舶"加拿大丰收"轮的首次起拖时间为同年的 5 月 30 日，间隔长达四十天之久，已不能认为是在合理时间内开始航程。其后，因拖轮"尼夫塔各兹 – 16"轮作重大修理，于同年 12 月 1 日才再次起拖。以上情况原告均未及时通知被告。原告的不作为行为，违背了涉案保险条款第六条规定的合同义务，同时，也违反了《中华人民共和国海商法》第二百三十五条的规定，应承担由此产生的法律责任。

综上所述，本案保险合同依法成立，原告对涉案"加拿大丰收"轮依法具有可保利益，有权提起本案诉讼。……在合同履行过程中，又未将涉案拖轮未能在合理的时间内开航和进行重大修理，以及再次起拖的时间等情况及时通知被告，违反法律规定和合同约定。因此，对原告的诉讼请求，上海海事法院表示难以支持。

被保险人违反合同约定的保证条款的后果

最高人民法院第二次全国涉外商事海事审判工作会议纪要

118. 被保险人违反合同约定的保证条款但未立即书面通知保险人的，从违反保证条款之日起，保险人有权解除合同，但对于被保险人违反保证条款之前发生的保险事故造成的损失，保险人应负赔偿责任。合同解除前被保险人尚未支付保险费的，保险人有权按照比例收取合同解除前的保险费。保险人已经全部收取保险费的，不予退还。

119. 保险人收到被保险人违反合同约定的保证条款通知后，仍收取保险费或者支付保险赔偿的，不得再以被保险人违反合同约定的保证条款为由，行使《中华人民共和国海商法》第二百三十五条规定的解除合同的权利。

保险人根据《中华人民共和国海商法》第二百三十五条的规定要求修改承保条件、增加保险费，被保险人不同意的，保险人可以以书面形式解除合同。

最高人民法院关于审理海上保险纠纷案件若干问题的规定

第六条　保险人以被保险人违反合同约定的保证条款未立即书面通知保险人为由，要求从违反保证条款之日起解除保险合同的，人民法院应予支持。

第七条　保险人收到被保险人违反合同约定的保证条款书面通知后仍支付保险赔偿，又以被保险人违反合同约定的保证条款为由请求解除合同的，人民法院不予支持。

第八条　保险人收到被保险人违反合同约定的保证条款的书面通知后，就修改承保条件、增加保险费等事项与被保险人协商未能达成一致的，保险合同于违反保证条款之日解除。

案例

最高人民法院关于中国船东互保协会与南京宏油船务有限公司海上保险合同纠纷上诉一案有关适用法律问题的请示的复函

中国船东互保协会 2000 保险条款第七条通则第一款第（六）项约定的保证义务，是承保范围的前提条件，不属于免责条款。上述约定符合我国《合同法》规定，属于协会会员必须遵守的我国法律规定的关于船舶和船员安全管理方面的强制性义务，应当认定其效力。

船舶超航区航行导致损失，保险人是否需要承担赔偿责任

【不支持的案例】

案例 1

大连滨海海上客运有限公司、英大泰和财产保险股份有限公司大连分公司海上、通海水域保险合同纠纷案 –（2021）辽民终 95 号

一审法院认为，案涉保险单记载航行范围"准予航行相当遮蔽航区营运限制航区（航线）"，应理解为双方约定在保险单标注的航行范围内发生的保险事故才属于保险责任范围，超出航行范围的事故即使属于保险条款第一条规定的全损事故，亦不属于保险责任，这种理解与保险条款中"（被保险人义务）被保险人……变更航行区域应事先书面通知保险人，经保险人同意并办理批改手续后，保险合同继续有效，否则自上述情况出现时保险合同自动解除"的约定一致。案涉事故是大连滨海海上客运有限公司（以下简称滨海公司）未经海事部门同意、未事先书面通知英大泰和财产保险股份有限公司大连分公司（以下简称英大财险大连公司）的情况下擅自超出保险单约定和适航证书规定的航行范围的航次中发生的，不属于双方约定的保险事故，不属于英大财险大连公司承保的保险责任范围，英大财险大连公司不应承担保险赔偿责任。《最高人民法院关于适用〈中华人民共和国保险法〉若干问题的解释（二）》第十四条规定："保险合同中记载的内容不一致的，按照下列规则认定：（一）投保单与保险单或者其他保险凭证不一致的，以投保单为准。但不一致的情形经保险人说明并经投保人同意的，以投保人签收的保险单或者其他

保险凭证载明的内容为准。"本案投保单未标注航行范围，保险单对航行范围予以标注。《中华人民共和国海商法》第二百二十二条规定："合同订立前，被保险人应当将其知道的或者在通常业务中应当知道的有关影响保险人据以确定保险费率或者确定是否同意承保的重要情况，如实告知保险人。"依据该规定，滨海公司有义务告知英大财险大连公司"中山旅游1"轮的核定航区，这是具有向保险人告知船舶在限定的航行区域内面临的保险责任风险范围的意义，也是保险人是否接受承保的前提，据此可以理解保险单对航行范围的标注系根据滨海公司的告知义务而进行的约定。另，因超航区航行属于《中华人民共和国海上海事行政处罚规定》第二十六条确定的行政违法行为，滨海公司明知"中山旅游1"轮核准的航行区域，即应遵守有关航行安全的行政法规，在核准的区域内航行，这是滨海公司应遵守的诚实信用原则内容，而滨海公司将超航区航行的海上风险归属于案涉保险责任范围明显违背该诚实信用原则，故即使以投保单为准亦不能作"中山旅游1"轮超航区航行发生的事故属于保险责任的认定，对滨海公司主张在保险单与投保单不一致时以投保单为准属于保险责任的意见不予采纳。

二审法院认为，滨海公司在内河船舶长途转港的过程中，严重超越适航条件，存在重大过错，以致船舶危险程度明显增加，主要表现是：1. 远超安全航行范围航行，其安全航行范围是港区附近距岸不超过10海里水域，而其初遇风浪时在连云港港外约50海里处；2. 船舶抗风等级为6级，而其明知将有7级以上风力，仍坚持航行；3. 长途转港，船员配备不适任、不合格，以致不能妥善处理航行中遇到的问题，造成严重后果；4. 船舶适航时间为连续航行2小时，而实际连续航行时间远远超过2小时。

《中华人民共和国保险法》第五十一条第三款规定，投保人、被保险人未按照约定履行其对保险标的的安全应尽责任的，保险人有权要求增加保险费或者解除合同；第五十二条第一款规定，在合同有效期内，保险标的的危险程度显著增加的，被保险人应当按照合同约定及时通知保险人，保险人可以按照合同约定增加保险费或者解除合同；第五十二条第二款规定，被保险人未履行前款规定的通知义务的，因保险标的的危险程度显著增加而发生的保险事故，保险人不承担赔偿保险金的责任。除法律规定外，现有保险合同中，普遍含有"在合同有效期内，保险标的的危险程度显著增加的，被保险人应当按照合同约定及时通知保险人，保险人可以按照合同约定增加保险费或者解除合同"的约定，且尚无证据证明滨海公司与保险人作出过免除被保险人履行相应通知义务的约定。同时，结合吉林银行大连分行提交的2016年4月26日打印的英大财险2010保险条款和滨海公司提交的2016年4月26日打印的保险单、

2017 年 2 月 22 日打印的保险单、2017 年 2 月 22 日打印的英大财险 2010 保险条款，可以认定滨海公司明知在保险标的的危险程度显著增加时应履行通知义务。滨海公司明知保险标的的危险程度显著增加时未履行通知保险人的义务，英大财险大连公司不承担赔偿保险金的责任依法有据，原审裁判结果并无不当。

案例 2

大连滨海海上客运有限公司、英大泰和财产保险股份有限公司大连分公司海上、通海水域保险合同纠纷再审案 -（2021）最高法民申 3179 号

最高人民法院经再审认为：

第一，案涉投保单中"航行区域"记载于"船舶情况"一栏。该"航行区域"虽未填写，但"船舶情况"一栏应属于投保人向保险人告知的保险标的情况。案涉保险单中并未记载"船舶情况"一栏，"航行范围"单独规定为"准予航行相当遮蔽航区营运限制（航线）"。综合投保单、保险单及保险条款的内容，该"航行范围"应视为双方约定的承保范围，故超出该航行范围的事故不属于保险责任范围。

第二，根据原审查明，投保时大连滨海海上客运有限公司（以下简称滨海公司）提交的《海上客船适航证书》记载准予航行沿海航区（航线），同时在"四、记事"中记载"限航行于港区附近距岸不超过 10 海里的水域，船舶满载并以其营运航速航行航程不超过 2 小时，并限制在蒲氏风级不超过 6 级、目测波高不超过 2 米的海况下航行"。2017 年 1 月 12 日签发的《海上客船适航证书》航行范围亦记载为特定航线航区（航线），并在"记事"中记载了相同营运限制。结合辽宁省船舶检验局大连检验处出具的《关于"中山旅游 1"号旅游客船的情况说明》及大连海事局出具的《大连海事局关于贵院调查函的复函》内容，在滨海公司未提交证据证明案涉船舶在转港时具有其他适航区域的情况下，原审法院认定案涉船舶为超航区行驶并无不当。

第三，根据案涉船舶事故报告，"中山旅游 1"轮存在长途转港过程中严重超越适航条件，导致船舶危险程度明显增加的情况。滨海公司明知案涉船舶的危险程度显著增加而未履行通知保险人的义务，原判决根据《中华人民共和国保险法》第五十二条认定英大泰和财产保险股份有限公司大连分公司不承担赔偿责任并无不当。

案例 3

郑某、中国人民财产保险股份有限公司淮滨支公司海上、通海水域保险合同纠纷案 –（2020）最高法民申 1792 号

最高人民法院再审认为，《中华人民共和国保险法》第五十二条规定："在合同有效期内，保险标的的危险程度显著增加的，被保险人应当按照合同约定及时通知保险人，保险人可以按照合同约定增加保险费或者解除合同。保险人解除合同的，应当将已收取的保险费，按照合同约定扣除自保险责任开始之日起至合同解除之日止应收的部分后，退还投保人。被保险人未履行前款规定的通知义务的，因保险标的的危险程度显著增加而发生的保险事故，保险人不承担赔偿保险金的责任。"同时，《中国人民财产保险股份有限公司沿海内河船舶保险条款（2009 版）》第十六条规定："被保险人应如实填写投保单并回答保险人提出的询问。在保险期间内，被保险人应对其公司、保险船舶发生变化影响保险人利益的事件如实告知，对于保险船舶出售，光船出租，变更航行区域或保险船舶所有人、管理人、经营人、名称，技术状况和用途的改变，被征购征用，应事先书面通知保险人，经保险人同意并办理批改手续后，保险合同继续有效。否则自上述情况出现时保险合同自动解除。"该条款内容与郑某在再审申请中所述的《中国人民财产保险股份有限公司内河船舶保险条款（2009 版）》的第十二条内容基本相同。故无论涉案保险单采用其中的哪一种保险条款，均应认定，投保人（被保险人）变更航行区域，应事先书面通知保险人，经保险人同意并办理批改手续后，保险合同继续有效，否则保险合同自动解除。现涉案船舶超出保险单载明的航区，航行于海上，属于"变更航行区域"的情形。在郑某没有事先书面通知中国人民财产保险股份有限公司淮滨支公司（以下简称人保淮滨支公司）并征得其同意办理批改手续的情况下，保险合同自动解除的条件已经成就。故涉案船舶超出约定航区后沉没，此时保险合同已经解除，人保淮滨支公司对该事故不再承担保险赔偿责任。原判决对郑某提出的保险赔偿责任主张不予支持，于法有据。郑某关于原判决适用法律错误的再审理由亦不成立，最高人民法院不予支持。

 案例 4

王某某、杨某小额借款合同纠纷案 –（2019）最高法民申

2091 号

最高人民法院经审查认为，根据王某某、杨某的再审请求、理由和中国太平洋财产保险股份有限公司宁波分公司（以下简称太保宁波公司）的意见，本案再审审查的焦点为："扬帆27"轮事故航次是否违反了案涉船舶保险单中有关"航行范围为近海"之约定；太保宁波公司是否应当承担保险责任。首先，关于是否超航区航行的问题。中华人民共和国海事局《船舶与海上设施法定检验规则—国内航行海船法定检验技术规则（2011）》规定的岸线并不包括案涉事故发生海域的岛屿岸线。原判决认定案涉事故航次属超航区航行并无不当。王某某、杨某提出的相关部门同意其在案涉海区营运以及三沙海事局事故调查报告未认定该轮超"近海航区"运营等理由，并不能推翻原判决的认定。其次，关于保险责任的承担问题。案涉保单所附《沿海内河船舶保险条款》第十六条规定了保险船舶变更航行区域未经保险人同意的，保险合同自动解除。案涉船舶保险系商业保险，"扬帆27"轮事故航次超航区航行，且王某某、杨某未将该重要事实告知保险人，在未经保险人同意的情况下，案涉保险合同在"扬帆27"轮离开约定航行区域时已经自动解除，故案涉事故所造成的船舶损失不属于保险责任范围。原判决关于保险人太保宁波公司对案涉保险船舶损失不承担赔偿责任的判定，适用法律基本正确，最高人民法院予以确认。

案例5

福州丰达船务有限公司、中国太平洋财产保险股份有限公司福建分公司海上、通海水域保险合同纠纷案 –（2019）最高法民申1735 号

最高人民法院再审认为，本案争议焦点在于"天利69"轮事故航次是否违反了涉案船舶保险单中有关"近海航区及长江 A、B 级"所约定的航行范围。对于航区的界定，中华人民共和国海事局《船舶与海上设施法定检验规则—国内航行海船法定检验技术规则（2011）》规定的岸线并不包括涉案事故发生海域的岛屿岸线。涉案保单所附《沿海内河船舶保险条款》第十六条规定了保险船舶变更航行区域未经保险人同意的，保险合同自动解除。案涉船舶保险系商业保险，"天利69"轮事故航次超航区航行，且福建丰达船务有限公司未将该节重要事实告知保险人，在未经保险人同意的情况下，涉案保险合同

在"天利69"轮离开约定航行区域时已经自动解除，故涉案事故所造成的船舶损失不属于保险责任范围。二审关于保险人中国太平洋财产保险股份有限公司福建分公司对涉案保险船舶损失不承担赔偿责任的判定，认定事实及适用法律基本正确，最高人民法院予以确认。

案例6

罗某某、中国人民财产保险股份有限公司贵港市分公司海上、通海水域保险合同纠纷案 – （2018）最高法民申733号

最高人民法院再审认为，《中国人民财产保险股份有限公司沿海内河船舶保险条款（2009版)》人保沿海内河船舶保险条款"被保险人义务"部分第十六条载明："被保险人应如实填写投保单并回答保险人提出的询问。在保险期间内，被保险人应对其公司、保险船舶发生变化影响保险人利益的事件如实告知，对于保险船舶出售，光船出租，变更航行区域或保险船舶所有人、管理人、经营人、名称，技术状况和用途的改变，被征购征用，应事先书面通知保险人，经保险人同意并办理批改手续后，保险合同继续有效。否则自上述情况出现时保险合同自动解除。"《中国人民财产保险股份有限公司内河船舶保险条款（2009版)》第十二条所载内容与上述条款内容基本相同。在双方当事人对涉案保险单所采用的具体保险条款有争议的情况下，无论保险单采用上述两种保险条款中的哪一种保险条款，均可以认定保险合同明确约定：投保人（被保险人）变更航行区域，应事先书面通知保险人，经保险人同意并办理批改手续后，保险合同继续有效，否则保险合同自动解除。"东运989"轮超出保险单载明的内河A、B级航区，航行于海上，属于保险合同约定"变更航行区域"的情形。对此，罗某某没有事先书面通知中国人民财产保险股份有限公司贵港市分公司（以下简称人保贵港分公司）并征得该分公司同意办理批改手续，保险合同约定自动解除的条件已经成就。涉案保险合同在"东运989"轮超越航区时已经解除，"东运989"轮超越约定航区后在海上沉没，此时保险合同已经解除，人保贵港分公司对该事故不再承担保险赔偿责任。罗某某要求人保贵港分公司赔偿事故损失，没有事实和法律依据。

涉案保险单将船舶航行区域记载于"船舶信息"一栏，同时在保险条款"被保险人义务"部分特别约定变更航行区域的后果，而没有在"保险责任"部分约定船舶航行区域事项，一审、二审法院未查明涉案保险单所采用的保险条款，将保险船舶超航区航归于保险承保范围进行说理论证，与保险合同当事

人在保险单和保险条款中对船舶超航区航行事项的具体安排不符，有所不当。但一审、二审法院判决驳回罗某某诉讼请求的处理结果正确。

案例 7

何某某诉中国太平洋财产保险股份有限公司清远中心支公司船舶保险合同纠纷案 –（2004）粤高法民四终字第 33 号

一审法院经审理后认定："……'天力 3387'轮船舶证书载明该轮准许作业的航行区域为内河 A 级航区，原告、被告在保险单中也约定，'天力 3387'轮的航行区域为内河 A 级航区，因此，依据涉案保险合同的约定，被告只对'天力 3387'轮在内河 A 级航区内发生的保险事故承担保险赔偿责任。'天力 3387'轮在涉案事故航次中的航线和触礁沉没的地点为海上，超过了被许可航行的内河 A 级航区的范围，故'天力 3387'轮在海上发生的触礁沉没事故不属于被告承保的保险事故……"该案二审维持原判。

案例 8

海南安通实业有限公司与中国人民财产保险股份有限公司海南省分公司海上保险合同纠纷案 –（2018）琼 72 民初 23 号

海口海事法院认为，涉案保险单约定，被告就"大信 788"轮承保的是沿海内河船舶一切险，航行区域为沿海及内河 A 级航区。据前述已查明的事实，本案所涉事故发生地（概位北纬 18°27′，东经 111°15′）海域属于我国近海航区，故事故航次"大信 788"轮属超航区航行，且未事先通知被告并征得其同意，违反了被保险人的保证义务。根据保险单所附《沿海内河船舶保险条款》第十六条"……对于保险船舶出售，光船出租，变更航行区域或保险船舶所有人、管理人、经营人、名称，技术状况和用途的改变，被征购征用，应事先书面通知保险人，经保险人同意并办理批改手续后，保险合同继续有效。否则自上述情况出现时保险合同自动解除"的约定，涉案保险合同在保险船舶离开约定航行区域时，即本案所涉事故发生前已自动解除，事故发生时原告与被告之间已不存在保险合同关系。因此，本案所涉事故所造成的保险船舶损失不属于保险责任范围。

案例 9

满某某、李某某等诉中国人民财产保险股份有限公司济宁市分公司财产保险合同纠纷案 – （2014）济高新区商初字第 5 号

山东省济宁高新技术产业开发区人民法院认为，本案中，被保险人满某所投保的船舶系内河船舶，其取得的《内河船舶适航证书》只允许船舶在内河 A 级航区航行。被保险人满某在被告中国人民财产保险股份有限公司济宁市分公司处投保时，双方在投保单、保险单中均明确约定船舶的航行区域为内河 A 级航区，可以认定，被告所承保的范围为内河 A 级航区发生的保险事故。被保险人满某是在沿海区域发生海难，该区域不属于被告的保险范围，因此，原告要求被告支付保险理赔金的诉讼请求，不予支持。

案例 10

陈某某与中国人民保险公司阳江市海陵岛经济开发试验区支公司船舶保险合同纠纷案 – （案号未知）

法院判决认为："中华人民共和国渔业船舶检验局公布实行的《渔业船舶法定检验规则》对Ⅲ类航区的海域范围作出了具体规定，陈某某的'粤台山 62209'轮在本案事故航次中航行作业的区域和触礁沉没的地点，均超出了该Ⅲ类航区的海域范围，即超出了保险合同约定的保险航行作业区域的范围。因此，'粤台山 62209'轮在Ⅲ类航区外发生的触礁沉没事故，不属于保险公司承保的保险事故和保险公司承担保险赔偿责任的范围。"

【支持的案例】

案例 11

崔某某与民安财产保险有限公司蚌埠中心支公司海上保险、保赔合同纠纷案 – （2013）浙海终字第 77 号

一审法院认为，崔某某与民安财产保险有限公司蚌埠中心支公司（以下

简称民安公司）签订的保险合同系双方的真实意思表示，依法应确认有效，崔某某为投保人、被保险人，民安公司为保险人。根据《中华人民共和国保险法》的规定，订立保险合同，采用保险人提供的格式条款的，保险人向投保人提供的投保单应当附格式条款，保险人应当向投保人说明合同的内容。对保险合同中免除保险人责任的条款，保险人在订立合同时应当在投保单、保险单或者其他保险凭证上作出足以引起投保人注意的提示，并对该条款的内容以书面或者口头形式向投保人作出明确说明；未作提示或者明确说明的，该条款不产生效力。本案中，保险人在通过其保险兼业代理人交通银行蚌埠市支行（以下简称蚌埠交行）办理"巨轮198"轮投保事宜时，仅让投保人崔某某签署了一份投保书，其出具给投保人的保险费发票注明承保的是"沿海内河船舶险"，在投保单后附的条款是"船舶保险条款（2009版）"，而不是民安公司所称的"内河船舶保险条款（2009版）"，民安公司不能证明其已让崔某某了解崔某某所投保的是"内河船舶保险一切险"，还是"沿海船舶保险一切险"，民安公司也不能证明其已向崔某某详细解释该两个险种之间的区别，以及其已经向投保人详细解释保险合同中免除保险人责任的条款，因此，该免责条款不发生效力。因涉案船舶碰撞事故发生在保险期间，尽管"巨轮198"轮超航区航行，但保险人仍应予以赔偿。

二审法院认为，《中华人民共和国保险法》对保险人的明确说明义务作出了相关明确规定，而2013年6月8日生效的《最高人民法院关于适用〈中华人民共和国保险法〉若干问题的解释（二）》，进一步强化了保险人对免除责任条款的提示和明确说明义务，该解释第十三条第一款明确规定，保险人对其履行了明确说明义务负有举证责任。而根据本案查明的事实，民安公司委托蚌埠交行办理涉案船舶的投保事宜时，仅由蚌埠交行的工作人员让崔某某签署了一份投保书，民安公司出具给崔某某的保险费发票上也注明承保的是"沿海内河船舶险"。经原审法院调取证据，在投保单后附的条款实际上是"船舶保险条款（2009版）"，并非民安公司一审所举证的"内河船舶保险条款（2009版）"。因此，原判认定本案保险责任的范围不仅是内河，还包括沿海的运输并无不当。且民安公司也不能证明其作为保险人已经向崔某某解释了崔某某所投保的是"内河船舶一切险"，及已向崔某某详细解释了如果超出核定的内河航区经营，民安公司将不承担保险责任。因此，根据保险法及司法解释的规定，尽管涉案船舶超航区航行，但因民安公司未能举证证明其已经履行了明确告知的义务，保险合同的免责条款不发生效力，民安公司作为保险人仍应予以赔偿。

第六节　赔偿范围

📖 保险合同纠纷下保险赔偿金的利息请求

🔨 案例1

国任财产保险股份有限公司威海市荣成支公司、荣成市祥宇渔业有限公司海上、通海水域保险合同纠纷案－（2021）鲁民终1262号

二审法院认为，根据《中华人民共和国保险法》第二十三条的规定，对属于保险责任的，保险人在与被保险人或者受益人达成赔偿或者给付保险金的协议后十日内，履行赔偿或者给付保险金义务；保险人未及时支付保险金的，应当赔偿被保险人或者受益人因此受到的损失。本案搁浅事故发生后，国任财产保险股份有限公司威海市荣成支公司（以下简称国任公司）于2020年9月9日完成勘察，对受损情况予以确认，但在荣成市祥宇渔业有限公司（以下简称祥宇公司）提起诉讼主张保险金后仍未赔付保险金，因此，国任公司除向祥宇公司支付保险金之外，还应当赔偿祥宇公司因此受到的损失。祥宇公司未提交证据证明其在一审诉讼前向国任公司主张过该损失，因此，二审法院判令国任公司向祥宇公司支付保险赔偿金利息的起算点为祥宇公司提起一审诉讼之日，即2020年10月22日。

🔨 案例2

崔某某与民安财产保险有限公司蚌埠中心支公司海上保险合同纠纷案－（2013）浙海终字第77号

该案中，原审法院判决，民安财产保险有限公司蚌埠中心支公司（以下简称民安公司）于判决生效之日起十日内支付崔某某"巨轮198"轮碰撞事故保险赔款505206.4元，但是未支持被保险人对保险赔款的利息请求。被保

人上诉称，民安公司没有及时支付应付的赔偿款，应当支付相应的利息损失，故原判未判决相应的 650206 元赔偿款的利息不当。二审法院判决认为，至于崔某某上诉所主张的保险赔款的利息，由于在一审判决前，对于民安公司是否应当承担保险责任尚处于争议之中，故原判未支持利息并无不当。

案例 3

上海申福化工有限公司与中国人民财产保险股份有限公司上海市分公司海上保险合同纠纷上诉案 –（2011）沪高民四（海）终字第 136 号

关于利息，一审法院判决认为，上海申福化工有限公司（以下简称申福公司）主张的利息损失系因中国人民财产保险股份有限公司上海市分公司（以下简称财保上海）迟延赔付产生的孳息损失，应予支持。申福公司已经证明其于 2009 年 2 月 10 日前以及当日向财保上海提交了赔偿请求和相关证明，其后财保上海既未发出拒绝赔偿通知书，也未在此后 60 日即 4 月 10 日前予以理赔，申福公司主张从 2009 年 4 月 11 日起按照中国人民银行贷款利率计算利息，但未提供相关的贷款依据，故利息损失按中国人民银行同期活期存款利率自 2009 年 4 月 11 日起计算至判决生效之日止较为合理。二审法院维持原判。

律师费是否属于保险赔偿范围

案例 1

上海申福化工有限公司与中国人民财产保险股份有限公司上海市分公司海上保险合同纠纷上诉案 –（2011）沪高民四（海）终字第 131 号

原审法院认为，其中的律师费、涉案货物的进口关税和进口增值税，不属于保险事故导致的损失，亦不属于《中华人民共和国海商法》规定的为防止或者减少可以得到赔偿的损失而支出的必要的合理费用。

二审法院认为，上述费用不属于《中华人民共和国海商法》规定的为防止或者减少可以得到赔偿的损失而支出的必要的合理费用，亦不属于保险事故导致的损失，原判对上述费用不予支持并无不当。

案例2

安徽海洋船务有限公司、中国人民财产保险股份有限公司芜湖市分公司海上保险合同纠纷案 —（2022）浙72民初1639号

宁波海事法院认为，中国人民财产保险股份有限公司沿海船舶保险条款（2009版）第三条约定，该保险分为全损险和一切险，保险人按保险合同列明的承保险别承担保险责任。第四条约定全损险的事故原因包括大风、火灾、爆炸、碰撞、触碰、失踪等，未涉及律师费、诉讼费。第五条约定一切险的事故原因同第四条，赔偿范围包括碰撞及触碰责任、共同海损与救助、施救，施救部分表述为：被保险人为防止或者减少根据合同可以得到赔偿的损失而支出的必要的合理费用，为确定保险事故的性质、程度而支出的检验、估价的合理费用，以及为执行保险人的特别通知而支出的费用，应当由保险人在保险标的损失赔偿之外另行支付。保险人对前款规定的费用的支付，以相当于保险金额的数额为限。该表述与《中华人民共和国海商法》第二百四十条第一款、第二款规定内容相同。保险条款第十条约定，其他未列明在保险责任范围内的损失、责任和费用，保险人也不负责赔偿。综上可见，涉案保险条款并未将律师费、诉讼费作为列明责任，保险条款约定按照列明责任理赔，该约定并非免责条款，从文义上无从得出律师费、诉讼费用属于保险条款第五条约定的碰撞引起费用，对原告关于律师费、诉讼费用属于保险条款第五条约定的理赔范围的主张，宁波海事法院表示难以支持。至于原告委托律师代为申请设立限制基金、代为应诉碰撞纠纷是否属于为执行保险人的特别通知而支出的费用，原告应当举证证明收到被告的特别通知。从原告出示证据来看，其委托律师代表原告申请设立基金，经法院裁定准许后，联系被告提供担保函，系原告为自身利益提出的主张，被告提供担保在于帮助原告设立基金，原告也可以自行提供资金设立基金。在碰撞事故对方提起诉讼后，原告委托律师代为应诉，判决结果将对方损失均纳入责任基金分配，有效限制了原告赔偿责任，间接降低了被告的保险赔偿金额，但是，原告系自行委托律师参与诉讼，并非执行保险人的特别通知，聘请律师合同、律师费也未经保险人审核同意，原告缴纳、承担诉讼费的依据是国家诉讼费制度和生效判决，并非执行保险人的特别通知，故对原告关于律师费、诉讼费属于保险赔偿范围的主张，宁波海事法院不予支持。鉴此，对被告关于律师费应当按照前案原告对外实际赔偿的责任即海事赔偿限制

下的责任进行计算的辩称，不再予以分析。

进口关税、增值税是否属于保险赔偿范围

案例

上海申福化工有限公司与中国人民财产保险股份有限公司上海市分公司海上保险合同纠纷上诉案－（2011）沪高民四（海）终字第131号

原审法院认为，其中的律师费、涉案货物的进口关税和进口增值税，不属于保险事故导致的损失，亦不属于《中华人民共和国海商法》规定的为防止或者减少可以得到赔偿的损失而支出的必要的合理费用。

二审法院认为，上述费用不属于《中华人民共和国海商法》规定的为防止或者减少可以得到赔偿的损失而支出的必要的合理费用，亦不属于保险事故导致的损失，原判对上述费用不予支持并无不当。

违约金损失不属于间接损失

案例

美亚财产保险有限公司广东分公司、广州市吉弗仕贸易发展有限公司海上、通海水域保险合同纠纷案－（2018）粤民终2000号

一审中，美亚财产保险有限公司广东分公司（以下简称美亚财保广东分公司）抗辩该经济损失应为延迟交付货物导致发货人或托运人的损失。一审法院认为，保险条款明确约定了为被保险人的经济损失，并不能从保险条款的字面意思得出该经济损失须为发货人或托运人的经济损失。美亚财保广东分公司抗辩称，无论被保险人与其客户或托运人之间是否存在其他合同，本保单不承保任何间接损失。一审法院认为，广州市吉弗仕贸易发展有限公司（以下简称吉弗仕公司）基于与华翼进出口贸易（香港）有限公司代理运输合同而产生的违约金损失，不属于保险单中对间接损失的定义，即市场变动、市价贬值、信誉损失、名誉损失或其他经济损失等。至于美亚财保广东分公司称，本

案代理运输合同为可保法律和可保合同中的非标准合同，须经吉弗仕公司提出申报且经美亚财保广东分公司同意承保确认后，才能作为可保合同纳入保单的承保范围，即使美亚财保广东分公司需要承担责任，也只需要按照可保法律和可保合同所列明的合同承担责任。本案保险单"特殊条款"中约定了批准的合同条款和非批准的合同条款，其中非批准的合同条款并未明确约定被保险人使用未经保险人批准认可的运输合同，保险人不承担责任，只是约定在该情况下，保险人所承担的保险责任会因运输形式不同而有所不同的赔偿限额，以及相关的赔偿项目会受限于保险保障限额、免赔额、条件和条款，故美亚财保广东分公司的该抗辩理由没有合同依据，不予支持。

二审法院维持一审判决。

第七节　其　　他

📖 预约保险合同下被保险人善意漏报或误报已出运货物的处理

浙江省高级人民法院关于审理海上保险合同纠纷案件若干问题的指导意见
（浙高法〔2011〕183号）

第八条　预约保险合同中未明确约定货物申报的方式、期限，被保险人善意漏报或误报某批已出运货物的，即使货物已经实际发生损失，保险人仍应对该批货物承担保险赔偿责任。

📖 缔约时保险人和被保险人均不知道保险标的已经发生保险事故而遭受损失的保险责任

最高人民法院关于审理海上保险纠纷案件若干问题的规定

第十条　保险人与被保险人在订立保险合同时均不知道保险标的已经发生保险事故而遭受损失，或者保险标的已经不可能因发生保险事故而遭受损失的，不影响保险合同的效力。

涉外商事海事审判实务问题解答
（最高人民法院民事审判第四庭）

163. 在订立保险合同时，保险人和被保险人均不知道保险标的已经发生保险事故而遭受损失，或者已经不可能发生保险事故而遭受损失的，是否影响保险合同的效力？

答：在订立海上货物运输保险合同时，保险人和被保险人均不知道保险标的已经发生保险事故而遭受损失或者已经不可能发生保险事故而遭受损失的，不影响保险合同的效力。

责任保险的被保险人在面对第三人索赔时未提出责任限制抗辩的保险责任承担

浙江省高级人民法院关于审理海上保险合同纠纷案件若干问题的指导意见
（浙高法〔2011〕183 号）

第九条　第三人向责任保险的被保险人索赔时，被保险人未提出限制赔偿责任抗辩，保险人主张对于超过赔偿限额的部分不承担保险赔偿责任的，人民法院应予支持。

保险人不接受委付不影响被保险人要求保险人按照全部损失赔偿的权利

最高人民法院第二次全国涉外商事海事审判工作会议纪要

124. 保险人根据《中华人民共和国海商法》第二百四十九条的规定不接受委付的，不影响被保险人要求保险人按照全部损失赔偿的权利。

案例

中国太平洋保险（集团）股份有限公司与中国东方资产管理公司青岛办事处、王某某、胡某某船舶保险合同纠纷案 –（2011）民

提字第 249 号

最高人民法院再审认为，"荣盛"轮发生第二次机损事故构成推定全损后，青岛荣冠船舶租赁有限公司（以下简称青岛荣冠）于 1996 年 4 月 21 日向中国太平洋保险公司青岛分公司（以下简称青岛太保）发出委付通知，但青岛太保没有依照《中华人民共和国海商法》第二百四十九条第一款的规定，在合理时间内将接受委付或者不接受委付的决定通知青岛荣冠，应认定青岛太保不接受委付，青岛太保不应取得对"荣盛"轮残值的权利。山东省高级人民法院在（1998）鲁经终字第 533 号民事判决中确认青岛太保应按保险金额全额赔付而不扣除该轮残值，事实和法律依据充分。尽管青岛太保无权主张"荣盛"轮的残值，但结合青岛荣冠实际取得船舶残值 290.9 万元人民币的事实看，青岛荣冠的损失已经基本得到补偿。

📖 被保险人因不可抗力无法证明货损发生的时间，保险人应承担保险责任

🔨 案例

太平财产保险有限公司武汉分公司、湖北鑫龙吉国际物流有限公司海上、通海水域保险合同纠纷案 –（2020）鄂民终 714 号

一审法院认为，涉案货物于 2019 年 12 月 13 日在天津太平洋港卸货（卸离海轮），保险责任结束时间应为 2020 年 2 月 11 日。因新冠疫情，武汉于 2020 年 1 月 23 日关闭离汉通道，直至 2020 年 4 月初才解除管制，属于不可抗力期间，物流公司的住所地在武汉，主张权利必然受到影响。保险公司以责任期间已经过拒赔的抗辩理由，一审法院不予支持。被保险货物发生损失，属于保险事故，且在保险期间内，保险公司应当根据保险合同的约定支付保险赔偿金。

二审法院认为，新冠疫情属于《中华人民共和国民法总则》第一百八十条规定的不可抗力的情形。一审法院认定自武汉 2020 年 1 月 23 日离汉通道关闭直至 2020 年 4 月初解除管制，属于不可抗力期间，有事实及法律依据。根据二审查明的事实，物流公司于 2020 年 1 月 31 日收到电放通知可以提货至发现货损期间，恰逢冷库库位紧张、春节放假，尤其是新冠疫情暴发，武汉、天津两地均存在交通管制情形，物流公司主张权利受到限制。物流公司已提供了

相应证据证明因不可抗力直接导致货物未能及时入库。物流公司无从提供证据证明本案货损发生的具体时间属于不可归责于物流公司的客观上的不能，且本案货物已因发生缓化变质而销毁，结合本案存在不可抗力的事实、货物缓化程度以及相关勘验报告，二审法院认为，一审认定本案货损发生在 2020 年 2 月 11 日之前，即本案货损发生在保险责任期间内，并无不当。保险公司主张不排除本案货损发生在保险责任期间届满后，但未提供相应证据，二审法院不予支持。

📖 弃权与禁止反供

⚒ 案例 1

中国太平洋财产保险股份有限公司青岛分公司与青岛霸奇船务工程有限公司船舶保险合同纠纷案 – （2011）民申字第 1064 号

最高人民法院再审认为，本案中，青岛霸奇船务工程有限公司（以下简称霸奇公司）投保，中国太平洋财产保险股份有限公司青岛分公司（以下简称青岛太保）同意承保并签发保险单，霸奇公司全额支付保险费；出险后，霸奇公司依据合同要求赔付，青岛太保也进行查勘并依据合同条款拒赔。由此可见，涉案船舶保险合同已经成立，当事人仅对保险合同中船舶航行范围的约定存在争议，对其他主要条款并无异议，不影响涉案保险合同的成立与效力。根据原审查明的事实，霸奇公司在投保时已经告知青岛太保"湘平江货 0290"正在改为海船，将主要在渤海湾、胜利油田一带运输。青岛太保的经办人在投保及保险单签发之后，多次提醒霸奇公司提供新的船舶证书，对保险单进行批注，并表示只需对航行区域进行变更，保险单不变，价格、时间都不变。由此可见，双方当事人在订立合同之时均明确，涉案船舶在保险期间内主要在沿海航行，青岛太保作为保险人同意承保船舶在沿海航行的风险，只是由于当时的船舶证书中核定是内河航区，保险单中才记载为内河航区，但可以随后通过批单处理，进行变更，霸奇公司全额支付了保险费。在船舶核定航行区域由内河变更为沿海后，霸奇公司没有向青岛太保提供船舶资料进行批单处理，但航区变更没有超出双方订立合同时的一致意思表示，也没有增加保险人的承保风险，不能因此全部免除保险人的保险责任。二审判决双方承担比例责任（二审法院判定沿海船舶保险合同不成立，判决保险人承担 70% 的缔约过失责任），判决结果并无不当。

…………

综上，最高人民法院认为，涉案船舶保险合同依法成立并生效，具有约束力。二审判决认定合同未成立，适用法律确有不当。但青岛太保在订立合同时明知船舶将在沿海航行，且同意承保，霸奇公司在取得新的船舶证书后没有及时提交青岛太保办理批单手续。二审法院基于案件事实判决双方承担比例责任，结果并无不当。

案例2

上诉人安徽省顺源轮船运输有限公司与上诉人华安财产保险股份有限公司上海分公司海上保险合同纠纷案 –（2013）沪高民四（海）终字第130号

原审判决认为，涉案保险船舶"顺源××"轮是内河船舶，船舶适航证书上记载准予航行A级航区，在保险期间内从事的是从曹妃甸至天津港区运输泥沙的业务，从涉案保险单中记载的投保人及被保险人之一是上海航道局以及航行区域为A级延伸至天津港—京唐港—大港中可以看出华安财产保险股份有限公司上海分公司（以下简称华安财保）在承保时对此是明知的。……在案证据表明，华安财保对于涉案保险船舶系内河船舶却从事沿海运输在承保时是明知的，干货船运输泥沙并未改变船舶用途，船舶未超载，船舶的各项证书均在有效期内，船员配备也符合内河船舶的最低安全配员要求，华安财保并没有证据证明涉案海事事故是由于涉案保险船舶不适航所造成的。故对于华安财保认为涉案保险船舶沉没是由于改变船舶用途、非法从事水上水下运输、未进行安全检查、船员未取得海员证书造成船舶不适航的主张，原审法院不予采信。

一审判决后，华安财保上诉，部分上诉理由为：涉案船舶在沿海航行，应当根据海上航行的需要配备适任海员。但涉案船舶上的船员均为内河船员，故涉案船舶不适航。据此，根据保单条款第三条规定，船舶不适航，保险公司不负责赔偿。安徽省顺源轮船运输有限公司（以下简称顺源公司）对此答辩：华安财保作为专业的保险公司，明知涉案船舶是内河船舶，不具有从事沿海运输的证书，为了招揽业务，以保险合同特别约定的方式，扩大涉案船舶的作业范围，来签订保险合同。从保险合同的特别约定就可以看出，华安财保对于涉案船舶在沿海地区从事运输业务是明知的。

二审中，关于涉案船舶沉没事故是否属于保险责任的争议，华安财保主张涉案内河船舶在海上航行没有配备适任的海员，且配员人数只有 4 人，低于该船最低安全配员要求，故其发生事故时不适航，保险公司无须承担赔偿责任。二审法院认为，华安财保在与顺源公司订立涉案保险合同时，明知涉案船舶系内河船舶，不具备在海上航行的抗风险能力，到海上航行势必存在巨大风险和隐患，却在涉案保单中将航行区域自原先的内河延伸至部分沿海区域，应当视为华安财保同意一条仅有内河船舶工艺以及仅有内河配置的船舶到海上航行。涉案船舶配备内河船员，符合涉案保单有关航行区域作出特别约定的应有之义，华安财保以此抗辩涉案船舶因配员问题不适航，没有事实和法律依据。

案例 3

上诉人崔某某与被上诉人民安财产保险有限公司蚌埠中心支公司海上保险合同纠纷案 –（2013）浙海终字第 77 号

二审法院认为，根据本案查明的事实，民安财产保险有限公司蚌埠中心支公司（以下简称民安公司）委托交通银行蚌埠市支行（以下简称蚌埠交行）办理涉案船舶的投保事宜时，仅由蚌埠交行的工作人员让崔某某签署了一份投保书，民安公司出具给崔某某的保险费发票上也注明承保的是"沿海内河船舶险"。经原审法院调取证据，在投保单后附的条款实际上是"船舶保险条款（2009 版）"，并非民安公司一审所举证的"内河船舶保险条款（2009 版）"。因此，原判认定本案保险责任的范围不仅是内河，还包括沿海的运输并无不当。且民安公司也不能证明其作为保险人已经向崔某某解释了崔某某所投保的是"内河船舶一切险"，及已向崔某某详细解释了如果超出核定的内河航区经营，民安公司将不承担保险责任。因此，根据保险法及司法解释的规定，尽管涉案船舶超航区航行，但因民安公司未能举证证明其已经履行了明确告知的义务，保险合同的免责条款不发生效力，民安公司作为保险人仍应予以赔偿。

📖 投保人在投保时已告知货物重量，保险人明知事故航次载货量未提出异议，不得再抗辩船舶超载

案例 1

漳州市中丰贸易有限公司、永安财产保险股份有限公司江苏分

公司海上、通海水域保险合同纠纷案 - （2017）闽民终418号

二审法院认为，被上诉人永安财产保险股份有限公司江苏分公司（以下简称永安保险）抗辩称上诉人漳州市中丰贸易有限公司（以下简称中丰公司）货物损失的近因或者直接原因是船舶超载，以此主张保险责任的免除。二审法院认为，结合二审庭审所查明的：被上诉人永安保险确认案涉航次不是双方第一次保险交易，此前亦有承保过。上诉人述称投保时说多少吨数、多少保费后，就将保费汇给保险公司。本案《水路货物运输保险合同》所签订的承保货物重量为1050吨，而保险人在保险事故发生前应是明知本航次的载货量却未提出异议并予以承保、实际收取保费，应视为保险人放弃了相关抗辩权利，被上诉人永安保险以此主张保险责任的免除，有违诚信，二审法院不予支持。

案例 2

温州市驰烽金属材料有限公司与中国人寿财产保险股份有限公司上海市分公司海上、通海水域保险合同纠纷案 - （2014）浙海终字第50号

二审法院认为，中国人寿财产保险股份有限公司上海市分公司（以下简称人寿保险上海公司）主张温州市驰烽金属材料有限公司（以下简称驰烽公司）未将超载的重要情况如实告知保险人，但船舶限定载重量是依照船舶允许载重量，结合水尺管理办法并由承运人在每次运输中掌控决定的事实。"兴航海168"轮参考载货量950吨，本次装载1247.42吨是否超载，即使日前也只是存疑的待证事实，而非订立合同之前（或当时）既存的确定事实，所以不存在驰烽公司未如实告知的问题。《中华人民共和国海商法》第二百二十二条第二款规定："保险人知道或者在通常业务中应当知道的情况，保险人没有询问的，被保险人无需告知。"根据查明的事实，涉案船舶曾多次在人寿保险上海公司投保货物运输，人寿保险上海公司提供的案涉格式货物运输保险投保单内容显示，人寿保险上海公司在该投保单上只要求投保人注明货物名称、件数/重量、运输工具名称及启运日期等事项，就运输船舶的总载重量并无特殊要求。人寿保险上海公司作为专业保险机构，在接受投保前对运输船舶应进行查验。其在出具的货物运输保险单上明确记载了"兴航海168"轮的船龄为5年，并对老船加费予以免计，说明人寿保险上海公司在办理涉案货物的保险

事宜时对该船舶的相关事宜是清楚的，如果保单记载的装载 1247.42 吨确定无疑是超载，则人寿保险上海公司不仅对此应当特别询问，更应明确拒绝承保。人寿保险上海公司在通常业务中应当知道的情况未询问的，驰烽公司可以不告知。故人寿保险上海公司提出驰烽公司违反如实告知义务的上诉主张，依据不足。原审判决适用法律并无不当。

📖 保险人明知船舶不适航是否应当承担保险责任

🔨 案例1

原告郑某某、刘某、郭某与被告太平财产保险有限公司福建分公司海上保险合同纠纷案 –（2014）厦海法商初字第 282 号

厦门海事法院认为，宁德海事局《水上交通事故认定书》认定，"闽宁德货 0651"轮在开航时船员不适任、船舶不适航是造成事故的直接原因，根据《中华人民共和国海商法》第二百四十四条第一款第（一）项规定，"除合同另有约定外，因下列原因之一造成保险船舶损失的，保险人不负赔偿责任：（一）船舶开航时不适航，但是在船舶定期保险中被保险人不知道的除外……"，保险人可以承保不适航的船舶，但在船舶不适航与保险事故存在因果联系的情况下，保险人不负赔偿责任，而如果是因船舶不适航以外的其他原因（如台风、海啸等）造成的船舶损失，保险人仍然应负赔偿责任，即保险人对非因船舶不适航造成的事故承担赔偿责任。由于本案是因船舶不适航造成的事故，所以，保险人对保险船舶的损失不负赔偿责任。原告在投保时并没有提供船员的适任证书，被告对船舶不适航的情况知情并予以承保，不能视为双方对"因船舶不适航造成的船舶损失保险人也应承担赔偿责任"作出特别约定，而应视为保险人对因其他原因造成的船舶损失负赔偿责任。

🔨 案例2

郑某某、刘某、郭某与太平财产保险有限公司福建分公司海上保险合同纠纷案 –（2014）厦海法商初字第 31 号

厦门海事法院认为，原告在投保时并没有提供船员的适任证书等相关材

料，被告在保险审单过程中也没有提出质疑，可见被告对船员适任情况和船舶适航情况是明知的，但并没有表示异议，仍然接受投保，表明其已接受了可能出现的危险情况。因此，被告不能以不了解船舶适航情况提出免责。

保险补偿原则

案例

香港智得国际贸易有限公司、潮安文祠殷发五金制品厂有限公司与中保财产保险有限公司广州分公司海洋货物运输保险合同纠纷上诉案 – （1999）粤法经二终字第 274 号

二审法院判决认为，根据保险合同的赔偿性原则，索赔的前提条件必须是实际损失确实存在。即使保险事故造成了保险标的灭失，如果被保险人并没有因此而遭受经济上的损失，保险人也是不承担赔偿责任的。在本案中，货物买卖合同约定的付款方式是信用证付款，但本案的事实表明，香港智得国际贸易有限公司（以下简称智得公司）没有交单赎款，潮安文祠殷发五金制品厂有限公司（以下简称潮安公司）也没有付款赎单。而且，潮安公司也没有通过其他方式向智得公司支付货款，本案也没有证据证明智得公司要求潮安公司继续支付货款。相反，在保险事故发生后，潮安公司已把提单项下的一切权益转让给了智得公司。潮安公司并无实际损失，其要求中保财产保险有限公司广州分公司（以下简称广州中保）赔偿损失，违反了保险合同的赔偿原则，因此二审法院不予支持。

碰撞一方向碰撞另一方的责任保险人索赔应当限于碰撞双方的损失按照碰撞责任比例相互抵消后的金额

案例

东方海外货柜航运（英国）有限公司与中国人民财产保险股份有限公司北海市分公司海上、通海水域保险合同纠纷案 – （2016）最高法民申 2057 号

最高人民法院再审认为，《中华人民共和国保险法》第六十五条第二款规定："责任保险的被保险人给第三者造成损害，被保险人对第三者应负的赔偿责任确定的，根据被保险人的请求，保险人应当直接向该第三者赔偿保险金。被保险人怠于请求的，第三者有权就其应获赔偿部分直接向保险人请求赔偿保险金。"根据该规定，当被保险人对第三者的赔偿责任确定后，被保险人怠于请求保险人直接向第三者赔偿保险金的情况下，第三者有权直接向保险人请求保险赔偿金，但仅限于"其应获赔偿部分"。根据原审查明的事实，就"东方海外欧洲"轮与"兴海668"轮发生的船舶碰撞损害赔偿纠纷一案，最高人民法院于2012年12月14日作出142号判决，认定北海鸿海船务有限责任公司（以下简称北海鸿海公司）所属"兴海668"轮应对案涉碰撞事故承担60%的责任，东方海外货柜航运（英国）有限公司（以下简称东方货柜公司）所属"东方海外欧洲"轮应承担40%的责任；对于北海鸿海公司的损失，东方货柜公司应按40%的责任比例承担1955438.40元；对于东方货柜公司的损失，北海鸿海公司应按60%的责任比例承担1722584.22元，上述两笔费用抵扣后，东方货柜公司仍应向北海鸿海公司支付232854.18元，遂判决撤销广东省高级人民法院就该案所作出的86号、87号判决，改判东方货柜公司赔偿北海鸿海公司232854.18元。通过上述判决，北海鸿海公司实际上已经向东方货柜公司履行了全部赔偿责任，北海鸿海公司对东方货柜公司已无赔偿义务。中国人民财产保险股份有限公司北海市分公司（以下简称人保北海公司）作为保险人，在被保险人北海鸿海公司已经向第三者东方货柜公司全部履行赔偿责任的情况下，无须向第三者支付保险赔偿金。东方货柜公司在本案中主张人保北海公司向其支付保险赔偿金，不符合《中华人民共和国保险法》第六十五条第二款规定。原审判决认定，"北海鸿海公司在案涉船舶碰撞事故中已通过抵扣方式向东方货柜公司完全履行了赔偿责任，对东方货柜公司不存在应赔付而未足额赔付的款项，故东方货柜公司作为第三者无权依据《中华人民共和国保险法》第六十五条之规定主张案涉船舶碰撞责任险的保险人人保北海公司直接向其支付保险金"，判决驳回东方货柜公司的诉讼请求，认定事实和适用法律均无明显不当。

碰撞对方船舶的损失超过基金金额，保险赔款是否应当扣减对方船期损失和免赔额部分分摊的金额

案例

中国大地财产保险股份有限公司营业部与南京连润运输贸易有

限公司海上保险合同纠纷上诉案 – （2013）沪高民四（海）终字第86号

二审中，中国大地财产保险股份有限公司营业部主张其之前对外赔付的海事赔偿责任限制基金中，不应由其承担的对方船舶的船期损失以及碰撞责任下的10%免赔额可在本案中予以抵扣。二审法院认为，涉案碰撞事故发生后，对方船舶即钦州市恒盛海运有限公司（以下简称恒盛海运）所属的"捷航9"轮的损失为6257985元，其中船期损失930000元。在与南京连润运输贸易有限公司（以下简称连润公司）的赔偿款抵销后，连润公司尚应向恒盛海运支付赔偿款4854680.80元。而连润公司设立的基金金额为1987077.78元，且恒盛海运仅系三名债权人之一，在此情况下，原审法院关于保险公司不应再主张从基金中再扣除对方船舶的船期损失的认定，并无不妥。

📖 保险人与船舶共有人之一达成的保险赔付协议对其他共有人是否具有约束力

⚒ 案例

中国平安财产保险股份有限公司天津分公司与安邦（香港）船务发展有限公司海上、通海水域保险合同纠纷案 – （2016）浙民终513号

中国平安财产保险股份有限公司天津分公司（以下简称平安天津公司）辩称安邦（香港）船务发展有限公司（以下简称安邦公司）委托王某某、香港天诚国际船舶管理有限公司（以下简称天诚公司）索赔，而王某某、天诚公司系被保险人的代理，本次事故已一次性全面理赔。此外，"安丰8"轮系王某某、曾某某、陈某某分别按60%、34%、6%的比例共有，而曾某某为天诚公司实际控制人，即94%所有权已在理赔后转移给平安天津公司。一审法院认为，王某某仅是被保险人中的船舶所有人之一，无权代表其他船舶所有人，天诚公司系船舶管理人，不参与船舶的实际营运，在没有其他被保险人授权的情况下，王某某、天诚公司的最终赔付承诺对其他被保险人不构成约束。目前亦没有证据表明保险人对被保险人是按船股份额分别赔付，因此，安邦公司向平安天津公司索赔时，亦不应受船股份额的约束。

二审法院认为，本案船舶发生保险事故后，船舶所有人之一的王某某持正本保单向平安天津公司理赔，并与平安天津公司达成赔付意向以及权益转让书，王某某在上述协议上签名并加盖了天诚公司的印章。庭审中双方当事人对于天诚公司的法定代表人为曾某某并无异议。因曾某某占案涉船舶所有权的34%，王某某占船舶所有权的60%，两人合计已占船舶所有权的94%，故平安天津公司认为该赔付协议已经为多数所有权人所认可，应约束全体被保险人。二审法院认为，王某某向平安天津公司索赔保险赔款时，并未出具其他所有权人和光租人的授权文件，本案也无其他证据表明王某某和天诚公司的行为构成表见代理，故其签署的赔付意向和权益转让书对于其他被保险人不发生效力。至于天诚公司的公章效力问题，本案中双方对于天诚公司的公章的真实性并无异议，但平安天津公司无法说明盖章人员的身份，而安邦公司的代理人称其经询问曾某某，曾某某称其并不同意该协议，系王某某拿了公章在协议上加盖。由于天诚公司系在香港注册登记的法人，依据《中华人民共和国涉外民事关系法律适用法》第十四条的规定，其民事行为能力应适用登记地法律，即香港法律。故本案赔付意向及权益转让书仅凭天诚公司的公章而无授权人员的签名不足以认定系天诚公司的真实意思表示，该协议不能约束天诚公司和曾某某个人。平安天津公司作为专业的保险机构，对此审查不严，应当承担相应的责任。

虽然船舶保险单将所有权人、光租人、管理人均列为被保险人，但就同一保险标的，不同被保险人存在不同保险利益，任何被保险人只能在各自的保险利益范围内获得赔偿。光租人、管理人基于合同关系享有相应的保险利益属于责任利益，以其因保险事故发生可能须向所有权人承担的赔偿数额为限。本案王某某、陈志军等向法院出具的申明中称，根据法律规定，安邦公司作为光船承租人对"安丰8"轮使用和营运使得出租人遭受损失时，需要对船舶所有人承担赔偿责任，出于诉讼风险和诉讼效益考虑，其将诉讼权利和实体利益唯一地指定安邦公司行使。安邦公司在二审庭审中亦认为，其一旦领取赔款将向王某某等船舶所有人承担赔偿责任。故在船舶所有权人已经参加理赔的情况下，安邦公司作为光租人无权对所有权人获得的赔偿主张权利，即本案船舶保险赔款最终应赔付给所有权人。案涉船舶系王某某、曾某某、陈志军三人按份共有，故对于船舶保险赔款，三人亦应按份进行分配。王某某签署的赔付意向和权益转让书虽对其他当事人不发生效力，但该协议已经载明"本赔款金额为本次事故的最终赔偿金额，立书人不再就本次事故向前述保险人提出任何形式的索赔"，"王某某同意将代表上述赔款部分保险标的的一切合法权益转让给保险人，保险人依法取得代位求偿权，并可以保险人名义向责任方追偿"，故王某某签署协议且收到赔款后，对于船舶的相应权益已转让给平安天津公司，平安天津公司取得代位求偿权，安邦公司取得的该部分赔偿款亦应归属于平安天津公司。因此，就王某某应得的赔偿部分，安邦公司已无相应的权利再行主张。

综上，王某某签署的赔付意向及权益转让书仅能约束其所有的60%所有权部分，对于其他被保险人的部分无约束力。

📖 货运险被保险人同时也是承运人，货物在运输期间发生损坏，保险人是否应当承担赔偿责任

🔨 案例

曾某某与中国人民财产保险股份有限公司舟山市分公司海上、通海水域保险合同纠纷案－（2017）浙72民初553号

宁波海事法院认为，根据涉案保险合同的约定，原告具有"谨慎选择承运人和运输工具"，"承运的工具必须符合国家或其主管部门关于安全运输的各项规定"的义务，但原告选择的运输工具却是一艘未经年度营运检验的船舶，违反了《中华人民共和国渔业船舶检验条例》第十四条第一款、第三十二条第一款关于"营运中的渔业船舶的所有者或者经营者应当按照国务院渔业行政主管部门规定的时间申报营运检验"，"违反本条例规定，渔业船舶未经检验、未取得渔业船舶检验证书擅自下水作业的，没收该渔业船舶"的规定，因此发生保险事故，被告有权拒赔。"浙台渔冷32890"轮核定的航区为近海航区，原告选择这样的运输工具用于从事远洋鱼货收购、运输，虽然也违反了"谨慎选择承运人和运输工具"，"承运的工具必须符合国家或其主管部门关于安全运输的各项规定"的义务，但该违约行为与涉案事故的发生没有因果关系，故被告不得以此为由拒赔。

本案原告曾某某同时系涉案货物的承运人，如果被告中国人民财产保险股份有限公司舟山市分公司（以下简称中国人保舟山市分公司）需要对运输货物承担保险赔偿责任，则从保险人代位追偿的角度看，原告也应承担货损赔偿责任，其理由是："浙台渔冷32890"轮未经年度营运检验即出海作业，违反了《中华人民共和国渔业船舶检验条例》的相关规定，且该违规行为与本案货损具有因果关系，而涉案船舶冷冻系统的问题，并非《中华人民共和国海商法》所规定的"经谨慎处理仍未发现的船舶潜在缺陷"，根据《中华人民共

和国海商法》关于"在承运人的责任期间，货物发生灭失或者损坏，除本节另有规定外，承运人应当负赔偿责任"的规定，原告应当承担货损赔偿责任。因此，对被告关于"原告的船舶技术证书失效；货损原因为冷冻管路系统老化，未得到妥善的维修保养而失效"，原告作为承运人，"在海上货物运输合同中，因不能免责的原因导致货损，应当承担赔偿责任"的主张，宁波海事法院予以支持。原告关于承运人不承担货物损失责任的抗辩理由不能成立，宁波海事法院不予采纳。据此，宁波海事法院驳回了原告的诉讼请求。

船舶在修理期间发生火灾，船东是否应当承担部分责任

案例

中国太平洋财产保险股份有限公司舟山市普陀支公司与舟山市定海良港船厂海上、通海水域保险合同纠纷案－（2016）浙72民初1855号

宁波海事法院认为：一、火灾起因是由于舟山市定海良港船厂（以下简称良港船厂）的管道工龚某某在气割水管时火星溅落在机舱夹板层上的残留油污引起，龚某某系船厂雇佣的工人，但并没有从事气割、焊割的专业操作资格，而且龚某某在作业前已经知道周边存在少量油脂，但是并没有在意，继续进行明火作业，可见火灾的最直接原因系良港船厂的无操作资格的工人违规作业所致。虽然作业过程中，良港船厂负责安全的厂长到现场进行过巡视检查，而且安排了一个专门的管火人员，并配备水桶和灭火器，但是并未有效预防和制止火灾的发生与扩大，所以，良港船厂在维修船舶过程中未妥善履行安全管理义务造成"东润6"船发生火灾，应当承担赔偿损失的违约责任。二、浙江东润海运有限公司（以下简称东润公司）与良港船厂签订的《船舶计划修理安全防火协议》对明火作业时双方的义务进行了明确规定，其中，东润公司作为船方须清理修理部位及周围环境，移走可燃物，对动火部位进行测爆，合格后开具动火证由船长确认后方可进行。本案中，作业前进行了测氧、测爆合格，动火部位周边具备了动火条件，但船方未开具动火证，当天作业时，船方也有工作人员在船工作，应当认为船方对动火是知情的并允许的，船方未开具动火证是管理手续上存在瑕疵，并不是火灾发生的直接原因，而且动火前已经经过测氧测爆并具备了动火的实质条件，所以，东润公司作为船方对火灾发生也存在一定的过错，基于公平原则，应当对该损失自行承担一定的责任。综

上，宁波海事法院对火灾事故损失的责任比例认定为东润公司占 10%，良港船厂占 90%，良港船厂应当向东润公司赔偿损失额为 1099548.90 元（1221721 元×90%），故中国太平洋财产保险股份有限公司舟山市普陀支公司有权向良港船厂代位求偿 1099548.90 元。

第九章 保险标的损失

 被保险人与碰撞另一方协商确定并被法院认可的船舶损失金额不能约束保险人

案例

厦门厦经纬船务有限公司与中华联合财产保险股份有限公司广州市番禺支公司船舶保险合同纠纷案 –（2012）民申字第 292 号

关于"宝江 166"轮的船舶损失金额。原审法院审理查明，2008 年 11 月 24 日，厦门厦经纬船务有限公司（以下简称厦经纬公司）所属的"经纬利"轮与江苏省宝江运贸有限公司（以下简称宝江公司）所属的"宝江 166"轮、"宝江 0299"轮发生碰撞，造成"经纬利"轮船体部分损坏和右艏锚损坏，"宝江 0299"轮船体损坏，"宝江 166"轮沉没及所载货物落水。后，武汉海事法院受理了宝江公司诉厦经纬公司船舶碰撞纠纷案件。庭审中，因厦经纬公司与宝江公司对"宝江 166"轮推定全损达成一致意见，武汉海事法院予以准许，并在（2009）武海法事字第 23 号民事判决中判决厦经纬公司赔付宝江公司"宝江 166"轮船舶损失 189.24 万元。最高人民法院认为，在厦经纬公司与宝江公司船舶碰撞纠纷案件中，厦经纬公司认可"宝江 166"轮全损系双方当事人协商一致处分自己权利的行为。但是，本案系厦经纬公司与中华联合财产保险股份有限公司广州市番禺支公司（以下简称财保番禺公司）船舶保险合同纠纷，是否构成推定全损属于保险合同的重要内容，直接影响保险赔偿数额的确定，应当由保险合同双方当事人协商确定。涉案保险单所附的《沿海内河船舶保险条款》第八条也规定，保险船舶发生保险事故的损失时，被保险人必须与保险人商定后方可进行修理或支付费用，否则保险人有权重新核定或拒绝赔偿。目前并无证据证明厦经纬公司与宝江公司协商确定"宝江 166"轮推定全损时已经告知了财保番禺公司并取得其同意。本案原审判决认定船舶碰撞双方协商推定"宝江 166"轮全损的行为不能约束保险人并无不当。武汉海事法院（2009）武海法事字第 23 号民事判决并未对"宝江 166"轮的船舶损失数额进行实体审查，厦经纬公司主张按照武汉海事法院（2009）武海法事字第 23 号民事判决第一项确定船舶保险合同中的保险赔偿金额缺乏充分的事实和法律依据。

📖 船舶维修清单和收据能否作为认定修理费的依据

⚒ 案例

杨某某与中国人民财产保险股份有限公司武汉市分公司海上、通海水域保险合同纠纷案 –（2019）鄂 72 民初 806 号

武汉海事法院认为，维修清单记载的费用总额，以及杨某某提交的由仪征荣达船舶钢结构有限公司（以下简称荣达公司）开具的收据的总金额均为 1580477.29 元。但荣达公司出具的维修清单、收据不能表明各维修项目、费用与涉案事故的相关性、合理性；杨某某提交的银行转账付款总额为 1501362 元，但前述付款均非付给荣达公司，而是付给案外人，不能确定相应付款是否属于支付"柏顺 898"轮的维修费用。故维修清单记载的维修项目和费用不能作为认定中国人民财产保险股份有限公司武汉市分公司赔付"柏顺 898"轮维修费用的依据。

📖 保险事故发生在境外，将保险船舶拖回国内修理是否合理

⚒ 案例 1

太平财产保险有限公司大连分公司海上保险合同纠纷案 –（2021）浙 72 民初 748 号

"巨龙 2"轮自 2019 年 12 月 23 日失去动力，双方通过邮件、函件进行协商，太平财产保险有限公司大连分公司（以下简称太平财险大连分公司）不同意浙江巨戎远洋渔业有限公司（以下简称巨戎公司）提出的将船拖回舟山修理的方案，理由是拖航时间过长易发生安全事故，巨戎公司则认为太平财险大连分公司作为主险承保人不接受投保拖带险，未就船舶在国外就近修理提出

具体方案或可行性报告，态度敷衍且对国外修船带来的更高费用和风险缺少考虑。宁波海事法院认为，巨戎公司联系船舶将装载大量鱼货的"巨龙2"轮拖回舟山修理，可以大幅降低货物在国外港口转运、国外船厂修理带来的时间及费用上的不确定性，如果船舶到印度或新加坡修理，虽然拖带费用减少，但是运费的全部或绝大部分需要用于转运，导致共同海损牺牲费用增加，太平财险大连分公司作为船舶保险人的分摊比例将增高。此外，在时间相对宽裕的情况下，太平财险大连分公司未就国外修船联系船厂并向巨戎公司提供具体建议。综上，巨戎公司提出将"巨龙2"轮拖回舟山修理尚属合理。

案例2

烟台市威盛国际船舶管理有限公司与中国大地财产保险股份有限公司威海中心支公司船舶保险合同纠纷案 –（2009）青海法海商初字第353号

本案中，被告对施救费用提出质疑，认为原告单方决定将"润祥"轮拖带回中国扩大了损失数额，且拖带费用过高。青岛海事法院认为，"润祥"轮在韩国发生事故后，失去自航能力，如果在韩国维修，维护费用和维修成本要高于在国内维修发生的费用。如聘请专业拖带公司进行拖带，烟台打捞局报价费用为人民币120万元，韩国拖船拖带费用更高，原告选择自有的"盛祥"轮将"润祥"轮拖带回国维修的决定符合当时的实际情况，也符合降低损失的基本原则。鉴定报告参考专业拖带公司的报价，考虑到非专业船舶拖带的风险，在正常消耗和收益之外再给船东在救助拖带期间增加净收益5倍的额外补偿人民币283175.70元是客观合理的。被告质疑不成立。

船舶建造保险条款中的"损失"包括有形的物理损害和无形的经济损失

案例

泰州三福船舶工程有限公司与中国大地财产保险股份有限公司泰州中心支公司等海上保险合同纠纷案 –（2016）沪72民初2504号

上海海事法院认为，各方当事人对涉案保险的责任范围条款与除外责任条款存在争议，根据《中华人民共和国保险法》第三十条的规定，应当按照通常理解予以解释。据此，可以对涉案船舶建造险条款第三条"责任范围"和第四条"除外责任"中的有关表述解释如下：

1. 关于保险条款第三条"责任范围"第一句"本公司对保险船舶的下列损失、责任和费用，负责赔偿"的表述，严格地讲，在我国日常用语和法律制度中，船舶一般仅作为法律关系的客体（物），可能出现遭受某些物理损害（有形损失）的情形，而不能作为主体承担责任、费用或者除物理损害之外的（无形）经济损失。所谓"保险船舶的下列损失、责任和费用"，实际上是航运实践中普遍采用的船舶拟人化表述，以船舶指代船舶所有人、经营人或者建造人等相关利益主体。从保险合同订立的目的看，保险就是承保被保险人的损失、责任和费用，该句完整表述和含义应当是：本公司（保险人）对保险船舶造成被保险人的下列损失、责任和费用，负责赔偿。

2. 关于保险条款第三条"责任范围"第1项第1句"保险船舶……由于下列原因所造成的损失和费用"的表述，该表述中有主语（保险船舶），而没有宾语或者适当定语（表述给谁造成损失和费用，或者表述造成谁的损失和费用），结合涉案船舶建造险条款的上下文和保险合同的目的，可以明确该表述中的"损失和费用"是指被保险人的"损失和费用"，而不是指保险船舶的"损失和费用"。该句完整表述和含义应当是：保险船舶……由于下列原因所造成的被保险人的损失和费用。

3. 关于保险条款第三条"责任范围"第1项第5分项"保险船舶任何部分因设计错误而引起的损失"的表述，单纯就该处"损失"一词的字面意思而言，存在系指"船舶的损失"（有形损失）或者"被保险人的损失"两种不同理解的可能，但结合上文"由于下列原因所造成的损失和费用"的含义，则应认定该处"损失"为"被保险人的损失"。该句完整表述和含义应当是：保险船舶任何部分因设计错误而引起的被保险人的损失。

4. 关于保险条款第四条"除外责任"第6项"建造合同规定的罚款以及由于拒收和其他原因造成的间接损失"的表述，间接损失与直接损失在概念上相对，两者在理论和实践中存在因果关系、事故损及标的（物）的时间远近等不同区分标准，但根据其中"其他原因造成"的表述，可以认定该处"间接损失"是以因果关系为标准确定的。"由于拒收和其他原因"的含义就是涵盖所有原因，只不过特别强调拒收原因，由此可以认定涉案保险除外责任包括所有间接损失，即涉案保险仅承保直接损失。按照造船合同的约定，买方在具备解除合同条件下，可以选择不解除合同，也可以选择解除合同。就本案争议的船舶设计错误而言，无论该错误是否使得买方具有解除合同的权利，买方并不必然选择拒收船舶，拒收在涉案保险合同项下可能成为船舶设计错误之后一个新的介入因素（实践中买方拒收船舶引起建造人损失，往往还伴随出现另一介入因素即船舶市价下跌），由拒收引起的损失应视为间接损失。买方选择拒收船舶而引起的（间接）损失不属于涉案保险合同约定的保险责任范围。

综上，涉案保险承保的"损失、责任和费用"系针对被保险人而言，而不是针对保险船舶而言。在概念上，"有形（物理）损害"（即损坏）与"无形（经济）损害"相对应。只有"损失"针对船舶（物）而言，才可能认定为限于"有形损害"即"损坏"；而当"损失"针对人而言，在没有特别限定情况下通常可以包含有形物理损害（损坏）和无形的经济损失，由此可以认定涉案保险条款中的"损失"包括有形物理损害（损坏）和无形的经济损失。涉案保险承保的直接损失包括直接物理损失和直接的经济损失。两被告主张涉案船舶建造险条款约定承保的"保险船舶任何部分因设计错误而引起的损失"不包含被保险人除保险船舶物理损害之外的经济损失，与通常理解不符，上海海事法院不予支持。

📖 大豆货物的损失认定

⚖ 案例

中华联合财产保险股份有限公司、厦门国贸集团股份有限公司海上、通海水域保险合同纠纷案－（2019）鄂民终137号

原审法院认为，南通检疫局作为进口货物验残的法定机构，有权对进口货物的残损作出鉴定结论，且结论书对验残过程作了阐述，包括货方、保险人、船方等均参与检验，联合取样化验，并对残损货物其中5105.53吨作了加工、销售，各方对该批代表性货物加工数据推算整批大豆损失无异议。中华联合财产保险股份有限公司（以下简称中华联合公司）在原审庭审中对此提出异议，没有事实依据，原审法院不予采信。南通检疫局的《验残证书》无明显瑕疵，检验方法、程序合法，其验残结论应予采信。厦门国贸集团股份有限公司（以下简称厦门国贸公司）引用《验残证书》载明的残损大豆贬损价值46892737元，结合残损货物数量（39405.24吨）、完好大豆出油率（20.33%）、完好豆油价格（7030元/吨）、完好大豆出粕率（76.489%）、完

好豆粕价格（3180元/吨），计算品质正常的情况下可实现的价值，并以该价值作为完好货物市场价值的参照值并无不当。因案涉货物是进口转基因大豆，其用途、生产加工及销售均受到严格监管，市场流通受到严格限制，因受上述因素影响，目的港完好大豆市场价值和受损大豆可实现的价值均难以准确反映其真实价值，且大豆热损一旦发生即不可逆转，必须尽快处置以减少损失。因此，将受损转基因进口大豆先加工成豆油和豆粕，再还原大豆贬损价值，从计算方法看，不一定是最科学的，但其符合进口转基因大豆处置的客观实际和惯常做法。南通检疫局《验残证书》中明确系"残损大豆贬损46892737元"，而非大豆加工后的产成品贬损。同时，相关各方在货损发生后均参与大豆处置的过程，对受损大豆进行加工未明确予以反对。南通检疫局《验残证书》还明确本案所涉大豆、豆油估损的比照价格均为进口大豆所办理的许可证指定的目的地——江苏淮安市场。因此，在没有目的港完好大豆市场价值的情况下，以大豆品质正常情况下可实现的价值作为参照，按照品质正常的情况下可实现的价值减去遭受残损后所实现的价值再除以品质正常的情况下可实现的价值的公式计算贬损率，原理上符合最高人民法院相关判例关于货物贬损率的计算方法。其中完好大豆出油率（20.33%）、完好豆油价格（7030元/吨）、完好大豆出粕率（76.489%）、完好豆粕价格（3180元/吨）等数据在中华联合公司提供的《公估报告》中均有体现。中华联合公司辩称残损大豆包含利润，其提供的《公估报告》中对利润的测算并无事实依据，故原审法院不予采信。因此，厦门国贸公司主张的贬损率计算方法具有数据支撑，符合客观实际，相对公平合理，也未损害保险人利益，最终主张金额也小于《验残证书》中大豆贬损价值46892737元，原审法院对此予以确认。综上，厦门国贸公司依据南通检疫局《验残证书》中的数据计算贬值率，符合法律规定，原审法院予以支持。中华联合公司对贬损率的抗辩意见，没有事实和法律依据，原审法院不予支持。

二审法院认为，南通检疫局作为进口商品检验、验残的法定机构，有权对案涉货物本身的损失及处理受损货物的相关损失及费用作出鉴定。中华联合公司上诉认为为处理热损货物发生的额外费用及短量损失，南通检疫局无权作出鉴定。因其未提供相关法律依据，亦未指出南通检疫局关于处理热损货物发生的额外费用及短量损失的额鉴定存在明显不合理之处，故，中华联合公司该上诉理由，二审法院不予支持。因案涉大豆为转基因大豆，国家对转基因大豆的进口用途和加工有特殊的监管要求，考虑案涉大豆热损的情况，为尽快处置减少损失，南通检疫局主持对该批大豆进行了加工，原审法院以转基因大豆加工后的成品还原案涉受损大豆的贬损价值符合客观情况，并无不当。关于贬值率的计算方式，原审法院以品质正常情况下可实现的价值减去遭受热损后所实现的价值再除以品质正常的情况下可实现的价值的公式计算贬损率，原理上亦符合最高人民法院关于贬损率的计算方法，中华联合公司虽上诉认为品质正常情况下可实现的价值不等同于目的港货物完好的市场价值，遭受热损后所实现的价值不等于受损货物的销售价值，但其并未证明原审法院使用该贬值率计算方法损害了其合法权益，且存在明显不当的情形，故，中华联合公司上述关于原审法院货物贬值损失认定不当的理由，二审法院不予采纳。

第十章　共保与重复保险

共保与分保的区别

案例

中华联合财产保险股份有限公司上海分公司与中国太平洋财产保险股份有限公司上海分公司海上货物运输保险共保纠纷上诉案 –（2008）浙民三终字第187号

二审法院认为，中国太平洋财产保险股份有限公司上海分公司（以下简称太保上海分公司）与中华联合财产保险股份有限公司上海分公司（以下简称联合保险上海分公司）签订的共保协议，对其合同效力双方并无争议，联合保险上海分公司认为该协议的性质并非共保关系，而是再保险法律关系。根据《中华人民共和国保险法》第二十九条的规定，再保险系指保险人将其承担的保险业务，以分保形式，部分转移给其他保险人。对于共保的概念，我国法律并无明文规定，《中国保险监督管理委员会关于大型商业保险和统括保单业务有关问题的通知》（保监发〔2002〕16号）规定：共保是共同保险的简称，是指两个或两个以上的保险公司及其分支机构（不包括同一保险公司的不同分支机构）使用同一保险合同，对同一保险标的、同一保险责任、同一保险期限和同一保险金额进行的保险。保监会《关于加强财产保险共保业务管理的通知》（保监发〔2006〕31号）还规定，规范的共保业务应符合以下要求：被保险人同意由多个保险人进行共保；共保人共同签发保单，或由主承保人签发保单，同时附共保协议；主承保人向其他共保人收取的手续费应与分保手续费平均水平有显著区别。由于涉案共保项目事先并未征得被保险人同意，保险单中亦仅有一个保险人即太保上海分公司，而联合保险上海分公司并不直接对被保险人承担保险责任，故本案"共保协议"确系不规范的共保。但本案共保协议的签订系在保监发〔2006〕31号文的规定之前，该规定并不适用本案，故判断本案是否属于共保应当依据保监会〔2002〕16号文的规定，即是否符合同一保险合同、同一保险标的、同一保险责任、同一保险期限和同一保险金额等"五个同一"的规定。本案中，双方当事人约定就特定保险人在特定时期的特定标的共同承保，并约定由太保上海分公司代表双方出具共保保险单及保险费发票，其内容符合保监会对于共保"五个同一"的规定，符合共保的要件。且双方当事人均为专业保险公司，双方签订的抬头为"共保协议"的合同，当系双方的真实意思表示。当然，该共保协议并不能约束被保险人。

已履行赔付义务的重复保险人之一行使代位求偿权的情况对其分摊请求权的影响

案例

葡萄牙忠诚保险有限公司与史带财产保险股份有限公司海上保险合同纠纷案 –（2015）沪海法商初字第 3049 号

关于原告是否已行使代位求偿权而获得补偿，被告辩称，原告应当证明其是否已经行使了代位求偿权，如原告已经从责任人处获得赔偿，则不能要求被告分摊。此外，如果原告在获得分摊以后再行使代位求偿权，会在本次保险事故中获利。对此，上海海事法院认为，原告是否从第三人处获得赔偿的情况会影响对原告实际损失即有权主张分摊金额的认定。如果原告确已从案外第三人处获得赔偿的，其有权主张分摊的金额应作相应扣减。但本案中，并无证据证明原告已从第三人处获得了赔偿，被告应对其主张的反驳事实承担举证不能的不利后果。当然，假设被告分摊之后，原告又从第三人处获得超出其分摊比例的赔偿的，应当相应返还给被告，但被告不能以原告将来从第三人处获得赔偿的可能性对抗原告目前的分摊请求权。被告的此节抗辩缺乏事实依据，不予采纳。

关于原告尚未提起代位求偿权之诉是否影响其分摊请求权，被告辩称，如原告未行使代位求偿权，是由于其故意或过失没有行使导致诉讼时效期间已经届满，在中国法下所有重复保险人都已丧失代位求偿之诉的胜诉权，因此无权要求被告分摊。对此上海海事法院认为，首先，涉案的运输合同关系具有涉外因素，保险人行使代位求偿权的法律连接点并不必然指向中国境内，其准据法亦因此处于待定状态。目前被告尚无证据表明对涉案事故引发的代位求偿权之诉具有管辖权的法院或仲裁庭在中国境内并同时适用中国法。因此，被告主张代位求偿权之诉的诉讼时效期间已经届满缺乏事实依据。其次，《中华人民共和国海商法》并未规定第一赔付保险人行使分摊请求权需要以优先行使代位求偿权为前提。在存在重复保险的情况下，原告在向被保险人全额赔付后有两条弥补损失的法律路径，一是行使代位求偿权向造成保险事故的第三人请求赔偿，二是依据法律规定向其他的重复保险人主张分摊。原告作为理性经济人，因本案标的金额较小，因此原告基于诉讼成本衡量后暂时未行使代位求偿权，而优先选择依据《中华人民共和国海商法》第二百二十五条之明文规定在中国提起向被告的分摊之诉合情合理。最后，保险人取得代位求偿权的实质性要件是向被保险人支付保险赔偿金。因此，在分摊保险人未向第一赔付保险人支付保险赔偿金前，代位求偿权仅属于第一赔付保险人，第一赔付保险人可以自己名义就其全部赔偿向第三人行使代位求偿权，但其行使权利不能损害分摊保险人的代位求偿权益。在本案中，原告尚未提起代位求偿权之诉并不说明其已经放弃了代位求偿权益，并且被告及时获知保险事故发生，如果其积极查勘理赔的，本可及时行使代位求偿权，在过程中也应当可以发现重复保险的存在；即使最迟于原告通知时知道重复保险的存在，如果被告及时依法履行分摊义务，也可以及时行使代位求偿权。因此，被告并未举证证明其代位求偿权益已经受损，亦未证明被告自身行为合理，系因原告过错导致其权益受损。综上，被告的此节抗辩缺乏事实和法律依据，不予采纳。

重复保险中约定的保险价值不同以哪个为准

案例

林某某与浙江省渔业互保协会海上、通海水域保险合同纠纷案 –（2015）甬海法商初字第 633 号

宁波海事法院认为，本案原告在向被告投保互保综合责任险后，又向中国人寿财产保险股份有限公司舟山市中心支公司（以下简称人寿财险舟山中心支公司）投保沿海内河船舶一切险，构成对同一保险标的就同一保险事故向几个保险人重复订立合同的重复保险。关于重复保险，《中华人民共和国保险法》第五十六条规定："重复保险的投保人应当将重复保险的有关情况通知各保险人。重复保险的各保险人赔偿保险金的总和不得超过保险价值。除合同另有约定外，各保险人按照其保险金额与保险金额总和的比例承担赔偿保险金的责任。"《中华人民共和国海商法》也规定，被保险人获得的赔偿金额总和不

得超过保险标的的受损价值，各保险人按照其承保的保险金额同保险金额总和的比例承担赔偿责任。故重复保险允许存在，只要保险赔偿金总和不超过保险价值即可。原告与人寿财险舟山中心支公司达成赔偿协议，未取得足额赔偿，其放弃或减少保险赔偿金，或者人寿财险舟山中心支公司事后降低保险金额，均不能加重被告按其保险金额与保险金额总和所应承担的赔偿比例。关于涉案渔船的价值，渔船互保凭证载明的定值保险价值600万元，属保险合同双方对保险价值的约定，为保险法所允许，该约定价值以船舶实际价值为限，可以低于或等于船舶实际价值。人寿财险舟山中心支公司所委托评估确定的740万元，反映涉案渔船出险时的实际价值。在重复保险情形下，出现两个保险合同下的两个不同的保险价值和保险金额，应取法律所允许的最大值740万元来计算不同保险人的赔偿限度。被告承保的保险金额为480万元，人寿财险舟山中心支公司承保的保险金额为1000万元，其中超出船舶价值部分无效，应以740万元为保险金额。按照保险金额与保险金总和的比例，被告本应承担的赔偿金为291万元。

第十一章 雇主责任险

📖 被挂靠单位投保雇主责任险是否具有保险利益

⚖️ 案例

中国大地财产保险股份有限公司桂平支公司、桂平市飞达船务有限责任公司海上、通海水域保险合同纠纷案－（2020）桂民终1682号

关于桂平市飞达船务有限责任公司（以下简称飞达公司）为涉案挂靠船舶投保是否具有保险利益的问题。《中华人民共和国保险法》第十二条规定的保险利益是指投保人或者被保险人对保险标的具有的法律上承认的利益。二审法院认为，本案中：1. 本案保险标的为涉案船舶，涉案船舶的登记经营人为飞达公司，且实际上以飞达公司的名义对外经营，飞达公司是涉案船舶对外承担责任的主体；2. 根据《最高人民法院关于审理涉船员纠纷案件若干问题的规定》第四条"船舶所有人以被挂靠单位的名义对外经营，船舶所有人未与船员签订书面劳动合同，其聘用的船员因工伤亡，船员主张被挂靠单位为承担工伤保险责任的单位的，应予支持。船舶所有人与船员成立劳动关系的除外"的规定，飞达公司系涉案船舶雇员工伤保险责任的承担主体；3. 飞达公司对涉案船舶具有收取挂靠费的权利，其对涉案船舶具有经济利益。综上，飞达公司对涉案保险具有保险利益，中国大地财产保险股份有限公司桂平支公司主张飞达公司不具有保险利益与事实不符，二审法院不予支持。

📖 被保险人同时是雇主和船员有权依据雇主责任险索赔

⚖️ 案例

中国人民财产保险股份有限公司东港支公司、楚某乙海上、通

海水域保险合同纠纷案－（2017）辽民终 1318 号

　　一审法院认为，2016 年 4 月 8 日，楚某强作为投保人在中国人民财产保险股份有限公司东港支公司（以下简称人保东港公司）处投了渔工责任险保险。保险单明确载明了投保人和被保险人均为楚某强以及保险期限、保单生成时间等。保险合同载明，投保渔船证书登记人为丹渔捕 6073 林某臣。并且各项手续齐全，可见人保东港公司与楚某强签订合同之时便认可楚某强的这一个双重身份，并依法签订渔工责任保险。因而，投保人楚某强应属渔工责任险的赔偿范围。

　　二审法院维持一审判决。

📖 雇主责任险保险中的"雇员"为船上在岗船员即可

⚒ 案例 1

　　中国大地财产保险股份有限公司桂平支公司、桂平市飞达船务有限责任公司海上、通海水域保险合同纠纷案－（2020）桂民终 1682 号

　　中国大地财产保险股份有限公司桂平支公司（以下简称大地财险桂平公司）主张特别约定中的"雇员"应理解为被保险人桂平市飞达船务有限责任公司（以下简称飞达公司）的雇员，张某某并非该公司雇员，涉案事故不属于雇主责任险赔偿范围。对此，二审法院认为：1. 从"负责雇员在保险船舶"文义上理解，特别约定中仅载明"雇员"而未对归属于船舶所有人还是经营人的雇员进行限定，不应对此进行限缩性解释；2. 从投保人的保险目的看，飞达公司是为涉案船舶的雇员进行投保，如限定雇员为飞达公司雇员则与投保人的投保目的不符；3. 从保险合同的价值看，保险利益所指向的载体为涉案船舶，如雇员限定为飞达公司雇员，则该保险合同不能发挥其承担风险的应有价值。故一审法院对此条款认定为"只要该船雇员在船舶航行运输或停泊中船上在岗船员发生死亡或者伤残，应由被保险人承担的赔偿责任，则保险人负责赔偿"正确，二审法院予以支持。综上，张某某死亡属于雇主责任险赔偿范围，大地财险桂平公司主张不属于雇主责任险赔偿范围没有事实和法律依据，二审法院不予支持。

案例 2

中国人民财产保险股份有限公司广东省分公司、荣成市泓顺水产有限公司海上、通海水域保险合同纠纷案－（2020）鲁民终188号

一审法院认定事实如下：2017年4月25日，中国人民财产保险股份有限公司广东省分公司（以下简称人保广东分公司）接受荣成市泓顺水产有限公司（以下简称泓顺公司）投保向泓顺公司签发了雇主责任保险（2015版）保险单，保单记载投保人与被保险人均为本案泓顺公司，保单约定保险期间为2017年4月26日零时至2018年4月25日24时止，其中人身伤亡责任为每人伤亡责任限额为60万元。在保单的特别约定清单中，明确了人保广东分公司承保的是泓顺公司在"鲁荣渔5／55600"渔船的雇员在工作期间以及上下班途中发生意外伤害事故导致的死亡、残疾、意外医疗责任等。人保广东分公司承保当时，涉案船员王某某并不在船员名单中。

一审法院认为，人保广东分公司接受泓顺公司投保，收取泓顺公司保费，承保了雇主责任险并向泓顺公司出具了雇主责任保险（2015版）保险单，双方的保险合同关系依法成立并合法有效。泓顺公司作为投保人以及被保险人，享有保单项下保险利益，有权依据保险合同的约定就发生的保险事故向人保广东分公司主张权利。根据现有证据可以认定船员王某某系泓顺公司雇工，在"鲁荣渔5"渔船工作，其发生意外落水并经青岛海事法院宣告死亡。王某某意外死亡属于人保广东分公司承保的保险事故，而且泓顺公司业已向王某某家属支付了赔偿款，人保广东分公司应当按约定向作为被保险人的泓顺公司承担保险合同项卜赔偿义务。泓顺公司已经向船员王某某家属支付的61万元赔偿不超出法律规定，现泓顺公司根据保险合同主张人保广东分公司赔偿60万元，符合合同约定，人保广东分公司关于其赔偿责任不应当超过45万元的抗辩，一审法院不予支持。根据现有查明事实和证据，人保广东分公司关于泓顺公司存在保险欺诈、船员王某某自杀、出险期间不在保险期间内、泓顺公司不配合保险调查、王某某并非泓顺公司雇工等抗辩主张均未提交有效证据证明，对其前述抗辩主张一审法院均不予支持。船员王某某的死亡构成保险事故，人保广东分公司应当根据保险合同的约定向被保险人泓顺公司承担60万元赔偿责任。

二审法院维持一审判决。

案例3

中国人民财产保险股份有限公司大连市分公司、王某寒海上、通海水域保险合同纠纷案 –（2019）辽民终253号

二审法院认为，团体意外险不仅是投保人、被保险人、保险人三方受益的险种，更是雇员（被保险人）的福利。实践中，船员的流动性、变动性较大，船主填报的船员常常与实际作业的船员不符，习惯上，船主总是在作业前或作业中临时向保险人提出更改被保险人，在当事人之间没有特别约定的情况下，裁判的公平正义性更体现在尊重事实、实现合同目的，即只要符合船主的船员在从事船主安排的作业中发生意外的条件，保险人就应当给予船员或其法定继承人相应赔偿的一般原则。现有证据证明：1. 王某是杨某山的船员，王某在从事杨某山经营的渔船上从事捕捞作业中意外死亡；2. 杨某山同中国人民财产保险股份有限公司大连市分公司（以下简称人保大连公司）订立了有效的团体意外险合同，杨某山交纳了保费，王某发生意外的时间在保险期限内；3. 杨某山和人保大连公司没有明确约定变更船员的程序和相应的民事责任；4. 杨某真有代理人保大连公司办理保险业务的经历，在办理案涉保险合同的过程中，杨某真代表人保大连公司的证据的证明力更大。

雇主责任险投保的船员人数少于实际在船船员人数如何处理

案例

长安责任保险股份有限公司威海中心支公司、钱某某海上、通海水域保险合同纠纷案 –（2020）鲁民终57号

一审庭审中，长安责任保险股份有限公司威海中心支公司（以下简称长安保险公司）主张根据双方约定，钱某某投保的船员人数是24人，但实际船员人数29人，超过投保船员人数，故应按比例赔付。对此，一审法院认为，涉案雇主责任险为无记名投保，且钱某某主张的保险赔偿金额未超出双方合同约定赔付金额，故长安保险公司抗辩主张按比例赔付无事实和法律依据，一审法院不予支持。肖某某系钱某某雇员，并在钱某某所经营的"鲁荣渔2860"渔船出海作业时发生意外死亡，事故发生后，钱某某向肖某某亲属赔付80万

元，属于雇主责任险。钱某某向长安保险公司主张 20 万元保险赔偿金未超出保险合同约定的死亡赔偿责任每人 20 万元的限额，故长安保险公司应按照保险合同的约定承担保险责任。

二审法院认为，关于第二个焦点问题，钱某某就其在涉案船舶出海作业期间可能承担的雇主责任，向长安保险公司投保，长安保险公司同意承保，双方形成保险合同关系。雇主责任险保险单的内容能够证实，双方约定涉案两船的工作人员人数为 24 人，伤亡责任每人责任限额 20 万元，累计赔偿限额为 480 万元。涉案雇主责任险为无记名投保，且钱某某主张的赔偿人数和赔偿金额并未超出双方合同约定的赔偿人数和赔偿限额，因此，一审法院判决长安保险公司按照合同约定承担保险责任，向钱某某支付 20 万元保险理赔款，并无不当。

保单约定了承保船员的姓名或约定只对船员名单上的船员承担保险责任，保险人对非约定或不在船员名单上的船员不承担保险责任

案例

李某植、于某礼海上、通海水域保险合同纠纷案 –（2020）鲁民终 1420 号

一审法院认为，本案中，李某植的保单为每名船员投保责任险的保额为 40 万元。于某礼的保单为每名船员投保责任险的保额为 20 万元，但在船员名单中仅有张某旦、李某远、隋某宝三人为本次事故遇难船员。故该保险单下中国人民财产保险股份有限公司重庆市九龙坡支公司（以下简称人保九龙坡支公司）对张某旦、李某远、隋某宝三名船员的赔偿责任承担保险责任，保额为每人 20 万元。

二审法院认为，根据特别约定清单，只有记载于该特别约定清单中的船员，或者虽未记载于特别约定清单，但记载于《出海船舶户口簿》中"出海船民情况登记"清单的船员，在工作中受到意外伤害，才由人保九龙坡支公司负责赔偿。上述约定属于人保九龙坡支公司承保范围的约定，不违反法律、行政法规的强制性规定，为有效约定。遇难船员中，仅有张某旦、李某远、隋某宝等三名船员记载于于某礼的保单上。宋某宾、王某朋、初某、云某礼、张某、唐某国等六名船员未记载于于某礼的保单上，李某植、于某礼也未举证证明上述六名船员记载于《出海船舶户口簿》中"出海船民情况登记"清单，

李某植、于某礼无权依据于某礼的保单要求人保九龙坡支公司承担上述六名船员遇难产生的赔偿责任。

 在工作期间猝死或因疾病死亡属于雇主责任险的保险责任范围

案例 1

天安财产保险股份有限公司航运保险中心与荣成市永进水产有限公司海上、通海水域保险合同纠纷案 – （2022）沪民终 367 号

关于王某死亡时是否为"在岗船员"，一审法院认为，工作岗位既包括日常工作岗位，也包括基于工作过程中的合理生理、生活需要进行工间休息的场所。船员职业较为特殊，工作、生活均在船上，即便休息时间也时刻处于待命状态，因此，船员在船期间均应认定为是在工作岗位，王某死亡时应认定为系"鲁荣某某××9"轮在岗船员，涉案事故属于保险条款约定的保险事故。

关于王某死亡是否属于除外责任条款约定的"因疾病所致的死亡"或"因违法犯罪行为所致的死亡"，荣成市永进水产有限公司（以下简称永进公司）对此反驳称，按照永进公司理解，上述免责条款中的"疾病"是指船员因为自身的问题所发生的疾病，而并非系因职业原因所引发的疾病，本案中，王某工作船只是远洋船舶，常年远洋出海作业，王某突发疾病与工作环境以及没有良好医疗条件有很大的关联，因此王某死亡属于天安财产保险股份有限公司航运保险中心（以下简称天安财保）理赔范围。一审法院认为，本案中，王某的死因仅有毛里求斯警察医疗队在"鲁荣某某××9"轮入境毛里求斯当日出具的死亡原因证明书加以证明。该证明书未经尸检和其他病理检验，简单判定为"直接死亡原因是心肌梗死，可能引起心肌梗死的原因是糖尿病"，结合王某死亡的具体经过看，目前在案证据仅能证明王某具有猝死的客观表现，直接死亡原因很可能是心肌梗死的突发性疾病，而引起心肌梗死的具体原因不明。涉案保险条款未对列明的"因疾病所致的死亡"除外责任进行明确界定，其中的"疾病"是否包括应当给予工伤保障的职业病以及视同工伤的"猝死"是可以存在两种理解的。根据《工伤保险条例》第三章第十五条第（一）项的规定，职工"在工作时间和工作岗位，突发疾病死亡或者在 48 小时之内经抢救无效死亡的"，视同工伤。因此，永进公司对于除外责任中"疾病"的理解是依法有据，符合通常理解的。依据《中华人民共和国保险法》第三十条的规定，采用保险人提供的格式条款订立的保险合同，保险人与投保人、被保

险人或者受益人对合同条款有争议的，应当按照通常理解予以解释。对合同条款有两种以上解释的，人民法院或者仲裁机构应当作出有利于被保险人和受益人的解释，故一审法院对涉案"因疾病所致的死亡"作出对被保险人有利的解释，天安财保无权援引该条款拒赔。

二审法院维持一审判决。

案例 2

中国人民财产保险股份有限公司广东省分公司、迟某某海上、通海水域保险合同纠纷案 -（2018）鲁民终 1428 号

一审法院认为，首先，山东省威海市公安局文登分局在董某死亡后进行了调查，经该局法医鉴定得出结论董某系猝死，而猝死司法实践中可参照意外事件处理。其次，董某系在渔船工作中猝死，属于在工作期间死亡，完全在中国人民财产保险股份有限公司广东省分公司（以下简称人保广东分公司）的承保范围之内。最后，董某即使存在人保广东分公司抗辩的完全是由于"疾病"本身而死亡的情况，但是投保时就"特别约定"条款因人保广东分公司未尽到对迟某某明确告知、说明的义务，该特别约定条款依法也对迟某某不发生法律效力。更何况在工作中突发疾病死亡，本身就不排除各种工作因素对死亡诱因的影响，不是纯疾病问题。

二审法院认为，雇主责任险（2015 版）保险单载明保险期间自 2017 年 6 月 29 日 0 时起至 2018 年 6 月 28 日 24 时止。保险单特别约定清单显示：本保单需记名投保，所承保雇员以雇员投保清单所列为准。人保广东分公司于 2017 年 8 月 1 日出具的批单显示：经被保险人要求，保险单从 2017 年 8 月 2 日起更改雇主险人员 4 名，新被保险雇员姓名中包括本案死者董某。董某于 2017 年 8 月 6 日在涉案渔船上工作期间猝死，根据《中国人民财产保险股份有限公司雇主责任保险条款（2015 版）》第三条第（六）项的约定，属于保险条款约定的理赔范围。

案例 3

中国太平洋财产保险股份有限公司威海中心支公司、山东好当家海洋捕捞有限公司海上、通海水域保险合同纠纷案 -（2018）鲁

民终 528 号

一审法院认为，首先，保险合同条款保险责任第三条第七款中已经明确写明了在保险期间内发生突发疾病死亡的事故中国太平洋财产保险股份有限公司威海中心支公司（以下简称太平洋保险公司）应当负责赔偿；双方在《关于捕捞公司船员保险协议》中也明确约定工伤、工亡事故属于保险承保范围。其次，剔除免责条款对山东好当家海洋捕捞有限公司（以下简称好当家公司）不具有法律效力。太平洋保险公司没对该免责条款履行明确说明义务，该条款不发生法律效力。最后，即使是该《关于捕捞公司船员保险协议》对之后的保险合同没有当然的溯及力，太平洋保险公司也已尽到了对好当家公司"剔除条款"的说明义务，但是保险人主张船员系由疾病导致死亡，其可以免除承担保险赔偿责任，除必须证明其已就该免除赔偿责任条款向被保险人作出了明确的说明，还必须举证证明船员的死亡系由于疾病直接导致，并且该疾病的发生与工作没有任何的联系。太平洋保险公司很显然不能完成上述三个方面的举证要求，其应承担相应的举证不力责任，承担相应的保险赔偿责任。

二审法院维持一审判决。

案例 4

宁波恒达船务有限公司与中国人民财产保险股份有限公司宁波市分公司海上、通海水域保险合同纠纷案 –（2015）浙海终字第167 号

一审法院认为，船员工作具有特殊性，船员上船后即处于在岗工作状态，因此，船员是否在岗从事业务工作，应以其所处地点是否在船上来认定，故涉案船员董某某在船上其房间内死亡，应初步认定为在从事业务工作中死亡；中国人民财产保险股份有限公司宁波市分公司（以下简称人保宁波公司）未能证明董某某死亡原因，亦未能举证排除董某某的死亡与从事业务工作的关联性，根据现有证据，涉案事故应认定为遭受意外死亡。故本案中董某某的死亡符合本案双方当事人之间雇主责任险保险条款（1999 版）第四条第一款的情形，且发生于人保宁波公司保险责任期间内。宁波恒达船务有限公司（以下简称恒达公司）向董某某妻子赔偿579935 元后，有权依据双方间保险合同要

求人保宁波公司赔偿 500000 元。人保宁波公司虽抗辩涉案事故不属于人保宁波公司保险责任范围、符合免除责任情形，但未能证明董某某的死亡系非意外原因所致，亦不能证明董某某的死亡属于免除责任情形，故对人保宁波公司该抗辩，一审法院不予采纳。

二审法院认为，雇主责任险保险条款（1999 版）第四条第一款约定："凡被保险人所聘用的员工，于本保险有效期内，在受雇过程中（包括上下班途中），从事与本保险单所载明的被保险人的业务工作而遭受意外或患与业务有关的国家规定的职业性疾病，所致伤、残或死亡，对被保险人根据劳动合同和中华人民共和国法律、法规，须承担医疗费及经济赔偿责任，保险人依据本保险单的规定，在约定的赔偿限额内予以赔偿。"由于船员的工作与一般雇员相比具有特殊性，船员上船后即远离陆地，处在相对封闭的环境中，即使不在值班状态中也不能离开船舶，且可能随时需要到岗，故船员一旦上船就应认定处于工作过程中。本案董某某死亡时，"恒润达 12"轮虽处于抛锚状态，董某某当时亦未在值班，但仍应视同其在从事业务工作中死亡。人保宁波公司认为董某某并非遭受意外而死亡，不属于本案保单约定的责任范围。二审法院认为，尽管本案中并无董某某遭受外来伤害致死的证据，但本案中亦无证据证明董某某死亡系出自其本意，而且恒达公司已经提供天津华北医院于 2014 年 3 月 9 日签发的董某某《海船船员健康证书》，证明董某某身体健康，并不存在不适合海上服务的状况，医院出诊记录初步诊断"呼吸心跳骤停"，亦无其他某种疾病导致死亡的记载，故亦应当排除其死亡是自身疾病所致。鉴于船员工作的特殊性，在本案并无相反证据的情况下，董某某死亡事故不能排除与从事的业务工作有关，因此，一审判决认定涉案事故为遭受意外死亡，并无不妥。况且，《最高人民法院关于审理人身损害赔偿案件适用法律若干问题的解释》第十一条规定："雇员在从事雇佣活动中遭受人身损害，雇主应当承担赔偿责任。"本案中并无证据证明董某某本人对于死亡事故存在过错，恒达公司对董某某的死亡依法"须承担医疗费及经济赔偿责任"，恒达公司在董某某死亡后亦已向其家属支付赔偿金，人保宁波公司依据雇主责任险保险条款（1999 版）的约定应在约定的赔偿限额内予以赔偿。关于举证责任的分配，恒达公司向法院提交了投保单、保险单、董某某身份信息、健康证书、出诊记录等证据，可以初步证明董某某意外死亡事故属本案保单载明的保险责任范围。人保宁波公司主张董某某死亡并非保险责任范围，应举证证明董某某并非意外死亡或证明构成免责事由，一审法院对举证责任分配并无不妥。

船员在船期间休息时死亡应认定为在工作期间死亡

案例 1

中国大地财产保险股份有限公司烟台中心支公司、洋浦银海拖轮有限公司海上、通海水域保险合同纠纷案 –（2020）鲁民终1977 号

关于洋浦银海拖轮有限公司（以下简称银海公司）是否对唐某某家属负有赔偿义务。唐某某为"瑞拖8"轮船长，该轮靠泊后，唐某某在船上宿舍内休息睡觉时死亡。二审法院认为，根据船上工作的特殊性，应认定唐某某在工作期间死亡，银海公司主张其对唐某某家属负有赔偿义务，有事实和法律依据。中国大地财产保险股份有限公司烟台中心支公司（以下简称大地财险烟台公司）主张，假设唐某某与银海公司构成劳动合同关系，银海公司应自行承担未缴纳工伤保险的不利后果，而不能将其法定责任推给责任保险人。二审法院认为，如果银海公司因未缴纳工伤保险而对唐某某家属负有赔偿责任，该责任也属于船东对船员家属的赔偿责任，在保险合同未作相反约定的情况下，属于船东对船员责任险的保险范围。大地财险烟台公司主张，按照司法实践，对于猝死，船东承担的责任比例一般在 10%～40%，但大地财险烟台公司未提交相应的依据，二审法院对其该项主张不予支持。

案例 2

原告刘某某诉被告中国人民财产保险股份有限公司东港支公司海商保险合同纠纷案 –（2014）大海商初字第 187 号

大连海事法院认为，《渔工责任保险条款》第三条规定："被保险人所聘用的渔船船上作业人员（以下简称渔工）自登上被保险人所属渔船就岗出海捕捞作业时起，在保险期间内，因发生下列情形导致伤残或死亡，由渔工或其近亲属在保险期间内首次向被保险人提出损害赔偿要求，依照中华人民共和国法律应由被保险人承担的经济赔偿责任，保险人按照本保险合同约定负责赔偿：……（二）在工作时间和工作场所内，因工作原因受到意外伤害。"在本

案中，原告雇佣王某某在其船上工作，王某某出海作业履行劳动义务的时间应当为工作时间，且在保险期间内。船员出海作业的工作时间不仅限于捕捞作业时间，还应包括准备工作时间、结束工作时间和法定非劳动消耗时间。被告所言的上厕所的时间为法定非劳动消耗时间，因此，被告认为由于王某某是非工作时间、工作地点受伤因而不是保险责任期间的主张，大连海事法院不予支持。

📖 雇主责任险人身伤亡的赔偿金额是否按照保单约定的责任限额确定

【支持的案例】

🔨 案例 1

中国人民财产保险股份有限公司广东省分公司、荣成市泓顺水产有限公司海上、通海水域保险合同纠纷案 –（2020）鲁民终188 号

关于一审确认的保险赔款额是否正确，中国人民财产保险股份有限公司广东省分公司（以下简称人保广东分公司）上诉主张，根据保险条款内容，对于被保险人自行承诺或支付的赔偿金额，保险人有权重新核定，本案中死亡赔偿金的计算标准有误，一审确认的赔偿数额不当。从雇主责任保险条款的内容看，保险人对于不属于保险责任范围或超出应赔偿限额的不承担赔偿责任。二审法院认为，如前所述，王某某系意外死亡，属于人保广东分公司承保的保险事故，而且荣成市泓顺水产有限公司业已向王某某家属支付了赔偿款，人保广东分公司应当按约定承担保险合同项下赔偿义务。对于赔偿数额的计算方式，按照保险条款约定为保险单载明的每人伤亡责任限额，并非依据人均可支配收入计算，人保广东分公司的主张缺少合同依据，二审法院不予支持。

【不支持的案例】

🔨 案例 2

王某某、中国人民财产保险股份有限公司广东省分公司海上、

通海水域保险合同纠纷案－（2019）鲁民终 658 号

　　一审法院认为，根据王某某提交的证据记载，刘某某户口本登记的住所地是农村，其户口本常住人口登记卡载明刘某某职业为粮农，故赔偿标准应按照农村标准计算。根据王某某的主张、提交的证据并结合《最高人民法院关于审理人身损害赔偿案件适用法律若干问题的解释》（以下简称《司法解释》）的有关规定，一审法院确定王某某承担的赔偿项目为：死亡赔偿金，根据《司法解释》第二十九条规定，按青岛市 2017 年农村居民人均可支配收入计算死亡赔偿金为 19364 元 × 20 年 = 387280 元。丧葬费，根据《司法解释》第二十七条规定，丧葬费按青岛市 2017 年在岗职工年平均工资 63702 元计算，6个月为 31851 元。上述各项人身损害赔偿费用共计 419131 元，王某某按 40%的赔偿责任应负担 167652.40 元。对于王某某超出此标准与死者近亲属达成的赔偿协议，系其自愿处分自己民事权利的行为，此赔偿协议确定的赔偿数额在未得到中国人民财产保险股份有限公司广东省分公司（以下简称人保广东分公司）确认的情况下，不应作为人保广东分公司向王某某进行理赔的依据。王某某已提交证据证明向死者亲属支付 600000 元赔偿款，因此，作为雇主责任险保险人的人保广东分公司应当向王某某支付保险赔偿金 167652.40 元。

　　二审法院认为，关于人保广东分公司应支付给王某某的保险赔偿数额，人保广东分公司与王某某签订的保险合同中的雇主责任保险条款第二十四条规定："保险人的赔偿以下列方式之一确定的被保险人的赔偿责任为基础：（一）被保险人和受伤害雇员或其代理人协商并经保险人确认；（二）仲裁机构裁决；（三）人民法院判决；（四）保险人认可的其他方式。"本案中，虽然王某某已经与刘某某亲属达成并履行了赔偿协议，但人保广东分公司并未确认该赔偿协议，依据上述条款的规定，该赔偿协议不是确定人保广东分公司赔偿责任的基础，人保广东分公司应依照法律规定支付相应赔偿金。一审法院根据法律规定、涉案保险条款和涉案死亡雇员的身份情况，综合认定人保广东分公司支付王某某 167652.40 元，并无不当。

📖 受害人家属从对方船舶获得赔偿可以减轻雇主责任险保险人的赔偿责任

⚖️ 案例

　　李某植、于某礼海上、通海水域保险合同纠纷案－（2020）鲁

民终 1420 号

一审法院认为，《中华人民共和国海商法》第二百二十五条规定，被保险人对同一保险标的就同一保险事故向几个保险人重复订立合同，而使该保险标的的保险金额总和超过保险标的的价值的，除合同另有约定外，被保险人可以向任何保险人提出赔偿请求。被保险人获得的赔偿金额总和不得超过保险标的的受损价值。各保险人按照其承保的保险金额同保险金额总和的比例承担赔偿责任。任何一个保险人支付的赔偿金额超过其应当承担的赔偿责任的，有权向未按照其应当承担赔偿责任支付赔偿金额的保险人追偿。

本案中，李某植的保单为每名船员投保责任险的保额为 40 万元。于某礼的保单为每名船员投保责任险的保额为 20 万元，但在船员名单中仅有张某旦、李某远、隋某宝三人为本次事故遇难船员。故该保险单下中国人民财产保险股份有限公司重庆市九龙坡支公司对张某旦、李某远、隋某宝三名船员的赔偿责任承担保险责任，保额为每人 20 万元。涉案事故发生后，外国船方就船舶碰撞向每名遇难船员家属支付了 64.8 万元，故李某植、于某礼对遇难船员赔偿责任应当扣减该 64.8 万元款项。加之，山东省渔业互保协会基于雇主责任险，已向遇难每名遇难船员的家属支付了 25 万元，该款项也应作为李某植、于某礼支付雇主责任赔款部分。

二审法院维持一审判决。

📖 被保险人按照《人体损伤致残程度分级》而非保险合同约定的标准确定的伤残等级索赔应予支持

🔨 案例

中国大地财产保险股份有限公司烟台中心支公司、莱州市弘渤渔业专业合作社海上、通海水域保险合同纠纷案 –（2020）鲁民终 2624 号

二审法院认为，中国大地财产保险股份有限公司烟台中心支公司（以下简称大地财保）上诉主张伤者郭某某被评定为十级伤残依据的是《人体损伤致残程度分级》标准，莱州市弘渤渔业专业合作社（以下简称弘渤合作社）作为保险合同权利的受让人，应履行保险合同的义务，依约按照《人身保险

伤残评定标准及代码》进行伤残评定。弘渤合作社与大地财保对伤者郭某某被评定为十级伤残没有异议。本案中，郭某某受伤后，大地财保完全可以依保险合同约定按照《人身保险伤残评定标准》进行伤残评定，进行理赔，而大地财保没有依约进行伤残评定及理赔，继而形成诉讼。在诉讼中，鉴定机构依照《人体损伤致残程度分级》做出了人体损伤致残程度鉴定。2016年4月18日，最高人民法院、最高人民检察院、公安部、国家安全部、司法部发布了《人体损伤致残程度分级》公告，明确"为进一步规范人体损伤致残程度鉴定，现公布《人体损伤致残程度分级》，自2017年1月1日起施行。司法鉴定机构和司法鉴定人进行人体损伤致残程度鉴定统一适用《人体损伤致残程度分级》。"故鉴定机构适用《人体损伤致残程度分级》进行人体损伤致残程度鉴定，符合规定，一审判决适用的判断人身损害的标准依据正确。

受害人因伤致残的误工时间可以计算至定残日前一天

 案例

张某某、邹某某海上、通海水域人身损害责任纠纷案 – （2019）辽民终346号

二审法院认为，《最高人民法院关于审理人身损害赔偿案件适用法律若干问题的解释》第二十条规定："误工费根据受害人的误工时间和收入状况确定。误工时间根据受害人接受治疗的医疗机构出具的证明确定。受害人因伤致残持续误工的，误工时间可以计算至定残日前一天。受害人有固定收入的，误工费按照实际减少的收入计算。受害人无固定收入的，按照其最近三年的平均收入计算；受害人不能举证证明其最近三年的平均收入状况的，可以参照受诉法院所在地相同或者相近行业上一年度职工的平均工资计算。"本案中，邹某某因在张某某雇佣期间受伤，经鉴定为十级伤残。邹某某就诊的医疗机构并未出具邹某某需要休治时间的证明。邹某某主张其持续误工，张某某未提供证据证明邹某某在其自己主张的误工期间存在工作及邹某某不需要持续误工的证据，原判根据《最高人民法院关于审理人身损害赔偿案件适用法律若干问题的解释》第二十条规定，将邹某某的误工时间计算至定残日前一天，于法有据，并无不当。至于邹某某的误工费计算标准问题，因邹某某受伤致残前系从事船员工作，其工作报酬相对固定，张某某未提供证据证明邹某某结束在其处雇佣工作后不能再获取船员工作的可能，故原判根据邹某某从事船员工作的收

入情况确定邹某某的误工费，亦无不妥。因此，张某某的上诉主张均不成立，二审法院不予支持。

📖 伤残赔偿限额比例条款不属于责任免除条款

🔨 案例 1

张某某、中华联合财产保险股份有限公司城阳支公司海上、通海水域保险合同纠纷案 –（2020）鲁民终 645 号

二审法院认为，张某某向中华联合财产保险股份有限公司城阳支公司（以下简称中华联合保险公司）投保雇主责任保险，中华联合保险公司同意承保，双方形成雇主责任保险合同关系。双方之间的保险合同约定：死亡伤残费用每人责任限额 20 万元；伤残赔偿限额比例为一级 100%、二级 80%、三级 70%、四级 60%、五级 50%、六级 40%、七级 30%、八级 20%、九级 10%。上述伤残赔偿限额比例的约定，为雇员在发生不同等级的伤残的情况下，保险公司向雇主支付保险赔偿的数额的约定，不属于《中华人民共和国保险法》第十七条第二款所规定的"免除保险责任条款"，张某某关于中华联合保险公司未尽到提示和明确说明义务，该条款不生效的主张，没有事实和法律依据。一审法院按照八级伤残 20% 的赔付比例，判决中华联合保险公司赔偿张某某伤残保险金 4 万元，符合合同约定，是正确的。

🔨 案例 2

蔡某某、安信农业保险股份有限公司江苏分公司海上、通海水域保险合同纠纷案 –（2020）鲁民终 151 号

二审法院认为，青岛海事法院（2016）鲁 72 民初 214 号民事判决中仅认定涉案雇主责任保险（乙种）条款中的特别约定条款第八条等免除安信农业保险股份有限公司江苏分公司（以下简称安信保险江苏分公司）责任的条款为格式条款，因安信保险江苏分公司未尽提示说明义务，对蔡某某不产生效力，并未涉及涉案雇主责任保险（乙种）条款中释义附约第三条规定的伤残级别标准条款，且该释义附约第三条的规定并未免除或者限制安信保险江苏分公司的责任，不适

用未尽提示说明义务而条款不产生法律效力的规定，故蔡某某主张释义附约第三条为格式条款，对其不产生效力没有合法依据，二审法院不予支持。

渔船船员在境外水域发生伤亡是否属于雇主责任险的赔偿范围

案例

杨某某与中国太平洋财产保险股份有限公司威海中心支公司海上保险合同纠纷案－（2015）青海法海商初字第 552 号[①]

《中国太平洋财产保险股份有限公司雇主责任保险条款》（以下简称《雇主责任保险条款》）"保险责任"部分第三条规定："在保险期间内，被保险人的工作人员在中华人民共和国境内因下列情形导致伤残或死亡，依照中华人民共和国法律（不含香港、澳门特别行政区和台湾地区法律，下同）应由被保险人承担的经济赔偿责任，保险人按照本合同约定负责赔偿。"

青岛海事法院认为，《雇主责任保险条款》及保险单中均未明确约定保险人对被保险人的工作人员仅在中华人民共和国境内发生的事故承担保险责任、未在中华人民共和国境内发生的事故不承担保险责任及承保区域为中华人民共和国境内。保险单明细表特别约定 1. 本保险合同仅承担保单上所载被保险人的雇员在所属船名为鲁荣渔 51281、51282 船只上工作期间发生的意外伤害事故导致的死亡、残疾责任，在其他船舶上出险不承担保险责任。原告否认投保时被告明确说明并解释仅对在中国境内发生的保险事故承担保险责任，被告未提供证据证明保险合同的订立过程，在无其他条款约定承保区域的情况下，该特别约定条款应优先适用。

"鲁荣渔 51282" 号渔船《出海船舶户口簿》显示船舶航行区域为远海，船舶具备远洋航行能力，原告投保时该船在保险期间内可到韩国专属经济区进行作业，原告投保的目的包括到该区域航行及作业发生保险事故由被告承保，因渔船航行与作业区域具有流动性，故被告作为专业性的保险公司有义务严格审核渔船具备的航行及作业区域，如实告知原告投保的险种对被保险人的工作人员仅在中华人民共和国境内发生的事故承担保险责任、未在中华人民共和国境内发生的事故不承担保险责任及中华人民共和国境内的范围，并在保险合同中明确约定。但被告未尽到审核与如实告知义务，亦未在合同中约定，违背了

---

① 参见青岛海事法院 2017 年发布八起海事海商典型案例之案例六。

诚实信用原则。并且中韩过渡水域系《中华人民共和国政府和大韩民国政府渔业协定》中确定的渔业作业区域，并不涉及领土边界划分。综上，被告拒赔理由不当，青岛海事法院不予支持，应认定朱某某随"鲁荣渔 51282"号渔船在中韩过渡水域因工受伤符合被告承保的理赔责任范畴。原告作为被保险人，已与朱某某达成赔偿协议并支付赔偿金 700000 元，故被告应根据涉案雇主责任险合同约定，向原告支付保险赔偿金 200000 元。

雇主在赔偿雇员或其家属后能否受让雇员人身保险下的保险金请求权

案例 1

宁波顶盛船务有限公司与浙商财产保险股份有限公司舟山中心支公司海上、通海水域保险合同纠纷案 –（2020）浙 72 民初 1067 号

宁波海事法院认为，本案中宁波顶盛船务有限公司（以下简称顶盛公司）与汤某某签订的权益转让书依法不能产生保险金请求人转移的法律后果，顶盛公司不得据此对浙商财产保险股份有限公司舟山中心支公司（以下简称浙商财险舟山支公司）主张保险金请求权，理由如下：

第一，雇主从雇员家属处受让保险金请求权，不符合《中华人民共和国保险法》第三十九条第二款立法精神，原则上应该对此进行严格限定。根据《中华人民共和国保险法》第三十九条第二款规定，投保人为与其有劳动关系的劳动者投保人身保险，不得指定被保险人及其近亲属以外的人为受益人。就劳动关系下的投保与受益人指定，该规定作出了特别规定，应当优先于其他一般规定进行适用。《最高人民法院关于适用〈中华人民共和国保险法〉若干问题的解释（三）》第十三条规定，保险事故发生后，受益人将与本次保险事故相对应的全部或者部分保险金请求权转让给第三人，当事人主张该转让行为有效的，人民法院应予支持，但根据合同性质、当事人约定或者法律规定不得转让的除外。涉案保单未指定顶盛公司为受益人，汤某某与顶盛公司签订权益转让书发生在被保险人死亡之后，故顶盛公司主张涉案权益转让与投保时指定受益人并非同一行为有理。但是，从《中华人民共和国保险法》第三十九条立法精神来看，指定用人单位、雇主作为受益人将减轻雇主就雇员在工作中受伤意外伤害依法应当承担的赔偿责任，降低用人单位、雇主的安全管理注意义

务。因此，用人单位、雇主为雇员投保人身保险，其受益人范围限定在被保险人本人及其近亲属。如允许被保险人的近亲属在获得用人单位、雇主赔偿后随意将意外伤害引起的索赔权转让给用人单位、雇主，则会引起减轻用人单位、雇主赔偿责任和安全管理注意义务的后果，这与第三十九条立法精神相悖，应当予以严格限定。

第二，团体意外伤害保险的保险金请求权转让行为应当符合公平原则。《中华人民共和国民法总则》第六条就公平原则作出规定，民事主体从事民事活动，应当遵循公平原则，合理确定各方的权利和义务。保险合同具有射幸属性，意外伤亡的发生有一定概率可循，而具体到特定时空下被保险人的死亡具有较强偶然性，死亡是否属于保险事故则要查明死因并通过对保险条款的解释进行。本案被保险人死亡原因仅有医疗机构的事后推断，保险责任是否成立存在较大争议，在此情形下，如果不对被保险人近亲属转让保险金请求权进行限制，则会鼓励雇主基于经济、知识优势以较低对价取得保险金请求权，这不利于保护雇员近亲属合法权益。本案中顶盛公司通过人民调解赔偿雇员近亲属110万元，在不考虑意外伤害保险的情况下，仅死亡赔偿金一项即超过120万元（按2019年度浙江省城镇居民人均可支配收入60182元计算20年），故雇员近亲属并未因转让保险金请求权而获得明显补偿。作为理性、负责任的雇主，可以在依法作出赔偿或合理补偿后支持雇员家属向承保意外伤害保险的保险人索赔，而不应以支付赔偿金或补偿款为条件要求雇员家属转让保险金请求权。

第三，债权人代位权的法律规定不适用于本案。债权人代位权制度的设立目的在于鼓励债权人代替债务人向次债务人积极行使权利，为此，在法律允许的情况下可以对债务人专属债权进行限缩范围。《最高人民法院关于适用〈中华人民共和国合同法〉若干问题的解释（一）》第十二条规定："合同法第七十三条第一款规定的专属于债务人自身的债权，是指基于扶养关系、抚养关系、赡养关系、继承关系产生的给付请求权和劳动报酬、退休金、养老金、抚恤金、安置费、人寿保险、人身伤害赔偿请求权等权利。"《中华人民共和国合同法》第七十三条规定："因债务人怠于行使其到期债权，对债权人造成损害的，债权人可以向人民法院请求以自己的名义代位行使债务人的债权，但该债权专属于债务人自身的除外。代位权的行使范围以债权人的债权为限。债权人行使代位权的必要费用，由债务人负担。"上述规定均适用于债权人行使代位权的情形。本案被保险人虞某死亡后，顶盛公司作为雇主自愿支付调解款，雇员家属并非顶盛公司的债务人。相反，顶盛公司作为雇主理应依法或依约赔偿，并积极配合和帮助有经济困难、诉讼知识相对不足的雇员家属进行保险索赔，而非取代其法律地位并获得索赔利益。

案例 2

郑某与中华联合财产保险股份有限公司舟山中心支公司海上、通海水域保险合同纠纷案 – （2014）甬海法舟商初字第 595 号

宁波海事法院认为，郑某系本案保险合同的投保人，被保险人刘某某受其雇佣在其所有的"浙嵊 97205"船上工作，依据《中华人民共和国保险法》第三十一条第一款第（四）项的规定，郑某对刘某某具有保险利益。被保险人刘某某生前并未书面同意本案保险合同并认可保险金额，至于其主观意愿，因其已身故而不得而知，从其继承人签订调解协议以及转让保险权益的行为可知其继承人对保险合同并无异议，且在被保险人已身故的前提下推定其不同意本案保险合同，不利于保护刘某某继承人的利益，再者船舶所有人为船员投保团体人身意外险系舟山地区渔船的通行做法，是为了船员在船期间遭受人身意外时能得到相应的赔偿，通常情况下船员对此都无异议。投保单虽系被告保险业务人员代为签字，但郑某交纳保险费的行为视为对签字行为的追认，合同成立。综上，宁波海事法院认为本案保险合同依法成立，合法有效。本案保险合同并未指定受益人，依据《中华人民共和国保险法》第四十二条的规定，保险金应作为遗产由刘某某的法定继承人继承。郑某与刘某某的四位第一顺位继承人达成赔偿协议并部分履行后，刘某某的四位继承人出具《权益转让书》，将保险合同项下可得的保险权益转让给郑某，在保险事故已经发生的情况下，本案保险合同的保险权益已确定为四位继承人可得的保险金，属于财产权利，四人可予以处分，并不违反法律规定，因此郑某依法取得本案保险合同的保险金请求权，是本案的适格原告。

📖 船员上岸买菜期间发生伤亡是否属于附加船东对船员责任险的保险责任范围

案例

兴龙舟海运集团有限公司与中国大地财产保险股份有限公司宁波市鄞州支公司海上、通海水域保险合同纠纷案 – （2017）浙 72 民

初 1686 号

宁波海事法院认为，根据《中华人民共和国海商法》第二百一十六条和第二百三十七条规定，保险人对被保险人承担赔偿责任以发生海上保险合同约定的保险事故为前提。涉案附加船东对船员责任保险条款第一条约定的保险人保险责任，是保险船舶在航行运输或停泊中船上在岗船员发生死亡或伤残，根据劳动合同或法律，被保险人依法对船员承担的医疗费、住院费和伤残、死亡补偿费的赔偿责任；第二条约定船员在岸上发生的死亡和伤残属于保险人除外责任。由此可见：第一，被保险人因保险船舶在航行运输或停泊中船上在岗船员发生死亡或伤残而依法对船员承担赔偿责任的，构成保险事故；船员在岸上发生的死亡或伤残，无论被保险人是否对船员承担了赔偿责任，均不属于上述保险条款约定的保险赔偿责任范围。上述条款，结合上下文，词义和内容清晰明确，并不存在歧义，即损失来之于船上在岗船员的死亡或伤残，而不包括船员在岸上发生的死亡或伤残。《中华人民共和国保险法》第三十条前段规定，保险人与被保险人对合同条款有争议的，首先应当按照通常理解予以解释，只有在对合同条款存在两种以上解释的，才适用该条后段规定作有利于被保险人的解释。兴龙舟海运集团有限公司（以下简称兴龙舟公司）关于对"停泊中船上在岗船员"存在两种理解应作有利于被保险人解释的主张，不予采纳。第二，涉案附加船东对船员责任保险条款第一条和第二条，是分别从保险责任和保险人除外责任两个不同方面，对海上保险合同双方当事人基本权利义务所作的约定。保险条款约定船员在岸上发生的死亡或伤残属于保险人除外责任，并不必然得出此种情形下发生的船员死亡或伤残本该在保险人保险责任范围内的结论，不影响对保险责任条款中"保险船舶在航行运输或停泊中船上在岗船员发生死亡或伤残"通常的理解与解释。兴龙舟公司提出的上述保险除外责任条款已表明涉案 5 名船员在岸上因机动车交通事故而致其承担赔偿责任属于保险范围之内的主张，理由不成立，也不予采纳。第三，涉案船东对船员责任保险，系沿海内河船舶一切险的附加险，属于海上保险，所承保的是海上事故引起的风险，保险条款关于"保险船舶在航行运输或停泊中船上在岗船员发生死亡或伤残"的约定，应理解为保险船舶航行或停泊中因船员从事运输、作业发生死亡或伤残而致船东对船员承担赔偿责任。本案李某等 5 名船员，在离船外出买菜归途中因所乘车辆发生机动车交通事故而遭受人身损害，无论是场所还是岗位，均与保险船舶航行或停泊中船员从事运输、作业无关，不构成海上保险事故，不属于船东对船员责任保险条款约定的保险责任范围，保险人依法不承担保险赔偿责任。兴龙舟公司还提出，中国大地财产保险股份有限公司宁波市鄞州支公司未尽到特别提示义务，船东对船员责任保险责任免除条款对其不发生法律效力，但涉案投保单投保人声明栏、保险单投保人声明栏均有保险人对其义务以及责任免除已作说明和提示、投保人完全理解的记载，且兴龙舟公司已在投保人声明栏盖章确认，并在所附条款上加盖了骑缝章，兴龙舟公司此项主张，与本案查明的事实不符，不予采信，也不影响前述涉案事故不构成保险事故以及保险人不承担保险赔偿责任的认定。

第十二章　保险代位求偿

保险公估费用/检验费用是否属于代位求偿权范围

案例 1

海湾休维拉特公司与中国人民财产保险股份有限公司温州市分公司等海上货物运输合同保险代位求偿纠纷上诉案 – （2013）浙海终字第 153 号

一审法院判决认为，中国人民财产保险股份有限公司温州市分公司主张的额外商检费用系其保险业务开支，不应由承运人承担。二审就此维持原判。

案例 2

大连北良物流集装箱有限公司、上海泛亚航运有限公司与三井住友海上火灾保险株式会社海上货物运输合同货损纠纷案 – （2009）辽民三终字第 10 号

一审法院判决认为，三井住友海上火灾保险株式会社（以下简称三井会社）为检验草莓损坏程度和原因而支付的检验费 75057 日元，属于三井会社因草莓损坏而遭受的损失，按检验草莓日 2006 年 9 月 4 日的汇率 100 日元对人民币 6.8029 元计算，折合人民币 5106 元。三井会社请求的检验费为人民币 4850 元，故检验费数额以三井会社的请求为准。

二审法院判决维持一审判决。

案例 3

中国太平洋财产保险股份有限公司浙江分公司诉中远集装箱运

输有限公司多式联运合同纠纷案 – (2011) 沪海法商初字第40号

上海海事法院认为，关于原告诉请的检验费损失，首先，原告未能提供相关付款凭证，其次，我国海商法规定，承运人的赔偿额按照货物的实际价值计算，货物的实际价值系按照货物装船时的价值加保险费加运费计算，而该笔费用不在货物的价值之内，不属于承运人的赔偿范围。检验费用系原告为查明和确定保险事故的性质、原因和损失程度所必须发生的费用，属保险人为理赔所支出的经营费用，不属于保险赔偿金，保险人对此费用代位求偿缺乏法律依据。上海海事法院对原告的该项诉讼请求不予支持。

案例 4

中国人民财产保险股份有限公司顺德支公司诉桂平市江口第三水运公司等水路货物运输合同纠纷案 – (2010) 广海法初字第403号

中国人民财产保险股份有限公司顺德支公司（以下简称人保顺德支公司）主张桂平市江口第三水运公司（以下简称桂平公司）、杨某某应支付公估费25000元，法院判决认为，保险公估费用系人保顺德支公司作为保险人为履行保险合同而支出的费用，根据《中华人民共和国保险法》第六十四条"保险人、被保险人为查明和确定保险事故的性质、原因和保险标的的损失程度所支付的必要的、合理的费用，由保险人承担"的规定，人保顺德支公司的该主张缺乏法律依据，不予支持。

保险代位求偿权的审查范围

案例 1

上诉人东京海上日动火灾保险（中国）有限公司与被上诉人格里戈船务公司、格里戈星航海运公司海上货物运输合同纠纷案 – (2012) 鄂民四终字第00016号

原审法院认为，上诉人未举证证明格里戈星航海运公司（以下简称星航

公司）签发清洁提单使收货人丧失拒付货款的权利属于保险代位追偿的范围。湖北省高级人民法院认为，正如被上诉人所辩称的，依据《最高人民法院关于审理海上保险纠纷案件若干问题的规定》第十四条关于"人民法院应当仅就造成保险事故的第三人与被保险人之间的法律关系进行审理"之规定，收货人日铁贸易美国有限公司（以下简称日铁贸易公司）以货损检验报告为依据向作为保险人的上诉人索赔，上诉人向收货人赔付了1016783.43美元，日铁贸易公司向上诉人出具权益转让书后，上诉人即取得代位向承运人求偿的权利。如果承运人和/或实际承运人应向被保险人承担赔偿责任，保险人即有权代被保险人之位向承运人和/或实际承运人求偿。故，本案中上诉人无须另行举证证明星航公司不当签发清洁提单使收货人丧失拒付货款的权利属于保险代位追偿的范围。

案例2

华泰财产保险股份有限公司上海分公司诉广西防城港碧海轮船有限公司海上、通海水域货物运输合同纠纷案－（2008）沪海法商初字第669号

关于原告诉讼主体资格问题。依据《最高人民法院关于审理海上保险纠纷案件若干问题的规定》第十四条，"受理保险人行使代位请求赔偿权利纠纷案件的人民法院应当仅就造成保险事故的第三人与被保险人之间的法律关系进行审理"。据此，本案不必对原告与被保险人之间的保险合同关系进行实质性审理，被告向作为保险人的原告提出保险合同无效、保险人超出保险责任范围赔付以及被保险人一方无权接受保险赔付等抗辩的，不影响原告行使代位求偿权。……上海海事法院认为，原告向被保险人赔偿以后，已经在保险赔偿范围内取得作为托运人的被保险人向承运货物的被告提起货损赔偿的权利，原告具有适格的诉讼主体资格。

案例3

日本兴亚损害保险株式会社诉上海浦新国际集装箱储运有限公司等货物运输合同货损赔偿纠纷案－（2003）沪海法商初字第473号

原告作为涉案货物的保险人，其已向保险合同的受让人作出了实际赔付并提交了相应的赔付凭证，上海海事法院认为其已合法取得了就涉案货物的损坏代位上海高荣模具有限公司向相关责任人请求赔偿的权利。上海海事法院还认为，涉案海上货物保险合同作为独立于本案货物运输合同之外的另一份合同，约束的应是保险人、被保险人和保险单的持有人。基于合同意思自治原则，保险合同项下的权利义务可由上述保险合同的当事人自行协商确定。只要涉案海上保险合同是合法有效的，保险人并已对被保险人实际作出赔付，保险人就可取得相应的代位求偿权。至于是货主直接来索赔还是保险公司来追偿，对于第三人而言并不会加重其责任。如果当保险人已对外赔付并取得被保险人的权益转让书的情况下，本应承担责任的第三人站在保险人对被保险人的抗辩地位来指责保险人的赔付不当，借此规避自己的责任，显然不符合法律赋予保险人代位求偿权利的立法本意。

📖 权益转让书并非海上保险代位求偿权的必要文件，支付凭证为必要文件

涉外商事海事审判实务问题解答
（最高人民法院民事审判第四庭）

159. 保险人行使代位请求赔偿权利应当具备哪些条件？

答：保险人在行使代位请求赔偿权利时，应当依照《中华人民共和国海事诉讼特别程序法》的有关规定，向受理案件的海事法院提交其已经按照保险合同的约定支付给被保险人赔偿金的证明，而无需提交被保险人签署的权益转让书。保险人仅提交了被保险人签署的权益转让书但未提交该证明的，其代位行使请求赔偿的权利不予支持。

最高人民法院关于审理海上保险纠纷案件若干问题的规定

第十三条　保险人在行使代位请求赔偿权利时，未依照海事诉讼特别程序法的规定，向人民法院提交其已经被保险人实际支付保险赔偿凭证的，人民法院不予受理；已经受理的，裁定驳回起诉。

在全国海事审判工作会议上的总结讲话①

对海上保险司法解释第十四条的理解。该条规定，受理保险人行使代位请求赔偿权利纠纷案件的人民法院应当仅就造成保险事故的第三人与被保险人之间的法律关系进行审理。本条规定的本意是，在审理保险人行使代位请求赔偿权利的案件时，只要保险人依照海事诉讼特别程序法的相关规定提交了支付保险赔偿的凭证，人民法院应当仅就造成保险事故的第三人与被保险人之间的法律关系进行审理，不应当审理保险人与被保险人之间保险合同的效力以及保险人是否应当作出保险赔付的问题。但是需要注意的是不能机械地理解该条规定的字面意思。保险人主张代位请求赔偿权利时，应当提交证据证明其已经支付了涉案保险赔偿取得代位请求赔偿权利，人民法院对此应予审查。如果其不能提交有效证据证明其支付的赔偿为涉案保险赔偿，其代位求偿的诉讼请求不应得到支持。如果法院在不予认定保险人提交的保险凭证和保险合同的情况下，仅对运输合同法律关系进行审理，而不考虑保险人是否已经取得代位求偿权，是存在问题的。

案例 1

华泰财产保险股份有限公司上海分公司诉广西防城港碧海轮船有限公司海上、通海水域货物运输合同纠纷案 –（2008）沪海法商初字第 669 号

上海海事法院判决认为，虽然原告没有提交有效的权益转让书，但是依据《中华人民共和国海商法》第二百五十二条第一款"保险标的发生保险责任范围内的损失是由第三人造成的，被保险人向第三人要求赔偿的权利，自保险人支付赔偿之日起，相应转移给保险人"以及《中华人民共和国海事诉讼特别程序法》第九十六条、《最高人民法院关于适用〈中华人民共和国海事诉讼特别程序法〉若干问题的解释》第六十八条的规定，保险人取得代位求偿权的实质性要件是支付保险赔偿金，保险人提交已经向被保险人实际赔付的凭证

① 刘贵祥：《在全国海事审判工作会议上的总结讲话》（2012 年 7 月 18 日），载万鄂湘主编《涉外商事海事审判指导》总第 25 辑，第 25 页。

的，可以不再提交被保险人签署的权益转让书。法院认为，原告向被保险人赔偿以后，已经在保险赔偿范围内取得作为托运人的被保险人向承运货物的被告提起货损赔偿的权利，原告具有适格的诉讼主体资格。

案例 2

中国人民财产保险股份有限公司宁波市分公司诉深圳市华展国际物流有限公司等海上货物运输合同货损纠纷案 –（2006）广海法初字第 159 号

关于原告是否依法取得代位求偿权的问题。根据《中华人民共和国海商法》第二百五十二条第一款规定，保险标的发生保险责任范围内的损失是由第三人造成的，被保险人向第三人要求赔偿的权利，自保险人支付赔偿之日起，相应转移给保险人；《中华人民共和国海事诉讼特别程序法》第九十三条规定，因第三人造成保险事故，保险人向被保险人支付保险赔偿后，在保险赔偿范围内可以代位行使被保险人对第三人请求赔偿的权利。因此，保险代位求偿权是一种法定的权利，在保险人对被保险人实际赔付后即取得代位偿权，该权利的取得并不以保险人取得权益转让书为必要条件。

案例 3

三井住友海上火灾保险株式会社诉上海海华轮船有限公司海上货物运输合同货损赔偿纠纷案 –（2003）沪海法商初字第 391 号

上海海事法院认为，原告在依法履行保险赔偿义务后，可以从被保险人即涉案海上货物运输合同的收货人处取得对被告的代位求偿权。诉讼中，原告虽然向法院提交了权益转让书，取得了向被告追偿的资格，但未按照《中华人民共和国海事诉讼特别程序法》第九十六条的有关规定向法院提交保险人支付保险赔偿的凭证，因此原告作为海上保险人依法行使代位请求赔偿权未能满足法定的要求。……综上，因原告提起本案诉讼的证据不足，予以驳回。

代位求偿权下保险赔偿利息起算日期

案例

上诉人港中旅华贸国际物流股份有限公司与被上诉人安顾保险有限公司海上货物运输合同纠纷案－（2013）沪高民四（海）终字第104号

一审法院认为，安顾保险有限公司（以下简称安顾公司）主张上述赔付金额的利息损失系因港中旅华贸国际物流股份有限公司（以下简称华贸公司）迟延支付赔款所造成安顾公司的扩大损失，依法可予准许，但安顾公司主张从其对外支付保险赔款之日起算缺乏依据。法院认为自安顾公司向华贸公司正式提出索赔之日开始起算利息损失为宜。根据现有证据和查明的事实，法院酌情认定安顾公司利息损失可自其起诉之日即2012年9月26日起算较为合理。二审法院对一审判决予以了维持，对此未予否认。

海上保险人在二审中以代位求偿权为由主张变更当事人的程序处理

在全国海事审判工作会议上的总结讲话①

变更当事人的程序。根据《最高人民法院关于适用〈中华人民共和国海事诉讼特别程序法〉若干问题的解释》第六十六条的规定，保险人作出保险赔偿后行使代位请求赔偿权利，在被保险人就有关损害对第三人提起的赔偿诉讼中请求变更当事人或者请求作为共同原告参加诉讼的，海事法院应当予以审查并作出是否准予的裁定；当事人对裁定不服的，可以提起上诉。因此，如果保险人在二审期间提供保险赔付的证据，请求变更当事人或者请求作为共同诉讼当事人参加诉讼的，为了充分保证当事人的诉讼权利，二审法院应当将案件发回一审法院重审。

---

① 刘贵祥：《在全国海事审判工作会议上的总结讲话》（2012年7月18日），载万鄂湘主编《涉外商事海事审判指导》总第25辑，第25页。

📖 被保险人违反约定未将责任人列为共同被保险人，保险人不得对该责任人行使代位求偿权

⚖ 案例

安得智联科技股份有限公司、太平财产保险股份有限公司深圳分公司保险人代位求偿权纠纷案－（2018）粤民再71－73号

一审法院认为，在杭州百代电器有限公司（以下简称百代公司）（甲方）与安得智联科技股份有限公司（以下简称安得公司）（乙方）所签订的《仓储服务合同》中，有如下约定："……第六条：仓储货物保险……B甲方投保，保费由甲方承担……1. 甲方委托乙方保管的货物，由甲方负责购买仓储财产一切险，甲乙双方共同作为被保险人，保险费由甲方承担；2. 甲方应按照所适用仓库的最高库存峰值进行投保，未投保或投保的金额不足，造成出险后不能赔付或不能足额赔付的，由甲方自行负责，乙方不承担损失赔偿责任；……4. 发生保险事故，乙方应立即向甲方报告，并及时提供相关证据，协助甲方向保险公司办理保险理赔手续，损失赔偿以保险公司核定赔付为准，乙方不承担保险公司赔付以外的损失赔偿责任……"而百代公司事实上并未按约定把安得公司作为共同被保险人参与到百代公司与太平财产保险股份有限公司深圳分公司（以下简称太平保险公司）的保险合同中，百代公司存在违约，应承担相应的法律后果；在此前提下，现太平保险公司依据代位求偿权对安得公司请求赔偿，一审法院不予支持。

二审法院认为，本案中，百代公司与安得公司所签订的《仓储服务合同》第六条B款第1项虽有关于"甲方（百代公司）委托乙方（安得公司）保管的货物，由甲方负责购买仓储财产一切险，甲乙双方共同作为被保险人，保险费由甲方承担"的约定，但根据相关保险单的记载及双方当事人的确认，百代公司实际上并未依照合同约定购买财产一切险，而是购买了财产综合险，且投保财产综合险后也并未依照约定将安得公司列为被保险人。即本案中，安得公司并非涉案保险法律关系中的被保险人，且本案并无证据表明百代公司已经在投保前后明确放弃向安得公司要求赔偿的权利，而是与太平保险公司签订《赔付协议及权益转让书》，约定收到赔偿款之日起，太平保险公司在赔偿金额范围内依法取得代位求偿权。故安得公司所述百代公司已放弃向其主张赔偿的权利与事实不符，二审法院对此不予采纳。退一步而言，即使百代公司依约

将安得公司作为被保险人之一投保财产一切险，但安得公司并非案涉空调的所有人，其对保险标的并不具有保险利益，依据《中华人民共和国保险法》第十二条的规定，安得公司亦无法依据财产一切险合同减轻或免除其赔偿责任，故二审法院对其该抗辩主张不予支持。

广东省高级人民法院再审认为，本案中，由于百代公司未将安得公司列为共同被保险人并擅自单方购买财产综合险的行为违反了《仓储服务合同》保险条款的约定，存在违约，该违约行为所导致的直接后果即是引发了太平保险公司向安得公司行使保险代位求偿权，而在亦由本案火灾事故引发的（2015）嘉海商初字第2478号案件中，因该案的被保险人杭州美的暖通设备销售有限公司依照约定将安得公司列为共同被保险人向太平保险公司购买了财产一切险，该案最终认定：仓储物所有人将安得公司列为共同被保险人，两者均共同期待在保险标的出现意外的情况时能获得太平保险公司的赔偿且不受太平保险的追偿。保险的既有原则之一，就是保险人不得对被保险人行使代位权，并据此驳回了太平保险公司对安得公司的诉讼请求。因此，本案中百代公司如依照《仓储服务合同》有关保险条款的约定将安得公司列为共同被保险人，那么太平保险公司将不得对安得公司行使代位权，正是由于百代公司未依照合同约定购买保险的违约行为引发本案诉讼，据此太平保险公司取代百代公司的身份提起本案代位求偿权之诉，主张安得公司违约，依据不足，广东省高级人民法院不予采纳。一审法院认定百代公司事实上并未按约定把安得公司作为共同被保险人参与到百代公司与太平保险公司的保险合同中，百代公司存在违约，应承担相应的法律后果，并据此驳回了太平保险公司依据代位求偿权对安得公司请求赔偿的诉讼请求并无不当，广东省高级人民法院予以维持。二审法院以安得公司并非涉案保险法律关系中的被保险人，且本案并无证据表明百代公司已经在投保前后明确放弃向安得公司要求赔偿的权利，以及安得公司并非案涉空调的所有人，其对保险标的并不具有保险利益为由，判决安得公司应向太平保险公司支付案涉保险赔偿款及利息不当，广东省高级人民法院予以纠正。

第十三章　法律适用与管辖权

📖 **保单约定适用 ICC 保险条款并不当然包括其中的法律适用条款**

🔨 **案例 1**

世嘉有限公司与中国大地财产保险股份有限公司等海上、通海水域保险合同纠纷民事二审案件 –（2021）沪民终 359 号

一审法院认为，依据《最高人民法院关于适用〈中华人民共和国涉外民事关系法律适用法〉若干问题的解释（一）》第三条，在涉案海上保险合同纠纷的法律适用方面，《中华人民共和国海商法》（以下简称海商法）的特别规定应当优先于《中华人民共和国涉外民事关系法律适用法》（以下简称涉外民事法律适用法）的适用。关于涉外合同纠纷的法律适用的规定，海商法第二百六十九条与涉外民事法律适用法第四十一条略有不同，因此，海商法第二百六十九条规定在本案中优先适用，即"合同当事人可以选择合同适用的法律，法律另有规定的除外。合同当事人没有选择的，适用与合同有最密切联系的国家的法律"。

合同当事人有关法律适用的协议应以明示方式达成。根据查明的事实，构成涉案保险合同的投保单、保险单、批单及其附件和特别约定中都未记载法律适用条款。保险单有关"在本保单中，若中文措词与英文措词存在歧义，以中文为准"的特别约定明确仅针对保险单而非指向保险合同整体。本案没有证据证明中国大地财产保险股份有限公司（以下简称大地财保）及中国大地财产保险股份有限公司航运保险运营中心（以下简称大地财保航保中心）在涉案保险合同订立时，向世嘉有限公司（以下简称世嘉公司）或其代理人交付了约定适用的"协会定期船舶保险条款"的中英文版本，因此，对于各方当事人均无异议的"协会定期船舶保险条款"英文版本，可认为是涉案保险合同的组成部分，而大地财保及大地财保航保中心在一审审理过程中提交的中文版本并不能当然成为涉案保险合同的组成部分，对英文版本的中文翻译各方

有分歧时，应以通常翻译为准，如有两种以上通常翻译的，应以有利于被保险人的原则进行确定。

"协会定期船舶保险条款"英文版本明确载明"本保险适用英国法律和惯例"，表明英国法与惯例被并入了保险条款。从该保险条款的演进历史看，英国法律和惯例确系协会定期船舶保险条款的有机组成部分，依据英国法律和惯例去解释协会定期船舶保险条款的含义，有利于准确判定涉案保险合同当事方的权利义务，但英国法仅是"协会定期船舶保险条款"的解释依据，并非本案的准据法。在双方未明示将"本保险适用英国法律和惯例"作为法律适用条款的情况下，不能据此认定涉案保险合同双方当事人亦选择了英国法和惯例作为处理保险合同纠纷的准据法。并且，一审法院注意到，世嘉公司在 2017 年 3 月 31 日发给保险人的邮件中提及"根据中国《海商法》第 246 条的规定"发出委付通知以及保险人于 2017 年 2 月 19 日抄送世嘉公司的邮件中提及"本案船壳保险所适用的条款及其适用的中国法律"，说明保险合同双方都认为涉案合同的准据法应为中国法，而未达成将英国法作为保险合同准据法的合意。

二审法院认为，根据海商法第二百六十九条的规定，合同当事人可以选择合同适用的法律，法律另有规定的除外。合同当事人没有选择的，适用与合同有最密切联系的国家的法律。本案中，仅在保险条款即"协会定期船舶保险条款"英文版的标题下方载明"This insurance is subject to English law and practice"（本保险适用英国法律和惯例），仅能说明"协会定期船舶保险条款"的解释应遵循英国法律和惯例。本案中并无其他证据证明世嘉公司与大地财保航保中心就保险合同项下纠纷适用的准据法达成过一致。在双方当事人没有选择合同适用的法律的情况下，应当适用与合同有最密切联系的国家的法律。本案保险人为中国公司且涉案合同在中国签订，一审法院认定中华人民共和国法律是与涉案保险合同有最密切联系的国家的法律并确定本案准据法为中华人民共和国法律，于法有据。

案例 2

上诉人阿斯旺水泥公司与被上诉人天安财产保险股份有限公司海上保险合同纠纷案 –（2016）沪民终 136 号

上海海事法院认为，本案原告系境外企业，涉案保险单项下纠纷涉及货物自中国港口运至埃及港口的海上运输，故本案具有涉外因素。就本案法律适用，原告认为应当适用中国法律。被告认为本案投保人在投保时向被告出具了情况说明，确认其投保的险别为协会条款，由于协会条款明确约定该条款项下的争议适用英国法和惯例，故本案应当适用英国法律。上海海事法院认为，协会条款中关于适用英国法和惯例的记载系格式条款，仅表明在解释协会条款时应适用英国法和惯例，并无证据证明本案当事人就适用英国法和惯例进行协商并达成一致意见。本案被告系中国企业，保险合同在中国签订，保险所涉海上运输从中国港口起运，在斯里兰卡港口终结，全案与英国没有任何连接点，根据最密切联系原则，本案应当适用中华人民共和国法律，上海海事法院对被告提交的英国法不再予以查明。

二审法院维持一审判决。

案例3

中国人民财产保险股份有限公司上海市分公司与自然环保集团有限公司、江苏永禄肥料有限公司海上保险合同纠纷案 –（2013）沪高民四（海）终字第108号

一审法院认为，在此需要讨论的是协会A条款第19条能否被认为是本案保险合同当事人明示选择的法律适用条款。所谓"明示选择"是指合同当事人以文字或者言词明确作出选择合同准据法的意思表示。依据《中华人民共和国海商法》（以下简称《海商法》）第二百二十一条和《中华人民共和国保险法》（以下简称《保险法》）第十七条的规定，保险人对于格式保险条款负有在保险单证中载明和说明义务。本案情形是江苏永禄肥料有限公司（以下简称永禄公司）和中国人民财产保险股份有限公司上海市分公司（以下简称人保上海公司）在缔结保险合同时约定合同的承保险别为协会A条款，其第19条内容为"本保险受英国法律和惯例调整"，但协会A条款的具体内容并未被载入双方的保险单中。在通常情况下，保险合同当事人在保险单的"承保险别"一栏选择协会A条款，其意思表示应仅是当事人对于险种及相对应的保险责任范围的约定，而非针对法律适用。涉案协会A条款本应由人保上海公司在向永禄公司交付保险单时一并提供给永禄公司。但事实是人保上海公司从未向永禄公司提供协会A条款的具体内容，在没有证据证明人保上海公司已向永禄公司即投保人就第19条内容尽到了法定说明义务情况下，无法推定投保人和被保险人已知晓该第19条内容及其法律后果。此种通过并入某个格式条款进而并入该格式条款中某一法律适用条文的方式，不足以被认定为当事

人对法律适用作出的明示选择。

二审法院认为，涉案保险单没有记载法律适用条款，也没有证据表明投保人与保险人就法律适用达成过协议；涉案保险单所承保的协会 A 条款第 19 条规定"本保险受英国法律和惯例调整"，系表明在解释协会 A 条款时应当依据英国法与惯例，在保险人没有向投保人释明若发生保险合同纠纷时应将协会 A 条款第 19 条作为法律适用条款的情况下，不能据此认定涉案保险合同双方当事人亦选择了英国法和惯例作为处理保险合同纠纷的准据法；涉案保险人人保上海公司的住所地在中国，涉案保险合同在中国签订，投保人亦为中国法人，故一审法院关于中国法是与涉案保险合同有最密切联系的国家的法律，中国法为本案准据法的认定于法有据。人保上海公司关于本案准据法为英国法律和惯例的上诉理由，缺乏事实和法律依据，二审法院不予支持。

案例 4

世界建材中心公司与中国人民财产保险股份有限公司广东省分公司海上保险合同纠纷案 –（2011）广海法初字第 716 号

广州海事法院认为，本案保险合同虽约定适用协会 A 条款，但协会 A 条款的具体内容并未被载入双方的保险单中。在通常情况下，保险合同当事人在保险单的"承保险别"一栏选择协会 A 条款，其意思表示应仅是当事人对险种及相对应的保险责任范围的约定，而非针对法律适用。此种通过并入某个格式条款进而并入该格式条款中某一法律适用条文的方式，不足以被认定为当事人对法律适用作出的明示选择。在协会 A 条款的第 19 条不能被认定为当事人明示选择的法律适用条款的情况下，根据上述法律规定，被告履行的保险人义务最能体现本案保险合同的特征，被告住所地与本案有密切联系，被告的住所地在中国，故处理本案争议的准据法为中国法律。

受让保险单的收货人是否受预约保险单中约定的管辖条款约束

案例

武汉凌达压缩机有限公司与富勤保险（香港）有限公司保险纠纷管辖权异议案 –（2015）鄂民四终字第 00029 号

一审法院认为，海上货物保险单的保险条件条款已载明该保单条款未尽事宜由预约保单的条款、条件和例外条款所管辖，因此，以海上货物保险单证明的涉案货物运输保险合同的管辖条款应依据预约保险单的约定进行确定。预约保单的首部载明"本保险受香港特别行政区司法管辖"，该条款系预约保单当事人通过合意作出的书面协议选择，且香港特别行政区亦为被告住所地，与争议有实际联系，该管辖约定符合《中华人民共和国民事诉讼法》第三十四条规定，为有效约定。武汉凌达压缩机有限公司（以下简称凌达公司）因受让涉案货物提单而成为海上货物保险单的受益人，应受预约保单项下所有条款，包括管辖权条款的约束，其向富勤保险（香港）有限公司（以下简称富勤保险公司）主张货物保险赔偿，应接受香港特别行政区司法管辖。

二审法院认为，虽然富勤保险公司提交的经过公证的证据显示乐惠公司于2012年7月1日确认收到了该预约保单，但一方面，凌达公司主张其并未从乐惠公司收到该预约保单，富勤公司未提交证据证明乐惠公司已将预约保单转移给凌达公司，并在二审中明确表示没有新的答辩意见和证据提交；另一方面，司法管辖条款作为争议解决条款在合同中具有独立的属性，海上货物保险单载明"本条款未尽事宜，由本保单的其他文件的条款、条件和例外条款所管辖，详见海运货物预约保险单编号MOC/512/12（Subject otherwise to the terms, conditions and exceptiongs of Marine Cargo Open Cover No. MOC/512/12）"，并不必然表示预约保单中一定包含司法管辖条款，不能推定凌达公司当然知晓该司法管辖条款的存在。故富勤保险公司签发给乐惠公司的预约保单中有关司法管辖的约定不能当然约束凌达公司，不能作为确定本案管辖权的依据。

📖 运输中货物作为保险标的发生损害时的法院管辖权

案例

中国人民财产保险股份有限公司北京市分公司与南京银河龙翼船有限公司海上货物保险合同纠纷管辖权异议一案 –（2012）民提字第143号

最高人民法院审理认为，本案是海上货物保险合同纠纷，南京银河龙翼船有限公司（以下简称银河公司）依据其与中国人民财产保险股份有限公司北京市分公司（以下简称人保北京分公司）之间的保险合同提起本案诉讼，属于具有涉外因素的海事诉讼案件。《中华人民共和国海事诉讼特别程序法》第六条规定："海事诉讼的地域管辖，依照《中华人民共和国民事诉讼法》的有关规定"。《中华人民共和国民事诉讼法》第二十六条规定："因保险合同纠纷提起的诉讼，由被告住所地或者保险标的物所在地人民法院管辖。"《最高人民法院关于适用〈中华人民共和国民事诉讼法〉若干问题的意见》第25条进一步规定："因保险合同纠纷提起的诉讼，如果保险标的物是运输工具或者运输中的货物，由被告住所地或者运输工具登记注册地、运输目的地、保险事故发生地的人民法院管辖。"

涉案保险合同约定的运输区间是自中国上海至阿联酋沙迦，保险标的物属于运输中的货物。人保北京分公司主张应适用《最高人民法院关于适用〈中华人民共和国民事诉讼法〉若干问题的意见》第25条确定本案管辖权具有法律依据，最高人民法院予以支持。运输工具登记注册地、运输目的地、保险事故发生地及被告住所地应当作为确定本案管辖权的依据，而这些地域管辖的连接点均不在武汉海事法院管辖范围。一审、二审法院以受损保险标的物位于南京为由，认定武汉海事法院对本案具有管辖权属于适用法律错误，应予纠正。

第十四章 证 据

保险单上记载有提单号能否证明投保人向保险人提交了提单

案例

中国太平洋财产保险股份有限公司深圳分公司、东莞市莱钢钢结构有限公司海上、通海水域保险合同纠纷案 –（2020）最高法民申 4176 号

中国太平洋财产保险股份有限公司深圳分公司（以下简称太保深圳公司）主张，代表东莞市莱钢钢结构有限公司（以下简称莱钢公司）投保的"潘先生"在投保过程中隐瞒货物运输真实情况，致使太保深圳公司误以为不存在舱面货而与莱钢公司签订保险合同，故太保深圳公司有权解除案涉保险合同。最高人民法院认为，本案中，太保深圳公司收取了保费并出具了保险单，该保险单是双方真实意思表示，具有法律效力。保险单载明："中国太平洋财产保险股份有限公司（以下称承保人）根据被保险人的要求，在被保险人向承保人缴付约定的保险费后，按照本保险单险别和背面所载条款与下列特款承保下述货物运输险，特立本保险单。"所涉"保险货物项目"一栏记载"B/LNo.：MR01"。太保深圳公司提供 33U 号及 79M 号保险的电子承保系统记录、深圳市美联保险经纪有限公司（以下简称美联公司）出具的《关于莱钢案件投保说明》等证据，拟证明"潘先生"在与美联公司前期沟通过程中，未如实告知存在舱面货的信息。但在案涉保险单已经载明相应提单编号，且太保深圳公司亦未提供投保单等证据进一步佐证其主张的情况下，聊天沟通记录以及美联公司作为太保深圳公司保险代理人出具的说明，不足以对抗保险单的记载及其证明力。货物装载情况差异所致的不同风险，是影响保险人据以确定保险费率或者确定是否同意承保的重要情况。太保深圳公司作为从事保险业务的专业机构，明知提单记载的货物装载及运输情况属于影响自身利益的重大事项，其自称在未收到 MR01 号提单的情况下仍在电子承保系统中录入提单编号，有悖常

理，亦不符合专业保险机构在核保过程中应当遵循的基本注意义务和行业操作惯例。因此，现有证据不能得出太保深圳公司在签发案涉保险单时未收到MR01号提单的结论。《最高人民法院关于适用〈中华人民共和国民事诉讼法〉的解释》第一百零八条规定："对负有举证证明责任的当事人提供的证据，人民法院经审查并结合相关事实，确信待证事实的存在具有高度可能性的，应当认定该事实存在。对一方当事人为反驳负有举证证明责任的当事人所主张事实而提供的证据，人民法院经审查并结合相关事实，认为待证事实真伪不明的，应当认定该事实不存在。"原判决综合案件情况及相关证据，认定太保深圳公司在签发79M号保险单时已收到MR01号提单，并无不当。太保深圳公司关于原判决认定基本事实缺乏证据证明、适用法律错误，以及其有权行使合同解除权并免除保险责任的理由不能成立，最高人民法院不予支持。

气象实测资料关于风力大小的证明力

案例1

王某某、泰山财产保险股份有限公司海上、通海水域保险合同纠纷案 –（2020）最高法民再167号

二审法院（山东省高级人民法院）认为，本案当事人各方为证明己方主张成立，各自提交了事故时天气状况的证明，且部分天气状况证明为同一单位所提供。王某某提交了山东省石岛气象台气象证明、荣成市气象局气象情报、荣成市海洋与渔业局给渔船船东和养殖户发送的蓝色预警手机短信及证明、威海海事局海上风险蓝色预警（2016年第37期）以及荣成渔港监督对涉案事故的调查询问笔录等证据用以证明沉没事故发生时风力为8级或8级以上。而泰山财产保险股份有限公司（以下简称泰山财保公司）和泰山财产保险股份有限公司威海中心支公司（以下简称泰山财保威海公司）提交了山东省石岛气象台气象证明、威海市专业气象台气象资料证明以及中国气象台台风与海洋气象预报中心《2016年8月29日威海石岛附近海域天气实况分析（36°13′N，122°27′）》等证据用以证明事故发生时，海上风力为8级以下。从双方提交的证据看，王某某提交的证据均是气象预报，是对天气情况的一种预测；而泰山财保公司和泰山财保威海公司提交的则是天气实况，是通过对自动站实测数据、常规观测资料、卫星反演风场、卫星云图等实况数据的综合分析，该分析更符合涉案船舶事故发生时的实际情况，天气实况的证明效力应当大于气象预

报的证明效力。王某某提交的证据不足以证明涉案船舶发生事故时遭遇了8级以上（含8级）大风。因此，涉案事故不属于双方保险条款约定的保险事故范围，泰山财保公司、泰山财保威海公司不应当承担赔偿责任。

最高人民法院再审认为，双方当事人均提交了不同的气象证明拟证明事故发生当时海上的风力。王某某提交了山东省石岛气象台出具的气象证明、荣成市气象局出具的气象情报、荣成市海洋与渔业局给渔船船东等发送的海上蓝色预警短信及证明、威海海事局发布的海上风险蓝色预警（2016年第37期）、中国海事服务网发布的事发当日的海洋天气公报以及荣成渔港监督对涉案事故的调查询问笔录等证据用以证明沉没事故发生时风力为8级或8级以上。上述证据可以证明事发当时事故附近海域发生8级及8级以上大风具有高度盖然性。泰山财保威海公司提交的公估师对现场亲临的多名船员所作的询问笔录，也可以证实事发当时海上风力突然增强至8级或8级以上。泰山财保威海公司提交了山东省石岛气象台出具的气象证明、威海市专业气象台出具的气象资料证明以及中国气象局台风与海洋气象预报中心出具的《2016年8月29日威海石岛附近海域天气实况分析（36°13′N，122°27′）》等证据，均为地面观测点观测到的数据，不能证明事发海域的实际风力。事发海域没有风速监测设备，海上风速亦无规律可循，随时可能产生高强度阵风。中国气象局台风与海洋气象预报中心出具的实况分析也没有排除事发当时事发地点的海上风力达到8级或8级以上的可能性。泰山财产保险公司提交的证据不足以否定王某某举证证明的事实。

荣成渔港监督的调查报告认定，"鲁威高渔60008"轮于2016年8月29日遭遇大风浪天气，导致船舶侧翻而沉没。该调查报告是有权机关出具的文书证据，证明效力明确。泰山财保威海公司所依据的公估报告不足以否定该调查报告对船舶沉没原因的认定。案涉《沿海内河渔船保险条款（2013）》"一切险"的承保范围包括8级以上（含8级）大风所造成保险船舶的全部损失或部分损失。"鲁威高渔60008"轮在事故发生时遭遇了8级以上大风并导致沉没，属于《沿海内河渔船保险条款（2013）》"一切险"的承保范围。王某某关于案涉渔船沉没的原因是其在试航过程中遭受到保险条款约定的8级及以上大风，属于保险责任范围内的保险事故的再审理由成立，最高人民法院予以支持。二审判决认定王某某提交的证据不足以证明涉案船舶发生事故时遭遇了8级以上（含8级）大风，涉案事故不属于双方保险条款约定的保险事故范围，认定事实错误，最高人民法院予以纠正。

案例 2

李某、浙江省渔业互保协会海上、通海水域保赔合同纠纷再审 – (2018) 最高法民申 4550 号

最高人民法院再审认为，本案为海上保赔合同纠纷，原审判决认为应当根据案涉互保凭证载明的条款对双方当事人之间的权利义务作出认定是正确的。互保凭证背面互保条款第四条载明了三项承保风险范围，根据该条第一项的规定，8 级以上（含 8 级）大风、洪水、地震、海啸、雷击、崖崩、滑坡、泥石流、冰凌等自然灾害造成船舶的损失互保协会应予赔偿。本案主要涉及对事发地是否存在 8 级以上大风自然灾害的认定。原审时，李某主要提交了舟山气象台的气象证明用于证明事故发生时船舶所在的虾峙岛地区风力达到 8 级，互保协会则提供了普陀区气象台的气象证明用以证明风力未达到 8 级。二审判决认为互保协会提交的普陀区气象台的气象证明依据的是虾峙气象观测站的监测记录，从地理位置而言更接近事发地，且二审中互保协会还提供了舟山市气象台的天气证明，证实事发地所在的虾峙岛出现 7 级风，据此认定李某关于案涉船舶损失系 8 级大风造成的主张缺乏依据，理由充分，并无不当。根据互保条款第四条第二项的规定，因火灾、爆炸、碰撞、触碰、搁浅、触礁等意外事故造成船舶的损失互保协会应予赔偿。李某并未提供证据证明案涉船舶失踪是因火灾、爆炸、碰撞、触碰、搁浅、触礁等意外事故造成。根据互保条款第四条第三项的规定，航行或生产过程中全船失踪 6 个月以上的互保协会应予赔偿。根据李某的自述，案涉船舶失踪时处于停航状态，不是航行或生产过程中的船舶。原审判决认定案涉船舶失踪不属于互保条款列明的承保风险范围，对李某的诉讼请求不予支持，依据充分，适用法律正确。

📖 公估报告效力

北海海事法院审判白皮书（2013 年）①

关于保险公估公信力的问题。在保险合同纠纷和保险代位求偿权纠纷诉讼中，往往涉及保险公估报告，保险公司一般都主张以保险公估报告作为定损、理赔的依据。然而对保险公估公司针对出险船舶、货物价值的估价和事故船舶的修复或救助费用的计算等问题而出具的公估报告，各方当事人争执很大，很多公估报告的证明力被法院否认，法院往往借助于其他证据或者通过委托司法鉴定来认定有关事实，增加了案件的审理难度，拖延了审理期限，不利于纠纷的解决。保险公司出具的公估报告主要存在以下瑕疵：（1）在内容上存在疏漏，常见的有现场清点不及时、不完整，损失数量未经被保险人签字确认，损失计价标准缺乏明显依据，损失金额扣除增值税未提供依据。（2）公估人员没有资质。（3）公估报告未附鉴定人及公估机构负责人的相关资格证书。对此，我们建议：（1）保险监管部门应重视此类问题，会同保险公司加强对有关保险公估公司、人员和出具公估报告工作的监督和管理；严把公估公司设立条件，加强新设机构经营思路等的审核指导，加强对公估机构的风险提示。严格保险公估从业人员的持证上岗制度。（2）建立公估行业服务标准。目前各家公估机构的运作机制和作业流程参差不齐，缺乏统一的行业服务标准。公估行业亟须加强标准化建设，探索建立高标准公估模式，提高公估行业的社会认可度。

🔨 案例 1

国任财产保险股份有限公司威海市荣成支公司、荣成市祥宇渔业有限公司海上、通海水域保险合同纠纷案－（2021）鲁民终1262 号

一审法院认为，国任财产保险股份有限公司威海市荣成支公司（以下简

---

① 参见北海海事法院官方网站。

称国任公司）单方委托公估公司作出公估报告只是具有专门知识的人就专业问题提出的意见，简称"专家意见"。《最高人民法院关于适用〈中华人民共和国民事诉讼法〉的解释》第一百二十二条规定："当事人可以依照民事诉讼法第七十九条的规定，在举证期限届满前申请一至二名具有专门知识的人出庭，代表当事人对鉴定意见进行质证，或者对案件事实所涉及的专业问题提出意见。具有专门知识的人在法庭上就专业问题提出的意见，视为当事人的陈述。"国任公司提交的公估报告，只是"专家意见"，该报告评估船舶的维修费用为1306038元，只能视为国任公司的陈述。

国任公司提交的公估报告存在瑕疵。1. 该公估报告未附检验单位和检验人资质证明，无法证明检验单位和检验人的合法资质和专业水平。2. 该公估报告中的到场检验人仅有1人。《中华人民共和国资产评估法》第二十四条规定："对受理的评估业务，评估机构应当指定至少两名评估专业人员承办。"《保险公估基本准则》第十二条规定："对受理的保险公估业务，保险公估人应当指定至少两名保险公估从业人员承办。保险公估人开展法定公估业务，应当指定至少两名相应专业类别的公估师承办。"《保险公估人监管规定》第四十七条规定："保险公估报告应当由至少2名承办该项业务的保险公估从业人员签名并加盖保险公估机构印章。"该公估报告的检验师一栏最终也只有1人署名。3. 该份评估报告的评估随意性过大。烟墩角船厂坞修报价2155108元，公估评估1371768元，但检验人对价格进行定价、削减没有提交任何依据。综上，国任公司单方委托形成的公估报告存在瑕疵，在荣成市祥宇渔业有限公司（以下简称祥宇公司）不予认可的情况下，其证明力存在缺陷。

祥宇公司有权依法申请对修理费用等问题向法院申请鉴定。荣达公估公司根据现场勘查和价格调查之后得出鉴定结论，涉案船舶维修费用与重置市场价值相等，均为190万元；考虑到重置后仍有废钢等残值，应扣除15万元残值。因此船舶的修理费用应为175万元。该鉴定机构安排2名具有专业资质的人员到现场进行勘验，并进行了市场调查取价，其出具的评估报告具有合法、合理性。一审法院可以根据其《鉴定调查评估报告》认定船舶的修理费用为175万元。

二审法院认为，涉案评估报告由荣达公估公司作出，有2名鉴定人员签字，该鉴定机构与鉴定人员均具有相应的资质和能力。鉴定过程中，双方代表共同在现场检验记录上签字确认。评估报告依据评估目的、对象和范围，明确了评估基准日、评估依据，载明了勘验过程和进行同类渔船实际价值调查的过程，最终得出鉴定结论，形式完整，内容可信。国任公司虽主张评估报告不应当作为定案的依据，但未提供相应证据证明其主张。一审法院依法采信涉案评估报告，并无不当。

 案例2

天安财产保险股份有限公司航运保险中心、钦州市南方轮船有限公司海上、通海水域保险合同纠纷案－（2020）鲁民终1228号

一审法院认为，天安财产保险股份有限公司航运保险中心（以下简称天安保险）提交的公估检验报告并非司法鉴定意见，其本质只是为保险人理赔提供参考的依据，对"方舟568"轮在船厂发生的实际修理费，该报告对实际发生的修理项目未提出实质性异议，但对一些修理项目不定损理由明显不充足，而评估意见即使参考了有"方舟568"轮大副签字的现场勘验记录，但该记录并不是最终确定并实际进行的维修项目，所以并不足以覆盖船舶维修的实际情况，对该报告认定的修理费数额一审法院不予采纳。一审法院认定已经实际支付的修理费3068000元为实际损失。

二审法院认为，涉案船舶碰撞事故造成"方舟568"船舶受损，钦州市南方轮船有限公司（以下简称南方轮船公司）为此支出的船舶维修费用，天安保险公司应予以理赔。对于支出的费用数额，南方轮船公司提交《"方舟568"轮维修合同》"轮维修工程结算单""坞修费用汇总单"及支付凭证等予以证明；天安保险公司提交公估检验报告证明其认可赔付数额的合理性。二审法院认为，公估检验报告更具有证明力，应予以采信。第一，一审诉讼中，南方轮船公司认可公估检验报告及"现场查勘记录"（"方舟568"轮大副王某某签名确认）的真实性。该公估检验报告记载，《"方舟568"轮维修合同》是修船双方在公估人员的要求下而签订，其中约定的船舶修理费135万元虽是暂计数额，但亦应是对船舶修理费用的大致预估，最终的船舶修理费应与该数额相差在合理范围内。南方轮船公司主张的船舶修理费用为306余万元，多于该合同约定暂计数额的两倍有余，超出了合理范围。第二，南方轮船公司提交的"轮维修工程结算单"记载的诸多维修工程项目未注明耗用材料的名称及规格，公估人员已就该空缺内容给予南方轮船公司补齐的时间与机会，南方轮船公司未予提供。二审诉讼中，南方轮船公司亦未提供。在没有维修项目耗材名称及规格的情况下，结算单上注明的支出数额不应视为南方轮船公司支出的合理费用。第三，公估检验人员经多次调查，实地查勘"方舟568"轮，参考"方舟568"轮大副签字确认的"现场勘验记录"，就船舶受损状况、修理范围作出评估意见。公估检验报告详细列明了船舶修理的项目明细，就拒赔项目载

明了拒赔原因，较南方轮船公司提交的"轮维修工程结算单""坞修费用汇总单"更具客观性，更有证明力。因此，"方舟568"轮的船舶修理费用应以公估检验报告载明的评估数额 1554263.28 元计。天安保险公司的该项上诉理由成立，二审法院予以支持。

案例 3

江苏省农垦麦芽有限公司、中国平安财产保险股份有限公司江苏分公司海上、通海水域保险合同纠纷案 –（2019）鄂民终63号

二审法院认为，关于涉案公估报告能否采信的问题，在案证据表明，作出涉案公估报告的民太安财产保险公估股份有限公司（以下简称民太安公司）系中国保险监督管理委员会许可的特许保险公估人，具备相应的资质和能力对本案保险事故的原因及损失大小进行检验鉴定，这是其一；其二，保险公估人在从事涉案受损货物检验鉴定时，特别是计算涉案货物受损贬值率时依据的全部证据，包括确定完好大麦运抵卸货港时的市场价格的专家意见、确定受损大麦销售价格的合同、确定完好大麦装船出运时的价格的合同等，均系江苏省农垦麦芽有限公司（以下简称农垦麦芽公司）提供，且在检测鉴定时，涉案相关承运人、收货人、保险人均全程参与，据此不能认定民太安公司没有尽到审慎的注意义务，更不能得出其作出的公估报告缺乏相应事实依据的结论。

案例 4

上诉人中国人民财产保险股份有限公司宁波市分公司与被上诉人防城港市富航海运有限公司海上货物运输合同纠纷案 –（2014）沪高民四（海）终字第112号

二审法院认为，公估报告形成于一审庭审后，且为了证明货损金额，可以作为二审新的证据。但涉案纠纷发生在2013年4月，该公估报告形成于2014年8月，公估人员是以未被一审认定查勘报告为依据而作出的评估，且未对涉案货物的市场价格和货损价格进行市场核价，故该公估报告对涉案货损金额没有证明效力；在公估人员未到现场、公估报告没有复检人员签字且仅加盖业务专用章的情况下，二审法院对公估人员的陈述不予采纳。

案例 5

中国人民财产保险股份有限公司宁波市北仑支公司与浙江舟港物流有限公司、安庆市恒锋航运有限公司通海水域货物运输合同纠纷案 — （2013）浙海终字第 11 号

关于公估报告能否作为涉案货物的定损依据。浙江省高级人民法院认为：首先，从出具时间看，涉案公估报告出具于 2012 年 7 月 23 日，距离涉案货损事故的发生时间即 2011 年 7 月 23 日整整相隔一年之久，而且系中国人民财产保险股份有限公司宁波市北仑支公司（以下简称财保北仑支公司）向原审法院提起本案诉讼当日，说明财保北仑支公司早在该报告出具之前已向宁波麦芽有限公司（以下简称麦芽公司）就涉案货损赔付完毕并取得权益转让书。其次，从公估报告内容看，记载公估师杨某某于 2011 年 7 月 24 日到达受损货物现场对事故进行现场查勘。但财保北仑支公司未能提供该公估师至事故现场查勘的相关证据，其庭审中虽主张杨某某系于事故发生后从宁波乘飞机前往重庆进行查勘，但经法庭要求，其在庭后也未能提交公估师该日出行的飞机票证对此加以证实。最后，从涉案查勘报告记载内容看，该查勘报告查勘人处的签名人为游某、余某，并非公估报告中签名的公估师杨某某，故该查勘报告并不能证明公估师杨某某曾经到达事故现场进行了查勘。另从查勘报告关于货损的记录内容看，仅注明"恒锋××6"轮剩余货物最底下一层全部打湿，对具体湿损的数量未进行记载。综上，涉案公估报告在事故发生一年后出具，报告出具当时财保北仑支公司已经向麦芽公司理赔完毕并向原审法院提起本案诉讼，且财保北仑支公司无法提供公估师曾至现场查勘的有效证据，故财保北仑支公司上诉主张涉案公估报告应作为定损依据的理由不能成立，原审法院对该公估报告不予认定并无不当。

案例 6

中国大地财产保险股份有限公司上海分公司诉江苏泛洲船务有限公司水路货物运输合同纠纷案 — （2008）武海法商字第 649 号

原告提交证据四，《上海港机重工有限公司营工 25t–38m 门机货物运输险案调查检验报告》一本，由原告中国大地财产保险股份有限公司上海分公司

（以下简称大地财保上海公司）委托上海泛华天衡保险公估有限公司（以下简称泛华公估公司）调查制作，拟证明原告大地财保上海公司聘请泛华公估公司调查货运险下本案事故和事故造成的损失情况。

被告江苏泛洲船务有限公司（以下简称泛洲公司）的质证意见：该份调查检验报告没有附上泛华公估公司的营业执照与业务许可，亦没有公估师丁某某、沈某的从业资质证书，所以形式上不认可该证据。被告泛洲公司认为，调查检验报告最后具名人丁某某没有公估师资质，且沈某没有到现场勘验。……

武汉海事法院认证意见：该份证据已经由上海海事法院判决（其被告证据二）确认其证明力，本院对该份证据的证明力予以确认，对其内容综合全案予以认定，但因其调查报告出具人不具备公估师资质，该报告不符合公估报告的法定要求，且该报告认定损失的基础是被保险人上海港机重工有限公司在事故损失未完全固定时提供的索赔清单，该报告的证明力低于证据三上海华信保险公估有限公司出具的公估报告。

📖 公估师是否需要出庭作证

⚖ 案例

江苏中洋生态鱼类股份有限公司与中国太平洋财产保险股份有限公司航运保险事业营运中心海上保险合同纠纷案 –（2020）沪民终214号

二审法院认为，关于公估人员是否应当出庭作证的问题，根据有关法律规定，当事人对鉴定书的内容有异议的，应当在人民法院指定期间内以书面方式提出，对于当事人的异议，人民法院应当要求鉴定人作出解释、说明或者补充，当事人在收到鉴定人的书面答复后仍有异议的，有异议的当事人预交鉴定人出庭费用后，人民法院通知鉴定人出庭。由此可见，我国法律并未对鉴定人是否必须出庭作出强制性规定。一审法院在充分查明事实的基础上对悦之保险公估有限公司出具的公估报告予以确认，从而以此认定涉案货损数量及货损金额，于法不悖。故江苏中洋生态鱼类股份有限公司的上诉理由不能成立。

第十五章　诉讼时效

📖 海上保险代位求偿权诉讼时效起算点

最高人民法院关于海上保险合同的保险人行使代位请求赔偿权利的
诉讼时效期间起算日的批复
(2014 年 12 月 26 日实施)

依照《中华人民共和国海商法》及《最高人民法院关于审理海上保险纠纷案件若干问题的规定》关于保险人行使代位请求赔偿权利的相关规定，结合海事审判实践，海上保险合同的保险人行使代位请求赔偿权利的诉讼时效期间起算日，应按照《中华人民共和国海商法》第十三章规定的相关请求权之诉讼时效起算时间确定。

涉外商事海事审判实务问题解答
(最高人民法院民事审判第四庭)

176. 保险人行使代位请求权的时效如何计算?

答：海上货物运输保险合同的保险人依法取得代位请求权后，其与责任人之间仍为海上货物运输的法律关系，其行使代位请求赔偿权利的诉讼时效也依海上货物运输法律关系所适用的法律所确定。

⚖️ 案例1

最高人民法院关于中国上海抽纱进出口公司与中国太平洋保险公司上海分公司海上货物运输保险合同纠纷请示的复函－(2000)交他字第 8 号

关于在承运人和保险人均有赔偿责任的情况下，保险人取得代位求偿权后，向承运人代位求偿的诉讼时效如何计算的问题，我们认为：保险人取得的代位求偿权是被保险人移转的债权，保险人取代被保险人的法律地位后，对承运人享有的权利范围不得超过被保险人；凡承运人得以对抗被保险人而享有的抗辩权同样可以对抗保险人，该抗辩权包括因诉讼时效超过而拒绝赔付的抗辩权。保险人只能在被保险人有权享有的时效期间提起诉讼，即保险人取代被保险人向承运人代位求偿的诉讼时效亦为 1 年，应自承运人交付或应当交付货物之日起计算。

案例 2

中国平安财产保险股份有限公司天津分公司与中远集装箱运输有限公司、天津滨海中远集装箱物流有限公司海上货物运输合同纠纷案 -（2015）津海法商初字第 185 号

根据《中华人民共和国合同法》《中华人民共和国海商法》以及《最高人民法院关于海上保险合同的保险人行使代位请求赔偿权利的诉讼时效期间起算日的批复》的规定，海上保险合同的保险人自支付赔偿之日起取得向第三人请求赔偿的权利，但该第三人可以向保险人主张其对被保险人的抗辩，因而海上保险合同的保险人行使代位求偿权的诉讼时效期间起算日，应按照《中华人民共和国海商法》第十三章规定的相关请求权之诉讼时效起算时间确定。本案中，原告作为海上保险合同的保险人，向承运人主张代位求偿权的诉讼时效按照《中华人民共和国海商法》第二百五十七条第一款的规定，应为 1 年，自涉案受损货物应当交付的 2012 年 4 月 24 日起算，至 2013 年 4 月 24 日届满。原告于 2015 年 3 月 6 日提起诉讼已超过诉讼时效，又未能举证证明具有法定的诉讼时效中止、中断的情形，天津海事法院对其诉讼请求不予支持。

沿海、内河保险合同保险人代位求偿权诉讼时效起算点

在全国海事审判实务座谈会上的总结讲话①

关于沿海、内河保险合同保险人代位求偿权诉讼时效起算点的问题，依据《最高人民法院关于海上保险合同的保险人行使代位请求赔偿权利的诉讼时效期间起算日的批复》，海上保险合同的保险人行使代位请求赔偿权利的诉讼时效起算日，应按照《中华人民共和国海商法》第十三章的规定。但是该条批复以及《中华人民共和国海商法》第十三章均是针对国际海上运输、海上保险合同的。于是，有人认为沿海、内河保险合同中保险人代位求偿权时效的起算点应该依据《最高人民法院关于适用〈中华人民共和国保险法〉若干问题的解释（二）》第十六条之规定，自保险人取得代位求偿权之日起算。我们认为，无论是国际海上货物运输，还是沿海、内河货物运输合同都是采用的 1 年短时效，是基于保护水运交易稳定的考量。且保险人的代位求偿权以货主向承运人的赔偿权利为基础，不宜超越原始权利的范畴，故沿海、内河保险合同保险人代位求偿权的时效起算日应该按照法〔2001〕18 号《最高人民法院关于如何确定沿海、内河货物运输赔偿请求权时效期间问题的批复》规定的诉讼时效起算时间确定。

案例

中国大地财产保险股份有限公司营业部诉中海华东物流有限公司海上货物运输合同纠纷案－（2014）沪海法商初字第 1509 号

上海海事法院判决认为，根据《最高人民法院关于如何确定沿海、内河货物运输赔偿请求权时效期间问题的批复》，沿海货物运输赔偿请求权的时效期间为 1 年。本案主要争议在于诉讼时效的起算点。被告主张依照《最高人民法院关于海上保险合同的保险人行使代位请求赔偿权利的诉讼时效期间起算日的批复》，自承运人交付或应当交付货物之日起计算诉讼时效。上海海事法院

---

① 王涉梅：《在全国海事审判实务座谈会上的总结讲话》，2017 年 6 月 16 日。

认为，根据该批复规定，如果海上保险代位求偿涉及的被保险人与第三人的法律关系属于《中华人民共和国海商法》（以下简称《海商法》）调整的范围，适用《海商法》，那么保险人行使代位求偿权的诉讼时效期间应适用《海商法》第十三章规定，自承运人交付或应当交付货物之日起算；如果被保险人与第三人的法律关系不属于《海商法》调整范围，不适用《海商法》，而是适用《中华人民共和国合同法》（以下简称《合同法》）或《中华人民共和国侵权责任法》等法律规定，那么保险人行使代位求偿权的诉讼时效期间起算点应适用《最高人民法院关于适用〈中华人民共和国保险法〉若干问题的解释（二）》（以下简称《保险法解释（二）》）第十六条的规定，自保险人取得代位求偿权之日起算。涉案运输为中华人民共和国港口间的海上货物运输，被保险人吉安集团股份有限公司与被告之间的货物运输合同权利义务关系不受《海商法》第四章调整，而是适用《合同法》的规定，因此，本案保险人行使代位求偿权的诉讼时效期间的起算不适用《海商法》第十三章规定，而应适用《保险法解释（二）》的规定，即自保险人取得代位求偿权之日起算。本案原告于 2014 年 3 月 31 日向法院起诉，自代位求偿权取得之日，即 2013 年 8 月 12 日起算，并未超过 1 年的诉讼时效期间，且根据《中华人民共和国民法通则》第一百四十条的规定，本案诉讼时效因原告提起诉讼而中断。原告撤诉后于 2014 年 8 月 27 日重新起诉，亦未超过诉讼时效。被告关于原告起诉超过诉讼时效的主张，上海海事法院不予支持。

保险人向第三人提起代位求偿请求不适用海商法规定的九十日追偿时效

浙江省高级人民法院关于审理海上保险合同纠纷案件若干问题的指导意见（浙高法〔2011〕183 号）

在海上货物运输合同中，保险人向第三人提起代位求偿请求的，不适用《中华人民共和国海商法》第二百五十七条规定的九十日追偿时效。

📖 海上保险下被保险人中断时效行为的效力及于保险人

最高人民法院关于审理海上保险纠纷案件若干问题的规定

第十五条　保险人取得代位请求赔偿权利后，以被保险人向第三人提起诉讼、提交仲裁、申请扣押船舶或者第三人同意履行义务为由主张诉讼时效中断的，人民法院应予支持。

最高人民法院第二次全国涉外商事海事审判工作会议纪要

126. 保险人向被保险人支付保险赔偿前，被保险人向第三者提起诉讼、提交仲裁或者第三者同意履行义务导致诉讼时效中断的，效力及于保险人。

浙江省高级人民法院关于审理海上保险合同纠纷案件若干问题的指导意见
（浙高法〔2011〕183号）

第十三条　保险人行使代位求偿权应当适用被保险人对第三人的诉讼时效。被保险人提起诉讼、提交仲裁、第三人同意履行等中断时效的效力及于保险人。

📖 原审判决生效后提起再审是否构成责任保险诉讼时效中断

⚖ 案例

交通运输部烟台打捞局与中国人民财产保险股份有限公司烟台市分公司船舶保险合同纠纷案－（2013）青海法海商初字第 223 号

青岛海事法院认为，涉案船东保障和赔偿责任属于责任保险，依照《中华人民共和国保险法》第六十五条的规定，只有被保险人对第三者应负的赔偿责任确定时，被保险人才具有赔偿请求权，故责任保险的保险事故应当理解为被保险人向第三者承担赔偿责任确定之事件。本案中，被拖船"波兰1号"渔船于 1994 年 1 月 4 日在拖航过程中丢失；此时，原告对被拖船丢失一事是否负有赔偿责任、责任大小及赔偿数额均处于不确定状态，以此作为本案保险合同纠纷的诉讼时效期间起算点显然不妥。原告作为被保险人向责任保险人即被告请求赔偿保险金的诉讼时效，应当从原告对供销公司的赔偿责任确定之日，即山东省高级人民法院作出的（1997）鲁经终字第737号民事判决生效之日起算。而在山东省高级人民法院作出的（1997）鲁经终字第737号民事判决生效后，最高人民法院作出（1998）交监字第27号民事裁定，指令山东省高级人民法院对该案进行再审。虽然山东省高级人民法院以（1998）鲁经再字第1号民事判决再审维持了（1997）鲁经终字第737号民事判决，但在该案再审程序结束之前，原告对供销公司的赔偿责任仍然处于未确定的状态，原告无法以二审判决作为向被告提出索赔的依据。根据《最高人民法院关于审理民事案件适用诉讼时效制度若干问题的规定》第十三条第九项的规定，该案的再审与提起诉讼具有同等诉讼时效中断的效力。故，原告作为被保险人向责任保险人即被告请求赔偿保险金的诉讼时效应当从山东省高级人民法院作出的（1998）鲁经再字第1号民事判决生效之日起重新计算。

📖 海上保险合同下保险人核赔是否可以构成被保险人请求权时效的中断

【不支持的案例】

案例1

澳中金属有限公司与中国人民财产保险股份有限公司天津市津南支公司海上保险合同纠纷案 –（2013）民申字第2358号民事裁定书

澳中金属有限公司（以下简称澳中公司）申请再审认为，其在保险事故发生后第一时间向中国人民财产保险股份有限公司（以下简称人保津南支公司）申请理赔，符合《中华人民共和国海商法》（以下简称《海商法》）第二百六十四条关于在二年时效期间向保险人请求保险赔偿的规定，保险利益应当受到保护；人保津南支公司接到理赔申请后，同意并实际履行了保险合同的义务，进行了核定理赔等工作，该行为完全符合《海商法》第二百六十七条关于"同意履行义务"的规定，构成诉讼时效中断；人保津南支公司迟迟拖至2010年7月5日才向澳中公司正式发出《拒赔通知书》。从此刻始，澳中公司基于保险合同应得的赔偿利益才受到挑战和损失，故本案的诉讼时效应自2010年7月5日起算，至2012年7月4日届满。澳中公司提起诉讼时，本案尚在时效期内。澳中公司请求撤销一审、二审判决，再审本案。

最高人民法院认为，……《海商法》第二百六十四条规定："根据海上保险合同向保险人要求保险赔偿的请求权，时效期间为二年，自保险事故发生之日起计算。"本案中，涉案货物于2009年6月1日运抵目的港，澳中公司在卸货时发现货物有不同程度的毁损，因此2009年6月1日应视为保险事故发生之日。本案诉讼时效期间应从2009年6月2日起算，至2011年6月1日届满。如澳中公司不能证明本案存在诉讼时效中止、中断的情形，澳中公司于2011年12月7日提起诉讼，已经超过二年的诉讼时效期间。澳中公司主张人保津南支公司对涉案保险事故开展核定理赔工作，系《海商法》第二百六十七条规定的"同意履行义务"之情形，依法构成诉讼时效中断。最高人民法院认为，根据《海商法》第二百六十七条的规定，时效因请求人提起诉讼、提交仲裁或者被请求人同意履行义务而中断。《海商法》关于时效中断的规定不同于《中华人民共和国民法通则》"诉讼时效因提起诉讼、当事人一方提出要求或者同意履行义务而中断"的规定。澳中公司于2009年8月7日向人保津南支公司提出理赔要求后，人保津南支公司对涉案事故进行了检验、核定工作，但上述行为不能认定人保津南支公司同意履行保险赔偿义务，仅系人保津南支公司决定是否进行保险赔付的前提和依据。本案并无证据证明人保津南支公司同意履行保险赔偿义务。澳中公司主张本案时效因人保津南支公司同意履行义务而中断，缺乏充分的事实依据和法律依据，不予支持。

《海商法》第二百六十四条规定了有关海上保险合同的时效期间及起算点，该法第二百六十七条规定了时效中断的条件。澳中公司主张涉案海上保险合同的时效应自人保津南支公司发出《拒赔通知书》起算，缺乏法律依据。一审、二审法院对《海商法》第二百六十七条规定的"被请求人同意履行义务"理解为人保津南支公司基于保险合同关系同意履行保险赔付义务，并无不当。澳中公司关于一审、二审法院将《海商法》第二百六十七条规定的"同意履行义务"缩小解释为保险人"基于保险合同关系同意进行保险赔付义务"，系错误适用法律的主张，最高人民法院不予支持。

案例 2

大东海运代理有限公司与中国人民财产保险股份有限公司大连市分公司海上保险合同纠纷上诉案－（2009）辽民三终字第109号

一审法院认为，本案"松岛"轮发生事故于 2003 年 11 月 4 日，上诉人应从该日起二年内向被上诉人行使对该事故损失的请求权，但至上诉人于 2008 年 2 月 22 日提起本案诉讼止，上诉人没有提起诉讼或提交仲裁，其间上诉人虽然向被上诉人提出过书面索赔请求，但被上诉人没有表示同意赔偿损失，诉讼时效未发生过中断，因此，上诉人提起本案诉讼已超过了法定的二年诉讼时效，其诉讼请求依法得不到法律的保护，已丧失了胜诉权，应依法予以驳回。

宣判后，大东海运代理有限公司不服，向辽宁省高级人民法院提起上诉称：上诉人向被上诉人提出书面索赔请求，双方已进入理赔程序，意味着被上诉人同意履行保险合同约定的合同义务，诉讼时效依法中断；被上诉人未向上诉人发出书面拒赔通知，也未明确作出拒绝赔付的意思表示，上诉人认为被上诉人依然同意履行理赔义务且理赔未结束。因此，上诉人提起本案诉讼未超过诉讼时效。

辽宁省高级人民法院认为，虽然上诉人曾向被上诉人提出了书面索赔请求，但被上诉人并未做出过同意履行保险义务的表示，且本案保险事故发生后至原审诉讼前，上诉人也没有就该保险事故提起诉讼或提交仲裁，故本案不存在导致诉讼时效中断的法定事由。因此，上诉人提起本案诉讼已超过了诉讼时效。上诉人的上诉理由不成立。

【支持的案例】

案例3

中国太平洋财产保险股份有限公司浙江分公司与龙腾贸易有限公司海上保险合同纠纷上诉案 –（2009）沪高民四（海）终字第 214 号

一审法院认为，《中华人民共和国海商法》第二百六十四条、第二百六十七条规定，"根据海上保险合同向保险人要求保险赔偿的请求权，时效期间为二年，自保险事故发生之日起计算"，"时效因请求人提起诉讼、提交仲裁或者被请求人同意履行义务而中断。但是请求人撤回起诉、撤回仲裁或者起诉被裁定驳回的，时效不中断"。被告虽辩称，涉案保险事故发生于 2007 年 2 月 20 日，原告在 2009 年 3 月 27 日才提起本案诉讼，其起诉已经超过诉讼时效。但……（省略部分内容为起诉后撤诉），此外，原告于保险事故发生的次日即 2007 年 2 月 21 日已向被告报案，被告直至 8 月 27 日才发出拒赔通知书，在此之前，原告并不知晓被告拒绝赔偿。故被告在接受报案至作出拒赔通知前应视为"被请求人同意履行义务"，可构成诉讼时效的中断，据此本案的诉讼时效应至 2009 年 8 月届满，原告系在诉讼时效内提起本案诉讼。

二审法院认为，涉案保险事故发生于 2007 年 2 月 20 日，龙腾贸易有限公司（以下简称龙腾公司）于保险事故发生的次日即向中国太平洋财产保险股份有限公司浙江分公司（以下简称太保分公司）报案，太保分公司直至 2007 年 8 月 27 日才发出拒赔通知书。2007 年 8 月 27 日之前，龙腾公司并不知晓太保分公司拒绝赔偿，也不知道其保险受偿权受到侵害，故龙腾公司根据海上保险合同向保险人要求保险赔偿的请求权实自 2007 年 8 月 27 日始产生，故原审判决认为龙腾公司于 2009 年 3 月 27 日起诉可视为在诉讼时效内，并无不妥。且龙腾公司就涉案纠纷曾于 2008 年 9 月 11 日提起过诉讼，此后虽以其主体身份证明材料记载有误为由撤回起诉，但并不具有放弃向太保分公司主张赔偿权利的意思表示，主、客观上都未怠于行使诉讼权利。

📖 被保险人起诉保险人后又起诉第三人，后案待前案判决后恢复诉讼

浙江省高级人民法院关于审理海上保险合同纠纷案件若干问题的指导意见
（浙高法〔2011〕183 号）

第十二条 被保险人已向保险人起诉要求保险赔偿，但尚未判决时，又向第三人另行起诉主张赔偿的，人民法院应予受理并中止案件审理，待保险合同纠纷案件判决后再恢复该诉讼。

如判决保险人承担保险赔偿责任的，根据《中华人民共和国海事诉讼特别程序法》的相关规定，在被保险人对第三人的诉讼中依法变更当事人。

如判决保险人不承担保险赔偿责任或保险赔偿不能弥补被保险人的全部损失，被保险人可就其未获赔偿部分向人民法院申请继续审理其与第三人的诉讼。

被保险人是否负有先诉义务

浙江省高级人民法院关于审理海上保险合同纠纷案件若干问题的指导意见
（浙高法〔2011〕183号）

第十一条　保险人以被保险人起诉时已超出对第三人的诉讼时效，导致其不能行使追偿权利为由，拒绝承担保险赔偿责任的，人民法院应予支持，但保险人未及时核定或通知是否赔付的除外。

保险人以被保险人在诉讼过程中超出对第三人的诉讼时效，导致其不能行使追偿权利为由，拒绝承担保险赔偿责任的，人民法院不予支持。

案例1

南京银河龙翼船有限公司与中国人民财产保险股份有限公司北京市分公司海上保险合同纠纷案 –（2014）津高民四终字第90号

中国人民财产保险股份有限公司北京市分公司（以下简称人保北京公司）主张因南京银河龙翼船有限公司（以下简称银河龙翼船公司）未通过向承运人提起诉讼的方式保护保险人的追偿权，故其已丧失对保险人的赔偿请求权。对此，原审法院认为，《中华人民共和国海商法》第二百五十三条规定，被保险人未经保险人同意放弃向第三人要求赔偿的权利，或者由于过失致使保险人不能行使追偿权利的，保险人可以相应扣减保险赔偿。根据上述法律规定，被保险人违反该义务并不必然导致免除保险人保险赔偿责任的后果。同时，《中华人民共和国保险法》第二十三条规定，保险人收到被保险人或者受益人的赔偿或者给付保险金的请求后，应当及时作出核定；情形复杂的，应当在三十日内作出核定。在本案中，人保北京公司于2009年12月29日接到报案，直至2010年11月13日方作出结论为货损不是发生在保险责任期间的《检验报告》，超过了合理的核定期间。而且，人保北京公司在此期间从未告知银河龙翼船公司有关诉讼时效、扣减保险赔偿等规定，其对银河龙翼船公司未能及时向承运人提起诉讼的结果亦负有责任。据此，原审法院对人保北京公司的该项主张不予支持。

二审法院认为，保险事故发生时，被保险人有权选择向保险人抑或承运人主张权利。本案中，银河龙翼船公司在选定向人保北京公司主张权利后，即在取得受损货物的保险单时通知人保北京公司，履行了《中华人民共和国海商法》第二百三十六条规定的及时通知保险人的义务。在保险理赔阶段，该公司持续与人保北京公司、北京华泰保险公估有限公司（以下简称华泰公估公司）就保险理赔、查勘定损事宜进行协商。而人保北京公司虽于2010年6月22日表示拒绝赔付，但同时告知银河龙翼船公司如有新的证据材料，可补充提供。此后，华泰公估公司亦继续与银河龙翼船公司沟通联系，直至向承运人追偿案件诉讼时效届满前一个月内，方作出货损不属于保险责任范围的结论。在此期间，人保北京公司并未就保险合同中"如果货损货差是由于承运人、受托人或其他有关方面的责任所造成，被保险人应以书面方式向他们提出索赔，必要时还须取得延长时效的认证；否则，保险人有权拒绝赔偿"的约定进行说明，亦未提示或指示银河龙翼船公司采取相应的保护诉讼时效的措施。而且，该公司在接到报案后的将近一年时间内未作出不予赔付的决定，未能为银河龙翼船公司保留合理的向承运人提起诉讼的时间。综上，银河龙翼船公司未以诉讼或仲裁方式向承运人主张权利，并不属于"过失致使保险人不能行使追偿权利"的情形，人保北京公司无权据此主张相应扣减保险赔偿。

案例2

济宁九龙国际贸易有限公司与永安财产保险股份有限公司济宁中心支公司海上保险合同纠纷案 -（2012）鲁民四终字第7号

一审法院（青岛海事法院）判决认为，本案中，济宁九龙国际贸易有限公司（以下简称九龙公司）主张其已向承运人提出索赔，该索赔形式是九龙公司于2009年1月21日向达飞轮船船运公司通过快递发出通知书。根据九龙公司提供的检验报告复印件表面显示，收货人提货发现货损的时间是2008年1月至2月间，而根据《中华人民共和国海商法》第二百五十七条规定，"就海上货物运输向承运人要求赔偿的请求权，时效期间为一年，自承运人交付或者应当交付货物之日起计算"。因此，本案的诉讼时效在2009年1月至2月间即结束。而根据《中华人民共和国海商法》第二百六十七条规定，"时效因请求人提起诉讼、提交仲裁或者被请求人同意履行义务而中断"。也就是说，九龙公司寄送索赔通知书的行为不产生诉讼时效中断的法律后果，因此，九龙公司向承运人索赔因诉讼时效结束产生了障碍，在法律上将无法获得胜诉的结果，由此造成保险人在理赔后将无法通过行使追偿权获得承运人赔偿。本案中，永安财产保险股份有限公司济宁中心支公司（以下简称永安保险）作为保险人已经提出就此原因扣减保险赔偿的主张，一审法院对永安保险的主张予以支持。

上诉人九龙公司不服一审判决上诉称，……一审判决将保险事故发生的时间与检验时间混为一谈是错误的。本案超过向第三人追索的时效，是由于永安保险不按规定的期限支付保险金，并拒不履行《中华人民共和国合同法》的附合同义务和故意制造诉讼障碍造成的。根据《中华人民共和国保险法》《中华人民共和国海商法》的规定，保险人不承担赔偿责任或扣减保险赔偿金的条件是被保险人放弃向第三人的索赔权或者由于被保险人的故意或重大过失不能行使追偿的权利，本案中九龙公司既未放弃向第三人的索赔权，也无故意或过失，因此，永安保险应当承担赔偿责任。

二审法院对一审法院的判决予以了改判，其认为，本案中，永安保险未能证明九龙公司享有对承运人的请求权，因此其主张的九龙公司未在诉讼时效期间向承运人提起诉讼而放弃对承运人的请求权从而导致追偿权利丧失的理由没有根据。货物出险后，九龙公司在合理的时间内向永安保险提出保险金给付请求，永安保险有充足的时间进行审查，并决定是否向承运人提出索赔请求，由于永安保险拒赔而造成向承运人追偿失效的超期，该责任应由永安保险承担。从以上两点看，九龙公司没有放弃向第三人要求赔偿的行为，也不存在过失致使保险人永安保险不能行使追偿权利的行为，永安保险不能依法扣减保险赔偿。

案例3

中国太平洋财产保险股份有限公司上海分公司与上海明桢进出口贸易有限公司海上保险合同纠纷案 - （2011）沪高民四（海）终字第186号

中国太平洋财产保险股份有限公司上海分公司（以下简称太保上海分公司）不服原审判决，其上诉主要理由为：…… 3. 上海明桢进出口贸易有限公司（以下简称明桢公司）没有及时对承运人提起诉讼，保留太保上海分公司潜在的追偿权利，没有尽到相应的法律义务。根据有关法律规定，太保上海分公司有权不予赔偿。

关于明桢公司是否有违反保险合同约定义务和法定义务的行为，即太保上海分公司作为保险公司是否可以根据《中华人民共和国海商法》第二百五十三条的规定相应扣减保险赔偿。二审法院判决认为，现有证据表明，明桢公司在接到承运人事故通知后，及时向太保上海分公司进行了报案，保险公司委托了上海悦之保险公估有限公司（以下简称悦之公估公司）对货损进行检验，并派员与明桢公司一同到太平船务上海分公司会谈赔偿事宜。在本案保险合同成立及货损事故系发生在保险责任期间的情况下，太保上海分公司理应依据保险合同先行向明桢公司理赔，再行使代位求偿权向承运人追索。但太保上海分公司作为专业的保险机构，对于明桢公司的赔偿既未及时核定或通知是否赔付，也未出具书面拒赔通知，更未提醒明桢公司用诉讼的方式为太保上海分公司保留追偿时效。反之，明桢公司在事故发生后，除了向保险公司书面报案和申请理赔外，与此同时多次与承运人协商赔偿事宜，从未放弃对承运人的索赔。故太保上海分公司关于其丧失了对承运人追偿时效的过错在明桢公司的主张，与事实有悖，其要求援引《中华人民共和国海商法》第二百五十三条的规定扣减保险赔偿的上诉理由不能成立，上海市高级人民法院不予采纳。

案例4

上海汉虹精密机械有限公司与太阳联合保险（中国）有限公司纠纷上诉案 −（2011）沪高民四（海）终字第28号

上海市高级人民法院认为，本案审理的争议焦点是：……六、原告是否存在过失致使被告不能行使追偿权利的行为，被告是否可以据此享受免责。

关于原告是否存在过失致使被告不能行使追偿权利的行为，被告是否可以据此享受免责。被告认为，由于原告在诉讼时效内既没有向负有责任的第三人索赔，也没有向法院提起诉讼，导致被告作为保险人在理赔后无法在诉讼时效期限内起诉第三人，被告据此可以免责。上海市高级人民法院认为，根据法律的规定，由于被保险人的过失致使保险人不能行使追偿权利的，保险人可以相应扣减保险赔偿。原告向第三方主张赔偿的时效期间应当从承运人交付或者应当交付货物之日起算。本案中，涉案货物于2008年12月17日抵达目的港，故诉讼时效至少应当从12月17日之后开始计算。原告于2009年12月11日向上海市浦东新区人民法院提起诉讼，被告在收到相关应诉材料时，仍在本案的诉讼时效内，被告可以在诉讼时效内向案外人主张赔偿。原告的行为并未导致被告无法在诉讼时效内起诉第三人，对被告的上述抗辩不予采纳。二审此问题非上诉争议点，二审维持原判。

案例5

维特罗水晶玻璃有限公司与中国平安财产保险股份有限公司海上保险合同纠纷案 –（2009）粤高法民四终字第128号

一审法院判决认为，涉案货物在目的港卸货过程中被发现存在损坏后，维特罗水晶玻璃有限公司（以下简称维特罗公司）虽立即向承运人和船长发出书面索赔函件，但该索赔并未得到承运人的认可，因此，该行为不能构成诉讼时效的中止或中断。由于维特罗公司的过失，导致中国平安财产保险股份有限公司（以下简称平保公司）于本案审结后在实体上丧失了对责任方的追索权。根据《中华人民共和国海商法》第二百五十三条的规定，平保公司有权扣减相应保险赔偿。根据法律规定和实际情况，合议庭酌情扣减应支付保险赔偿金额的30%即105750.33美元。被保险人上诉，二审和解。

· 法院评析 ·

笔者认为，一审法院在此问题上的处理不当，本案不应适用《中华人民共和国海商法》第二百五十三条的规定来扣减保险赔偿。理由如下：（一）……（二）与法律条款的具体规定不符。按照《中华人民共和国海商法》第二百五十三条的规定，可扣减保险赔偿的情形有两种，但从本案情况看，均不符合：一是"被保险人未经保险人同意放弃了向第三人要求赔偿的权利"。法律的要求只是不放弃索赔权，并未要求被保险人必须以诉讼、仲裁等方式行使索赔权。维特罗公司发现货损后即委托第三方进行检验，并将结果递交承运人和书面提出索赔，足以表明其从未放弃权利，反而是积极索赔。二是"（被保险人）由于过失致使保险人不能行使追偿权利"。即使保险人已被确定不能行使追偿权，亦需要考查此是否因被保险人的过失所致。一方面，《中华人民共和国保险法》第二十六条规定："保险人自收到赔偿或者给付保险金的请求和有关证明、资料之日起六十日内，对其赔偿或者给付保险金的数额不能确定的，应当根据已有证明和资料可以确定的最低数额先予支付；保险人最终确定赔偿或者给付保险金的数额后，应当支付相应的差额。"本案已查明的事实显示，双方在货损发生后的协商过程中虽对赔付金额存在分歧，但平保公司是认可保险责任成立的，在此情况下，其应依照上述规定于60日内就无争议部分先行赔付，由此至少可以取得部分的代位求偿权进行追偿，但平保公司却完全怠于履行义务、怠于保护自身权利。另一方面，维特罗公司作为境外企业，客观而言，其对中国法律关于保险、运输有关规定的知晓程度远低于作为长期在国内专业从事保险理赔、追偿等事务的平保公司。然而在双方长达一年半的协商过程中，平保公司从未告知维特罗公司有关诉讼时效、扣减保险赔偿等规定，诚然违背诚信的基本要求，非善意的合同当事人在履行义务时应有之行为。二者比较，平保公司在认可保险责任成立的情况下却拒绝履行任何赔付义务，已违约在先，日后若因超过诉讼时效导致其向承运人追偿失利，过错在于其自身，责任理应自负。一审法院关于"维特罗公司向承运人和船长发出了书面索赔函件，但该索赔并未得到承运人的认可，因此该行为不能构成诉讼时效的中止或中断。由于维特罗公司的过失，导致平保公司于本案审结后在实体上丧失了对责任方的追索权"的认定过于表面化、简单化，忽略了对合同当事人具体履行行为的必要分析，其结果是超越了法律对被保险人的要求，于被保险人而言过分严苛，显属不当。

目前，各保险公司在海上货物运输保险合同纠纷中援引《中华人民共和国海商法》第二百五十三条作为扣减保险赔偿的抗辩理由的情形屡见不鲜。笔者认为，在司法实践中，就保险人的此类抗辩，应严格审查、谨慎处理：

1. 关于"被保险人未经保险人同意放弃向第三人要求赔偿的权利"，此种放弃索赔权的行为应是存在被保险人以明示、确定的方式擅自向第三人作出放弃索赔的意思表示且第三人予以接受的事实，仅有被保险人未以提起诉讼或申请仲裁的方式向第三人主张赔偿请求的情况则不宜推定构成法条所规定的"放弃权利"。

2. 关于"被保险人由于过失致使保险人不能行使追偿权利"，首先，必须是在事实上已经无法进行追偿（如第三人的民事主体资格消灭）或依照法律的规定丧失了胜诉权（如超过诉讼时效、未在规定时间内向已设立的海事赔偿责任限制基金申请登记债权等）。其次，造成追偿受阻的原因是被保险人的过失所致。对因果关系的判断应建立于查明具体案件事实的基础之上，贯彻客观公平和诚实信用的基本原则要求，尤其注意考查保险人自身是否有过失——如在认可保险责任成立的情况下，是否及时赔付从而取得代位求偿权；在协商赔付金额过程中或以存在除外责任为由拒绝赔偿时，是否充分告知被保险人相关的事实和法律依据，并提示追偿的诉讼时效、扣减保险赔偿的风险等。

3. 即使存在符合《中华人民共和国海商法》第二百五十三条规定的情形，亦要综合考虑诸如被保险人的过失程度，因涉案海上货物运输的准据法适用、单位赔偿责任限制、海事赔偿责任限制或共同海损分摊等各种对保险人日后实际追偿效果有影响的因素，据此确定恰当的保险赔偿扣减程度，从而实现司法裁判的公平合理。①

案例6

江苏华麟化工有限公司与中国太平洋财产保险股份有限公司江苏分公司等海上保险合同纠纷案 – （2009）沪海法商初字第335号

上海海事法院判决认为，关于"先追后赔"协议问题，根据查明事实，原告与中国太平洋财产保险股份有限公司江苏分公司（以下简称江苏太保）曾签订协议书，约定采用"先追后赔"方式处理涉案货损纠纷，即由原告先行采取诉讼方式向承运人索赔，在索赔不成或获得赔偿不足的情况下，由江苏太保根据保险合同约定对原告进行赔付。两被告据此抗辩称，原告应继续履行协议而非对其起诉。上海海事法院认为，原告与江苏太保签订协议后，双方配合以原告名义确曾在（2008）沪海法商初字第863号案中起诉东方国际物流（集团）有限公司江苏分公司、东方国际物流（集团）有限公司和元泰海空通运有限公司，原告已按约履行了追偿的义务。该案审理期间，原告发觉前述诉讼未将涉案货物的实际承运人东方海外货柜航运有限公司（以下简称OOCL）列为共同被告，且即使将OOCL增列为共同被告，根据法律规定，OOCL作为碰撞中的"本船"可以对货损免责，由此该案诉讼将没有任何意义，原告在函告江苏太保且协商无果的情况下撤回起诉，应属于协议中约定的"索赔不成"，江苏太保应根据协议约定对原告进行赔付。就涉案货损原告有权选择向保险人请求保险赔付或向碰撞双方请求侵权赔付，这是原告固有的权利。原告在协议中并未放弃要求保险人赔付的权利，因此，原告仍有权按照保险合同向保险人依法主张权利。退而言之，即使原告在（2008）沪海法商初字第863号案中的撤诉行为可被认定为违反协议约定，则江苏太保可依据该合同追究原告的违约责任，但原告主张保险赔付的权利并不因此受到限制，中国太平洋财产保险股份有限公司亦不能因此当然免除应负的先行予以保险赔付的义务。

---

① 最高人民法院中国应用法学研究所：《人民法院案例选》（2014年第1辑总第87辑），人民法院出版社2014年版。案例评析部分编写人为广东省高级人民法院莫菲法官，责任编辑为最高人民法院民四庭黄西武法官，审稿人为曹守晔。

案例 7

龙腾贸易有限公司与中国太平洋财产保险股份有限公司浙江分公司海上保险合同纠纷案 –（2009）沪海法商初字第 325 号

上海海事法院判决认为，关于被告赔偿范围的问题，被告虽辩称，原告对涉案货物进行了重复保险，且未及时向相关责任方提起诉讼，致使保险人丧失了追偿权。但被告未能提供证据证明原告对货物进行了重复保险。原告在保险事故发生次日即向被告提出保险索赔，如被告接受原告的理赔请求，则完全可以在诉讼时效内对相关责任方主张赔偿。即使被告确需时间对原告的理赔请求进行审查，也应通知原告对相关责任人先行提起诉讼。被告并未提供证据证明其曾通知原告，也未能证明原告系故意放弃对相关责任人的索赔权利，原告的行为不存在过错。被告怠于理赔在先，又以原告未向责任人提起诉讼为由拒赔，有违诚信原则，且其是否丧失对相关责任人的追偿权利与原告的行为不具有关联性，故对被告的抗辩意见不予采纳。

 案例 8

福建省光通糖业有限公司与中国人民保险公司钦州分公司水路运输货物保险合同纠纷案 –（2000）桂经终字第 259 号

一审法院判决认为，原告在向被告索赔及主张权利期间，却忘却了保单背面条款所载明的货物出险后应首先向责任方承运人索赔以保住诉讼时效的义务，致使被告在本案结束后丧失了向第三人及责任方追偿的权利。根据《中华人民共和国海商法》第二百五十三条"被保险人未经保险人同意放弃向第三人要求赔偿的权利，或者由于过失致使保险人不能行使追偿权利的，保险人可以相应扣减保险赔偿"的规定，被告辩称对此有权相应扣减保险赔偿的理由成立。对其扣减数额，根据法律和本案实际情况，一审法院认为扣减原告所主张保险赔偿金额的 50% 应为合法、公允。

二审法院认为，根据《中华人民共和国保险法》第二十二条、第二十三条的规定，保险公司应在合同规定的范围内，根据双方核定的损失进行赔偿。由于中国人民保险公司钦州分公司（以下简称保险公司）已在保险法规定的 60 天内明确拒赔，福建省光通糖业有限公司（以下简称光通公司）亦已提起诉讼，在法院未确定双方责任前，为保住光通公司对承运人的追索权及保险公司行使代位求偿权的诉讼时效，光通公司应根据保险合同第 14 条的规定，首先向承运人提出索赔要求。而光通公司称其已发信向承运人索赔，保险公司向承运人索赔的诉讼时效因此而中断的理由不能成立。因之去信向承运人索赔并未得到承运人的认可，因而该行为不能造成诉讼时效的中止或中断。由于光通公司的过错，致使保险公司丧失了在本案审结后对责任方承运人的求偿权，故一审法院依照《中华人民共和国海商法》第二百五十三条的规定，酌情扣减保险公司 50% 的赔偿额并无不当。一审判决认定事实清楚，适用法律正确，应予维持。

未约定保险费的支付期限请求支付保险费的诉讼时效如何确定

案例 1

中国人民财产保险股份有限公司大连市分公司与大连浩恒船务有限公司海上保险合同纠纷案 - （2018）辽 72 民初 344 号

经审查，涉案保险单中，"保险费信息"栏显示"保险费：按约定费率计算"，没有关于何时交纳保险费的约定。在保险单（抄件）中也没有关于保险费何时交纳的约定。原告也未提交补充证据证明保险费应何时交纳。根据此类保险的行业惯例，全部保费应在保险人承保时一次付清，联系本案即至 2011 年 12 月 28 日。因此，原告自 2011 年 12 月 28 日起即应知晓其收取保费的权利受到侵害，其主张保费的诉讼时效期间从此时开始计算。根据《中华人民共和国民法通则》第一百三十五条之规定，诉讼时效期间为两年，截至 2013 年 12 月 28 日，原告的诉讼时效期间届满。本案中，原告于 2018 年 3 月才提起诉讼，且未向法庭提交证据证明存在诉讼时效中止、中断的情形，在被告大连浩恒船务有限公司提出诉讼时效抗辩的情况下，原告中国人民财产保险股份有限公司大连市分公司已丧失了对本案的胜诉权。

第十六章　其　　他

船舶的保险价值在未约定时如何确定

案例1

中国平安财产保险股份有限公司上海分公司、宁波梅山保税港区泽天瑞盈投资合伙企业合伙协议纠纷，海上、通海水域保险合同纠纷案－（2021）最高法民申1057号

二审法院认为，根据《中华人民共和国海商法》第二百一十九条规定，保险标的的保险价值由保险人与被保险人约定，保险人与被保险人未约定保险价值的，船舶的保险价值是保险责任开始时船舶的价值。本案中，保险合同双方在保险合同中未约定保险价值，仅约定保险金额为4400万元，保险责任开始于2017年9月11日。后双方三次将涉案保险责任期间延长，分别延长至2018年6月10日、8月10日和8月31日。评估基准日为2018年6月20日，"帝祥"轮评估价为4017万元，与保险金额4400万元基本相当。在没有证据证明该船在不同时间的价值明显不同的情况下，一审法院推定本案中的保险金额等于保险价值，本案为足额保险，并无不当。中国平安财产保险股份有限公司上海分公司（以下简称平安保险上海分公司）主张，宁波梅山保税港区泽天瑞盈投资合伙企业（以下简称泽天瑞盈）在二审庭审中自认保险价值是5543.46万元，由此可见，泽天瑞盈对于不足额投保的事实是自认的。泽天瑞盈在二审庭审中称，保险价值应为第一次拍卖时的市场价或者是投保时的价格，当时价值约5000多万元。涉案船舶第一次拍卖时的评估价值为4017万元，此价值应当认为是第一次拍卖时的市场价，可见，泽天瑞盈并未自认涉案保险为不足额投保。

"帝祥"轮在实际修复前被拍卖，因此，无法按照修理费用确定该轮的损失数额。一审法院按照船舶价值贬损数额计算该轮的损失数额，是正确的。泽天瑞盈认为"帝祥"轮在保险事故发生前的船体价格为5543.46万元，其依据

为，"帝祥"轮评估价4017万元乘以"帝坤"轮、"帝盛"轮的平均拍卖溢价系数，得出假设"帝祥"轮未发生保险事故的拍卖价5543.46万元。二审法院认为，泽天瑞盈的上述计算方法并无法律依据，对于其"帝祥"轮损失数额为5543.46万元减去"帝祥"实际拍卖价3600万元的主张，二审法院不予支持。泽天瑞盈在二审代理词中主张，本案应以保险合同订立时保险标的的价值4400万元作为该轮完好的市场价值计算该轮的贬损率。法院认为，评估基准日2018年6月20日的"帝祥"轮评估价为4017万元，该日与事故时间更为接近，应以4017万元作为"帝祥"轮在事故前的价值。

最高人民法院认为，《中华人民共和国海商法》第二百一十九条规定，保险标的的保险价值由保险人与被保险人约定。保险人与被保险人未约定保险价值的，船舶的保险价值，是保险责任开始时船舶的价值。本案中，案涉保险合同中只记载"帝祥"轮保险金额为4400万元，未记载"帝祥"轮保险价值。在没有证据证明该船在保险责任开始后价值有明显不同的情况下，评估基准日为2018年6月20日的"帝祥"轮评估为4017万元，与保险金额基本相当，原审法院认定本案为足额保险并无不当。

案例2

中国人民财产保险股份有限公司航运保险运营中心、青岛金城远洋渔业有限公司海上、通海水域保险合同纠纷再审案－（2021）最高法民申4号

一审法院认为，根据《中华人民共和国海商法》的规定，海上保险合同的内容应包括保险人名称、被保险人名称、保险标的、保险价值、保险金额、保险责任和除外责任、保险期间、保险费等各要素，中国人民财产保险股份有限公司航运保险运营中心（以下简称人保公司航保中心）作为专业的保险人，理应对上述各合同必备要素进行全面审核并加以确定。涉案保险单所附的船舶保险条款明确约定船舶发生全损或推定全损的，按保险金额进行赔偿，而涉案保险单的正面"保险价值"一栏为空白，该保险单为人保公司航保中心的格式文本，保险价值一栏缺少未填，应作对人保公司航保中心方不利的解释。人保公司航保中心作为专业的保险公司，明知保险金额可能存在与保险价值不一致的情况，在出具涉案保单时候既未向青岛金城远洋渔业有限公司（以下简称金城公司）作出说明，也未提出其他审核异议，应视为双方在投保时对保险价值已经进行了与保险金额一致的约定。

二审法院认为，在金城公司投保时，人保公司航保中心发给金城公司的函件中仅有"保额"的表述，并未有保险金额和保险价值。人保公司航保中心向金城公司出具的保险单仅载明保险金额为3000万元，保险价值一栏空白。人保公司航保中心作为专业的保险机构，理应知道约定保险标的保险价值的意义，并应对保险价值进行初步审核，对保险金额与保险价值作出专业判断并有权拒绝承保或降低保险金额。船舶保险价值的确定直接关系到人保公司航保中心是否进行比例赔付，人保公司航保中心未就函件中"保额"的含义向金城公司作出说明，未对保险单应当载明的合同必备要素进行审查，仅是按照3000万元的保险金额收取了保险费，在其不能证明金城公司存在故意不告知或隐瞒的情况下，单方将保险价值作有利于自己的解释，不能成立。一审法院将涉案保险单的保险价值等同于保险金额，并无不当。

最高人民法院认为：关于案涉保险是否为定值保险。首先，保险金额是指被保险人对保险标的的投保金额，而保险价值是指被保险人对保险标的的保险利益的价值。保险价值并不是保险合同必须约定的内容，而是区分定值保险与非定值保险的要素，未约定保险价值并不影响保险合同的效力。原审判决认为保险价值属于保险合同必备要素，保险人负有审核义务，缺乏法律依据。其次，人保公司航保中心在投保时发送给金城公司的函件中仅有"保额"的表述，该表述属于"保险金额"的基本保险术语，且数额与保单中记载的保险金额相一致，故该表述应当认定为"保险金额"，并不会产生歧义。原审判决认为人保公司航保中心对"保额"的含义负有说明义务并承担不利后果，缺乏法律依据。最后，保险价值是双方当事人协商约定条款，并不属于保险合同的格式条款，且允许当事人对该条款不作约定。原审判决以保单为格式文本，该条款空缺未填应当作对保险人不利解释，认定保险价值与保险金额一致，案涉保险为定值保险，适用法律确有瑕疵。案涉船舶保险合同仅记载保险金额为3000万元，保险价值一栏为空白，应视为双方仅对保险金额进行了约定，并未对保险价值进行约定，应当按照《中华人民共和国海商法》第二百一十九条第二款第一项的规定确定船舶保险价值。

最高人民法院进一步认为，人保公司航保中心在原审提交的上海颐盛保险公估有限公司（以下简称颐盛保险公估）出具的公估报告和福建兴闽资产评估土地房地产估价有限责任公司（以下简称资产评估公司）出具的《报告书》评估的船舶价值并不一致，颐盛保险公估的公估人员并不具备相应的资产评估资质，《报告书》系人保公司航保中心单方委托资产评估公司进行评估而出具，金城公司对此不予认可。上述两份报告均不能证明船舶保险价值，人保公司航保中心在原审期间亦没有向法院申请司法鉴定，目前并无充分有效证据证明案涉船舶价值高于 35178871 元，无法推翻原审判决关于案涉船舶发生推定全损的认定结论，故原审判决结果并无明显不当。

案例 3

广州市建功船务有限公司、薛某芽等与中华联合财产保险股份有限公司广州市越秀支公司、中华联合财产保险股份有限公司广东分公司海上、通海水域保险合同纠纷案 –（2014）浙海终字第122 号

一审法院认为，涉案保险单所附的船舶保险条款明确约定船舶发生全损或推定全损的，按保险金额进行赔偿，且保险单的正面"保险价值"一栏为空白，涉案保险单亦为中华联合财产保险股份有限公司广州市越秀支公司（以下简称中华财保越秀支公司）和中华联合财产保险股份有限公司广东分公司（以下简称中华财保广东分公司）的格式文本，缺少保险价值一栏未填，应作对中华财保越秀支公司和中华财保广东分公司不利的解释，中华财保越秀支公司作为专业的保险公司，明知保险金额超过保险价值部分无效，却仍做出上述约定，可以推定双方在投保时对保险价值已经进行了与保险金额一致的约定。

二审法院认为，关于争议焦点二"赔偿金额应如何确定"，"建功 515"轮案涉保险单"保险价值"一栏为空白，但中华财保越秀支公司作为专业的保险机构，应当知道约定保险标的的保险价值的意义，并应对保险价值进行初步审核，对于保险金额明显高于保险价值的情况应当能够作出专业判断并有权拒绝投保或降低保险金额，但本案中，中华财保越秀支公司确认保险金额为 230 万元，并按 230 万元的保险金额收取了保险费。广州市建功船务有限公司（以下简称建功公司）、薛某芽、薛某夫提供的"建功 515"轮 2012 年度由中国太平洋财产保险股份有限公司承保的保险单，显示船舶保险价值为 250 万元，保险金额亦为 250 万元，没有证据证明建功公司在向中华财保越秀支公司投保时具有恶意或欺诈，双方所签订的保险单所附的《船舶保险条款》第十条第（二）款明确记载全损或推定全损时按保险金额赔偿，双方对于发生保险事故应如何确定赔偿金额具有合意。因此，原判认定"建功 515"轮保险责任开始时的价值为 230 万元并无不当。

案例 4

香港东盛航运有限公司与中国平安财产保险股份有限公司浙江分公司海上、通海水域保险合同纠纷案－（2014）浙海终字第 82 号

一审法院认为，关于保险赔偿的数额，"东盛"轮涉案保单记载的保险金额为 1000 万元而没有保险价值数额的约定。香港东盛航运有限公司（以下简称东盛公司）主张保险价值为 1000 万元，而中国平安财产保险股份有限公司浙江分公司（以下简称平安财保浙江分公司）以其评估报告为据，主张保险价值为 560 万元。对此原审法院认为：首先，船舶的保险价值，是指保险责任开始时的船舶的价值，包括船壳、机器、设备的价值，以上及船上燃料、物料、索具、给养、淡水的价值和保险费的总和。平安财保浙江分公司提供的船舶评估报告的估价基准日为 2011 年 12 月 11 日，即涉案事故发生之日，不是保险责任开始时的价值，不能认定为船舶的保险价值。其次，根据《中华人民共和国海商法》的规定，海上保险合同的内容应包括保险人名称、被保险人名称、保险标的、保险价值、保险金额、保险责任和除外责任、保险期间、保险费等各要素，平安财保浙江分公司作为专业的保险人，理应对上述各合同必备要素进行全面审核并加以确定；涉案保险单亦为平安财保浙江分公司方的格式文本，缺少保险价值一栏未填，应作对平安财保浙江分公司方不利的解释。最后，根据东盛公司提供的"东盛"轮 2010 年度和 2011 年度的保险单、船舶估价报告以及同类船舶的市场价格等因素，认定该轮保险责任开始时的价值即保险价值为 1000 万元。

二审法院认为，平安财保浙江分公司作为专业的保险机构，应当知道约定保险标的的保险价值的意义，并应对保险价值进行初步审核，对于保险金额明显高于保险价值的情况应当能够作出专业判断并有权拒绝投保或降低保险金额，但本案中，平安财保浙江分公司确认保险金额为 1000 万元，并按 1000 万元的保险金额收取了保险费，保险单所附的《船舶保险条款》第十条第（二）款第 1 项也明确记载全损或推定全损时按保险金额赔偿，没有证据证明东盛公司在投保时具有恶意或欺诈，双方对于发生保险事故应如何确定赔偿金额具有合意。平安财保浙江分公司提交的船舶评估咨询报告书，估价基准日为 2012 年 12 月 11 日，晚于保险责任开始的时间近一年，不予采信。据此，二审法院认为原判根据"东盛"轮 2010 年度、2011 年度在其他保险公司的承保情况、本案投保前后资产评估情况等证据综合认定案涉船舶保险价值为 1000 万元并无不当。

案例 5

锦州程宇海运有限公司与中国平安财产保险股份有限公司海上保险合同纠纷案 –（2016）粤 72 民初 1031 号

在涉案船舶保险单中，原告与被告约定的船舶保险金额为 500 万元，被告抗辩称该保险金额超出了船舶的实际价值。由于被告在涉案事故发生后以事故不属于保险责任为由未对船舶价值进行评估，现船舶已被解体打捞，无法再对其进行评估，而且由于船舶个体状况的不同，无法以其他船舶的交易价格作为本船的参考，考虑到投保人所投保船舶存在诸多价格，包括造船时的造价、买船时的买价、投保时的市价、发生保险事故致损时的所在地时价等，保险人与投保人经过协商在海上保险合同中约定的保险金额，难以与上述各类价格吻合，却是围绕着保险标的的实有价值上下浮动，以该保险金额作为保险赔偿的依据符合损失补偿原则的精神，且沿海内河船舶保险条款也规定了保险金额按保险价值确定，也可以由保险双方协商确定，但保险金额不得超过保险价值，即对于保险金额的确定，被告也有义务核查，现被告未提交证据证明船舶的保险金额超过其保险价值，广州海事法院不予支持。

案例 6

天津鸿基伟业海运有限公司与中国大地财产保险股份有限公司营业部海上保险合同纠纷案 –（2013）沪海法商初字第 195 号

关于涉案船舶的保险价值。原告认为，涉案船舶的保险价值应当以折旧法进行评估，可以确定涉案船舶在保险事故发生时的实际价值应为 1365 万元，原告按投保金额 1350 万元索赔并无不当。被告认为，涉案船舶的保险价值应以市场重置法进行评估，公估报告已认定涉案船舶在保险事故发生时的实际价值为 1100 万元。上海海事法院认为，根据保险单记载，涉案保险合同仅约定了投保金额为 1350 万元，未约定保险价值。在审理过程中，原告、被告双方一致同意以船舶出险时的实际价值确定船舶保险价值。关于船舶出险时的实际价值，根据保险合同约定的内容，实际价值为船舶出险时的市场价。

根据青岛荣达保险公估有限公司（以下简称荣达公估）的公估报告的内容，其在评估船舶市场价时，以 2011 年 1 月至 2012 的 1 月期间上海航运交易所的同类船舶成交价作为参照，计算得出成交均价为人民币929万元，并考虑到船舶交易双方的避税习惯作了调整，该评估过程较客观地反映保险标的市场价值。荣达公估系原告与被告在保险合同中约定的具有资质的公估公司，其作出的公估结论在没有相反结论的情况下，应具有可信性。补偿原则是海上保险合同的基本原则，被保险人在任何情况下不能通过保险获利。原告所能获得的保险赔款应为其船舶灭失的损失金额，涉案船舶在出险时，原告可以在船舶交易市场上购置相似的替代船舶，相应的交易价应为原告的损失金额，故以市场重置法评估船舶实际价值较以折旧法评估更具有合理性。因此，上海海事法院对原告以折旧法评估船舶实际价值的主张不予支持。

📖 关于海上保险合同货运代理提单责任险的问题

上海市高级人民法院审理海事案件若干问题的讨论纪要（一）（试行）
（沪高法〔2001〕286号）

三、关于海上保险合同货运代理提单责任险的问题

（一）法律适用

《保险法》第50条第2款规定，责任保险是指以被保险人对第三者依法应负的赔偿责任为保险标的的保险。提单责任险一般是指保险人承保在被保险人所签发的货运代理提单项下所引起的对客户货物的物理性损失和损坏，其性质属于责任保险。《海商法》第216条、第218条第（6）项规定，被保险人对第三人的责任可作为海上保险合同的保险标的。因此，以提单责任为保险标的的保险合同属于海上保险合同。根据特别法优于普通法的法律适用原则，提单项下海上保险事故的法律责任应当由《海商法》调整。

（二）无船承运人的签单代理人作为被保险人的合同效力

无船承运人的签单代理人如果没有自己的提单，不以自己名义签发货运代理提单的，在直观理解上确实没有"保险利益"，但作为无船承运人的签单代理人有可能被认定为承运人而承担相应的责任。因此，无船承运人的签单代理人享有提单责任险下的保险利益，能够成为提单责任险的被保险人。无船承运人的签单代理人作为被保险人的海上保险合同应认定为有效。

📖 预约保险合同中保险人和被保险人的权利义务

涉外商事海事审判实务问题解答
（最高人民法院民事审判第四庭）

162. 如何认定预约保险合同中保险人和被保险人的权利义务？

答：根据《海商法》的规定，分别签发的保险单证的内容与预约保险单证的内容不一致的，以分别签发的保险单证为准。被保险人已经知道经预约保险合同保险的货物发生保险事故的，应当立即通知保险人。保险人未得到通知而签发了保险单证的，保险人可以免除保险赔偿责任。

最高人民法院第二次全国涉外商事海事审判工作会议纪要

122. 被保险人已经知道依据预约保险合同分批装运的货物发生保险事故仍以正常情况通知保险人签发保险单证的，保险人可以免除保险赔偿责任。合同另有约定的除外。

🔨 案例

最高人民法院关于长春大成玉米开发有限公司与中国人民保险公司吉林省分公司海上保险合同纠纷一案的请示的复函 –（2001）民四他字第 25 号

本案中预约保险合同是当事人就长期货物运输保险达成的一种协议。投保人长春大成玉米开发有限公司（以下简称大成公司）依据该协议向中国人民保险公司吉林省分公司（以下简称保险公司）投保，保险公司在协议约定的期限内不得拒绝投保人大成公司的投保，投保人大成公司也要在协议约定的期限内将其出运的货物全部在保险公司投保，这应是预约保险合同的对等义务，但预约保险合同不具备《中华人民共和国海商法》第二百一十七条规定的海上保险合同的全部内容，故其不能直接产生保险合同义务，大成公司不能据此向保险公司主张保险权益。

倒签保单保函的法律效力

案例

寿光市东宇鸿翔木业有限公司与中国人民财产保险股份有限公司连云港市分公司海上保险合同纠纷案－（2014）沪海法商初字第620号

上海海事法院认为：一、原告提出倒签保险单不会加重被告保险责任的说法是没有依据的。如果被告仅仅按照原告要求倒签保险单而未要求原告提供担保函，那么根据最高人民法院《涉外商事海事审判实务问题解答（一）》第161条规定，"倒签保险凭证的情况下，保险人的责任期间自保险单上显示的时间开始计算。保险人与被保险人之间对责任起止时间有特别约定的，从其约定"。这明显是对保险人保险责任期间的扩张，对于保险人是不公平的。由此可见，本案中出现的倒签保险单行为，及以担保函的形式对保险责任期间另作约定都不违反法律规定。二、正因如此，被告才要求原告出具倒签保险单担保函。本案中因为倒签之操作，保险单上无法记载真实的签单日期，保险单上显示的时间并不是被告同意承担保险责任的保险期间。从保险实务看，倒签保险单担保函从内容上通常能够还原真实的保险责任期间，这对于双方都是公平、合理的。但是，本案中，被告作为保险人主动要求将保险责任期间缩短至2013年7月3日或者4日都是不正常的，因为海上货物运输保险的责任期间通常都应当在货物装船之前开始，而不应当在货物已经出运几天之后。尽管如此，倒签保险单担保函从形式到内容都是合法、合理的，体现双方合意，构成原告与被告之间海上保险合同的重要组成部分，对双方均有约束力。原告出具符合被告要求的保函表明原告同意了保险人对于保险责任期间的变更，应当承担相应的法律责任，即如果在2013年7月4日前发生保险事故，保险人可以免于承担保险赔偿责任。

货到目的港发现受损之日可视为保险事故发生之日

案例

澳中金属有限公司与中国人民财产保险股份有限公司天津市津

南支公司海上保险合同纠纷案－（2013）民申字第 2358 号

最高人民法院再审认为，《中华人民共和国海商法》第二百六十四条规定："根据海上保险合同向保险人要求保险赔偿的请求权，时效期间为二年，自保险事故发生之日起计算。"本案中，涉案货物于 2009 年 6 月 1 日运抵目的港，澳中金属有限公司（以下简称澳中公司）在卸货时发现货物有不同程度的毁损，因此，2009 年 6 月 1 日应视为保险事故发生之日。本案诉讼时效期间应从 2009 年 6 月 2 日起算，至 2011 年 6 月 1 日届满。如澳中公司不能证明本案存在诉讼时效中止、中断的情形，澳中公司于 2011 年 12 月 7 日提起诉讼，已经超过二年的诉讼时效期间。

保险合同约定未缴纳保险费的保险合同不生效或者保险人在保险费缴纳之前不承担保险责任，保险人是否有权向被保险人索赔保险费

案例 1

中国太平洋财产保险股份有限公司宁波分公司与宁波太平洋海运有限公司海上保险合同纠纷案－（2017）浙 72 民初 1491 号

宁波海事法院认为，原告、被告之间签订的保险合同系双方真实意思表示，该合同依法成立。但该保险条款中约定，除双方有书面约定外，以支付保险费作为合同生效条件。双方在庭审中均确认知悉保险条款内容，且该条款内容系以字体加粗形式载明。故此，宁波海事法院认定该约定合法有效。根据《中华人民共和国保险法》第十三条第三款规定，投保人和保险人可以对合同的生效约条件，约定的条件成就合同才生效。被告未支付任何保险费的事实，使保险条款约定的合同生效条件一直未成就，故涉案保险合同未生效，原告不承担保险责任，无权要求被告支付保险费。

案例 2

太平财产保险有限公司宁波分公司与浙江涌禾运输有限公司海上保险合同纠纷案－（2016）浙 72 民初 2843 号

宁波海事法院认为，本案系海上保险合同纠纷，保险合同成立后，投保人按照约定交付保险费，保险人按照约定的时间开始承担保险责任，而依据涉案船舶污染责任保险条款第十六条，"除另有约定外，投保人应在保险合同成立时交清保险费。保险费未按约定及时足额交付前发生的保险事故，保险人不承担赔偿责任"，在被告未按期缴纳保险费的情况下，其面临的法律后果是在保险事故发生时，原告无须承担赔偿责任，而本案保险期间内，原告未向被告催缴保险费，被告亦未缴纳。在保险期间届满后，原告对自己并未承保的保险责任向被告主张保险费，有违公平原则与诚实信用原则，不应予以支持。

📖 保险合同约定投保人未按约定交付保险费，保险人按照已交保险费的比例承担保险责任，投保人可选择不再交纳剩余保险费

⚖ 案例

中国人民财产保险股份有限公司防城港市分公司、广西新阳海运有限公司海上、通海水域保险合同纠纷案 -（2020）桂民终1221 号

一审法院认为，在本案中，原告和被告双方既已约定保险费分两期支付，每期交 43100 元，第二期保险费支付时间为 2016 年 10 月 27 日，据此，被告应在约定的交费时间内履行支付保险费的义务。与此同时，《付费协议》特别约定，如投保人未按约定交付保险费，保险事故发生后，保险人将按实际交付保费与保费总额的比例承担相应保险责任。也就是说，被告没有按约定期限交付第二期保险费，若船舶发生保险事故，原告有权按被告实际支付的保费与保费总额的比例承担相应的保险责任。换言之，双方的约定，允许被告不交第二期保费。合同约定的保险期间自 2016 年 7 月 28 日 0 时起至 2017 年 7 月 27 日 24 时止，被告在保险期届满，也没有缴纳第二期保费，是其在用行为表示其只愿意缴纳一半的保费，假设发生船舶保险事故，也只能按照《付费协议》的约定要求原告按照实际交付保费与保单保费总额的比例承担相应保险责任，这符合权利义务相一致原则。在庭审中，原告也确认，本案被告没有交付第二期保费，在保险合同期间，假如发生保险事故，原告也只按实际交付保费与保单保费总额的比例承担保险责任。因此，被告没有交付第二期保费，没有违反原告与被告双方的《付费协议》约定，也没有违反其他法律规定，且在保险期间结束后，双方之间的保险权利义务已经终止，原告再无权向被告主张权

利，故原告要求"被告支付剩余保险费43100元及利息5015.76元"之主张缺乏事实和法律依据，一审法院不予支持。

二审法院认为，依法成立并生效的合同，对当事人具有约束力。当事人均应按照约定行使权利、履行义务。本案中，中国人民财产保险股份有限公司防城港市分公司（以下简称人保防城港分公司）与广西新阳海运有限公司（以下简称新阳公司）之间经双方协商达成的包括《付费协议》在内的保险合同系双方真实意思表示，具有法律效力。《付费协议》第二条载明："保险费按下列条件分期缴付：1. 交付保费金额43100元，交付日期2016年7月27日；2. 交付保险金额43100元，交付日期2016年10月27日。如果投保人未按约定交付保险费，在保险事故发生后，保险人将按实际交付保费与保费总额的比例承担相应保险责任。"上述条款赋予新阳公司是否缴纳第二期保费的自主选择权，亦对新阳公司是否缴纳第二期保费的权利义务做了明确约定，该条款赋予双方对等的权利义务。新阳公司根据协议约定以及自身实际未选择缴纳第二期保费是其对自身权利的处分，其亦承受该权利处分所导致人保防城港分公司按比例承担保险责任的限制，本案并无违反诚实信用及公平合理的情形。故人保防城港分公司主张新阳公司应支付第二期保费及相关利息无事实和法律依据，二审法院不予支持。

保险人是否有为被保险人提供担保的义务

案例

埃姆林保险公司、晨洲船业集团有限公司海上、通海水域保险合同纠纷再审案 –（2020）最高法民再199号

一审法院认为，就本案而言，有关免除保险人责任的条款可见《保险条款》第三章第10.9条所规定的"无义务提供担保条款"。无论从船东保障与赔偿保险的发展历史，还是从投保人的合同意愿看，对于货物索赔事故的处理和赔偿，属于船东保赔专业保险人的最重要的和日常的工作，船东投保了该险种，自然希望免于货损赔偿的责任，而在面对货损货差索赔和船舶遭受扣押风险时提供担保使船舶免于被扣或提供放船担保使船舶释放，对船东来说更为重要，因为一旦船舶被扣，无论船东是否最终在法律上对货损货差承担责任，船东均将遭受船期损失、长期停泊产生的维修费用及被拍卖的风险。正因为船东保障与赔偿保险的自然含义中包含了使船东免于遭受货损货差索赔威胁的目

的，在保险人对涉及被保险人核心利益的该事项声称有权不提供担保又未进行说明提示的情况下，保险人应提供担保使得船舶被释放，以恢复被保险人对船舶的控制权和经营权。

在责任保险的索赔中，保险人为了防止被保险人单方与第三人和解或者同意赔偿致使保险人的赔偿负担增加，通常会约定保险人有权参加并控制针对第三人索赔的抗辩过程，涉案《保险条款》第三章第22项"赔偿责任的承认与偿还"也作了类似规定，被保险人在未得到保险人的同意前，对于任何被保险人提出的或向被保险人提出的索赔或纠纷或诉讼应不予承认或偿还。本案中，在泰国进行案件处理的检验师、律师均由保险人直接委托并按保险人的指示行事，保险人对于处理保险事故的过程和方案具有决定权。根据我国保险法规定，保险活动当事人行使权利、履行义务应当遵循诚实信用的原则，因此，保险人在行使理赔事故有掌控决定的权利的同时，如果仅只顾行使自己控制案件处理的利益而坐视被保险人遭受船舶营运损失，对船舶失去控制不管，则构成保险人对诚实信用法定义务的违反，在此情况下，作为受害方的被保险人同样可以向保险人主张违约责任。

根据《保险条款》第三章第10.13条规定，被保险人得到在本保单下追偿任何索赔的任何损失、费用或法律责任的追索权的先决条件，必须是被保险人本身已结清了此损失、费用或责任。此种只有被保险人事实上已经赔付给第三人后才有权向保险人要求保险赔偿的"先付原则"虽然体现在本案《保险条款》中，但如果保险人与被保险人在合同履行过程中达成了保险人选择向第三人直接赔付或与第三人达成和解，则可视为保险人放弃了"先付原则"赋予的给付抗辩权。本案中，瑞慈海运保险有限公司（以下简称瑞慈公司）在发生货损索赔后立即安排了检验师，并在泰国指定律师参与案件处理，要求晨洲船业集团有限公司（以下简称晨洲集团）尽快出具授权委托书给予配合；在2012年8月14日函件中，瑞慈公司称其"仍会按照案件情况和检验结果帮助协商降低赔偿金额，并支付赔款以释放船舶，将尽最大努力使得船舶尽早被释放，将赔偿金额降至最小"；在之后的邮件中，瑞慈公司亦就放船担保问题多次与晨洲集团进行商谈，并表示愿意提供更高的担保份额，但双方最终仍未能向泰国法院提供担保释放"成路58"轮，直至2012年12月14日保险人单方解除合同。可以看出，保险人曾明确承诺由其向第三人（货方）进行抗辩并采取措施释放船舶，并且事实上也由保险人选择检验师、律师并给予具体指示，替代被保险人直接介入涉案货损索赔的抗辩过程，被保险人也根据该承诺内容配合保险人处理货损索赔事宜，并就放船担保款项分担进行商谈，故保险人不但以其实际行为改变了原条款约定的"保险人没有为被保险人向第三方提供担保的义务",也改变了《保险条款》中保险人所享有的"先付原则",保险人有义务履行其直接与货方谈判达成赔偿或提供担保使船舶释放的承诺。

二审法院认为,案涉保险证书载明保险条件按照船东海上责任保险条款2002年第1版,根据该条款第10.9条的规定,"(保险人)没有义务为被保险人提供保证金或其他担保,但间或在有特定条件下本公司可全权酌情决定提供认为适当的保释金或其他担保"。由于案涉保险条款系保险人提供的格式条款,晨洲集团通过专业保险经纪人上海新乔保险经纪有限公司向瑞慈公司(作为埃姆林保险公司的承保代理人)投保,可以减轻或免除保险人对格式条款的说明义务,但依照《中华人民共和国合同法》第四十条的规定,"格式条款具有本法第五十二条和第五十三条规定情形的,或者提供格式条款一方免除其责任、加重对方责任、排除对方主要权利的,该条款无效"。本案上述保险条款免除了保险人提供担保的责任,使得船东面对索赔时遭受船舶被扣押的风险,加重了被保险人的责任,故一审法院认定该条款无效有相应依据。此外,从双方往来邮件看,瑞慈公司与船东一直在协商各自提供的保证金金额,亦表明保险人有提供担保的意思表示。但是,瑞慈公司、埃姆林保险公司(以下简称埃姆林公司)于2012年12月14日终止保险合同,并随后撤回律师。鉴于本案事故发生后,系保险人委托律师搜集证据、出庭应诉并协商解决方案,故保险人撤回律师的行为客观上造成本案损失的扩大,有违诚实信用原则,应当承担赔偿责任。

最高人民法院再审认为,根据埃姆林公司的再审申请事由,以及庭审过程中晨洲集团新的答辩意见,本案再审审理的焦点为:一、案涉扣船事件发生后,埃姆林公司、瑞慈公司与晨洲集团是否就放船担保事宜达成过合意;二、埃姆林公司、瑞慈公司与晨洲集团就放船担保事磋商过程中是否构成缔约过失。

一、埃姆林公司、瑞慈公司与晨洲集团是否就放船担保事宜达成过合意

案涉保险合同第10.9条载明,埃姆林公司没有义务为被保险人提供保证金或其他担保,但间或在有特定条件下其可全权酌情决定提供认为适当的保释金或其他担保。再审庭审过程中,晨洲集团明确,该条款并不构成埃姆林公司为案涉船舶被扣押提供放船担保的合同义务,埃姆林公司有权决定为放船事宜提供担保,也有权决定不提供担保。埃姆林公司的义务源于扣船事件发生后,其与晨洲集团就放船事宜达成了合意。最高人民法院注意到,根据一审、二审法院查明的事实,虽然案涉船舶于2012年8月6日被扣押后,瑞慈公司通知晨洲集团,表示其正委托检验师、律师跟踪检验和货损处理事宜,要求晨洲集团授权律师代表船东,向法院提供或向法院支付以及向法院申请退回船舶释放

相关的担保金等，但该内容仅为对相关程序性事项的告知和解释性说明，并无明确由埃姆林公司为被扣船舶提供放船担保的意思表示。

2012 年 8 月 14 日，瑞慈公司函告晨洲集团，认为晨洲集团违反了保险条款的承保保证，在此前提下，虽瑞慈公司称仍会按照案件情况和检验结果帮助协商降低赔偿金额，并支付赔款以释放船舶，将尽最大努力使得船舶尽早被释放，将赔偿金额降至最小。就交涉的内容来看，仅涉及通过支付赔偿款的方式而非提供放船担保的方式来释放船舶，且"按照案件情况和检验结果""帮助协商降低""尽最大努力"等措辞，更不能表明此时瑞慈公司就提供担保向晨洲集团做出了清晰、确定的意思表示。

2012 年 9 月 4 日，瑞慈公司通知船东，称根据其律师对现状的总结，泰国法院要求提供 2000 万泰铢以释放船舶，该数额不可以协商，并强烈建议船东提供担保以便放船，以后再解决索赔事宜。船东于次日回函对于埃姆林公司保留权利表示异议，坚持认为埃姆林公司应当承担责任。根据双方沟通中所表达的意思，表明此时双方就放船担保事宜仍在磋商过程中，瑞慈公司提出的建议是由船东提供担保，并未提出由埃姆林公司提供放船担保。此时双方仍未就由埃姆林公司提供放船担保达成一致。

2012 年 9 月 21 日，瑞慈公司再次函告船东，被保险人违反了承保条件。而且重申，瑞慈公司仍希望能够协助船东使船舶得以放行，并且提出请船东提供至少 50 万美元。而船东则回复因数额巨大，需要时间筹款，请求瑞慈公司承担更多份额。瑞慈公司表示可以努力多分担一些，请船东告知能够提供的数额。前述磋商内容表明，此时瑞慈公司使用的"仍希望能够协助船东""请船东提供至少 50 万美元"措辞，并不构成一项明确、具体的提供放船担保的承诺，表明双方此时仍未就由埃姆林公司提供放船担保事宜达成一致。

2012 年 10 月 11 日，瑞慈公司再次发函询问"成路 58"轮船东能筹集到的担保金额，以便双方能够尽快使船舶释放，认为这是让船舶离开最快的方式，放船后律师可以继续协助打这个官司。船东方回复仍在努力筹集该笔巨款，由于航运市场不好，船东很难很快付款。经多次催促船东提供放船担保无果后，瑞慈公司于 11 月 21 日已经发函明确质疑船东解决问题的诚意，称如果船东不愿意提供担保，船舶将会在泰国被拍卖。纵观这一期间双方交涉过程中的意思表示，埃姆林公司与晨洲集团仍未就放船提供担保事达成合意。因此，晨洲集团关于双方在交涉过程中已经达成合意的主张并无事实依据，继而晨洲集团以此为依据请求埃姆林公司承担相应责任的诉讼请求不应获得支持。

案涉保险合同第 10.9 条载明埃姆林公司并无为被保险人提供担保的义务，晨洲集团在再审庭审过程中亦明确认可该条并未为埃姆林公司设定提供担保的义务，因此，因在保险合同项下埃姆林公司并无提供放船担保的义务，晨洲集团关于埃姆林公司单方解除保险合同、撤回对案件的处理导致船舶继续被扣押故而应担责的抗辩并无依据。

二、埃姆林公司、瑞慈公司与晨洲集团就放船担保事磋商过程中是否构成缔约过失

关于船舶被扣押后埃姆林公司和瑞慈公司是否存在缔约过失。考虑到案涉保险合同第 10.9 条的明确约定和晨洲集团对该条款所做出的理解与埃姆林公司一致，综观前述双方沟通过程和沟通内容，最高人民法院认为，案涉船舶被扣押后，就保险人是否提供放船担保，当事人双方系处于平等的正常协商过程之中，协商过程和协商内容尚不能证明埃姆林公司和瑞慈公司存在假借订立合同，恶意进行磋商，故意隐瞒与订立合同有关的重要事实或者提供虚假情况或其他违背诚实信用原则与晨洲集团磋商的情形，晨洲集团也并未提供其他证据证明埃姆林公司和瑞慈公司存在此种行为。至于晨洲集团提及的货损案件处理问题，如果双方就货损理赔存在争议，在符合法定要件的前提下，晨洲集团可就货损问题另行主张。

综上，原审认定事实清楚，审判程序合法，但法律适用不当，处理结果错误，应予以纠正。

📖 保险经纪人和保险代理人如何识别

🔨 案例 1

中国人民财产保险股份有限公司台州市分公司、何某海上、通海水域保险合同纠纷案 –（2020）浙民终 1291 号

一审法院认为，本案中陈某、何某某为自然人，无证据证明该二人以符合银保监会相关规定的公司主体名义进行案涉保险业务，亦无证据证明投保人何某与陈某、何某某签订书面保险经纪合同，或何某授权陈某、何某某代为办理案涉保险业务，何某向陈某、何某某支付的费用金额与中国人民财产保险股份有限公司台州市分公司（以下简称人保台州分公司）收取的费用金额相同，无证据证明何某向陈某、何某某支付了相关佣金，保险事故发生后，陈某、何某某亦未协助何某向保险公司索赔。根据《中华人民共和国保险法》第一百一十七条的规定，保险代理人是根据保险人的委托，向保险人收取佣金，并在保险人授权的范围内代为办理保险业务的机构或者个人。陈某、何某某作为自

然人，符合《中华人民共和国保险法》关于保险代理人的主体要求。根据查明的事实，陈某、何某某以微信群的形式向人保台州分公司办理保险业务这种业务模式在案涉保险业务发生之前就已经存在，人保台州分公司并未就每一笔业务中陈某、何某某身份及权限进行审核，而是就陈某、何某某报送的保险业务直接进行报价、信息录入等相关操作，同时根据证人徐某的陈述，人保台州分公司就成功的业务可能会向陈某、何某某支付相关费用。本案中虽然陈某、何某某与人保台州分公司之间无书面委托合同，但投保人何某直接向该二人完成投保、缴费事宜，事后人保台州分公司也认可与何某成立雇主责任保险合同，属于人保台州分公司对陈某、何某某行为法律效果的认可。综上，应当认定陈某、何某某是人保台州分公司的保险代理人而非何某的保险经纪人。

二审法院认为，根据查明的事实，陈某、何某某与人保台州分公司员工徐某、许某某组建了名为"路桥人保"微信群，长期办理投保、缴费等事宜。何某通过陈某、何某某向人保台州分公司投保，并通过陈某缴纳保险费，人保台州分公司亦通过陈某转交保险单据及文件。鉴于陈某等人并未与何某签订协议或者说明身份，而何某向陈某支付的费用也仅限于人保台州分公司收取的保险费，并未额外支付佣金。而人保台州分公司的证人在一审庭审中认可保险公司就成功的业务可能会向陈某等人支付费用。因此，原判认定陈某、何某某接受保险人的委托，向保险人收取佣金并代为办理保险业务，其身份系保险代理人，有相应的事实依据。人保台州分公司上诉认为陈某、何某某系何某的保险经纪人，缺乏相应的依据，二审法院不予支持。

案例 2

华泰财产保险有限公司锦州中心支公司、周某某海上、通海水域保险合同纠纷案－（2020）辽民终 249 号

一审法院认为，关于第一个问题，即丛某在作为投保人的证人王某 2 与作为保险人的华泰财产保险有限公司锦州中心支公司（以下简称锦州华泰保险）间订立保险合同过程中处于什么法律地位？根据我国保险法的规定，除保险公司外，因为行业特点，还有二类从业人员，即保险代理人和保险经纪人。保险代理人是指根据保险人的委托，向保险人收取佣金，并在保险人授权的范围内代为办理保险业务的机构或个人。保险经纪人是基于投保人的利益，为投保人与保险人订立保险合同提供中介服务，并依法收取佣金的机构。丛某与证人王某 1 与锦州华泰保险经过商谈，锦州华泰保险在异地开展相关保险业务，在收

取相应的保险费后，锦州华泰保险向证人王某1支付了相应钱款，符合我国保险法所规定的保险代理人的形式要件，至于丛某有无保险业相关从业资格则是其与锦州华泰保险间代理合同法律关系所要调整的内容。

二审法院认为，本案中，丛某作为第三人参加了诉讼，其确认与案外人王某1合伙从事揽保业务，并代理锦州华泰保险与王某2办理案涉保险事宜。案外人王某1一审也作为证人出庭证明前述事实，且锦州华泰保险亦认可其公司法定代表人与丛某、王某1洽谈过，锦州华泰保险收取案涉保费后也是将其所称的返点费用打入王某1的账户。故丛某代理锦州华泰保险从事揽保工作的可能性较高，原审认定丛某为锦州华泰保险的代理人并无不妥。周某系王某2投保的被保险人，丛某不但接收了周某的投保信息，也将周某的信息转交给了刘某某，周某亦是锦州华泰保险G0011182170000000005号保险合同项下批改的被保险人。虽然G0011182170000000005号保险合同于2018年5月16日零时到期，但丛某2018年5月16日通知刘某某对包括周某在内的原有被保险人及新参保人员进行保险，锦州华泰保险出具的签单日期为2018年5月15日的G0011182180000000262号保险单所附的被保险人清单中即包含周某信息，该保险单记载的保险期间为2018年5月16日零时起至2019年5月16日零时止，故能够认定丛某已经于2018年5月16日将周某的保险信息收取并交付给锦州华泰保险的具体办理人员。而锦州华泰保险在获取周某的保险信息后未将周某作为被保险人记载于保险合同中存在过错，原判认定锦州华泰保险应当对周某在发生涉案事故当时未在已生效的保单号为G0011182180000000262的保险合同项下的被保险人名单中承担过错责任亦无不妥。

案例3

东莞市莱钢钢结构有限公司、戴姆建筑工程有限公司海上、通海水域保险合同纠纷案 –（2019）粤民终198号

一审法院认为，中国太平洋财产保险股份有限公司深圳分公司（以下简称太保深圳公司）主张深圳市美联保险经纪有限公司（以下简称美联公司）作为投保人的代理人，在投保涉案保险时没有对舱面运输的情况进行特别申报。东莞市莱钢钢结构有限公司（以下简称莱钢公司）、戴姆建筑工程有限公司（以下简称戴姆公司）否认美联公司是投保人的代理人，称其均未委托美联公司向太保深圳公司投保，美联公司也未向其收取佣金，美联公司是根据太保深圳公司的委托向太保深圳公司收取佣金并在太保深圳公司授权范围内代为

办理保险业务的机构。

2009 年 10 月 1 日起施行的《中华人民共和国保险法》第一百一十八条规定："保险经纪人是基于投保人的利益，为投保人与保险人订立保险合同提供中介服务，并依法收取佣金的机构。"太保深圳公司与美联公司之间签订的《货物运输保险合作协议》约定美联公司为投保人的利益向太保深圳公司投保，该协议约定的美联公司的业务范围与上述法律规定的保险经纪人的业务基本一致。上述协议属于太保深圳公司与美联公司之间的约定，现并无证据表明其曾向莱钢公司或深圳市联力国际货运代理有限公司（以下简称联力公司）披露或得到其准许或追认，且协议另约定太保深圳公司与美联公司双方均需对协议内容保密、不得泄露于第三人，协议中有关美联公司在保险业务中作为保险经纪人的约定只能在太保深圳公司与美联公司之间有效。除非得到投保人的确认或追认，否则，该约定效力不应及于太保深圳公司与美联公司之外的任何人。现莱钢公司、戴姆公司已明确否认其与美联公司之间存在任何委托关系，并无证据表明联力公司与美联公司之间约定成立保险经纪关系抑或莱钢公司或联力公司与美联公司之间存在佣金支付关系，故美联公司并非莱钢公司或联力公司的保险经纪人。

现有事实和证据表明，美联公司有权代太保深圳公司接受投保人的投保申请，向投保人询问保险相关信息，制作保险单，并自太保深圳公司处取得相当于保险费 15% 的佣金。2009 年 10 月 1 日起施行的《中华人民共和国保险法》第一百一十七条第一款规定："保险代理人是根据保险人的委托，向保险人收取佣金，并在保险人授权的范围内代为办理保险业务的机构或者个人。"美联公司作为太保深圳公司的保险代理人对外行事，其应被视为太保深圳公司的代理人与莱钢公司及其代理人或其他投保人发生法律关系。

二审法院对上述认定予以认可。

📖 责任保险的被保险人没有怠于请求保险人直接向第三者赔偿保险金的，第三者不能直接向保险人请求赔偿保险金

🔨 案例

邓某华、郭某平海上、通海水域保险合同纠纷再审审查与审判监督案 – （2017）最高法民申 4058 号

最高人民法院认为，《中华人民共和国保险法》第六十五条第一款、第

二款、第三款规定："保险人对责任保险的被保险人给第三者造成的损害，可以依照法律的规定或者合同的约定，直接向该第三者赔偿保险金。责任保险的被保险人给第三者造成损害，被保险人对第三者应负的赔偿责任确定的，根据被保险人的请求，保险人应当直接向该第三者赔偿保险金。被保险人怠于请求的，第三者有权就其应获赔偿部分直接向保险人请求赔偿保险金。责任保险的被保险人给第三者造成损害，被保险人未向该第三者赔偿的，保险人不得向被保险人赔偿保险金。"涉案雇主责任险的被保险人刘某武的继承人杨某丽并没有怠于请求中国太平洋财产保险股份有限公司大连分公司（以下简称太平洋公司）给付损害赔偿金；杨某丽在申请太平洋公司支付邓某东的死亡赔偿金 10 万元之前，已经向邓某华等 4 人支付赔偿金 17 万元，太平洋公司向杨某丽支付 10 万元保险赔偿金符合法律规定。至此，邓某华等 4 人作为涉案雇主责任险的第三者，没有直接请求保险人太平洋公司支付保险赔偿金的事实依据，一审、二审法院不支持其对太平洋公司的诉求并无不当。

📖 内河船准许航行于港澳航线则属于海商法规定的海船

⚖ 案例

梧州市汇祥船务有限公司、中国人民财产保险股份有限公司梧州市蝶山支公司海上、通海水域保险合同纠纷案 –（2018）最高法民申 3721 号

关于原判决认定案涉"丰达 3"号船舶属于海船以及案涉事故发生地区属于航海水域的基本事实是否缺乏证据证明的问题。最高人民法院再审认为，案涉船舶系钢质集装箱船，总吨 1331 吨，持有准予航行 A 级航区（航线）的《内河船舶适航证书》，而经核准其经营范围为广西梧州至香港、澳门水路货物运输，以及香港、澳门至广西内河各口岸间××水路货物运输。故该船舶可在距岸不超过 5 公里的范围内航行港澳航线，即可在一定范围的海上航区内航行，且案涉事故系在香港港口附近的海域范围内发生，故原判决认定该船舶属于《中华人民共和国海商法》所规定的海船具有法律和事实依据。

📖 "开航"应指船舶离港开始预定航次的航行，而不包括船舶在港内移泊

🔨 案例
　　

　　曲某某、中国大地财产保险股份有限公司威海中心支公司海上、通海水域保险合同纠纷案 – （2017）最高法民再413号

　　最高人民法院再审认为，《中华人民共和国海商法》第二百四十四条第一款规定："除合同另有约定外，因下列原因之一造成保险船舶损失的，保险人不负赔偿责任：（一）船舶开航时不适航，但是在船舶定期保险中被保险人不知道的除外；（二）船舶自然磨损或者锈蚀。"该法规定的船舶适航，是指船舶在各个方面适于预定航次的航行，具备承受该航次中可能遇到的一般海上风险的能力，使船舶处于安全航行状态。该法之所以对船舶适航的要求限定于"开航时"，是因为在预定航次中，船舶可能遇到的风险大于港内，且船舶在港内修理、装卸等活动，客观上难以一直保持适于出港航行的状态。因此，《中华人民共和国海商法》第二百四十四条中规定的"开航"，应指船舶离港，开始预定航次的航行，而不包括船舶在港内移泊。在航运实践中，船舶从锚泊、系岸、搁浅状态转换到非锚泊、非系岸、非搁浅状态，属于在航（underway），但并非所有在航状态的开启均属于上述法律规定的开航（commencement of the voyage），中国大地财产保险股份有限公司石岛支公司（以下简称大地保险石岛支公司）主张"开航"应理解为非锚泊或者非系岸状态，与法律规定和航运实践中的通常理解不符，最高人民法院不予支持。曲某某在涉案两船靠港修理期间，为避台风而安排船舶港内移泊，并非安排船舶离港开始预定航次的航行，该类港内移泊不属于《中华人民共和国海商法》第二百四十四条第一款第一项规定的"船舶开航"，大地保险石岛支公司根据该条法律规定主张免除保险赔偿责任，缺乏事实依据，最高人民法院不予支持。

装卸两港货物含水率不具有可比性，不能当然认定是货物短量的原因

案例1

中华联合财产保险股份有限公司、厦门国贸集团股份有限公司海上、通海水域保险合同纠纷案－（2019）鄂民终137号

原审法院认为，货物装卸两港品质证书所依据的标准、规则不同，货物品质指标不能用作比较。两者水分指标不同，并不能证明货物必然发生水分蒸发。保险人未有证据证明货物短量系水分蒸发原因所致，故不能免除保险赔付责任。同时，本案保险合同约定"装卸港的质量计量方式以官方出具的重量证书为准"，结合本案证据，装卸两港官方重量为：装货港重量50002吨，卸货港重量49327.74吨，故货物短少674.26吨。涉案保险合同约定了货物重量0.3%的免赔额，保险人对150.006吨货物短量损失免赔。故厦门国贸集团股份有限公司（以下简称厦门国贸公司）已经提交证明货物发生短量的相关证据，应当在扣除合同约定的免赔额以后获得保险赔付。在扣除0.3%的免赔率后，中华联合财产保险股份有限公司（以下简称中华联合公司）应承担货物短少524.254吨的损失赔偿责任。本案短量损失为524.254吨×463.716美元/吨＝243104.968美元。厦门国贸公司诉讼请求主张短量损失包括保险人应免赔部分，故对免赔部分原审法院不予支持。

湖北省高级人民法院认为，关于短量损失的问题，因中华联合公司与厦门国贸公司对货物短量的事实没有争议，争议的焦点在于案涉大豆重量的减少是否属于中华联合公司的保险除外责任。中华联合公司认为短量的原因在于大豆水分的减少，属于货物的自然原因，应属保险除外责任。湖北省高级人民法院认为，装卸两港的质量检验报告并不具有可比性，中华联合公司在公估报告等证据中并未证明货物短少的原因，其仅以两份报告中水分含量的比值不能说明大豆短量的原因为水分减少，其主张大豆短量属自然属性为除外责任的上诉理由，湖北省高级人民法院不予支持。

案例2

江苏民康油脂有限公司与中国太平洋财产保险股份有限公司航

运保险事业营运中心保险纠纷案 – （2015）鄂民四终字第 00093 号

一审法院认为，本案中装货港和卸货港对货物的质量采取了不同的检验标准，装货港采用 ISO 国际标准，卸货港采用 SN/T 推荐性商检标准及 GB/T 推荐性国标标准，因检测标准不同，包括含水量在内的各项成分检测结果均不一致，一审法院无法依据不同的检测标准来认定含水量是否减少，亦无法以不同标准检测出的含水量差额为依据来计算大豆水分蒸发的重量，同时中国太平洋财产保险股份有限公司航运保险事业营运中心（以下简称太平洋财险）亦未进一步提交其他证据证明本案货物短量与含水量的减少存在因果关系。故，本案货物短量不能确定为货物本身含水量的减少，不在保险人除外责任的约定范围内，一审法院对太平洋财险的该项抗辩不予支持。

二审法院认为，没有证据证明涉案货物系因水分蒸发短量。中国检验认证集团宁波有限公司出具的两份监卸证书均载明："舱盖封闭，风筒封闭情况良好"；"开舱检查后，其舱盖、舱框内壁及货物表层均未发现水迹，货物装载状况良好"。如果太平洋财险主张涉案货物因水分蒸发发生短量，重达 323.31 吨的水分在舱盖封闭、风筒封闭的情况下，不可能不在舱内遗留水迹，涉案货物的状况也将受到影响。太平洋财险既然主张依据不同标准测出的含水量差额可以互相比较，就有责任证明 ISO 国际标准、SN/T 推荐性商检标准、GB/T 推荐性国际标准的含水量检测方法没有差别、检测出的含水量差额具有可比性。事实上，太平洋财险并未提交任何相关证据，亦不能证明涉案货物系因水分蒸发而短量，其该上诉理由不成立。

案例 3

中国大地财产保险股份有限公司辽宁分公司与柳某某海上保险合同纠纷上诉案 – （2011）辽民三终字第 111 号

关于是否发生暴风、暴风所致船舶沉没的保险事故。一审法院认为，中国人民银行银发〔1996〕187 号文件对《财产保险综合险》条款中的"暴风"作出了解释，规定暴风是指风力等级表中的 11 级风，但上述条款中的暴风责任扩大到 8 级风，因此，在不同的保险合同中暴风责任的范围是不同的。本案中，中国大地财产保险股份有限公司辽宁分公司（以下简称大地保险公司）在订立保险合同时未就暴风责任的范围作出说明，在存在不同理解的情况下，应作出有利于被保险人的解释，因此，本案中 8 级大风和 9 级阵风属于暴风责任的范围。船舶开始横倾的原因是遭遇暴风的恶劣海况导致舱内货物移动，横倾加剧恶化最终沉没的原因是大风浪的横向冲击及为应对暴风大浪进行的船舶不当操作，可见导致船舶沉没的因素要么是暴风本身的影响，要么是暴风产生的直接后果，要么是暴风海况下的操作，暴风与船舶沉没密不可分，其作用力从未中断，因此，本案存在因暴风所致船舶沉没的保险事故。

二审法院认为，《"富翔"轮沉没事故调查报告》中记载，"富翔"轮在航行途中遭遇恶劣气象海况，海面西到西南风，风力约7级到8级，阵风9级。中国人民银行银发〔1996〕187号文件对《财产保险综合险》条款中的"暴风"作出的解释为："暴风指风速在每秒28.3米，即风力等级表中的11级风。本保险条款的暴风责任扩大至8级风，即风速在每秒17.2米以上即构成暴风责任。"该解释表明在不同的保险条款中暴风责任的范围是不同的。本案保险条款未对暴风责任的范围作出说明，在存在不同解释的情况下，应作出有利于被保险人的解释。因此，应认定涉案事故中的8级大风和9级阵风属于保险条款中规定的暴风责任的范围。从上述调查报告中对涉案事故的原因作出的分析看，"富翔"轮的沉没和暴风密不可分，暴风是该轮沉没的诱因。根据涉案保险条款的规定，因暴风所致船舶沉没造成的保险货物的损失和费用，大地保险公司应当负责赔偿。大连海事大学航海学院出具的《"富翔"轮沉没事故的技术鉴定报告》系大地保险公司提交的单方证据，该机构并无司法鉴定资质，对于该报告，二审法院不予采信。

承运人对船载集装箱的管理属于其管货义务的范畴

案例

中远集装箱运输有限公司与中国太平洋财产保险股份有限公司烟台中心支公司海上保险合同纠纷二审案 –（2011）鲁民四终字第147号

原审法院认为，冷藏集装箱是承运人提供的用于保管货物的工具，根据《中华人民共和国海商法》第四十八条"承运人应当妥善地、谨慎地装载、搬移、积载、运输、保管、照料和卸载所运货物"的规定，承运人负有使冷藏集装箱始终保持良好工作状态的法定义务。事实上，案涉集装箱冷藏装置运转异常是在3.5天之后才被船员发现，在这期间温度记录显示冷藏箱的温度已经升高到0℃以上。由此可见，中远集装箱运输有限公司（以下简称中远运输公司）也未尽到承运人对保管、照料所运货物应有的妥善和谨慎。用于载货的集装箱并不是"船舶"的组成部分，中远运输公司以集装箱的潜在缺陷为由主张免责，并无法律依据，原审法院不予支持。

二审法院认为，涉案集装箱由中远运输公司提供，与船舶货舱起到同样的载货作用，虽然可以视为船舶的一部分，但是，承运人在运输过程中对该集装箱包括其制冷设备的管理是以保持内装鳕鱼片质量良好为目的，而非为保持船舶性能和有效状态。承运人系管理船舶还是管理货物的区分并非仅以行为的直接对象是船舶还是货物而定，而应以行为的最终目的作为区分标准。故本案承运人对涉案集装箱，包括其制冷设备的管理属于其管货义务范畴。根据《中华人民共和国海商法》第四十八条的规定，承运人应妥善、谨慎地运输、保管、照料货物。承运人在尽到该项管货义务后仍无法避免货损时，其方能适用《中华人民共和国海商法》第五十一条规定的免责事项主张不负赔偿责任。本案中，涉案集装箱制冷设备在运输途中发生故障致箱内温度升高、鳕鱼受损，根据中国太平洋财产保险股份有限公司烟台中心支公司在一审时提交的制冷设备检验报告可知，制冷设备的故障出现在模式调节键板上，关键的制冷部件并无故障，在船舶没有备用键板的情况下，只需将该故障键板拆掉，集装箱即可恢复制冷。在船舶有冷藏工程师的情况下，该故障是可以在运输途中排除的；且承运人在设备故障出现后 3.5 天才发现，延误了修复时间造成货损的进一步扩大。因此，承运人未及时排除本可以排除的故障，未尽到妥善、谨慎的管货义务，其关于适用《中华人民共和国海商法》第五十一条规定的免责条款的主张，二审法院不予支持。中远运输公司应对涉案货损承担赔偿责任。